Rudolf Simek

DÄMONEN,
TEUFEL, HEXENGLAUBE

Böse Geister im europäischen Mittelalter

Böhlau Verlag Wien Köln

Bibliografische Information der Deutschen Nationalbibliothek:
Die Deutsche Nationalbibliothek verzeichnet diese Publikation in der
Deutschen Nationalbibliografie; detaillierte bibliografische Daten sind
im Internet über http://portal.dnb.de abrufbar.

Umschlagabbildung: Der heilige Antonius, von Dämonen gepeinigt, Oberrhein, um 1520,
Wallraf-Richartz-Museum & Fondation Corboud, Köln, Inv.-Nr. WRM 0367 © Rheinisches
Bildarchiv Köln, Meier, Wolfgang, rba_d000033

© 2023 Böhlau, Zeltgasse 1, A-1080 Wien, ein Imprimt der Brill-Gruppe
(Koninklijke Brill NV, Leiden, Niederlande; Brill USA Inc., Boston MA, USA;
Brill Asia Pte Ltd, Singapore; Brill Deutschland GmbH, Paderborn, Deutschland;
Brill Österreich GmbH, Wien, Österreich)
Koninklijke Brill NV umfasst die Imprints Brill, Brill Nijhoff, Brill Hotei, Brill Schöningh,
Brill Fink, Brill mentis, Vandenhoeck & Ruprecht, Böhlau, V&R unipress und Wageningen
Academic.

Alle Rechte vorbehalten. Das Werk und seine Teile sind urheberrechtlich geschützt.
Jede Verwertung in anderen als den gesetzlich zugelassenen Fallen bedarf der vorherigen
schriftlichen Einwilligung des Verlages.

Korrektorat: Volker Manz, Kenzingen
Umschlaggestaltung: Michael Haderer, Wien
Satz: Michael Rauscher, Wien
Druck und Bindung: General Nyomda, Szeged
Gedruckt auf chlor- und säurefreiem Papier
Printed in the EU

Vandenhoeck & Ruprecht Verlage | www.vandenhoeck-ruprecht-verlage.com

ISBN 978-3-205-21678-0

INHALT

Einleitung 9

1

Von der Bibel zum Mittelalter 15
    1.1 Dämonenglaube im Alten Testament und in seinem kulturellen Umfeld 15
    1.2 Jesus und die Dämonen 17
    1.3 Die Dämonen bei Augustinus 25
    1.4 Die alten Götter sind Dämonen 27

2

Der Teufel, Fürst der Dämonen 31
    2.1 Die Entstehung des Teufelsglaubens 31
    2.2 Der Teufel und seine Dämonen: Der Engelsturz 36
    2.3 Das Bild des Teufels 40
    2.4 Der Teufel als Drache 47
    2.5 Die Hölle, Wohnung des Teufels und der Dämonen 55

3

Die Heerscharen des Teufels: Die Dämonen 63
    3.1 Was sind Dämonen? 63
    »Legion«: Die Zahl der Dämonen 67
    Die Sprache der Dämonen 68
    Dämonen und Monster 70
    Die Verwandlungsfähigkeit der Dämonen 71
    Menschengestalt und Subtilität 72
    Dämonen in Tiergestalt 77
    Dämonische Mischwesen 83
    Götzenkult und Dämonenverehrung 84

Dämonen und ihre Namen	95
3.2 Das Wirken der Dämonen	96
Heilige und Dämonen	96
Der Kampf der Engel und Dämonen um die Seelen	102
Dämonen, Versuchung und Sünde	110
Die Bosheit der Dämonen	121
Der Mittagsdämon	122
Wetterdämonen	125
Dämonen und Sex: Incubi und Succubi	132
Incubi	132
Succubi	138
Dämonenkinder	139
Krankheitsdämonen	142
Albdrücken	144
Hexenschuss	145
Fieber	146
Besessenheit	150
3.3 Dämonenabwehr	155
Dämonenabwehr durch Amulette	155
Zwecke der Amulette	160
»Hoc scribe in plumbo«: Amulettmaterialien	161
Bleiamulette	161
Bleikreuze	163
Pergament	164
Die Formeln der Amulette	167
Sator-Quadrat	171
Johannesevangelium: *In principio erat verbum*	174
Beschwörung der Dämonen	177
Die Vertreibung der Dämonen: Exorzismusformeln	179
Titulus triumphalis: Christus vincit, Christus regnat, Christus imperat	180
Das Zauberwort Agla	182
Characteres (Zauberzeichen)	183
Dämonenabwehr durch Glocken	185
Dämonenabwehr durch Anrufung Heiliger	189
Die Austreibung der Dämonen: Der formelle Exorzismus	190

3.4 Kontrolle und Instrumentalisierung der Dämonen?
Nekromanten und Hexenmeister 199

4

Teufelskult und Hexenglaube 223

4.1 Hexenglaube 223
4.2 Teufelsbund und Teufelspakt im Mittelalter 227
4.3 Theophilus, *der* Teufelsbündler des Mittelalters 235
4.4 Hexenflug und die nachtfahrenden Frauen 239
4.5 Tierverwandlung 249
4.6 Hexensalbe 250
Exkurs: Hexenkräuter 251
4.7 Teufelsbuhlschaft 253
4.8 Der Hexensabbat 257
4.9 Die Systematisierung des Hexenglaubens: Johannes Nider
und Heinrich Kramer 258
4.10 Die *maleficia* nach Heinrich Kramer 261

Anmerkungen 265

Abbildungen 281

Bibliographie 291

Personenregister 327

EINLEITUNG

Heutzutage über Dämonen zu schreiben oder etwa gar vom Teufel zu sprechen, ist höchst unpopulär. Beide Begriffe werden im kirchlichen Schrifttum der Gegenwart ängstlich vermieden, Theologen wagen sich kaum auf dieses in der Regel höchstens von Esoterikern besetztes Feld, und wenn gar ein Papst oder ein anderer kirchlicher Funktionsträger es wagt, vom personifizierten Bösen zu sprechen, fallen die Medien (soweit sie solche Äußerungen überhaupt wahrnehmen) über ihn her und bescheinigen ihm Weltfremdheit und eine »mittelalterliche« Einstellung. Am ehesten fände noch Zustimmung, vom verkörperten Bösen zu sprechen, aber auch das ist keineswegs ein besonders beliebtes Thema.

Die Existenz des Bösen in der Welt ist allerdings eine allgemeinmenschliche Erfahrung, die nicht zuletzt ein theologisches Problem darstellt: Wie kann es das Böse geben, wenn doch ein guter Gott die Welt erschaffen hat? Was uns heute befremdlich erscheint, ist denn auch eher die Intensität, mit der im Mittelalter das Böse in Gestalt der Dämonen personifiziert wurde.

Kaum ein Mitteleuropäer des 21. Jahrhunderts würde zugeben, dass er an die Existenz von Dämonen glaubt oder ihnen gar eine Relevanz im täglichen Leben zubilligt. Doch ist es noch keine 500 Jahre her, dass jedermann von der dämonischen Präsenz mitten unter den Menschen vollständig überzeugt war. *Ubique Diabolus*, der Teufel ist überall (und so sind es seine Gehilfen, die Dämonen) – das war feste Überzeugung während des gesamten Mittelalters. Paradoxerweise wuchs dieser Glaube im Laufe des Spätmittelalters und der Frühen Neuzeit weiter an, obwohl zugleich die Wissenschaft im Bereich der Erdkunde, der Astronomie und selbst der Medizin enorme Fortschritte machte, auch wenn sich die Geschwindigkeit dieses Fortschritts in keiner Weise mit dem von heute vergleichen lässt. Offenbar bestand kein Widerspruch zwischen dem Glauben an Engel und Dämonen als Boten und Erfüllungsgehilfen Gottes und des Teufels in der jenseitigen und diesseitigen Welt einerseits und der Erkundung der natürlichen Umwelt in Form einer fortschreitenden Naturphilosophie, der Vorgängerin unserer Naturwissenschaften, andererseits. Einen aus heutiger Sicht unrühmlichen Höhepunkt erreichte der Dämonen- und Teufelsglaube aber erst in und nach der Reformationszeit, als der schon lange vorhandene Glaube an eine aktive Teufelsbündelei zu den Exzessen der Hexenprozesse führte, die sich im späten Mittelalter erst angekündigt hatten. Im Frühmittelalter hingegen, etwa zu Zeiten Karls des Großen, war die Anschuldigung, jemand anderer sei ein Hexer oder Teufelsbündler, unter Todesstrafe gestellt, da die Theologen diesen Vorwurf zu Recht als schwere Verleumdung ohne Wahrheitsgehalt einschätzten.

Die Lebenswirklichkeit der Menschen des Mittelalters, also der etwa 1000 Jahre umspannenden Epoche vom Ende des Römischen Reichs bis zur Reformation, war aber nicht nur von sich stark verändernden Vorstellungen geprägt, diese Vorstellungen umfassten auch wesentlich mehr, als wir heute nicht nur in religiöser Hinsicht an metaphysischen Gegebenheiten zu akzeptieren gewillt sind. Dabei sind es nicht in erster Linie die scholastischen, oft tatsächlich reichlich spitzfindigen Überlegungen von Theologen wie Thomas von Aquin, Roger Bacon und anderen im 13. Jahrhundert, sondern weit mehr der tägliche Überlebenskampf der Menschen, der uns einen Einblick in die Dämonologie des Mittelalters gewährt. Natürlich wusste man auch theoretisch, dass es häufig dämonische Einflüsterungen waren, die den Menschen zur Sünde verführten, oder dass die armen Seelen im Fegefeuer von den dort und in der Hölle ebenfalls leidenden Dämonen gequält wurden. Viel realer aber waren die Krankheitsdämonen, die das Volk hinter mysteriösen Fieberkrankheiten wie der Malaria vermutete und an denen Kinder und selbst kraftstrotzende Herrschergestalten überraschend schnell starben. Nach dem mittelalterlichen Volksglauben waren es auch Wetterdämonen, die Unwetter und Hagel mit sich brachten und auf unverständliche, aber jedenfalls bösartige Weise den einen Weingarten völlig zerstören, einen nahe gelegenen aber gänzlich unbehelligt lassen konnten. Gegen solche Dämonen halfen nur Gebete, apotropäische christlich-magische Handlungen oder aber auch das Läuten der Sturmglocke, deren eingegossenes Ave Maria mit jedem Glockenschlag die Mutter Gottes um Hilfe anrief, denn sie war der wirksamste Schutz gegen die Bösen Geister.

Die Dämonen des Teufels als das personifizierte Böse waren im Mittelalter also für alles Übel verantwortlich, sei es schlechtes Wetter und Missernten, alle Arten von Krankheiten und selbst Feuersbrünste, und natürlich auch für alle Sünden und Laster, zu denen sie die Menschen auf vielfältige Art verführten. Dass all diese von ihnen verursachten Widrigkeiten des Lebens nicht nur auf Geheiß des Teufels, sondern – wie in der Geschichte von Hiob – noch dazu mit Duldung Gottes geschehen konnten, machte die dämonische Bedrohung allgegenwärtig. Nur Gott selbst konnte, meist auf Fürsprache seiner Heiligen, dem Treiben der Dämonen zeitweilig Einhalt gebieten, und dies galt für das Jenseits noch mehr als für das Diesseits. Die Dämonen waren nämlich in Fegefeuer und Hölle die Helfershelfer des Satans, wenn es darum ging, die Menschen für ihre Verfehlungen in dieser Welt zu bestrafen. Daran änderte auch nichts, dass die Dämonen selbst ebenso zu leiden hatten wie die von ihnen gemarterten menschlichen Seelen, waren sie doch die gefallenen Engel, die sich einst mit Lucifer gegen Gott erhoben hatten und seither dafür ihre Strafe erlitten.

Die Dämonen sind als gestürzte Engel also Geistwesen, aber ausschließlich solche, die böswillig und den Menschen feindlich gesinnt sind. Sie sind zudem übermenschlich, aber untergöttlich und somit im wahrsten Sinne des Wortes Zwischenwesen, welche die Sphäre

zwischen Gott und den Menschen bevölkern, auch wenn diese
Zwischenwesen mit ihrer Botenfunktion noch im altjüdischen und
altgriechischen Denken der Antike den Göttern näher gestanden
haben mögen. Aber als reine Geistwesen sind sie mit den Engeln
verwandt, und auch im mittelalterlichen theologischen Denken
werden sie ursprünglich als Engel aufgefasst, allerdings eben als
jene Engel, die mit Luzifer von Gott abgefallen und wie dieser der
Verdammnis unterworfen sind. Als solche sind sie nicht nur Schadensgeister, die die Menschen in allen möglichen Gestalten und
Weisen quälen – sei es durch Krankheiten, Unglücke, Schlechtwetter oder Versuchungen –, sondern selbst gequälte Wesen, die wie
Satan auch fortwährende Qualen erleiden. Engel und Dämonen
sind im Mittelalter Widersacher füreinander, und nicht selten wird
in der religiösen Ikonographie dargestellt, wie sie in direkter Konfrontation um die Seelen der Menschen kämpfen oder sich diese gegenseitig zu entreißen
suchen.

Im volksreligiösen Denken überlappten die christlich-jüdisch-griechischen Vorstellungen von diesen Dämonen mit den diversen andersweltlichen Wesen des Volksglaubens der
europäischen Völker, die im Gegensatz zum recht universellen Konzept der Dämonen sehr
unterschiedliche regionale Ausprägungen hatten. Irische Leprechauns, deutsche Kobolde
und Bilwisse, französische Zwerge, skandinavische Alben und Trolle, sie alle haben auch
(aber nicht nur) dämonische Züge. Eine genaue Unterscheidung oder gar genaue Abgrenzung ist dabei schwer, und auch die mittelalterlichen Autoren hatten schon ihre Schwierigkeiten, auch nur die Terminologien des Lateinischen und der jeweiligen Volkssprachen zur
Deckung zu bringen, geschweige denn die Konzepte selbst.

Trotz aller interessanten, zum Teil sogar amüsanten Anekdoten über Dämonen darf
nicht vergessen werden, dass es sich um die Diener und Helfer des Teufels handelte, welche
die Menschen zu immerwährenden Qualen in die Hölle oder wenigstens ins Fegefeuer bringen konnten und vor denen die Menschen im wahrsten Sinne des Wortes eine »Höllenangst« hatten. Im Gegensatz zu manchen modernen Interpretationen von Teufels- und
Dämonenglauben handelte es sich keineswegs (nur) um Diszipli-
narinstrumente der mittelalterlichen Kirchenhierarchie, vielmehr
waren sie tief im Glauben an eine letztendlich beseelte, aber auch
nicht beherrschbare Umwelt verwurzelt. So war der Glaube an
Krankheitsdämonen – und der Versuch, sie zu beschwören bzw.
auszutreiben – nichts anderes als die letzte Hoffnung, angesichts

Abb. 0.1 St. Michael im Luftkampf mit Dämon um die Seele eines Verstorbenen. Brüder von Limburg: Die Todesstunde (1411–1416), aus: Les Très Riches Heures du Duc de Berry, fol. 159r.

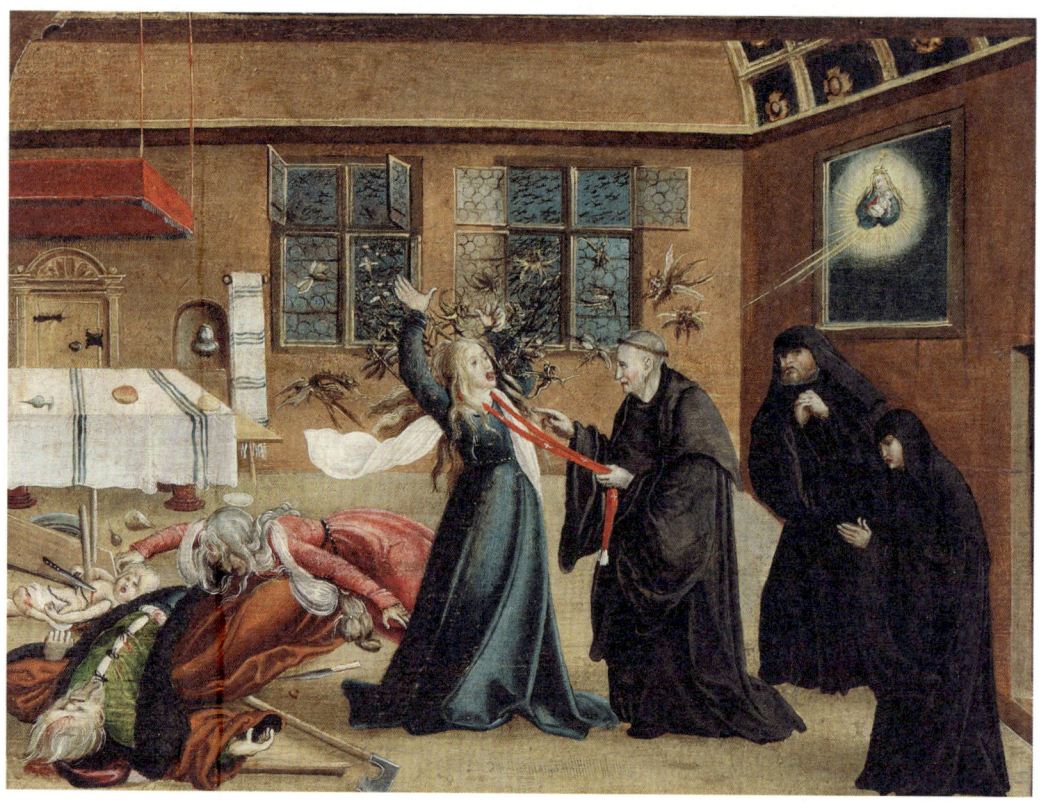

Abb. 0.2 Dämonenschwarm auf dem sog. Kleinen Mariazeller Wunderaltar von 1512, einen Exorzismus mit Hilfe der Muttergottes darstellend.

einer oftmals hilflosen oder überforderten Medizin die Leid oder Tod bringenden Krankheiten doch noch bekämpfen zu können.

Was aber die Dämonen der christlichen Vorstellungen des Volksglaubens deutlich von allen Wichteln, Zwergen oder Alben unterschied, war ihre Omnipräsenz: *Ubique diabolus* – »Überall ist der Teufel«, sagte man im Mittelalter, und damit war gemeint, dass der Teufel und seine gefallenen Engel einen dauernden und unmittelbaren Einfluss auf das tägliche Leben hatten. Die Dichte, in der die Dämonen die Menschen umgeben, wird in den Beschreibungen mit Mückenschwärmen oder mit dem Laub im Wald verglichen, was zu einer für uns kaum mehr vorstellbaren Intensität der Erfahrungen führte.

Die Omnipräsenz der Dämonen zeigt sich auch im Kirchenraum: Ein guter Teil der bildlichen Darstellungen von Dämonen stammt nicht nur von der Tafelmalerei mittelalterlicher Altäre, sondern von den steinernen Skulpturen des Kirchenraums selbst. Die vielfältigen Formen dämonischer Gestalten darf aber den heutigen Betrachter nicht dazu verführen, in allen fremdartigen, exotischen Misch- und Fabelwesen Dämonen zu sehen, da vielfach auch einfach menschliche oder halbmenschliche Monstrositäten dargestellt sind. Monster waren nämlich nach mittelalterlicher Vorstellung nicht wie heute irgendwelche gefährlichen Lebewesen, sondern Menschen mit gewissen Absonderlichkeiten, die den Erzählungen von Reisenden entstammten.[1] In der bildlichen Darstellung waren natürlich rein körperliche Abnormitäten – nur ein einzelner riesiger Fuß oder lange, bis zum Boden reichende Ohren – leichter darzustellen wie andere Eigentümlichkeiten, etwa Speisegewohnheiten wie das ausschließliche Verzehren von rohem Fisch. Allerdings ist nicht immer leicht zu unterscheiden zwischen den vereinzelt auch als Mischgestalten auftretenden Monstren und Dämonen. So sind Dämonen ausgesprochen häufig mit Tierköpfen dargestellt, etwa von Hunden, Affen, Wölfen, Bären, Ebern, aber es gibt auch ein einziges Volk von Monstern, das durchwegs so präsentiert wird, nämlich die hundsköpfigen Cynocephalen; andererseits wird auch das kleine afrikanische Volk der Pygmäen mitunter affenartig dargestellt.

Dennoch haben Dämonen und Monstren sonst wenig gemein: Sind Monstren Menschen und somit diesseitige Wesen, die in der Kosmographie die fernen Gegenden der Welt bevölkern und noch der Taufe harren, so sind Dämonen rein jenseitige Wesen, die nur ausnahmsweise auch die Gestalt eines Menschen oder eines Tiers annehmen können und in der Hölle sowie den dunklen Himmelssphären hausen. Während die Dämonen also in die Zuständigkeit der Theologie fallen, sind die Monstren Gegenstand der Geographie und Ethnographie.

Wovon hier nicht die Rede sein wird, sind moderne esoterische Auslegungen eines Dämonenglaubens, und auch auf die tiefenpsychologischen Aspekte des Dämonischen wird nicht weiter eingegangen. Als Mediävist werde ich mich zudem nur kurz mit den Wurzeln des mittelalterlichen Dämonenglaubens in der griechischen und jüdischen Antike beschäftigen, um mich dann seiner Entwicklung zu einem Denksystem des europäischen Hoch- und Spätmittelalters, am meisten aber den vielfältigen phänomenologischen Erscheinungsformen der Dämonen im Leben der mittelalterlichen Menschen und nicht zuletzt ihren oft unglaublich phantasievollen ikonographischen Darstellungen in mittelalterlichen Kunstwerken zu widmen. Der vorliegende Band will also ganz bewusst keineswegs »zeitgemäß« sein, sondern im Gegenteil den Leser in die Geistes- und Mentalitätsgeschichte des Mittelalters entführen, einer Epoche, deren Ende kaum viel mehr als 15 Generationen zurückliegt und deren Vorstellungen uns oft näherstehen, als wir glauben wollen.

R. Simek, zu St. Nikolaus 2022

1
VON DER BIBEL ZUM MITTELALTER

1.1 Dämonenglaube im Alten Testament und in seinem kulturellen Umfeld

Es ist wenig überraschend, dass das christliche Mittelalter nicht nur einen verbreiteten Dämonenglauben, sondern auch eine ausgeprägte Theorie dazu entwickelte, wenn schon die Heilige Schrift an zahlreichen Stellen Dämonen und ihr Wirken erwähnt. Daher müssen kurz auch die biblischen Wurzeln der mittelalterlichen Dämonologie betrachtet werden, selbst wenn die antiken und altjüdischen Dämonenvorstellungen nicht das eigentliche Thema dieses Buches sind.

Von den zahlreichen Dämonen und Dämonenaustreibungen des Neuen Testaments wird noch ausführlicher zu reden sein, aber schon das Alte Testament integriert alte nahöstliche Dämonenvorstellungen in den Eingottglauben an Jahwe. An und für sich ist das ein Widerspruch, da ein böses Urprinzip neben Jahwe im Alten Testament eigentlich keinen Raum haben sollte. Diese dualistischen Vorstellungen von einem guten Gott und einem bösen Widersacher alles Guten sind allerdings nicht erst durch Strömungen wie den Zarathustrismus und Manichäismus in die Jahwe-Religion eingeflossen, sondern finden sich auf vorjahwistischer und kanaanäischer Grundlage schon in wesentlich älteren Texten des Alten Testaments, und spätestens seit der Babylonischen Gefangenschaft der Israeliten (597–539 v. Chr.) sind auch babylonische Vorstellungen Teil der altjüdischen Glaubenswelt geworden. Sowohl der kanaanitische Stammesgott El als auch die babylonischen Hautgottheiten Anu und Marduk/Ea brauchten nämlich Götterboten, die zu den Mischwesen zwischen Göttern und Menschen gehörten und meist negative Charakteristika hatten, da ihre Hauptaufgabe die Bestrafung der menschlichen Frevler war. Die Engel der Jahwe-Religion, wie sie im Racheengel Ex 12,23 (entstanden nach dem 7. Jahrhundert v. Chr.) vor dem Auszug aus Ägypten materialisiert sind, ebenso wie die »Bösen Geister«, die sich als Stifter von Zwietracht und Ursache von Sünden finden (Ri 9,23; 1 Sam 16,14 und 18,10; 1 Kön 22,22), zeigen sowohl Züge der altorientalischen Götterboten als auch schon deutliche Züge des späteren Dämonenglaubens im Neuen Testament und im europäischen Mittelalter. Aber auch die Engel als Mischwesen, so etwa die Cherubim als Wächter des Gartens Eden (Gen 3,24) bei der Vertreibung aus dem Paradies, sind keineswegs nur positive Gestalten, auch wenn sie hier als Erfüllungsgehilfen Jahwes agieren. Ausdrücklich Böse Geister ohne Botenfunktion finden sich im 2. Jahrhundert v. Chr. im Buch Tobit (Tob 6,14–18) mit sexuellen Konnotationen, welche die Incubi des Mittelalters vorwegnehmen, wenn hier ein Dämon schon sieben potentielle Ehemänner eines Mädchens jeweils in der Hochzeitsnacht tötet. Mitunter sind die negativ konnotierten Zwischenwesen im Alten Testament auch namentlich genannt, ohne dass sie sich deshalb klar von einem Glauben an eine Vielzahl von Dämonen abgrenzen ließen, so etwa die Lilith in Jes 34,14 oder der »Wüstendämon« Asael/Asazel in Lev 16,8.10.26,[1] der als Sündenbock beim jüdischen Sühneopfer fungierte.

Daneben spielt für den alttestamentlichen Jahweglauben auch die Dämonisierung der Götter der umgebenden Völker, vor allem der Babylonier, eine ganz wichtige, dann in den Missionsbestrebungen des Christentums bedeutsame Rolle. Über diese von den Juden als Dämonen angesehenen Götter finden sich Klagen bereits im Alten Testament im Buch Deuteronomium, das vermutlich bald nach der Rückkehr aus der Babylonischen Gefangenschaft (also um 500 v. Chr.?) entstand:

[...] den Dämonen opferten sie, ungöttlichen Wesen, Göttern, die sie nie gekannt, neuen, die jüngst erst gekommen, von denen ihre Väter nichts wußten. (Dtn 32,17)

Auch in den nachfolgenden Jahrhunderten wird diese Klage als Topos weitergegeben, zum Beispiel im (vermutlich erst im 1. Jahrhundert v. Chr. zusammengestellten) Buch Baruch des Alten Testaments:

Ja, euren Schöpfer habt ihr zum Zorn gereizt, da ihr den Dämonen geopfert und nicht Gott. (Bar 4,7)

Noch der Apostel Paulus greift in seinem ersten Brief an die Korinther diesen verbreiteten Topos wieder auf:

Aber ich sage: Was die Heiden opfern, das opfern sie den Dämonen und nicht Gott. Nun will ich nicht, daß ihr Gemeinschaft habt mit den Dämonen. (1 Kor 10,20)

Diese Methode des Umgangs mit Fremdgöttern sollte noch bis ins europäische Mittelalter weiterwirken, ungeachtet dass die *gelehrte* mittelalterliche Rezeption auch andere Methoden der Erklärung vor- und außerchristlicher Gottheiten kannte (vgl. unten Kap. 1.4).

Der altpersische Dualismus, den Zarathustra im 7. Jahrhundert zu einer Religion des Gegensatzes zwischen dem guten Gott Ahura Mazda und dem bösen Prinzip Angra Mainyu weiterentwickelte, umfasste schließlich auch ganze Heerscharen von guten und bösen Geistern, die von den beiden Göttern geschaffen wurden. Zwar weist das alttestamentliche Judentum mit seinem Eingottglauben wesentliche Unterschiede dazu auf, da Satan (der schon beim Sündenfall Gen 3,1 in Gestalt einer Schlange aktiv ist) ein Geschöpf Jahwes ist, aber der dualistische Einfluss dieser persisch-medischen auf die jüdische Religion und dann besonders auf das Christentum des Neuen Testaments sind unverkennbar.[2] Schon im Alten Testament ist damit die Rolle des Teufels als Anführer und Herrscher über die Dämonen angelegt, auch wenn er ursprünglich nur die Rolle des Widersachers Gottes hatte (vgl. Ijob 1,6–12 und 2,1–7; Sach 3,1; 1 Chr 21,1). Gerade im Buch Hiob spielt der Satan als der große Versucher schon eine Rolle als Widerpart Gottes, der aber doch von der Macht Gottes abhängig ist und von diesem erst die Erlaubnis zur Versuchung eines Menschen einzuholen hat:

Da sprach der Herr zum Satan: Siehe, er ist in deiner Hand. Nur schone sein Leben. (Ijob 1,6)

Ebenfalls eine Rolle bei der Entwicklung des alttestamentlichen Dämonenglaubens war die Ausbildung eines Engelglaubens, der wohl auf die Idee von den sogenannten Gottessöhnen (Gen 6,1–8) zurückgeht. Diese gipfelte in einer strukturierten Engelshierarchie, die im apokryphen, wohl erst im letzten Jahrhundert vor der Zeitenwende entstandenen ägyptischen Buch Henoch ausgeführt wird, aber damit dennoch die Grundlage der kanonisch gewordenen mittelalterlichen Engelschöre bildet.

Während die relativ seltenen Erwähnungen von Bösen Geistern im Alten Testament sich einer genaueren Definition sperren – nicht zuletzt wegen der sehr unterschiedlichen Entstehungszeiten der alttestamentlichen Bücher –, sind die Erwähnungen von Dämonen im Neuen Testament in Relation zum Textumfang deutlich zahlreicher und auch leichter definitorisch fassbar. Allerdings sind die Dämonenbilder der Evangelisten von der griechischen Tradition mindestens genauso geprägt wie von der altjüdischen.

1.2 Jesus und die Dämonen

Zur Klarstellung sei vorab erwähnt, dass in den Texten des Neuen Testaments eine gewisse terminologische Unschärfe besteht, auch wenn in den neueren deutschen Übersetzungen meist von Dämonen oder »unreinen Geistern« gesprochen wird; in der Luther-Übersetzung ist auch von Bösen Geistern (z. B. Apg 19,13) oder einfach, wie noch im Mittelhochdeutschen üblich, von Teufeln (z. B. Mt 8,31) die Rede.

Abb. 1.1 Christus vertreibt die Dämonen aus dem besessenen Gadarener und lässt sie in eine Schweineherde fahren. Evangeliar aus Echternach, sog. Codex aureus (ca. 1030–1050), Nürnberg.

Das griechische *daimones* (δαίμονες) findet sich im Neuen Testament überhaupt nur bei Mt 8,28 – 32 im *locus classicus* der neutestamentlichen Dämonenaustreibungen: bei der Schilderung der Massenaustreibung von Dämonen bei den Gadarenern.

28 Als Jesus in das Gebiet der Gadarener am gegenüberliegenden Ufer kam, liefen ihm aus den Grabhöhlen zwei Besessene entgegen. Sie waren so gefährlich, dass niemand den Weg benutzen konnte, der dort vorbeiführte. 29 »Was willst du von uns, Sohn Gottes?«, schrien sie. »Bist du gekommen, um uns schon vor der festgesetzten Zeit zu quälen?« 30 In einiger Entfernung weidete eine große Herde Schweine. 31 Die Dämonen baten ihn: »Wenn du uns austreibst, lass uns doch in die Schweineherde fahren!« – 32 »Geht!«, sagte Jesus. Da verließen die Dämonen die beiden Männer und fuhren in die Schweine. Und augenblicklich stürzte sich die ganze Herde den Abhang hinunter in den See, und die Tiere ertranken in den Fluten. (Mt 8,28 – 32)

Ansonsten jedoch ist der Begriff *daimonion* (δαιμόνιον) von Sokrates überliefert, wo er noch einen guten Schutzgeist bedeutet. So berichtet es Platon (427 – 347 v. Chr.) in seiner *Apologie des Sokrates* (Kap. 15 = 27c), wenn er diese Dämonen noch als Kinder der Götter ansieht:

Und die Daimonen, halten wir die nicht entweder für Götter oder doch die Kinder der Götter [...]. Wenn aber die Daimonen wiederum Kinder der Götter sind, unechte zwar von Nymphen oder anderen, denen sie ja auch zugeschrieben werden.[3]

Da er aber andererseits die daimonische Eingebung immer wieder als negativ ansieht,[4] wird der Begriff seit Platons Schüler Xenokrates (396/5 – 314 v. Chr.) zwar sowohl für gute als auch für böse Geister, zunehmend aber für die Bösen Geister allein verwendet. In diesem Sinn wird das *daimonium* der lateinischen Bibel, der Vulgata, dann durchweg gebraucht.[5] Diese neuplatonische Verwendung umfasst auch die aktive Kontaktaufnahme des Menschen mit solchen Zwischenwesen, entweder durch Magie oder Traumvisionen. In erster Linie erfolgte sie dabei zum Zweck der Wahrsagerei, womit schon mittelalterliche Praktiken vorweggenommen sind. Dazu kam die Vorstellung im Volksglauben, dass überhaupt jegliches Unglück und Unheil durch Dämonen verursacht sei, sodass apotropäische (also Unheil und Dämonen abwehrende) Maßnahmen eine enorme Bedeutung bekamen. Da sich diese Praktiken nicht allzu sehr von den mittelalterlichen Methoden der Dämonenabwehr unterscheiden, wird an späterer Stelle ausführlich auf sie eingegangen.

In den Evangelien des Neuen Testaments findet sich die schon zitierte ausführliche Schilderung des Exorzismus bei den Gadarenern, also den Bewohnern des Landstrichs um die antiken Städte Gadara und Gerasa, östlich des Sees von Genezareth; die Parallelstelle zu Mt 8,28–32 bei Lk 8,26–33 ist in der Beschreibung des Besessenen selbst vielleicht noch drastischer:

26 Sie fuhren in das Gebiet von Gerasa, das dem galiläischen Ufer gegenüberliegt. 27 Als Jesus an Land ging, lief ihm ein Mann aus der Stadt entgegen, der von Dämonen besessen war. Schon seit langem trug er keine Kleider mehr und lebte nicht mehr in einem Haus, sondern in den Grabhöhlen. 28 Als er Jesus sah, schrie er auf, fiel vor ihm nieder und rief laut: Was habe ich mit dir zu tun, Jesus, Sohn des höchsten Gottes? Ich bitte dich: Quäle mich nicht! 29 Jesus hatte nämlich dem unreinen Geist befohlen, den Mann zu verlassen. Denn schon seit langem hatte ihn der Geist in seiner Gewalt und man hatte ihn wie einen Gefangenen an Händen und Füßen gefesselt. Aber immer wieder zerriss er die Fesseln und wurde von dem Dämon in menschenleere Gegenden getrieben. 30 Jesus fragte ihn: Wie heißt du? Er antwortete: Legion. Denn er war von vielen Dämonen besessen. 31 Und die Dämonen baten Jesus, sie nicht zur Hölle zu schicken. 32 Nun weidete dort an einem Berg gerade eine große Schweineherde. Die Dämonen baten Jesus, ihnen zu erlauben, in die Schweine hineinzufahren. Er erlaubte es ihnen. 33 Da verließen die Dämonen den Menschen und fuhren in die Schweine, und die Herde stürzte sich den Abhang hinab in den See und ertrank. 34 Als die Hirten das sahen, flohen sie und erzählten alles in der Stadt und in den Dörfern. 35 Darauf eilten die Leute herbei, um zu sehen, was geschehen war. Sie kamen zu Jesus und sahen, dass der Mann, den die Dämonen verlassen hatten, wieder bei Verstand war und ordentlich gekleidet Jesus zu Füßen saß. Da fürchteten sie sich. 36 Die, die alles gesehen hatten, berichteten ihnen, wie der Besessene geheilt wurde. (Lk 8,26–33)

Die zahlreichen Erwähnungen von Dämonenaustreibungen zeigen, dass in diesen ein geeignetes Mittel gegen Besessenheit und Krankheiten gesehen wurde. Alle drei synoptischen Evangelien bringen Erzählungen über Christi Macht über die Dämonen, aber teils erfolgt das gleichsam nebenbei. Daran lässt sich erkennen, dass Krankheiten und dämonische Besessenheit beinahe Synonyme – modern würden wir sagen: für physische und psychische Krankheiten – sind:

Am Abend, als die Sonne untergegangen war, brachte man alle Kranken und Besessenen zu Jesus. 33 Die ganze Stadt war vor der Haustür versammelt, 34 und er heilte viele, die an allen möglichen Krankheiten litten, und trieb viele Dämonen aus. Und er verbot den Dämonen zu reden; denn sie wussten, wer er war. (Mk 1,32–34)

Aus rezeptionsgeschichtlicher Sicht fällt die Tatsache auf, dass in der mittelalterlichen bildenden Kunst aus der Vielzahl der Erwähnungen von Dämonen und ihrer Austreibung[6] ganz besonders eine Stelle der Evangelien wirksam wurde, die vom »mondsüchtigen« Knaben handelt, obwohl sie weder inhaltlich noch dramatisch besonders erwähnenswert wirkt:

14 Als sie zurückkamen, begegneten sie einer großen Zahl von Menschen. Da trat ein Mann auf ihn zu, fiel vor ihm auf die Knie 15 und sagte: Herr, hab Erbarmen mit meinem Sohn! Er ist mondsüchtig und hat schwer zu leiden. Immer wieder fällt er ins Feuer oder ins Wasser. 16 Ich habe ihn schon zu deinen Jüngern gebracht, aber sie konnten ihn nicht heilen. 17 Da sagte Jesus: O du ungläubige und unbelehrbare Generation! Wie lange muss ich noch bei euch sein? Wie lange muss ich euch noch ertragen? Bringt ihn her zu mir! 18 Dann drohte Jesus dem Dämon. Der Dämon verließ den Knaben, und der Knabe war von diesem Augenblick an geheilt. 19 Als die Jünger mit Jesus allein waren, wandten sie sich an ihn und fragten: Warum konnten denn wir den Dämon nicht austreiben? 20 Er antwortete: Weil euer Glaube so klein ist. Amen, das sage ich euch: Wenn euer Glaube auch nur so groß ist wie ein Senfkorn, dann werdet ihr zu diesem Berg sagen: Rück von hier nach dort!, und er wird wegrücken. Nichts wird euch unmöglich sein. (Mt 17,14 – 20)

Die Stellen des Neuen Testaments zeigen gleichzeitig aber auch, dass selbst vor 2000 Jahren, also trotz eines weitreichenden Glaubens an die Dämonen, deren Austreibung als gefährliches, ja möglicherweise nur durch dunkle Mächte mögliches Unterfangen galt:

32 Als sie gegangen waren, brachte man zu Jesus einen Stummen, der von einem Dämon besessen war. 33 Er trieb den Dämon aus, und der Stumme konnte reden. Alle Leute staunten und sagten: So etwas ist in Israel noch nie geschehen. 34 Die Pharisäer aber sagten: Mit Hilfe des Anführers der Dämonen treibt er die Dämonen aus. (Mt 9,32 – 34)

Umso mehr wird dadurch die Macht Christi verdeutlicht, und das kann wohl als Hauptintention der Exorzismusschilderungen angesehen werden, wenn die geradezu bestürzte Reaktion der Juden darauf beschrieben wird:

21 Sie kamen nach Kafarnaum. Am folgenden Sabbat ging er in die Synagoge und lehrte. 22 Und die Menschen waren sehr betroffen von seiner Lehre; denn er lehrte sie wie einer, der (göttliche) Vollmacht hat, nicht wie die Schriftgelehrten. 23 In ihrer Synagoge saß ein Mann, der von einem unreinen Geist besessen war. Der begann zu schreien: 24 Was haben wir mit dir zu tun, Jesus von Nazaret? Bist du gekommen, um uns ins Verderben zu

stürzen? Ich weiß, wer du bist: der Heilige Gottes. 25 Da befahl ihm Jesus: Schweig und verlass ihn! 26 Der unreine Geist zerrte den Mann hin und her und verließ ihn mit lautem Geschrei. 27 Da erschraken alle und einer fragte den andern: Was hat das zu bedeuten? Hier wird mit Vollmacht eine ganz neue Lehre verkündet. Sogar die unreinen Geister gehorchen seinem Befehl. (Mk 1,21–27)

Zum Teil bedarf es, so haben die obigen Schilderungen gezeigt, der energischen Worte Jesu, um die Dämonen aus solchen Besessenen auszutreiben. Andererseits sind auch seine Jünger (und nicht nur die zwölf Apostel) in der Lage, in Jesu Namen Dämonen auszutreiben, wie folgender Vers im Lukasevangelium zeigt:

Die 72 kehrten voll Freude zurück und sagten: »Herr, sogar die Dämonen sind uns untertan in deinem Namen.« Er entgegnete ihnen: »Ich sah den Satan wie einen Blitz vom Himmel fallen.« (Lk 10,18)

Die Stelle ist auch deswegen höchst bemerkenswert, weil hier eine deutliche Unterscheidung zwischen der Vielzahl der Dämonen und dem einen Satan gemacht wird, den Jesus kurz danach erwähnt, und er offenbar auch noch die Dämonen in Tiergestalt visualisiert:

Seht, ich habe euch Macht gegeben, auf ›Schlangen und Skorpione zu treten‹ (Ps 91,13) sowie über jede feindliche Gewalt, und nichts wird euch schaden. (Lk 10,19)

Beides wird später in mittelalterlichen Texten relevant, auch wenn gerade in volkssprachlichen Texten die Unterscheidung zwischen den Teufeln (= Dämonen) und dem Teufel (= Satan) nicht ganz offensichtlich ist und häufig falsch übersetzt wird.

Der Evangelist Lukas legt Jesus aber auch eine lange Rede über die Gefahren des Exorzismus in den Mund. Sie gewährt nicht nur Einblicke in die Realität des frühchristlichen Dämonenglaubens, sondern ist auch aus psychologischer Sicht aufschlussreich:

14 Und er trieb einen Dämon aus, der stumm war. Es geschah aber, als der Dämon ausgefahren war, redete der Stumme; und die Volksmengen wunderten sich. 15 Einige aber von ihnen sagten: Durch Beelzebub, den Obersten der Dämonen, treibt er die Dämonen aus. 16 Andere aber versuchten ihn und forderten von ihm ein Zeichen aus dem Himmel. 17 Da er aber ihre Gedanken wusste, sprach er zu ihnen: Jedes Reich, das mit sich selbst entzweit ist, wird verwüstet, und Haus gegen Haus entzweit, stürzt ein. 18 Wenn aber auch der Satan mit sich selbst entzweit ist, wie wird sein Reich bestehen? Denn ihr sagt,

dass ich durch Beelzebub die Dämonen austreibe.[7] 19 Wenn aber ich durch Beelzebub die Dämonen austreibe, durch wen treiben eure Söhne sie aus? Darum werden sie eure Richter sein. 20 Wenn ich aber durch den Finger Gottes die Dämonen austreibe, so ist also das Reich Gottes zu euch gekommen. [...] 24 Wenn der unreine Geist von dem Menschen ausgefahren ist, so durchwandert er dürre Orte und sucht Ruhe; und da er sie nicht findet, spricht er: Ich will in mein Haus zurückkehren, von wo ich ausgegangen bin. 25 Und wenn er kommt, findet er es gekehrt und geschmückt. 26 Dann geht er hin und nimmt sieben andere Geister mit, böser als er selbst, und sie gehen hinein und wohnen dort; und das Ende jenes Menschen wird schlimmer als der Anfang. (Luk 11,14–26)

Die Parallelstelle bei Mk 3,22–26 lässt zwar die Heilungsgeschichte weg, ist aber bei der Exegese noch deutlicher, indem Jesus hier Beelzebub/Beelzebul ausdrücklich mit Satan identifiziert: »Wie kann Satan den Satan austreiben« (Mk 3,23).

Das Thema der Dämonengläubigkeit wie auch das der Macht der Apostel über die Dämonen beleuchtet eine Stelle in der Apostelgeschichte, in der von den Heilungswundern des Petrus und der anderen Apostel berichtet wird. Dabei reicht schon der Schatten von Petrus aus, um zu heilen und Dämonen auszutreiben:

14 Aber umso mehr wurden solche, die an den Herrn glaubten, hinzugetan, Scharen von Männern und auch Frauen, 15 so dass sie die Kranken auf die Straßen hinaustrugen und auf Betten und Lager legten, damit, wenn Petrus käme, auch nur sein Schatten einen von ihnen überschatten möchte. 16 Es kam aber auch die Menge aus den Städten um Jerusalem zusammen, und sie brachten Kranke und von unreinen Geistern Geplagte, die alle geheilt wurden. (Apg 4,14–16)

Eine letzte Stelle, aus dem Evangelium des Markus, zeigt, dass schon die Berufung auf Jesus ausreiche, um erfolgreich zu exorzieren, auch wenn der Akteur offenbar gar kein Jünger Christi war:

38 Da sagte Johannes zu ihm: Meister, wir haben gesehen, wie jemand in deinem Namen Dämonen austrieb; und wir versuchten, ihn daran zu hindern, weil er uns nicht nachfolgt. 39 Jesus erwiderte: Hindert ihn nicht! Keiner, der in meinem Namen Wunder tut, kann so leicht schlecht von mir reden. 40 Denn wer nicht gegen uns ist, der ist für uns. (Mk 9,38–40)

Mehr über die eigentliche Funktion der Dämonen jenseits der Besessenheit sagt jedoch eine kurze Stelle im Jakobusbrief aus, wo die göttliche Wahrheit mit einer »irdischen, sinnenhaften, dämonischen Wahrheit« kontrastiert wird (Jak 3,15). Die Dämonen, so darf man daraus schließen, sprechen trotz ihrer spirituellen Natur als geistige Geschöpfe die irdische und sinnliche Seite des Menschen an. Dies ist ein bereits stark christlich umgedeuteter Aspekt des ursprünglich dahinterstehenden Dualismus, denn die Dämonen sind hier zwar geistige oder wenigstens feinstoffliche Wesen, ihre Wirkung aber zielt auf das Irdische, nicht das Göttliche.

Neben den Begriffen Dämonen bzw. unreine Geister oder auch Geister des Bösen (Offb 16,14; Eph. 6,12) wird für die Dämonen in der Offenbarung des Johannes auch noch der Begriff »Engel« verwendet, nun aber als die Engel des Drachen, wie der Teufel hier genannt wird:

Und es entstand ein Kampf im Himmel: Michael und seine Engel kämpften mit dem Drachen. Und der Drache kämpfte und seine Engel; 8 und sie bekamen nicht die Übermacht, und ihre Stätte wurde nicht mehr im Himmel gefunden. 9 Und es wurde geworfen der große Drache, die alte Schlange, der Teufel und Satan genannt wird, der den ganzen Erdkreis verführt, geworfen wurde er auf die Erde, und seine Engel wurden mit ihm geworfen. (Offb 12,7 – 9)

Er überwältigte den Drachen, die alte Schlange – das ist der Teufel oder der Satan –, und er fesselte ihn für tausend Jahre. 3 Er warf ihn in den Abgrund, verschloss diesen und drückte ein Siegel darauf, damit der Drache die Völker nicht mehr verführen konnte. (Offb 20,2 – 3)

Hier könnten die Engel des Drachen zunächst als dessen Geschöpfe betrachtet werden, ein Gedanke, dessen theologische Sprengkraft durch die Geschichte vom Sturz der Engel aber entschärft wird, die auch durch die oben zitierte Stelle aus Lk 10,18 gestützt wird (»Ich sah den Satan wie einen Blitz vom Himmel fallen«). Zudem tritt hier Michael stellvertretend als Heerführer der himmlischen Heerscharen gegen den Teufel und seine »Engel« an und nicht etwa Gott selbst; damit steht der Teufel nicht mehr auf derselben Hierarchiestufe wie Gott. In der Folge wird der Engelsturz von der Patristik über die mittelalterliche Legendarik und die christliche Ikonographie bis hin zur offiziellen kirchlichen Lehrmeinung die gängige Erklärung für die Stellung der Dämonen zu den Engeln: Beide sind Gottes geistige Geschöpfe, aber die Dämonen hatten sich der Hybris des Luzifer angeschlossen und waren deswegen in die Hölle verbannt worden. In erster Linie wurde dafür das apokryphe Buch Henoch als Quelle verwendet, in das sicherlich schon Elemente der griechischen Titanomachie (also des Kampfes der Titanen um Kronos gegen Zeus und seine Brüder, der mit dem Sturz der Titanen endete) miteingeflossen waren.[8] In der Patristik wurden dann die Kontroversen um die Natur der Engel und deren Abfall ausgetragen.

Eine ausführliche praktische Anwendung des antiken und altjüdischen Dämonenglaubens findet sich in patristischer Zeit bei Evagrius Ponticus (345 – 399), der eine Lehre von den dämonischen Versuchungen und ihrer Abwehr entwarf, wie sie sich fast zeitgleich auch in der *Vita Antonii* des Athanasius Alexandrinus manifestiert, wobei beide u.a. auf überlieferte Briefe von Antonius dem Großen zurückgehen. Vor allem aber war es Aurelius Augustinus, der die älteren Vorstellungen aufgriff, systematisierte und ausbaute und damit die Grundlagen einer mittelalterlichen Dämonologie schuf.

1.3 Die Dämonen bei Augustinus

Es steht völlig außer Zweifel, dass es der Kirchenvater Aurelius Augustinus (354–430) war, der von allen Autoren der Spätantike die nachhaltigste Wirkung auf das Mittelalter hatte. Nicht nur enthält sein äußerst umfangreiches Schrifttum in etlichen seiner Werke Bezüge zum Dämonenglauben in seiner noch im Spannungsfeld zwischen römischer Religion und Christentum stehenden Zeit, sondern der hl. Augustinus ist auch der erste, der sich an einem christlichen System der Dämonologie versucht. Gerade seine Aussagen in diesem Kontext machten den im Mittelalter hochgeschätzten Kirchenmann zu einer Quelle der späteren Vorstellungen bis in die Frühe Neuzeit hinein.

Augustinus setzte sich ausführlich mit dem Dämonenkonzept des Apuleius (ca. 123 – nach 170) auseinander. Apuleius hatte die Dämonen als Mittler zwischen Göttern und Menschen verstanden und war davon ausgegangen, dass sie sowohl mit den Göttern als auch den Menschen gewisse Eigenschaften gemeinsam haben. Auch im Alten Testament hat an einigen wenigen Stellen sogar Satan eine Boten- oder Mittlerfunktion (Num 22,22.32; 2 Sam 24,1 und 1 Chr 21,1). Augustinus dagegen spricht ihnen jeden positiven Aspekt ab; für ihn sind sie Geister, die ausschließlich danach trachten, den Menschen Schaden zuzufügen:

> *[...] restat, ut nullo modo credendum sit, quod Apuleius persuadere nititur et quicumque alii sunt eiusdem sententiae philosophi, ita esse medios daemones inter deos et homines tamquam internuntios et interpretes, qui hinc ferant petitiones nostras, inde referant deorum suppetias; sed esse spiritus nocendi cupidissimos, a iustitia penitus alienos, superbia tumidos, inuidentia liuidos, fallacia callidos, qui in hoc quidem aere habitant, quia de caeli superioris sublimitate deiecti merito inregressibilis transgressionis in hoc sibi congruo uelut carcere praedamnati sunt [...].* (De Civitate die, VIII, 22)

> [...] und demnach bleibt nur übrig, dass man keineswegs zu glauben hat, was Apuleius und alle anderen Philosophen, die der gleichen Ansicht huldigen, glauben machen wollen, dass nämlich die Dämonen in der Weise von Vermittlern und Zwischenboten Mittelglieder seien zwischen den Göttern und den Menschen mit der Aufgabe, von hier aus unsere Bitten emporzutragen und von dort her die Hilfe der Götter herabzubringen; vielmehr hat

man zu glauben, dass sie Geister seien, brennend vor Begierde zu schaden, aller Gerechtigkeit bar, von Hochmut aufgeblasen, blass vor Neid, in Ränken geübt, in der Luft zwar hausend, weil sie wegen einer nicht mehr gut zu machenden Übertretung aus der Herrlichkeit des oberen Himmels herabgestürzt und vorerst zu diesem Aufenthalt wie zu dem für sie geeigneten Kerker verurteilt sind.

Hier ist eines der Grundprinzipien mittelalterlicher Dämonologie angesprochen, nämlich die Tatsache, dass die Dämonen gefallene Engel sind. Augustinus greift damit die Aussage des Zweiten Petrusbriefes auf, der von einem Fall der Engel berichtet, wobei hier noch keine ausdrückliche Gleichstellung mit den Dämonen erwähnt wird:

Gott hat auch die Engel, die gesündigt haben, nicht verschont, sondern sie in die finsteren Höhlen der Unterwelt verstoßen und hält sie dort eingeschlossen bis zum Gericht.
(2 Petr 2,4)

Über die Konsequenzen und auch die Ausgestaltung der Legende vom Engelsturz wird noch ausführlicher zu reden sein, aber die Tatsache, dass Augustinus sie aufgriff und als gegeben voraussetzte, verlieh ihr im Mittelalter natürlich zusätzliches Gewicht. Eine Rolle als Vermittler zwischen Götterwelt und diesseitiger Welt nach antikem Vorbild spricht Augustinus den Dämonen hingegen völlig ab. Dennoch gewinnt die heidnisch-antike Vorstellung dann aber im Mittelalter auf Umwegen wieder an Bedeutung, weil sie durch Vorstellungen der Nekromanten von Dämonenerscheinungen und vor allem Dämonenbeschwörungen sehr wohl wieder eine Rolle als Bindeglied zwischen Mensch und Jenseits – allerdings nur in Form der Hölle – einnehmen.

Seine Definitionen in *De divinatione daemonum* und in *De doctrina christiana* fasste Augustinus in *De civitate Dei* (X, 11) dann knapp zusammen:

Geister nämlich, die durch eigene Schuld, nicht, wie er sagt, von Natur aus trügerisch sind, die sich für Götter und für die Seelen von Verstorbenen ausgeben, in Wirklichkeit aber Dämonen sind, nicht, wie er sagt, sich dafür ausgeben.[9]

Augustinus beschreibt hier und anderswo die Dämonen als geistige Luftwesen von fast unbeschränkter Wandelbarkeit. Das erschwert gemeinhin ihre Identifikation für die Menschen: Sie können nicht nur in ihrer dämonischen Gestalt als geflügelte Geistwesen oder als Gespenster von Toten, sondern auch in Form der heidnischen (also antiken) Götter bzw. ihrer Statuen, als ganz menschenähnliche Wesen oder gar in Engel verwandelt auftreten. All dieser Gestaltwandel, zu dem man noch die ikonographisch sehr verbreitete Tierverwandlung zählen könnte, dient einzig und allein dem Zweck, die Menschen zu verwirren und zur Sündhaftigkeit zu verführen. Ganz besonders schwer wiegt dabei die Anbetung der Dämonen in Form von Götzenbildern alter oder ausländischer Götter, stellt das doch eine Sünde gegen das allererste Gebot dar, nämlich nur den einen Gott anzubeten.

Geh' nicht den falschen und trügerischen Göttern nach; weg damit, verachte sie, erhebe dich zur wahren Freiheit! Sie sind keine Götter, böse Geister sind sie, für die deine ewige Seligkeit eine Pein ist. […] Unwürdig der Verehrung der Rechtschaffenen sind die, die Versöhnung durch Ehrlose entgegennehmen. (*De civitate Dei*, 2, 29)

Von dieser Erklärung des Augustinus, wonach eine Verehrung fremder Götter – und zwar von der Babylonischen Gefangenschaft Israels bis zum römischen Staatskult seiner jüngeren Vergangenheit – für Juden und Christen inakzeptabel sei, wird noch separat zu reden sein, weil sie in West- und Nordeuropa im Rahmen der Missionierungsbestrebungen des frühen Mittelalters große Relevanz erlangte. Vorerst sei nur verkürzend festgehalten, dass laut Augustinus die Statuen fremder Götter von Dämonen bewohnt sind; sie anzubeten ist daher als Glaubensabfall zu werten.

Über das alltägliche Wirken der Dämonen im menschlichen Leben sagt das oben wiedergegebene Zitat hingegen kaum etwas, sieht man von der Warnung ab, dass sie durch Betrügereien täuschen, ihren Aussagen also kein Glauben zu schenken ist, da sie bewusst in die Irre führen. In einigen seiner Werke bringt Augustinus allerdings Beispiele für das Wirken der Dämonen. Hier bereits zeichnet sich ab, dass auch er in erster Linie an durch dämonische Kräfte hervorgerufene Krankheiten und an Fälle von Besessenheit denkt, wie sie im Neuen Testament so häufig vorkommen. In seinem Genesis-Kommentar »Über den Wortsinn der Genesis« (*De Genesi ad litteram*, XII, 17) führt er dies dann im Rahmen seiner Betrachtungen über den Ursprung des Bösen aus.

1.4 Die alten Götter sind Dämonen

Die zitierte Stelle über die Götter der Römer als *maligni spiritus*, »böse Geister«, repräsentiert nur eine der Reaktionen des Augustinus auf die antike Götterwelt. Die Frage lautete ja für ihn und andere Christen: Wie kommt es dazu, dass die Menschen so viele verschiedene Götter anbeten, wo doch der eine Gott alles erschaffen und sich in den Heiligen Schriften auch offenbart hat? Dafür standen der christlichen Spätantike und dem Mittelalter zwei unterschiedliche Deutungsansätze zur Verfügung, die aber miteinander kombiniert werden konnten und so ein befriedigendes Deutungsmuster für die Tatsache der Existenz außerjüdischer ebenso wie vorchristlicher Götter in Form der diversen Polytheismen des Nahen Ostens und Europas anboten.

Der eine der beiden Erklärungsansätze geht auf den griechischen Philosophen Euhemeros von Messena, der um 300 in Sizilien und Makedonien tätig gewesen sein dürfte, dessen Werk aber nur bruchstückhaft bei späteren Autoren erhalten ist. Er verwendete eine rationalistische Mytheninterpretation zunächst mit dem Ziel, dem Herrscherkult seiner Zeit eine gewisse Glaubwürdigkeit zu verleihen. Dann aber wurde diese als »Euhemerismus« bezeichnete Methode dahingehend ausgedehnt, dass man die Mythengeschichten über heidnische Götter als überhöhte Erzählungen über irdische Könige der Vorzeit ansehen konnte: Besonders tüchtige und begabte Menschen vergangener Zeiten wurden von ihren Zeitgenossen und Nachfahren fälschlicherweise für Götter gehalten. Damit konnte man das Ent- und Bestehen solcher Glaubensformen auch einem christlichen Publikum plausibel erklären. Eine andere, aber nicht ganz unähnliche Deutung war, die antiken Götter als Himmelskörper aufzufassen. Demnach hatten die Heiden Jupiter, Venus, Mars und Merkur wegen der Bedeutung der Planeten verehrt. Diese astronomisch-astrologische Deutung war in der mittelalterlichen Wissenschaft sehr verbreitet und kam völlig ohne Dämonen und Dämonisierung aus.

Der zweite Erklärungsansatz – hier die relevanteste, die gängige Deutung – sah in den fremden Göttern Dämonen, die den Rang Gottes zu usurpieren suchten. Er beruhte auf dem Alten Testament und den darin enthaltenen Erzählungen über die diversen Gottheiten des Zwischenstromlandes, die man aus Sicht der Jahwe-Religion schon früh als bloße Dämonen ansah. Wenn also Jesus an den bereits zitierten Stellen (Lk 11,15; Mk 3,22; Matt 12,24) Beelzebub/Beelzebul als »Obersten der Dämonen« bezeichnet, hält er damit fest, dass dieser Beelzebul, der vermutlich auf Baal zurückgeht, ein Hauptgott im Nahen Osten war, der von den Juden nur als Dämon, keineswegs aber als Gott angesehen werden konnte. Darüber wird unten im Abschnitt über Götzenkult und Dämonenverehrung in Kapitel 3.1 noch ausführlicher zu sprechen sein.

Augustinus gelang es, die beiden Ansätze zu verbinden; er akzeptiert den historischen Ansatz des Euhemeros (*De civitate Dei*, VI, 7), folgert aber, dass Dämonen die zum Teil zu Recht verehrten großen Menschen, also Kulturheroen der Vergangenheit, erst wirklich zu angeblichen Göttern machten (*De civitate Dei*, XVIII, 14), indem sie den Menschen deren Wundertaten nur vorgaukelten, ihren Kult an sich rissen und damit in den Dienst ihres Herrn, des Teufels, stellten. Damit wird der Götterkult der antiken Religionen zu einem Teufelskult, den es unbedingt zu unterbinden gilt. Die Anhänger der römischen Staatsreligion sind für Augustinus denn auch nur *cultores daemonum*, »Dämonenanbeter« (*De civitate Dei*, V, 24).[10]

Es ist unsicher, wie sehr Augustinus Martin von Braga (ca. 515 – ca. 580) tatsächlich beeinflusst hat. Sicherlich hat aber dieser das augustinische Konzept der Interpretation polytheistischer Götter dem Mittelalter weitergegeben. Braga ist der Verfasser der Schrift *De correctione rusticorum* (»Über die Unterweisung der Bauern«), in der er Anweisungen zur Bekämpfung des »Aberglaubens« im Zuge der christlichen Mission gibt. Auch er glaubt an eine Usurpierung der heidnischen Kulte durch Dämonen, hält aber die aus Menschen hervorgegangenen Götter der Heiden selbst schon für böse, wie er an den Taten der römischen Hauptgötter exemplifizieren kann. Zusätzlich wurde das Konzept der Dämonisierung antiker Götter wenig später auch durch Isidor von Sevilla (ca. 560 – 636) popularisiert. Er trennte in seiner weitverbreiteten Enzyklopädie *Etymologie* die (für ihn) historischen Vorlagen der Götter von ihrem Kult, den er ausschließlich auf das Treiben der Dämonen zurückführte (*Etymologiae*, VIII, 11).

Da auch zahlreiche andere Verfasser des Frühmittelalters diese Schriften rezipierten, wurden auf diesem Weg die Theorien des Augustinus in ganz Europa verbreitet. Ihr Einfluss reichte nicht nur bis in die Hochscholastik des 13. Jahrhunderts mit Thomas von Aquin, sondern zeigte sich noch in den unseligen Werken der Hexenliteratur des späten 15. und 16. Jahrhunderts, die sich etwa bei den angeblichen Tierverwandlungen der Hexen auf den vielfältigen Gestaltwandel der Dämonen bei Augustinus berufen konnten.

2
DER TEUFEL, FÜRST DER DÄMONEN

2.1 Die Entstehung des Teufelsglaubens

Von Anfang an ist im jüdisch-christlichen Denken der Teufel präsent. Die uns heute geläufige Identifikation des Teufels mit der Schlange beim Sündenfall im Paradies oder auch mit Luzifer im Rahmen des Engelsturzes ist allerdings erst durch die christliche Interpretationstradition in einem Maße geprägt worden, dass die ursprüngliche Bedeutung des alttestamentlichen Satan, den die Septuaginta nur zum Teil mit Diabolos übersetzt, nur noch schwer erkennbar ist. Denn Widersacher oder Gegenspieler Gottes ist der Teufel im Alten Testament nur sehr bedingt, und die Schlange der Sündenfallerzählung wird erst – und auch dann nur indirekt – im Buch der Weisheit (Weish 2,24, danach 2 Kor 11,3) mit dem Teufel identifiziert; dieses Buch aber ist erst um die Zeitenwende entstanden und hat wie das Neue Testament einen hellenistischen Hintergrund. Die für das Christentum gängige explizite Gleichsetzung geht jedenfalls erst auf die Johannes-Offenbarung zurück:

Er wurde gestürzt, der große Drache, die alte Schlange, die Teufel oder Satan heißt
und die ganze Welt verführt; der Drache wurde auf die Erde gestürzt und mit ihm wurden
seine Engel hinabgeworfen. (Offb 12,9)

Diese Stelle ist sowohl theologisch als auch ikonographisch die wirksamste biblische Aussage zum Teufel, *qui vocatur diabolus et satanas*, denn hier werden diese beiden im Christentum gängigsten Bezeichnungen gleichgesetzt und zugleich wird die Identifikation mit der Schlange (des Sündenfalls) und dem Drachen (des Höllenschlunds) vorgenommen. Im Alten Testament ist dagegen das Wirken eines mächtigen Gegenspielers Jahwes kaum spürbar. Allerdings findet sich dafür die theologisch problematische Rolle des Satans in der Leidensgeschichte des Hiob (Ijob 1,6 – 12; 2,1 – 7), wo Gott ihm erlaubt, den frommen Hiob auf die Probe zu stellen. Zwar stellt sich die Frage, warum Gott Hiob diese Prüfung auferlegt, aber abgesehen davon lässt die Stelle erkennen, dass der Satan Gottes Erlaubnis braucht – von einem gleichwertigen Gegenspieler Jahwes ist er damit aber weit entfernt ist.

Eine solche gleichwertige Rolle nahm der Teufel hingegen als Gegner des Gottes Ahura Mazda im persischen Zarathustrismus ein. Dort findet sich das böse Prinzip – ähnlich wie bei dem einen Schöpfergott – als Gegenpol zum guten Gott. Im Eingottglauben des Alten Bundes werden, wohl beeinflusst vom Zarathustrismus, die beiden Prinzipien in Jahwe selbst vereinigt: Er ist zwar der Schöpfergott und beschützt sein Volk Israel, nimmt aber wie bei den Plagen über die Ägypter vor der Flucht der Israeliten aus Ägypten oder eben auch bei den Prüfungen des Hiob eine sehr ambivalente Rolle ein.

Im Neuen Testament ist dieser problematische zweifache Aspekt Jahwes schon in den Antagonismus zwischen Gott und Satan aufgelöst. So kann sich der Teufel in der Schlüsselszene des Neuen Testaments, der Versuchung Christi in der Wüste, als Herrscher über die diesseitige Welt gerieren:

5 Da führte ihn der Teufel (auf einen Berg) hinauf und zeigte ihm in einem einzigen Augenblick alle Reiche der Erde. 6 Und er sagte zu ihm: All die Macht und Herrlichkeit dieser Reiche will ich dir geben; denn sie sind mir überlassen und ich gebe sie, wem ich will. 7 Wenn du dich vor mir niederwirfst und mich anbetest, wird dir alles gehören. (Lukas 4,5–7)

Die Antwort Jesu (»In der Schrift steht: Vor dem Herrn, deinem Gott, sollst du dich niederwerfen und ihm allein dienen.« Lk 4,6) referiert auf den Eingottglauben, der eben kein dualistisches Prinzip zulässt. Dennoch dürfte die Omnipräsenz des Teufels im Neuen Testament durchaus den dualistischen Strömungen der nahöstlichen Religionen wie des Zarathustrismus geschuldet sein.

Die Versuchung Christi durch den Teufel wird vom Evangelisten Markus nur äußerst verkürzt erwähnt:

Dort blieb Jesus vierzig Tage lang und wurde vom Satan in Versuchung geführt. Er lebte bei den wilden Tieren und die Engel dienten ihm. (Mk 1,13)

Dagegen führen Mt 4,1–11 und Lk 4,1–13 die Versuchung jeweils dreiteilig, wenn auch nicht ganz identisch, aus. Zuerst forderte der Teufel Christus auf, Steine zu Brot zu verwandeln, und dann, sich vom Tempel hinabzustürzen, um seinen Schutz durch die Engel des Herrn zu beweisen, bevor er ihm schließlich das Weltkönigtum anbietet, wenn er dem Teufel huldige. Die vermutlich ursprünglichere Stelle der beiden Synoptiker findet sich bei Matthäus:

1 Dann wurde Jesus vom Geist in die Wüste geführt; dort sollte er vom Teufel in Versuchung geführt werden. 2 Als er vierzig Tage und vierzig Nächte gefastet hatte, bekam er Hunger. 3 Da trat der Versucher an ihn heran und sagte: Wenn du Gottes Sohn bist, so befiehl, dass aus diesen Steinen Brot wird. 4 Er aber antwortete: In der Schrift heißt es:

Der Mensch lebt nicht nur von Brot, sondern von jedem Wort, das aus Gottes Mund kommt. 5 Darauf nahm ihn der Teufel mit sich in die Heilige Stadt, stellte ihn oben auf den Tempel 6 und sagte zu ihm: Wenn du Gottes Sohn bist, so stürz dich hinab; denn es heißt in der Schrift: Seinen Engeln befiehlt er, / dich auf ihren Händen zu tragen, / damit dein Fuß nicht an einen Stein stößt. 7 Jesus antwortete ihm: In der Schrift heißt es auch: Du sollst den Herrn, deinen Gott, nicht auf die Probe stellen. 8 Wieder nahm ihn der Teufel mit sich und führte ihn auf einen sehr hohen Berg; er zeigte ihm alle Reiche der Welt mit ihrer Pracht 9 und sagte zu ihm: Das alles will ich dir geben, wenn du dich vor mir niederwirfst und mich anbetest. 10 Da sagte Jesus zu ihm: Weg mit dir, Satan! Denn in der Schrift steht: Vor dem Herrn, deinem Gott, sollst du dich niederwerfen und ihm allein dienen. 11 Darauf ließ der Teufel von ihm ab und es kamen Engel und dienten ihm. (Mt 4,1–11)

Dass der Teufel sich hier als durchaus »bibelfest« erweist, zeigt einen möglichen Missbrauch sogar der Stellen des Alten Testaments durch den Satan auf. Die Versuchungen selbst verkörpern hingegen wohl die diversen weltlichen Elemente, die den Gegenpol zu Christi Botschaft bilden: Beschränkung auf den irdischen Hunger, Hochmut und schließlich Machtgier – in ihnen kommt der dem Teufel eigene Bereich zum Ausdruck.

Kaum eine andere Bibelstelle hat in der mittelalterlichen (und selbst der neuzeitlichen) Kunst solche Spuren in der Darstellung des Bösen hinterlassen, bot sie doch einen Anlass zur bildlichen Darstellung des Teufels, noch dazu im Kontrast zu der von Christus. Wiewohl die Evangelien kein Wort über das Aussehen des Teufels verlieren, wird er schon früh als missgestaltet, schwarz, dann zusehends auch bocks- oder vogelfüßig und gehörnt dargestellt.

Aber zugleich bildet diese Passage bei den Synoptikern die biblische Grundlage dafür, dass der Teufel selbst der Versucher schlechthin ist. Daraus ergibt sich die Möglichkeit, die Schlange des Sündenfallberichts als tiergestaltige Manifestation des Teufels zu interpretieren. Nur der Teufel selbst mit seinen Dämonen ist es, der die Menschen in Versuchung führt. Nicht zuletzt daran hat sich in der allerjüngsten Vergangenheit die Diskussion um die

Abb. 2.1 Michael Pacher: Die Versuchung Jesu (1471–1479). Rektabel auf der Sonntagsseite des Pacher-Altars von St. Wolfgang.

letzte Bitte des Vaterunsers »Und führe uns nicht in Versuchung …« entzündet, denn es kann wohl nicht Gott sein, der uns in Versuchung führt, sondern nur sein Widersacher, der Teufel.

Das Neue Testament ist auch die Quelle für die verschiedenen Bezeichnungen des Teufels: Jenseits der Umschreibungen als Versucher oder Widersacher ist vom Satan und Diabolus (von dem das deutsche Teufel abgeleitet ist) die Rede. Was das Alte Testament betrifft, so bewahrt die lateinische Vulgata nur noch im Ausnahmefall den Begriff Satan (2 Sam 19,23), teils auch Diabolus (Ps 108,6), und wählt oft nur den Begriff *adversarius*, »Widersacher«, wenn es sich um einen rein weltlichen Gegner handelt. Im hebräischen Alten Testament steht das Wort Satan aber nicht nur für Widersacher, und ein Satan (nicht »der Satan«) konnte offenbar auch eine Mittler- oder Botenfunktion zwischen Jahwe und den Menschen einnehmen (so Num 22,22.32; 2 Sam 24,1; 1 Chr 21,1). Somit ist die Einengung des Begriffs Satan auf den Teufel erst durch die Vulgata erfolgt, während er früher eine viel breitere, allgemeinere Bedeutung hatte.

Das Wort Luzifer dagegen findet sich im Neuen Testament ausschließlich von der Person Christi verwendet (2 Petr 1,19) und wird auch im Alten Testament nie direkt auf den Teufel bezogen. Dazu treten die Begriffe »der Böse« (einfach *malus*, so im Gleichnis vom Sämann, Mt 13,19) und Beelzebub/Beelzebul. Dieser ist entstanden aus dem verballhornten Namen des Gotts *Baal Zebul* (»erhabener Herr«) der Philister, der erst als *Baal Zebub* (»Herr der Fliegen«) missverstanden wurde, dann als *Beelzebub* über das Neue Testament Eingang ins Christentum gefunden hat.

Über den Begriff Satan im Alten Testament wurde schon gesprochen, im Neuen Testament wird er in den Parallelstellen Mt 12,26 und Mk 3,22 im Zusammenhang mit Beelzebub angesprochen. Jesus begegnet hier dem Vorwurf, er treibe Dämonen mit dem Beelzebub aus. Er selbst sagt, dass Beelzebub, der Fürst der Dämonen, genauso wenig Dämonen austreiben könne, wie Satan den Satan auszutreiben vermag; wichtig ist hier Beelzebubs Stellung als oberster, als Herr der Dämonen. Die enge Verknüpfung der Begriffe Dämon, Satan und Beelzebub legen nahe, dass hier nur graduelle Unterschiede zwischen diesen Entitäten gesehen werden, alle aber können als das personifizierte Böse angesprochen werden. So wird Satan auch in Apg 5,3 (»warum hat der Satan dein Herz erfüllt, dass du den Heiligen Geist belügst«) interpretiert, und in Lk 22,31 vor der Verleugnung Christi durch Petrus heißt es: »Simon, Simon, der Satan hat verlangt, dass er euch wie Weizen sieben darf.« Noch deutlicher wird dieser Aspekt im Johannesevangelium (Joh 13,27), wo Judas während des Letzten Abendmahls mit einem Schlag vom Satan ergriffen wird, der ihn zum Verrat an Jesus verführt; damit wird eine Art von Besessenheit wie bei der durch Dämonen postuliert. Laut der Offenbarung des Johannes (Offb 20,2.7) wird in der apokalyptischen Endzeit Satan in Gestalt eines Drachen freikommen und sein Zerstörungswerk beginnen.

Demgegenüber ist die Verwendung von *diabolus*, »Teufel«, deutlich spezifischer und auch viel personalisierter. Die oben zitierten Erzählungen von der Versuchung Jesu in der Wüste sehen den Teufel als handelnde, sprechende, ja sogar die Heilige Schrift zitierende Person, die versucht, Jesus auf Augenhöhe zu begegnen. Im Buch der Weisheit (Weish 2,24) ist der Teufel spezifisch ein Neider; durch ihn ist der Tod in die Welt gekommen, was auf den Sündenfall bezogen wird.

Der Ausdruck Luzifer, eigentlich »Lichtträger, Lichtbringer«, wird wiederum wie gesagt im Neuen Testament nicht für den Teufel verwendet. Ursprünglich handelt es sich um eine Bezeichnung für den Morgenstern, also den Planeten Venus, und in den antiken Mythologien wird Luzifer zu einem Sohn der Göttin der Morgenröte. Da jedoch ein solcher Sohn der Morgenröte bei Jesaja angesprochen wird, konnte auch er zu einer heidnischen mythologischen Gestalt werden. Allerdings ist der als Protojesaja bezeichnete Teil des Buches schon im 8./7. Jahrhundert vor Christus entstanden, also wohl deutlich früher als die griechische Mythologisierung des Morgensterns. Für die Kirchenväter wie Origenes jedoch war die Gleichsetzung offensichtlich und führte zu einer Interpretation, die in dieser Bibelstelle eine Beschreibung des Engelsturzes sah:

12 Wie bist du vom Himmel gefallen, / Strahlender, du Sohn der Morgenröte. Wie bist du zu Boden geschmettert, / du Bezwinger der Nationen. 13 Du aber hattest in deinem Herzen gesagt: / Den Himmel will ich ersteigen, hoch über den Sternen Gottes / meinen Thron aufrichten. Ich will mich niedersetzen auf dem Versammlungsberg, / im äußersten Norden. 14 Ich will über Wolkenhöhen emporsteigen, / dem Höchsten will ich mich gleichstellen. 15 Doch in die Unterwelt wirst du hinabgestürzt, / in die tiefste Grube. (Jes 14,12–15)

Indem dieser Sohn der Morgenröte in der lateinischen Übersetzung der Vulgata durch Hieronymus mit dem Begriff Luzifer wiedergegeben wurde, ist er in der christlichen Tradition zum obersten Widersacher Gottes geworden, der mit den ihm anhängenden Engeln in die Hölle gestürzt wird. Diese Interpretation konnte sich auf die Worte Christi im Evangelium nach Lukas stützen:

Da sagte er zu ihnen: Ich sah den Satan wie einen Blitz vom Himmel fallen. 19 Seht, ich habe euch die Vollmacht gegeben, auf Schlangen und Skorpione zu treten und die ganze Macht des Feindes zu überwinden. Nichts wird euch schaden können. (Lk 10,18f.)

Caesarius von Heisterbach verband um 1220 diese Aussage bei Lukas mit der Stelle aus der Johannesoffenbarung und fasste knapp zusammen:

Durch seine Bosheit wurde der herrliche Lucifer zu einem Drachen; von seiner (ursprünglichen) Pracht und Schönheit heißt es bei Ezechiel [...].[1]

2.2 Der Teufel und seine Dämonen: Der Engelsturz

Obwohl natürlich nicht in allen Texten leicht festzustellen ist, ob der Versucher der Satan selbst ist (wie bei Christi Versuchung in der Wüste) oder einer der Dämonen, so ist die Unterscheidung doch relevant und an der Engelsturzlegende auch gut festzumachen. Der Teufel und seine Dämonen sind nicht identisch, und auch wenn in den mittelalterlichen volkssprachlichen deutschen Texten oft nur durch den Kontext erkennbar ist, ob es sich um *den* einen *tiufel* handelt oder um den Plural *tiufel*, also um die Dämonen, wird im Lateinischen der Plural *diaboli* doch relativ selten verwendet.[2] Die Dämonen stehen ihrem Herrn, dem Satan, also auch sprachlich sehr nahe, wenn sie ihm auch untergeben sind und in ihren Entscheidungen in streng hierarchischer Weise den Fürsten der Hölle um Erlaubnis für ihre Handlungen fragen oder sich gar bittend an ihn richten müssen. Seine Aufträge haben sie ohnehin auszuführen, das ist ja auch ihre Hauptaufgabe.

Mit dem Engelsturz ist also nicht nur Luzifer, sondern es sind auch alle ihm folgenden Engel in die Hölle geraten: »[D]er Drache wurde auf die Erde gestürzt und mit ihm wurden seine Engel hinabgeworfen« (Offb 12,9). Diese Gefolgschaft des Teufels wird damit begründet, dass der betreffende Teil der Engel an der Hybris Luzifers teilnahm, wie der *Elucidarius*, der die Dinge immer vereinfachend ausführt, erklärt[3]:

[...] so wie der erste Engel seinen Namen aus einem Zufall erhielt und Sathael genannt wurde, das ist Gottes Feind.
[32] Discipulus: Wodurch war er ein Feind Gottes?
Magister: Als er sich für allen Engeln an Wert und Schönheit überlegen fühlte, da verließ er das alles und wollte Gott gleich oder noch mehr sein (*Jes. 14, 13–14*).
[33] Discipulus: Wieso gleich oder mehr?
Magister: Er wollte gewaltsam von Gott einen höheren Rang haben, als Gott ihm gegeben hatte, um mit Gewalt über andere zu herrschen.
[34] Discipulus: Was geschah da?
Magister: Er wurde aus der Königshalle vertrieben und wurde in einen Kerker geworfen und wurde der häßlichste, er, der vorher der schönste war, und von allem vertrieben, er, der vorher der vornehmste war.
[35] Discipulus: Wußte er vorher von seinem Fall?
Magister: Er wußte es nicht.

[36] Discipulus: Wie lange war er im Himmel?
Magister: Nicht einmal eine Stunde, denn er verirrte sich und verließ die Wahrheit, sobald er geschaffen war (*Joh. 8,44*).
[37] Discipulus: Wieso war er nicht länger da?
Magister: Er konnte die himmlische Süße nicht genießen, denn er wandte sich sofort vom wahren Licht ab und wurde von Bosheit erfüllt, sobald er geschaffen war.
[38–39] Discipulus: Was verbrachen die anderen Engel?
Magister: Sie erklärten sich mit seiner Überheblichkeit einverstanden und wollten über andere Engel erhöht werden, falls er mehr als Gott wäre.
[40] Discipulus: Was geschah mit ihnen?
Magister: Mit ihm wurden sie fortgetrieben und einige wurden in die Tiefe der Hölle gesandt, andere in die dunkle Sphäre, wo sie die selben Qualen erleiden wie die, welche in der Hölle brennen.
[41] Discipulus: Warum nicht alle in die Hölle?
Magister: Damit sie gute und böse Menschen durch Versuchungen auf die Probe stellen können, damit heilige Menschen der Ehren wert würden und die bösen der ewigen Qualen.

Damit wird auch gleichzeitig erklärt, warum die Dämonen die Menschen nicht nur in der Hölle quälen, sondern auch auf Erden, wozu man sich ebenfalls auf die Johannes-Apokalypse berufen konnte:

Darum jubelt, ihr Himmel / und alle, die darin wohnen. Weh aber euch, Land und Meer! / Denn der Teufel ist zu euch hinabgekommen; seine Wut ist groß, / weil er weiß, dass ihm nur noch eine kurze Frist bleibt. 13 Als der Drache erkannte, dass er auf die Erde gestürzt war, verfolgte er die Frau, die den Sohn geboren hatte. (Offb 12,12f)

In die Offenbarung des Johannes fließen jedoch nicht nur die jüdischen apokalyptischen Traditionen, sondern auch diverse nahöstliche und griechische mit ein. Der Unterschied der christlichen Auffassung von den vorderasiatischen besteht nun darin, dass auch Satan ein Geschöpf Gottes ist, nicht etwa ein böser Gott als Gegenpol Jahwes. Im gnostisch beeinflussten

Abb. 2.2 Engelsturz vom Beginn der altnordischen Bibelkompilation *Stjórn* in der Handschrift Reykjavík AM 227 fol. 1v.

Abb. 2.3 Der thronende Antichrist (*Diabolus sedens*). Lambert von St. Omer: Liber floridus, fol. 62v, um 1120. Nach der Faksimileausgabe des *Liber floridus*.

Christentum streiten deswegen eben nicht zwei göttliche Gegenpole miteinander, sondern gute Engel und abgefallene Engel, also die Dämonen. Engel haben die Funktion, die Schöpfung und damit die Menschen vor dem Bösen zu bewahren, die Dämonen aber sollen im Auftrag ihres Herrn das Chaos befördern, der Schöpfung Schaden zufügen und die Menschen verwirren, d.h. zur Sünde anleiten (vgl. unten Kap. 3.2).

Eine offenbar gewichtige Frage war im Mittelalter, wie viele Engel eigentlich mit Luzifer aus dem Himmel verbannt worden waren. Darauf gab es auch eine eindeutige Antwort:

Von den Engeln ist der zehnte Teil gefallen, aus welchen Dämonen geworden sind. Nach dem Zeugnis des heiligen Gregor sollen so viele von den auserwählten Menschen in den Himmel aufsteigen, wie Engel dort verblieben sind. Dementsprechend wird die Zahl der auserwählten Menschen um das Neunfache die Zahl der Dämonen übersteigen.[4]

Der Engelsturz selbst wird im Mittelalter zur Standarderklärung für die Existenz und das Wirken des Bösen in der Welt, denn damit ist auch die zentrale Frage geklärt, warum Gott denn eigentlich das Böse überhaupt zulassen konnte: Die Hybris des ersten Engels führt dazu, dass er und sein Gefolge, die Dämonen, aus dem Himmel geworfen wurden; dadurch aber sind sie seither in der Lage, den Menschen auf der Erde nachzustellen.

Die Ausgestaltung des Engelsturzes wie im *Elucidarius* ist natürlich schon typisch hochmittelalterlich und letztlich nur eine aitiologische Erklärung dafür, dass der Satan schon lange als Anführer oder Fürst sämtlicher Dämonen angesehen wird. Der Ansatz ist letztendlich nicht einmal eine rein christliche Entwicklung: Der spätantike Philosoph Porphyrios (233–305), der den Gedanken vermutlich als Erster verbalisierte, war sowohl von christlichen und jüdischen als auch von iranischen Dämonenvorstellungen beeinflusst.[5]

Isidor von Sevilla bringt in seinen weitverbreiteten *Etymologiae* (VIII, 11, 18–19) nach dem Abschnitt über Satan einen Absatz

über den Antichrist, sodass er »Teufel und Antichrist damit in eine enge, bis zur Identifikation neigende Beziehung rückt.«[6] Der Antichrist ist in allem der Gegner Christi, und genau das hat er mit dem Teufel gemeinsam. Diese Beinahe-Identifikation bei Isidor reichte aus, dass im Mittelalter die beiden in weiten Kreisen als identisch angesehen wurden, obwohl ja eigentlich der Antichrist als derjenige gilt, der erst in Babylon durch den Teufel gezeugt worden ist. Er sei von Zauberern mit Hilfe von Dämonen erzogen worden, schreibt Adso von Montier-en-Der in seinem *Libellus de ortu et tempore Antichristi* (um 950), und der weitverbreitete *Elucidarius*

Abb. 2.4 Pieter Bruegel d. Ä.: Der Sturz der rebellierenden Engel, 1562.

Abb. 2.5 Brüder von Limburg: Der Sturz der rebellierenden Engel (1411–1416), aus: Les Très Riches Heures du Duc de Berry, fol. 64v

kennt bereits die Zeugung durch den Teufel in Babylon.[7] Der fast zeitgleiche *Liber Floridus* des Lambert von St. Omer zeigt in einer Abbildung (Abb. 2.2) den Antichrist als Weltherrscher, womit der Identifikation weiter Vorschub geleistet wird.

Die ikonographische Darstellung des Falls der Engel im Mittelalter folgt fast immer dem Schema, dass die zunächst noch im Himmel residierenden Engel mit hellen Gewändern, Federflügeln und mitunter sogar Heiligenschein sich während des kopfüber sich vollziehenden Fluges zusehends in die fledermausflügeligen, nackten, behaarten und dunklen Gestalten verwandeln, die wir als Dämonen identifizieren können.

2.3 Das Bild des Teufels

Um 1300 beschreibt der Wiener Dichter Lutwin den Teufel:

Der noch nie etwas / Gutes oder Wahres gesagt hat / der alles Recht zu Unrecht / und das ganze Menschengeschlecht / zu allem Bösen bringt / dessen Bosheit trübt / hellen Schein und klare Luft / Der unten im Grab der Hölle / wegen seines Hochmuts wohnt / der ständig alles Gute / zum Bösen wendet / und das Gute selten vermehrt / Ich sage / weil aller Neid und Hass / durch ihn seinen Anfang hat / Die Welt ist weit und breit / wegen seiner Schuld gefangen / Von ihm kommt jeder Rat / der zum Bösen führt / und das Recht angreift / der verfluchte Satan / weil er verstoßen wurde / aus dem Himmelreich / wo er sich mit Gott / gleichsetzen wollte / weswegen er in den Höllenpfuhl / wegen seiner Hoffart stürzte / unten im Rachen der Hölle / wurde ihm Wohnung gegeben / und weil der Mensch in Gnade leben sollte / war er neidisch.[8]

Daran fällt auf, dass das Äußere des Teufels sorgfältig vermieden wird und es nur um die moralischen Eigenschaften geht. Das ist nicht ganz verwunderlich, da in der Bibel nichts über das Aussehen des Teufels gesagt wird, was über die (spätere) Identifikation als Schlange beim Sündenfall im Paradies und dann als Schlange und Drache in der Offenbarung des Johannes hinausgeht. Allerdings ist schon im frühen Mittelalter eine Teufelsikonographie greifbar. Sie hängt jedoch von der jeweiligen Situation der Schilderung ab.

Die Vorstellungen vom Äußeren des Teufels werden mit geprägt von den Vorstellungen über die Dämonen, deren Herr er ja ist (Mt 12,26; Mk 3,22). Eine Ausnahme bildet die Erzählung vom Sündenfall; in ihr wird nicht auf die gängige Dämonenikonographie zurückgegriffen, sondern üblicherweise nur der Text der Genesis über die Schlange dargestellt. Im *Elucidarius* des Honorius von Autun (nach 1120) wird auch die Erklärung nachgeliefert, warum denn der Teufel als Versucher ausgerechnet die Gestalt der Schlange angenommen hat:⁹

Quia serpens tortuosus est et lubricosus, et diabolus quos seduxerit tortuosos et lubricosos facit: tortuosos fraudulentia, lubricosos luxuria.
Weil die Schlange sich windet und schlüpfrig ist; und der Teufel macht diejenigen, die er verführt, ebenfalls windend und schlüpfrig: sich windend im Betrug, schlüpfrig in der Ausschweifung.

So zeigen die ältesten erhaltenen, noch karolingischen Darstellungen der Sündenfallerzählung den Versucher überhaupt nicht, und in romanischen Reliefskulpturen taucht allenfalls die Schlange als rein tierisches Wesen auf. Spätestens im 14. Jahrhundert wird sie dann um ikonographische Ergänzungen erweitert, die diese  Schlange als eine besondere kennzeichnen: Sie hat nicht nur einen kleinen menschlichen Kopf, sondern darauf auch noch eine Krone. Noch auffälliger ist die Darstellung der Schlange beim Sündenfall im Stundenbuch des Duc de Berry (ca. 1413), wo die Schlange einen weiblichen Oberkörper und Kopf mit langem blonden Haar trägt.

Während in den Darstellungen von Versuchung und Sündenfall der beiden Protoplasten die Schlangengestalt also die übliche ist, nähert sich die physische Darstellung des Teufels im Mittelalter in fast allen anderen Szenen (mit Ausnahme der Apokalypse) der gängigen Ikonographie der Dämonen an. Dabei wird nur in expliziten Höllendarstellungen zwischen den Dämonen und dem Teufel unterschieden, indem der Teufel als »Fürst der Dämonen« über denselben thront und auch größenmäßig über ihnen steht. Die Grundlage dafür ist einerseits schon in den Engelsturzlegenden zu sehen, wo er ja der Rädelsführer der rebellischen Engel ist, zum anderen in seiner Rolle als Herr der Dämonen und letztlich auch durch seinen eigenen Machtanspruch als Herr über die diesseitige Welt. Es darf nicht vergessen werden, dass etwa im *Elucidarius* (III, 4) die Hölle als zweiteilig beschrieben wird und der Teufel sich daher auch als Herr der physischen Welt fühlen kann:

Abb. 2.6: Sündenfall mit weiblichem blonden Teufel. Brüder von Limburg: Garten Eden (1411–1416), aus: Les Très Riches Heures du Duc de Berry, fol. 25v.

Duo sunt inferni: superior, et inferior. Superior, infima pars hujus mundi, quæ plena est pœnis; nam hic exundat nimius æstus, magnum frigus, fames, sitis, varii dolores corporis; [...]. Inferior vero est locus spiritualis, ubi ignis inexstinguibilis. Es gibt zwei Höllen: die obere und die untere. Die obere ist der niedrige Teil dieser Welt, wo es genug Strafen gibt, denn sie geht über von zu viel Hitze, großer Kälte, Hunger, Durst, und den verschiedenen Leiden des Körpers [...]. Die untere ist ein geistiger Ort, wo das unauslöschliche Feuer brennt.[10]

Nichtsdestoweniger leidet der Teufel – wie auch seine Dämonen – in der Hölle selbst Höllenqualen, auch wenn er die verdammten Seelen ebenfalls peinigt, wie die Jenseitsreisen zu berichten wissen:

Erant enim in ipsa flamma maxima multitudo animarum simul et demonum.
In diesem riesigen Feuer ist gleichzeitig eine Vielzahl an Seelen wie Dämonen.[11]

Schon in den sehr frühen Illustrationen zum Apokalypsenkommentar des Beatus von Liebana (Spanien, vor 776), die allerdings in den erhaltenen Versionen erst im 10. Jahrhundert einsetzen, ist der Teufel als Herr der Hölle recht anthropomorph dargestellt. Als gefallener Luzifer ist er an den Flügeln erkennbar, während die ihm untergebenen Dämonen, die die Verdammten quälen, deutlich theriomorph als geflügelte Mischwesen gezeichnet sind.

Diese anthropomorphe Gestalt des Teufels wird eindringlich auch in der Höllenvision der *Visio Tnugdali* aus dem 12. Jahrhundert beschrieben, die in zwei verschiedenen deutschen Fassungen vorliegt.

Die anthropomorphe Grundgestalt findet sich wie in der Schilderung hier in allen literarischen und bildlichen Darstellungen des Mittelalters, was für die oft völlig tiergestaltigen Dämonen nicht gilt. Der Teufel hat im Wesentlichen einen menschlichen Körper, auch wenn dieser mitunter behaart oder ganz schwarz ist. Der Oberkörper ist entweder muskelgeschwollen oder (vor allem im späten 15. und 16. Jahrhundert) knochig und dürr. Der Kopf ist fast durch-

Abb. 2.7: Lutwin: Adam und Eva. Der Sündenfall mit gekröntem Teufel (um 1460).

wegs gehörnt, weist oft ein aufgerissenes tierisches Maul auf, in den späten Darstellungen kommt mitunter ein Spitzbart hinzu, der eine Anspielung auf die Bocksgestalt sein könnte.

Während die Hände immer mit Krallen versehen werden, treten bei den Beinen sowohl behaarte Bocksbeine mit entsprechenden Hufen als auch große dürre Raubvogelbeine auf. Der Teufel besitzt fast durchwegs einen langen, fleischigen Schwanz, und häufig findet sich (wie auch bei den eher anthropomorph dargestellten Dämonen) ein zweites Gesicht statt der Geschlechtsteile. Das mag nur die fehlenden Geschlechtsteile betonen, kann aber auch auf die mehrfach vorhandenen fünf körperlichen Sinne des Teufels verweisen. Diese stehen wohl auch hinter der Tatsache, dass die Fünf die Zahl des Teufels (und des Glaubensabfalls) ist. Caesarius von Heisterbach bietet dafür eine »mathematische« Erklärung:[12] Multipliziert man die Fünf mit ungeraden Zahlen oder sich selbst, steht sie wiederum immer am Anfang oder Ende des Resultats – ganz so wie die Bosheit des Teufels am Anfang und Ende seiner Werke oder Reden. Die Quelle dafür – einen ungenannten Philosophen – gibt Caesarius allerdings nicht an, und in der Tat scheint der Vergleich ziemlich weit hergeholt. Zwar deutet etwa Gregor der Große (im *Librum I Regum expositio*) die fünf Sinne in Richtung der Fleischeslust, aber nicht als Zahl des Teufels. Honorius wiederum interpretiert im *Elucidarius*[13] die fünf Sinne so, dass der Teufel durch sie die Menschen einfängt.

Ein körperliches Element, das allerdings nicht auf den Teufel beschränkt ist, sondern auch bei den Dämonen dargestellt wird, tritt dann speziell im 15. Jahrhundert auf: hängende Brüste an einer ansonsten männlich konnotierten Gestalt. Dies mag auf den sich damals verdichtenden Hexenglauben zurückzuführen sein, eher dürfte es aber darauf verweisen, dass die Personifikation des Bösen im Teufel eben keine rein männliche Angelegenheit ist.

Wenn große Höllendarstellungen im späteren Mittelalter den Teufel aber auch als monströses Tierwesen malen, das die Verdammten verschlingt und wieder ausscheidet, während er selbst in unterschiedlicher Weise gequält wird, dann ist dies sicherlich nicht zuletzt dem Einfluss der Dämonendarstellungen geschuldet.

Abb. 2.8 Dämon mit Brüsten und Bart. Detail aus der Kreuzigungsszene im Mittelschiff der Pfarrkirche Lieberhausen (um 1500).

Abb. 2.9 Brüder von Limburg: Die Hölle (1411–1416), aus: Les Très Riches Heures du Duc de Berry, fol. 108r.

Überhaupt ist hier erneut darauf hinzuweisen, dass vor allem in der Größe ein wesentlicher Unterschied zwischen dem Teufel selbst und seinen Dämonen besteht. Das gilt auch dann, wenn der Teufel, wo er denn alleine auftritt und auch als solcher gekennzeichnet ist – etwa in den Geschichten von Teufelsbündlern oder dem Teufelspakt von Hexern, aber auch bei der Versuchung Christi –, in eigener Person auf Augenhöhe mit den Menschen agierend dargestellt wird. Allerdings ist zu konstatieren, dass im Laufe des Mittelalters sich die Ikonographie Satans immer mehr an die seiner Dämonen angleicht. Dies geschieht in Form einzelner tiergestaltiger Details, wozu Körperbehaarung, Bocksfüße, Vogelkrallen oder Raubtierkrallen, schließlich auch Hörner und ein Schwanz zählen. Selbstverständlich sind nicht in allen Darstellungen stets all diese Attribute vorhanden, aber selbst eines davon kann eine ansonsten als Menschen- oder Engelsgestalt auftretende Figur als Teufel entlarven, wie etwa der als Engel verkleidete Teufel in den Illustrationen von Lutwins *Eva und Adam*, einer volkssprachlichen Bearbeitung der apokryphen *Vita Adae et Evae* aus dem 14. Jahrhundert. Hier wird unter der Rubrik *Wie der tufel euam betrogen vnd uß der büsse gefüret hette vnd wie er adam ouch wollte betrogen haben* erzählt, wie Eva an der Hand eines Engels versucht, Adam, der im Jordan Buße tut, vorzeitig von dieser abzubringen – nur dass unter dem langen Gewand des falschen geflügelten Engels ein Bocksfuß herausragt.[14] Auch in vereinzelten, ausschließlich spätmittelalterlichen Darstellungen der Versuchung des hl. Antonius durch Frauen ist mitunter nur der Teufel selbst als Frau in durchaus modischer Damenkleidung dargestellt, der allein durch einen aus der Kleidung hervorragenden Bocks- oder Vogelfuß dem Betrachter seine wahre Identität preisgibt.

Eine Sonderstellung nehmen in der Darstellung Satans die Illustrationen im *Liber floridus* des Lambert von St. Omer ein. Diese schon recht früh, um oder nach 1121 entstandene Enzyklopädie ist im Autographen des flämischen Kanonikers selbst erhalten und enthält auf fol. 62r und 62v zwei Darstellungen Satans. Die Vorderseite zeigt unter der Überschrift *Diabolus sedens super Beemot* den Teufel in einer abstoßenden nackten anthropomorphen grünen Gestalt, die um einige theriomorphe Elemente wie Hörner, Schwanz, Krallen und Löwenfüße ergänzt ist und somit dem üblichen Darstellungsmuster von Dämonen entspricht. Auf der Versoseite enthält das Blatt jedoch unter der Rubrik *Antichristus sedens super Leviathan*[15] das bereits erwähnte typische Herrscherbild über einem Drachen, der einem geflügelten Krokodil ähnelt. Die Darstellung wäre trotz des Drachens ohne Legende kaum als eine des Teufels bzw. Antichrists zu identifizieren und zeigt diesen eben als Weltherrscher.

Eine Vermengung der Ikonographie von Satan als Weltherrscher und Herrscher der unteren Hölle ist auch in einer Darstellung des sogenannten *Jenaer Hussitencodex* (*Jensky Codex*, ca. 1490–1512)[16] intendiert. Hier repräsentiert auf fol. 71v eine zwar gehörnte, geflügelte und mit Eberzähnen versehene, aber in eine rote Robe mit Goldhalsschmuck gekleidete Figur den Satan. Eine andere Antichristdarstellung desselben Codex (fol. 69r) zeigt eine stehende siebenköpfige Gestalt, unter deren Mantel der Teufel die Verdammten – lauter hohe Kleriker – in seinen Bauch aufnimmt und mit zahlreichen Insektenfüßen festzuhalten scheint. Beide Darstellungen des Antichrist gehören zwar zur hussitischen antikatholischen Propaganda, zeigen aber die Möglichkeiten der ikonographischen Verbindung unterschiedlicher, aber doch relativ konstanter Bildtraditionen, obwohl diesen Codex fast vier Jahrhunderte von Lamberts *Liber floridus* trennen.

Was die ikonographischen Belege des Teufels als Herr der Dämonen weniger stark betonen als die volkssprachlichen Texte, ist die abgrundtiefe Schwärze der Erscheinung Satans. Sie tritt nicht nur in den Beschreibungen der Dämonen, sondern auch in der des Teufels hervor. So zeichnet die aus dem 15. Jahrhundert stammende mittelhochdeutsche Übersetzung des *Tractatus de diversis materiis predicabilibus* des Stephan von Bourbon ein drastisches Bild des Höllenfürsten[17]:

[…] vnd zaigt in [den haiden] ain vngefuegen moren, swerczer dann ein Cholar, mit ainem gespiczten antlicz, mit ainem langen part vnd langem har auf dy erd. Fewerein stralen giengen iem aus

Abb. 2.10 Der Teufel auf Behemot reitend, aus: Lambert von St. Omer, Liber floridus, Autograph, fol. 62r (ca. 1120), nach der Faksimileausgabe.

seinen augen, fewer pliess er aus dem rüssel vnd aus dem mund swebel und pech für. Sen henndt waren yem gepunden hinder dem ruckh. Den hetten sy angepettet für got.

Hier ist auch angesprochen, dass nicht nur Dämonen, sondern auch die Heiden den Teufel als ihren Gott anbeten, was im 15. Jahrhundert zur *communis opinio* wird, nämlich dass Heiden und Ketzer eigentlich einem Teufelskult frönen. Davon wird noch bei den Vorstellungen zu reden sein, die sowohl zur Dämonisierung heidnischer Gottheiten als auch zum spätmittelalterlichen Hexenglauben (s. unten Kap. 4) führten. Für die Darstellungsweisen des Teufels sind sie ohne Relevanz.

Das in diesem Text aus dem 15. Jahrhundert beschriebene Aussehen des Teufels findet sich gegen Ende des Jahrhunderts und am Beginn des 16. auch vermehrt in bildlichen Darstellungen. Hierfür mag das Detail aus Daniel Hopfers Radierung *Tod und Teufel überraschen zwei Frauen* von 1518 als Beispiel dienen. In ihr wird der Teufel nicht nur vom Tod in dessen zeittypischer Darstellung als Skelett, sondern auch von einem kleinen Dämon begleitet, der sich durch seine Bewaffnung mit einem Speer über dem unbewaffneten Teufel als besonders gefährlich erweist.

Abb. 2.11 Bild des Antichrist im Jenaer Codex, fol. 69r und 72v.

Man hat versucht, um 1500 einen Wandel in der Darstellung des Teufels festzustellen, und darauf verwiesen, dass man ihn nun mit einem menschlicheren Angesicht als bisher versehen habe.[18] Nachvollziehbar erscheint mir das allerdings nicht. Literarisch finden sich die hier drastisch ausgeführte Scheußlichkeit und Gefährlichkeit des Teufels indes schon viel früher. Deutlich wird das etwa in der starken Wirkung, von der Caesarius von Heisterbach in der Geschichte von einem Kleriker berichtet: Mit Hilfe eines Dämons, den er heraufbeschworen hatte, sah er die Höllenstrafe des Landgrafen Ludwig durch den Teufel, und nie wieder soll er seine bleiche Gesichtsfarbe verloren haben, die er beim Anblick des Teufels vor Schreck bekommen hatte. Er sei daraufhin in den Zisterzienserorden eingetreten.[19]

2.4 Der Teufel als Drache

Eine Steigerung der Abscheulichkeit und Gefährlichkeit des Teufels in anthropomorpher oder theriomorpher Gestalt ist die Darstellung als Drache.

Nicht erst seit der Offenbarung des Johannes wurde der Teufel als Drache gesehen, ob nun eher als Schlange, als Leviathan oder als Behemoth. Die Identifikation von Drache und Schlange ist nicht nur im nahöstlichen Denken, sondern auch in den germanischen Kulturen Europas weitverbreitet. Sie bot mittelalterlichen Autoren einen geeigneten Anknüpfungspunkt für die Verbindung zwischen jüdisch-christlichen und einheimischen mythologischen Vorstellungen.

Ebenso hat die Vorstellung vom Leviathan als riesiger Schlange, die im Meer lebt – und sich, um die Welt ringelnd, selbst in den Schwanz beißt –, ein Gegenstück in der Midgardschlange (*midgarðsormr*, auch *iörmungandr*, »riesiges Zaubertier«) der germanischen Mythologie. Diese war nicht nur im Norden bekannt, sondern (wenngleich vielleicht unter anderem Namen) selbst noch im süddeutschen Volksglauben so präsent, dass Konrad von Megenberg um die Mitte des 14. Jahrhunderts in seiner Naturenzyklopädie *Buoch von den naturleichen Dingen* schreiben konnte, es sei ein »Riesenmärchen«, wenn man glaube, dass draußen im Ozean ein riesiger »Fisch« lebe, dessen ungestüme Bewegungen die Erdbeben verursachten.[20] Er bringt die Geschichte allerdings fälschlich mit dem »Ochsen Vehemot« der altjüdischen Vorstellungen statt mit dem eigentlich gemeinten Leviathan zusammen. Während der Leviathan ja eindeutig als drachenartiges Wasserlebewesen aufgefasst

Abb. 2.12 Daniel Hopfer: Tod und Teufel überraschen zwei Frauen (um 1515), Detail. © Albertina Wien, Foto: R. Simek.

wurde, gilt Behemoth als Landtier. Beide werden schon von Isidor von Sevilla um 600 unter den teuflischen Namen, die auch heidnische »Götzen« wie Beelzebub und Belial umfassen, aufgeführt: Behemoth als vernunftloses (Land-)Tier, Leviathan als Wasserschlange, die Isidor bereits mit der Schlange im Paradies assoziiert.[21]

Für den Leviathan als teuflisches Drachentier konnte man sich im Frühmittelalter auf das Alte Testament berufen. In ihm bezeichnet der Prophet Jesaja den Leviathan als Drachen und Schlange:

An jenem Tag bestraft der Herr mit seinem harten, großen, starken Schwert den Leviatan, die schnelle Schlange, den Leviatan, die gewundene Schlange. Den Drachen im Meer wird er töten. (Jes 27,1)

Eine ausführliche Schilderung des Verständnisses vom Teufel als Drache und Schlange ist in den apokryphen Thomasakten zu finden, die auf Syrisch in der ersten Hälfte des 3. Jahrhunderts entstanden waren und in der griechischen Version weite Verbreitung erlangten. Die Thomasakten wurden erst am Anfang des 6. Jahrhunderts als pseudo-epigraphisch aus den kanonischen Schriften des Neuen Testaments ausgesondert. In einer Legendenerzählung stößt der Apostel Thomas auf einen Drachen in einer Höhle, der sich selbst ausdrücklich als Inbegriff alles Bösen definiert:

Ich bin eine Schlange, ein Sproß der Schlangennatur und ein Schädiger […]. Ich bin der Sohn dessen, der die (Welt)Kugel umgürtet; ich bin ein Verwandter dessen, der außerhalb des Ozeans ist, dessen Schwanz in seinem Munde liegt; ich bin der, welcher durch den Zaun ins Paradies eingegangen und mit Eva alles geredet hat, was mir mein Vater auftrug, zu ihr zu reden; ich bin der, welcher Kain entzündet hat und in Brand gesetzt hat, den eigenen Bruder zu töten, und um meinetwillen gingen Dornen und Disteln auf der Erde auf; ich bin der, welcher die Engel von oben herabgeworfen und durch / die Begierden nach Frauen gebunden hat, damit erdgeborene Kinder aus ihnen entstünden und ich meinen Willen durch sie ausführte; ich bin der, welcher das Herz Pharaos verhärtet hat, daß er die Kinder Israels mordete und sie durch das Joch der Grausamkeit versklavte, ich bin der, welcher die Menge (das Volk) in der Wüste irreführte, als sie das Kalb gemacht hatten; ich bin der, welcher Herodes in Brand setzte und Kaiphas entzündete zu lügnerischer Anklage vor Pilatus; denn dieses ziemte mir; ich bin der, welcher Judas entzündete und erkaufte, Christus dem Tod zu überliefern; ich bin der, welcher den Abgrund des Tartarus bewohnt und innehat […].[22]

Aber selbst im Spätmittelalter und in volkssprachlichen Texten konnte der Begriff Leviathan für den Teufel verwendet werden, ohne dass es dabei zu Verständnisschwierigkeiten kam. So wird in der Antonius-Legende des sogenannten *Väterbuchs* der *tuvel/tiuvel* neben *Sathanas, hellenhunt, slange, nater, boser wurm* eben auch als Leviathan bezeichnet.[23] Dabei beziehen sich alle diese Bezeichnungen nur auf den Teufel selbst, während die Dämonen außerdem noch in diversen Tiergestalten (Löwe, Bär, Wolf, Stier, Natter[24]) den Heiligen belästigen.

Schlangen und Drachen spielen eine nicht unwesentliche Rolle in der Ausgestaltung von Höllenszenen, wo die Verdammten nicht nur von Dämonen, sondern auch von Drachen, Schlangen und allerlei Gewürm gequält werden (dazu auch unten bei der Behandlung der Hölle). Theologische Quellen sind dafür – mit Ausnahme einzelner Aussagen, dass auch diese Wesen zu den Höllenqualen gehören – nur sehr bedingt als Vorlage anzunehmen; in erster Linie handelt es sich also um eine phantasievolle Ausgestaltung der höllischen Szenerie auf den großformatigen Inferno-Fresken der Frührenaissance und ihres Wegbereiters Giotto.

Abb. 2.13 Deckengemälde des Leviathan in der Synagoge von Lanzut, Galizien. Neuzeitlich.

Abb. 2.14 Drachen und Schlangen in unterschiedlichsten Formen quälen die Verdammten. Giotto di Bondone: Inferno aus dem großen Weltgerichtsbild in der Cappella degli Scrovegni (auch Arenakapelle) in Padua (Detail, um 1306).

Der Drache als Teufel tritt uns außerhalb der rein theologischen und exegetischen Literatur vor allem in zwei Gestalten entgegen: einerseits als »echter« Drache, der die Menschheit bedroht und von einem Heiligen getötet oder gezähmt werden muss, andererseits als drachenartiger Höllenschlund, der vor allem ikonographisch sowohl in den Weltgerichtsbildern als auch in den österlichen Bildern von der Auferstehung Christi in Verbindung mit seinem Abstieg in die Hölle und der Befreiung der Gerechten daraus außerordentlich häufig dargestellt wird. Dieser *descensus ad inferos* (auch »Christi Höllenfahrt«) zeigt standardmäßig Christus, der mit dem Kreuz als Siegeszeichen (oder auch als Gaumensperre[25]) eine Reihe von Gerechten der vorchristlichen Zeit aus dem Maul der Hölle, dem Höllenschlund, an der Hand herausführt. Das riesige Drachenmaul ist meist rot und hässlich gemalt, aber abgesehen von diesem weit geöffneten Rachen ist der Rest des Drachen meines Wissens nie dargestellt.

Weite Verbreitung erlangte der in den kanonischen Evangelien nicht erwähnte *descensus* durch das apokryphe *Evangelium Nicodemi*, das die Höllenfahrt für das Mittelalter beispielgebend ausgestaltete. Die Annahme des Abstiegs Christi wurde trotz der apo-

kryphen Quelle in einem Maße Allgemeingut, dass sie Eingang ins Credo fand, wobei man sich auch noch auf den Propheten Jesaja (Jes 49,9) berufen konnte, wie Honorius Augustodunensis in seinem *Elucidarius*:

Descendit in infernum inferiorum moriendo, ut redimeret captivos a tyranno, ut dicitur: Diceres his qui vincti sunt: Exite! Et his qui in tenebris: Revelamini!
Sterbend stieg er hinunter in die untere Hölle, um die Gefangenen vom Tyrann zu erlösen, wie gesagt wird: *den Gefangenen zu sagen: Kommt heraus!, / und denen, die in der Finsternis sind: Kommt ans Licht!*

Da das *Evangelium Nicodemi* aber berichtet, dass nicht nur die in der Hölle Gefangenen befreit, sondern auch der Teufel gefesselt worden sei, versuchte man mitunter beide Darstellungen samt dem Höllenrachen bildlich zu fassen, so etwa in einer gotischen Skulptur an der Kirche von Martebo auf Gotland (ca. 1330), die allerdings eher eine Ausnahme darstellt.

Da die dramatische Umformung der zahlreichen mittelalterlichen volkssprachlichen Übertragungen der lateinischen Version A

Abb. 2.15 Höllenrachen aus dem Weltgerichtsfresko in der Kirche von Lieberhausen (Bergisches Land), 15. Jahrhundert.

des *Evangelium Nicodemi* bei Christi Höllenfahrt nicht nur den Teufel, sondern auch den Tod und die Hölle selbst als eigenständig handelnde Personen des Dramas ansieht, ist allerdings nicht leicht auszumachen, ob die im kirchlichen Drama gezeigte Fesselung des Teufels auf seine Überwindung oder auf seine Übergabe an die Hölle anspielt; das geöffnete Drachenmaul macht beides möglich. Jedoch sind in diesem personalisierten Gespräch des Teufels mit der Hölle sehr schön und kurz die Funktionen des Teufels zusammengefasst, wenn er sagt:

[Jesus] hat mir viel Böses in der Welt droben angetan, als er mit den Sterblichen zusammenlebte. Denn wo er immer meine Diener [die Dämonen] fand, trieb er sie aus, und alle die Menschen, welche ich bucklig, blind, lahm, aussätzig und dergleichen mehr gemacht hatte, die heilte er durch bloßes Wort, und viele, die ich reif gemacht hatte, begraben zu werden, auch die machte er durch bloßes Wort wieder lebendig.[26]

Abb. 2.16 Von Christus gefesselter Teufel vor dem Höllenrachen. Skulptur am Südportal der Kirche von Martebo auf Gotland (um 1330).

Dass der teuflische Rachen des Drachen überhaupt als Eingang zum Jenseits – und nicht nur zur Hölle – angesehen werden konnte, zeigt eine stark klerikal angehauchte Vorzeitsaga aus dem Island des 14. Jahrhunderts, die *Saga von Eirek dem Weitgereisten*. In ihr stoßen die beiden Helden im äußersten Osten der Welt an die Grenze des irdischen Paradieses, die durch den Fluss Phison gebildet wird:

Als sie die Steinbrücke erreichten, erblickten sie darauf einen schrecklichen Drachen mit aufgerissenem Rachen liegen, der sich ihnen fürchterlich aufzuführen schien. [...] Nachdem der norwegische Eirek und sein Begleiter in das Maul des Drachen gesprungen waren, da schien ihnen, als wateten sie durch Rauch [...].[27]

Eine derartige Interpretation ist aber die Ausnahme, da sonst der Drache wenigstens in Bilddarstellungen immer nur für den Eingang zur Hölle steht.

Die Interpretation des Drachens als Teufel bot in der Missionszeit einen idealen Anknüpfungspunkt an autochthone Narrative: Ob nun der mythologische Kampf Thors mit der Midgardschlange, Sigurds/Siegfrieds Kampf mit dem Drachen Fafnir oder Beowulfs Drachenkampf, es finden sich stets vergleichbare Erzählmuster zu den Heiligenlegenden, die ebenfalls Drachenkämpfe als Zentrum haben, wobei in erster Linie an den hl. Georg, den hl. Theodor[28] und die hl. Margarete sowie Papst Silvester zu denken ist. Bei den drei Erstgenannten geht es um Märtyrerlegenden und um die Erlösung einer menschlichen Ansiedlung vor dem gefährlichen Drachen. Aber in allen diesen Legenden geht es auch gerade darum, mit der Überwindung des Drachens den Heiden die Macht Christi vor Augen zu führen. In den Legenden steckt somit eine missionarische Absicht, die den germanischen Sagen natürlich völlig fehlt.

Aber alle mittelalterlichen Erzählungen, in denen Drachen eine Rolle spielen – es sei hier nur an den Löwenritter Iwein oder Tristans Kampf mit dem Drachen in Irland erinnert –, zeichnen den Drachen als existentielle Bedrohung, womit also das alttestamentliche und christliche Drachenbild den Diskurs weiterhin prägt. Sympathische oder gar bemitleidenswerte Drachen erscheinen erst in der allerjüngsten Vergangenheit in der Literatur, dem mittelalterlichen Denken sind sie völlig fremd.

Als Beispiele für die Überwindung des Drachens sei hier nur die Georgslegende genannt. In ihr überwindet der christliche Ritter das teuflische Wesen als Werk des Mitleids: Ein Drache bedroht eine Stadt (in der wohl meistverbreiteten Fassung in der *Legenda aurea* des Jacobus de Voragine (ca. 1230 – 1298) ist es Silena in Libyen, später wurde sie mit Beirut identifiziert). Man muss ihm zunächst täglich zwei Schafe opfern, dann auch Menschen, bis schließlich das Los auf die Königstochter fällt. Sie wird zum Drachen gesandt, als zufällig Georg vorbeireitet und den Drachen mit Hilfe des Kreuzzeichens und seiner Lanze besiegt. Daraufhin kann die Prinzessin den nun handzahmen Drachen

zur Stadt führen, was ihm aber nichts hilft, da Georg auf das Versprechen der Stadtbewohner hin, sich taufen zu lassen, den Drachen fürsorglich erschlägt. Die künstlerische Gestaltung des Themas ist ausgesprochen weitreichend, konzentriert sich aber ausschließlich auf zwei Szenen: wie Georg den Drachen mit seiner Lanze überwindet und wie die Prinzessin den Drachen angeleint abführt. Die Überwindung des Drachen steht hier gleichzeitig für die Überwindung des Teufels, symbolisiert durch eine heidnische Bevölkerung, die gewillt ist, ihm Opfer – sogar Menschenopfer – zu bringen. Wie noch zu zeigen sein wird, sind Opfer an den Teufel oder seine Dämonen die schlimmste Form eines (postulierten) Teufelskultes.

Anders als bei Georg und Theodor bringt Margarete den teuflischen Drachen, der sie verschluckt hat, durch ihre Gebete von innen her zum Zerplatzen. Die Szene wird verständlicherweise nie bildlich umgesetzt, statt dessen ist der Drache bei Margarete üblicherweise als kleines Attribut auf ihrem Arm dargestellt, was ihm fälschlich einen schoßhundartigen Charakter verleiht, der die Dramatik der Legende in keiner Weise zum Ausdruck bringt.

Abb. 2.17 Georg überwindet den Drachen. Paolo Uccello: Der Heilige Georg im Kampf mit dem Drachen (um 1470).

Auch wenn nicht alle Drachentötungen der mittelalterlichen Literatur als Kampf mit dem Teufel (über-)interpretiert werden sollten, so ist doch zu konstatieren, dass im europäischen Mittelalter der Drache durchaus negativ konnotiert ist: vom Drachen als Schlange beim Sündenfall über den Drachen der Apokalypse und den Drachen als Höllenschlund bis zum Drachen als Antagonist von Heiligen oder eben auch Rittern und anderen Helden.

2.5 Die Hölle, Wohnung des Teufels und der Dämonen

Der Teufel residiert in der Hölle und regiert dort die Dämonen. Das ist eine direkte Folge des Engelsturzes, bei dem er und sein Gefolge in diesen »Kerker« verbannt wurden. Dessen ungeachtet ist ein Teil der Dämonen auch auf der Erde und der über ihr liegenden »dunklen«, also unsichtbaren Luftsphäre tätig, und selbst der Teufel selbst tritt mitunter in der Welt der Menschen auf, wie Szenen von der Versuchung Christi in der Wüste im Neuen Testament bis hin zu den Teufelsbuhlschaften der Frühen Neuzeit belegen. Zu Hause sind sie aber unter der Erde am Ort ihrer Verdammnis.

Die Hölle wird im Mittelalter als riesiges unterirdisches Höhlensystem imaginiert, dessen Eingang einerseits als Höhlenöffnung, andererseits und wesentlich häufiger als riesiges aufgerissenes Drachenmaul ikonographisch gestaltet wird (s. oben). In der Hölle selbst stellte man sich alle möglichen Qualen vor, wenngleich wenigstens in den bildlichen Gestaltungen solche, die mit Feuer zu tun hatten, deutlich vorherrschen. In allen literarischen und ikonographischen Darstellungen bildet aber die Vielzahl der Dämonen das hervorstechendste Element, so wie es auch Caesarius von Heisterbach in der Vision eines zisterziensischen Novizen anschaulich beschreibt:

Da wurde er im Traum zu den Orten der Qualen entführt. Dort liefen die Dämonen hin und her. Die einen brachten die Seelen der Verstorbenen herbei, andere nahmen sie in Empfang, wieder andere nahmen sie auf und schleppten sie zu den gebührenden Foltern. Dort hörte man lautes Schreien und Toben, Seufzen und Klagen.[29]

Die bei der Schilderung der Hölle durchwegs dominanten spezifischen Qualen einzelner Gruppen von Verdammten finden sich schon in der apokryphen Apokalypse des Paulus aus dem 2. Jahrhundert.[30] Sie berichtet recht ausführlich über die Tiefen des Abyssus, über feurige Ströme, Würmer und Dämonen (»tartarushütende Engel«), die mit eisernen Werkzeugen die armen Seelen foltern. Solche bildhaften Schilderungen wurden im Mittelalter gerne aufgegriffen, beruhten aber selbst zum Teil auf antiken Vorstellungen wie den Tantalusqualen. Selbst Augustinus, der die Paulusapokalypse als unkanonisch ab-

lehnte, blieb nicht unbeeinflusst von ihr. Zwar hatten die Kirchenväter die Hölle als Ort der Strafe eher als Metapher für die Gewissensbisse der Sünder verstanden, die auch nicht unbedingt ewig dauerten, aber schon im 4. Jahrhundert erklärte Johannes Chrysostomos die Hölle einerseits für physisch existent und andererseits für ewig.[31] Das galt dann auch für die Qualen der dort eingekerkerten Sünder, wie Johannes die Stelle bei Mt 25,46 interpretierte: *Und sie werden weggehen und die ewige Strafe erhalten, die Gerechten aber das ewige Leben.*

Die bildlichen Höllendarstellungen des späteren Mittelalters bieten als Qualen der verdammten Seelen in der Hölle alles auf, was die mittelalterliche Phantasie an Martern und Foltern imaginieren konnte: Die Dämonen zerren die Verdammten an glühenden Ketten und Fesseln ins Feuer, rädern sie, zerreißen sie mit eisernen Haken, zersägen sie, grillen sie auf glühenden Rosten, rösten sie auf Spießen, die durch den ganzen Körper gestoßen sind, schmelzen sie auf eisernen Herdplatten, füllen sie mittels Trichtern mit geschmolzenem Blei oder Kupfer, quälen sie an den Geschlechtsteilen und verfüttern sie an den Teufel selbst, der sie auch wieder ausscheidet. Nicht zuletzt ist es der

Abb. 2.18 Ein drachenartiger Teufel verschlingt Wucherer und Diebe. Fresko des Jüngsten Gerichts, Teil der Hölle nach Giovanni Canavesio in der Kapelle Notre-Dame des Fontaines in Brigue (um 1492).

Anblick des Teufels und der vielgestaltigen abstoßenden Dämonen selbst, der zum Terror der Hölle beiträgt.

Während die Vorstellungen von den Höllenqualen für uns am ehesten über die Bilder greifbar werden, sind die Texte hier etwas zurückhaltender: Zwar werden in den Visionen von Jenseitsreisen oft genug drastische Qualen beschrieben, aber sie fallen gegen die phantastische Ausgestaltung der Dämonen und der Höllenstrafen in der Ikonographie zurück. Die theologischen Texte wiederum handeln die Strafen der Verdammten eher generisch ab; die niederalemannische *Lucidarius*-Übersetzung vom Anfang des 14. Jahrhunderts beschreibt die verschiedenen »Weisen« der Qualen folgendermaßen[32]:

die erste wizene ist das fúr. so daz enzundet wir, flúze denne daz mer gar der in, ez enmochte ez niht erloschen. die hizze ist so groz uber unser fúr alse unser wider eim anderen daz gemalet were an einer want, daz da schinet unde niht brennet. die ander wize ist so grz frost, der einen fúrinen berc drin wurfe, der mûste zú ise gefrieren. in den zweigen ist weinen unde grissame. die drite wisene sint wurme die niemer ersterbint. die slangin unde die drachen die mit irme wispilen engislich sint, die lebint indem fúre alse der visch indem wassere. die vierde ist stanc dem nieman mac gelichen. die funfte sind ganeister die von dem swebele die von dem swebele varnt, alse von den smiden die daz

Abb. 2.19 Höllenszene mit Dämonen, die Seelen quälen. Fresko im bulgarischen Kloster von Rila, unsichere Datierung.

isen machint. die seshte sint groze vinsternisse die man gegriffen mac. daz ist ein ewiger gruwel. di sibende ist schande der sunden, wen alle dinc sint do offen, da enmac sich niht verbergen. die ahtede ist ein gruwelich gesicht der tivele und der drachen, den daz fur zu dem munde vert, unde der weninder ein erbarmeclicher rûf. die nûne sint fûrine bant, da mite alle ir gelider gebunden sint.

Bemerkenswert ist hier besonders die Temperatur des Höllenfeuers, das um so viel heißer ist, wie sich ein normales Feuer gegenüber einem an die Wand gemalten verhält. Auffällig ist auch, dass von den neun erwähnten Strafen acht physischer Natur sind, wenn man den furchterregenden Anblick der Dämonen mit ihrem feurigen Atem dazuzählt. Nur die siebte Höllenqual bezieht sich auf die Erkenntnis und Offenlegung der Sünden und die damit verbundene Schande; alle anderen – Feuer, Kälte, Schlangen, Gestank, schwefelige Funken, greifbare Finsternis, der Anblick der Dämonen und die glühenden Fesseln – sind körperlicher Art und damit auch bildlich darstellbar.

Der Teufel, wiewohl selbst gequält und verdammt, ist Beherrscher der Hölle. Er wird daher oft in ihrem Zentrum in auffälliger Größe dargestellt und ist schon deswegen leicht von den Dämonen zu unterscheiden. Der oben zitierten Beschreibung aus der *Visio Tnugdali* von ca. 1150 kommen die Höllendarstellungen des 14. und 15. Jahrhunderts recht nahe, und es ist keineswegs auszuschließen, dass diese extrem weitverbreitete Vision nicht nur die bildlichen Darstellungen des Hieronymus Bosch am Ende des 15. Jahrhunderts, sondern schon die großformatigen italienischen Fresken des 14. Jahrhunderts beeinflusst hat.

Neben Giottos Darstellung des Inferno in seinem monumentalen Weltgerichtsbild (*Giudizio universale*) in der Capella degli Scrovegni (auch Arenakapelle) von 1306, das durch seine intensive Verwendung des Schlangen- und Drachenmotivs hervorsticht (s. oben), sind es in erster Linie die Fresken im Camposanto Monumentale in Pisa, die zwischen 1336 und 1341 von Buonamico Buffalmacco gemalt wurden, und das *Inferno* des Giovanni di Modena in der Basilika San Petronio in Bologna, und zwar in der Cappella Bolognini (1412–1415), welche die Vorstellungen des 14. und 15. Jahrhunderts von der Hölle am eindrucksvollsten transportieren.

Das Bologneser Fresko des Giovanni di Modena sei für eine kurze Erläuterung der Elemente der Höllendarstellung exemplarisch herangezogen. Das Zentrum der Darstellung der als Felsenhöhle stilisierten Hölle wird dominiert vom Satan selbst. Bei ihm handelt es sich um ein zwar anthropomorphes, aber sehr dunkles und haariges Wesen mit tierischen Zügen wie Bärenohren und Schnauze. Im Gegensatz zum Fresko Giottos in Padua weist der Teufel nur ein einziges Maul und nur zwei statt zahlreicher Arme auf, mit denen er sich die Seele eines der Verdammten einverleibt, während er einen anderen ausscheidet: Beide gehören damit zu der an der

Stelle seiner Ausscheidungen zu findenden Gruppe von Personen, die durch ihre Kronen als Herrschergestalten gekennzeichnet sind. Sie stehen für jene Sünder, die sich der Kardinalsünde der *Superbia*, der Hochmut, schuldig gemacht haben, was ja für Herrscher die bezeichnendste aller Sünden ist, und werden hier von drei besonders scheußlichen gehörnten Dämonen gequält. Im Uhrzeigersinn fortschreitend sind links davon in einer Unterabteilung der Hölle die der *Avaritia*, der Habsucht, schuldigen Sünder dargestellt, die von teils mehrfach geflügelten Dämonen gemäß ihrer Sünde bestraft werden, wie etwa der alte Wucherer im Vordergrund, dem durch einen Trichter flüssiges Metall, wohl seine eingeschmolzenen Münzen, eingeflößt werden. Im nächsten Höllenraum darüber sehen wir die für die *Ira*, den Zorn, verdammten Sünder, die sich noch in der Hölle gegenseitig an die Gurgel gehen, dafür aber von bärengestaltigen Dämonen gebissen werden. Links oberhalb davon sind unter dem nur mehr schlecht lesbaren Banner *Acedia* die der Trägheit Schuldigen etwas apathisch versammelt; sie werden von geflügelten eselsköpfigen Dämonen traktiert, galt doch

Abb. 2.20 Der Teufel selbst verschlingt die Seelen der Verdammten und scheidet sie wieder aus. Giovanni di Modena: Detail aus dem Fresko *Das Inferno* in der Basilika di San Petronio, Bologna (um 1410).

Abb. 2.21 Nardo di Cione: Höllenkreise, Fresken in der Cappella Strozzi di Mantova in der Basilika Santa Maria Novella in Florenz (1351–1357).

der Esel als dumm und faul. Symmetrisch dazu auf der rechten Bildseite sind die für die Todsünde der *Invidia*, des Neids, verurteilten Seelen versammelt, die von Dämonen in der Gestalt von Hunden mit Pfeilen, Armbrüsten und Dreizacken gemartert werden. Darunter, wieder zur Bildmitte hin, sind die – häufig als Kleriker und Mönche, ja einmal sogar als Kardinal und Bischof markierten – Seelen zu sehen, die sich der *Gola*, der Völlerei, schuldig gemacht haben, die ja weithin als das Laster der Mönche galt. Sie werden von den ebenfalls notorisch gefräßigen Wölfen unter den Dämonen gequält, indem sie mit Bratspießen gefüttert werden, die sie dabei durchbohren. Die letzte Gruppe rechts unten im Bild hat sich der *Luxuria*, der Wollust, schuldig gemacht und wird dementsprechend von wildschweinartigen Dämonen entweder aufgespießt und geröstet, an den Genitalien gemartert oder durch Schlangen und Drachen gequält.

Entlang der oberen Bildkante, unterhalb der Höhlendecke, sind, meist hängend, andere Sünder zu sehen, links Schismatiker und Gotteslästerer, weiter rechts Götzendiener und Häretiker. Da sie verkehrten Lehren anhängen, werden sie häufig als mit dem Kopf nach unten aufgehängt oder aufgespießt dargestellt. Recht zentral links und rechts der Teufelsfratze sind noch ein (nicht historischer) Nicolo Apostata, also ein vom Glauben Abgefallener, und, als Irrlehrer, beispielhaft Mohammed abgebildet.

Wie sich zeigt, sind die Bilddarstellungen zweifellos von populären Texten beeinflusst, einerseits von Schriften wie etwa dem *Elucidarius* oder den Enzyklopädien, andererseits und ganz deutlich von der ebenfalls höchst populären Visionsliteratur. Auf Grund des deutlich selteneren Auftretens von detaillierten Bildwerken wie den genannten italienischen Fresken ist ein Einfluss in der Gegenrichtung – also von den Fresken in die Literatur - wohl weniger wahrscheinlich.

Besonders Dantes *Divina Comedia* (nach 1307) mit ihrer ausführlichen Beschreibung der neun Höllenkreise hat sich in italienischen Fresken niedergeschlagen. Am bekanntesten dürfte das von Nardo di Cione 1351–1357 geschaffene monumentale Bild der Höllenkreise in der Cappella Strozzi di Mantova in der Basilika Santa Maria Novella in Florenz sein.

Diese bildliche Umsetzung der Jenseitsreise durch Dante und Vergil ist buchstäblich von hunderten von Dämonen bevölkert, hält sich aber inhaltlich recht eng an Dantes Text, in dem allerdings das Äußere der Dämonen nicht derartig detailliert beschrieben ist. Infolge der Texttreue findet sich hier der bis zur Hüfte im Eis eingeschlossene Luzifer im neunten Höllenkreis, wenngleich nicht so dominant dargestellt wie in den anderen genannten Höllenfresken. Die drei Mäuler, die er bei Dante hat und mit denen er die drei Erzverräter der Weltgeschichte (Brutus, Cassius und Judas) verschlingt, haben auch auf andere Darstellungen eingewirkt.

Andere Quellen und auch andere Wege ihrer Umsetzung der Bilder von Höllenqualen verwendete Hieronymus Bosch. Man hat schon lange erkannt, dass einzelne Elemente, wie sie in der Hölle seines *Gartens der Lüste* zu sehen sind, offenbar direkt der *Visio Tnugdali* entnommen sind. Von dieser Vision sind hunderte von lateinischen Handschriften erhalten, dazu deutsche, englische und niederländische Übersetzungen. Allein in den Niederlanden erschienen schon 1482, 1484 und 1494 gedruckte Ausgaben; die Kenntnis des Texts ist also mehr als wahrscheinlich. Dazu kommt die Ähnlichkeit bei der Gestaltung einzelner Figuren. Besonders bei dem schwarzen »Tier« mit dem langen Hals, dem eisernen, feuerspeienden Schnabel und den eisernen Krallen, das mit dem Teufel identifiziert wird und das auf einem zugefrorenen See auf einem Leibstuhl sitzend Seelen verzehrt und wieder ausscheidet, kann man wohl eine direkte Entsprechung bei Bosch finden. Diese enge Parallele findet sich allerdings nicht in seinem *Jüngsten Gericht* (auch *Weltgerichtstriptychon*, 1485–1505), sondern in der rechten Rektabel seines Triptychons *Der Garten der Lüste* (1490–1500), welche die Hölle darstellen soll. Das Bemerkenswerteste an diesem Bild ist aber die Verfremdung der dämonischen Gestalten, die sich in dieser Art im *Weltgerichtstriptychon* nicht finden: Die Funktion der Dämonen, welche die Seelen quälen, beißen, durchbohren oder zerschneiden, ist zwar ähnlich wie auf den älteren italienischen Höllendarstellungen, aber die Gruppierung ist nicht mehr so einfach zu durchschauen. Zudem sind die Dämonen viel stärker als phantastische Mischwesen gestaltet, und zwar nicht mehr nur zwischen Mensch und Tier. Das Albtraumhafte der visuellen Höllenrepräsentation ist damit bei Hieronymus Bosch um 1500 auf die Spitze getrieben.

Jenseits dieser visionären – oder von Visionen beeinflussten – Darstellungen hatte man aber auch ganz konkrete, geographisch fassbare Vorstellungen davon, wo die Hölle lag und wo ihr Eingang zu finden war. Die schon mehrfach zitierte *Legenda aurea* des Jacobus de Voragine aus dem 13. Jahrhunderts erwähnt die auch sonst überlieferte Geschichte, dass der Abt Odilo von Cluny (gest. 1049) alle von Cluny abhängigen Klöster aufgefordert hatte, am 2. November für die Seelen aller Verstorbenen zu beten – hier findet sich der Ursprung des Allerseelenfestes. Anlass sei ein Besuch in Sizilien gewesen, bei dem er das Heulen der Dämonen aus dem Ätna vernommen habe:

Petrus Damiani erzählt auch, daß Sanct Odilo der Abt von Cluny vernahm, wie bei dem Berge Vulcanus in Sizilien häufig Stimmen und Heulen der Teufel würden gehört, die da schrieen, daß der Verstorbenen Seelen ihren Händen durch Almosen und Gebete würden entrissen. Da gebot er, daß in seinen Klöstern nach dem Fest Allerheiligen das Gedächtnis der Seelen werde gefeiert. Das ward hernach von der ganzen Christenh[e]it bestätigt.[33]

Die Frage, ob es sich dabei im Ätna tatsächlich um die Hölle oder »nur« um das Purgatorium gehandelt habe, ist hier nicht sonderlich relevant, aber die Stelle zeigt ebenso wie die älteren Parallelstellen, dass man sich in den Vulkanen tatsächlich einen Eingang zur Unterwelt vorstellen konnte. Neben dem Ätna kam dafür auch noch der Vesuv in Frage, und für die Skandinavier lag dafür ohnehin der Hekla auf Island näher, der sich bis weit in die Neuzeit einen Ruf als Höllenschlund bewahrt hat. Der gelehrte Verfasser des nach 1260 in Norwegen entstandenen altnorwegischen Königsspiegels (*Konungs skuggsjá*) kannte jedenfalls auch den Ätna als Höllenschlund, zieht aber den ihm näheren Vulkan Hekla als wahrscheinlicher vor:

Es wird im Dialogus gesagt, der heilige Gregorius habe behauptet, daß die Stätte der Höllenpein in Sizilien, in dem dortigen Feuer sei; indessen hält man es für wahrscheinlicher, in dem Feuer, das in Island ausbricht, da sei vielmehr die Stätte der Pein.[34]
[...]
Weil also dieses Feuer sich von nichts anderem nähren will als von toten Dingen [...] darf man mit Recht sagen, daß dieses Feuer (selbst) tot ist und am ehesten für das Feuer der Hölle angesehen werden kann, denn dort sind alle Dinge tot.[35]

Wo und wie auch immer, dass man auf der Erde einen Eingang in die Hölle finden könne, wurde im Volksglauben offenbar kaum in Zweifel gezogen.

Abb. 2.22 Hieronymus Bosch: Der Garten der Lüste (rechte Rektabel: Die Hölle, Detail, ca. 1480–1490).

3
DIE HEERSCHAREN DES TEUFELS: DIE DÄMONEN

3.1 Was sind Dämonen?

Dämonen sind im europäischen Mittelalter Geistwesen, aber ausschließlich solche, die böswillig und den Menschen feindlich gesinnt sind. Sie sind zudem übermenschlich, aber untergöttlich, also im wahrsten Sinne des Wortes Zwischenwesen. Sie sind reine Geistwesen und stehen insofern den Engeln nahe, und als Engel werden sie ursprünglich sowohl im biblischen wie auch im mittelalterlichen theologischen Denken aufgefasst – allerdings als böse Engel, sind es doch jene, die am Anbeginn der Zeit gleich nach ihrer Schöpfung mit Luzifer von Gott abgefallen und wie er auf ewig verdammt sind, weil sie sich mit ihm bewusst von Gott abgewandt haben. Damit haben sie nicht nur ihren Gnadenstatus, ihren Wohnort im Himmel und ihr helles Aussehen verwirkt, sie sind von Gott auch in die Hölle und in die »dunkle Sphäre« verbannt worden.

Diese zwei Wohnstätten dienen als nachträgliche Erklärung, warum die Dämonen den Menschen gleich auf zweierlei Weise schädlich sind. Zum einen sind sie aus ihrer sublunaren Sphäre heraus Schadensgeister, die die Menschen in allen möglichen Gestalten und auf vielfache Weise quälen – sei es durch Krankheiten, Unglücke, Schlechtwetter oder Versuchungen. Zum anderen handelt es sich bei ihnen um selbst in der Hölle gequälte Geschöpfe, die wie auch Satan selbst fortwährende Qualen erleiden. Ihre Bestimmung in der Hölle ist es, im Auftrag ihres Herrn, des Herrn der Finsternis, möglichst viele Menschen der ewigen Verdammnis und somit der Hölle zuzuführen und sie dann an diesem ewig währenden Strafort entsprechend ihren Verfehlungen mit Foltern und Qualen zu strafen. Engel und Dämonen sind dabei im Mittelalter durchaus Widersacher, und nicht selten wird in der religiösen Ikonographie dargestellt, wie sie in direkter Konfrontation um die Seelen der Menschen kämpfen oder sich diese gegenseitig zu entreißen versuchen.

Das junge Christentum übernahm, so müssen wir uns bewusst machen, nicht nur die Aussagen des Alten und Neuen Testaments, sondern auch viele außerkanonische bzw. apokryphe Überlieferungen und zusätzlich zahlreiche Vorstellungen über Geister aus der jeweiligen Umwelt. Letzteres setzte sich bis weit ins Mittelalter hin fort.[1] Im volksreligiösen Denken vor allem des späteren Mittelalters überlappten dann die christlich-jüdisch-griechischen

Vorstellungen von den Dämonen mit den diversen anderweltlichen Wesen des Volksglaubens der christianisierten europäischen Völker. Im Gegensatz zum recht universellen Konzept der Dämonen, das sich wenigstens seit den Schriften des Neuen Testaments während des ersten christlichen Jahrtausends nicht allzu sehr verändert hatte, wiesen die Wesen der vorchristlichen niederen Mythologien sehr unterschiedliche regionale Ausprägungen auf. Irische Leprechauns, deutsche Kobolde und Bilwisse, französische Zwerge, skandinavische Alben und Trolle, sie alle haben während des Mittelalters auch (aber nicht nur) dämonische Züge angenommen. Eine genaue Unterscheidung oder gar genaue Abgrenzung ist dabei schwer, und auch die mittelalterlichen Autoren hatten schon ihre Schwierigkeiten, bei ihrer Vermittlung zwischen dem Lateinischen und den jeweiligen Volkssprachen auch nur die Terminologien zur Deckung zu bringen, von den Konzepten selbst ganz zu schweigen. Ohnehin scheinen manche Autoren eine gewisse Scheu gehabt zu haben, die Dämonen und Teufel direkt anzusprechen, und wichen so häufig auf den Begriff der (unreinen) Geister aus. Vielleicht verwendete man – neben den vertrauteren Begriffen der einheimischen alten Mythologien – den Ausdruck *immundus spiritus* mitunter auch deshalb lieber, weil er nicht so missverständlich war wie »Teufel« (im Plural, also *diaboli*), was ja dem einen Teufel, dem Satan, terminologisch wie inhaltlich zu nahestand. Eine Wechselwirkung zwischen dem christlichen Dämonenglauben und volksnahen Vorstellungen von jenseitigen Geistwesen lässt sich aber auch mit Blick darauf konstatieren, dass manche der Geister des regionalen Volksglaubens ähnliche Funktionen wie die Dämonen hatten: Sie konnten bei Wohlverhalten Reichtum oder wenigstens bescheidenen Wohlstand garantieren, andererseits übten sie bei Fehlverhalten durch Strafen ein soziales Korrektiv aus und waren den Menschen bisweilen durchaus feindlich gesinnt.

Im Gegensatz zu den mythologischen Wesen der vorchristlichen Glaubensschichten durchdrang das Dämonische im christlichen Volksglauben aber die Welt doch weit mehr, und *Ubique diabolus*, »Überall ist der Teufel«, war, wenn auch nicht so wörtlich, ein weitverbreiteter Glaube. Damit ist aber auch gemeint, dass nicht nur der Teufel selbst, sondern

Abb. 3.1.1 Engel und Dämonen im Luftkampf um eine Seele. Stefan Lochner: Mittelteil des Weltgerichtsaltars, Köln (um 1435, Detail).

vor allem seine Helfer jederzeit und überall im täglichen Leben des mittelalterlichen Menschen anzutreffen waren. Die Dichte, in der die Dämonen die Menschen umgaben, zeigt ein Zitat aus dem berühmten *Dialogus miraculorum* des rheinländischen Zisterziensers Caesarius von Heisterbach (um 1220):

Als der Teufel gefragt wurde, ob er beim Tod unseres Abtes Herrn Gevard dabei gewesen wäre, antwortete er: »Wir waren dort zahlreicher als der Sand am Meer. Aber wir haben trotzdem nichts erreicht, weil jene verlausten Brüder wie die Schweine am Boden lagen und grunzten und uns nicht näher kommen ließen.«[2]

Noch drastischer schildert etwa zur gleichen Zeit ein anderer Zisterzienser, Richalm von Schöntal (an der Jagst), in seinen Visionen des *Liber revelationum* (»Buch der Offenbarungen«) die Intensität, mit der ihn die Dämonen umgeben:

Oft, wenn ich die Augen schließe, sehe ich Dämonen, die mich von allen Seiten wie dichter Staub umgeben und ihre winzigen Körper wie Staub oder Atome in der Sonne sich dicht aneinanderdrängen, und dieselben, glaube ich, umgeben und hängen auf diese Weise an allen Menschen.[3]

Die Auffassung, dass der Teufel und seine Dämonen überall gegenwärtig – und tätig – sind, ist somit bei beiden monastischen Verfassern die ehrliche Grundlage ihrer Berichterstattung, und sie gilt sicherlich auch für die große Mehrheit ihrer Zeitgenossen. Caesarius etwa widmet ein ganzes Buch mit 59 Kapiteln den Dämonen und zeigt darin exemplarisch ihr vielfältiges Wirken. Schon früh kündigt er es an, indem er dem Novizen erklärt:

Daß es Dämonen gibt, daß es viele gibt und sie böse sind, werde ich Dir an zahlreichen Beispielen beweisen können.[4]

Damit sind wir aber schon bei den praktischen Rollen, welche die Dämonen einnehmen und die in späteren Kapiteln noch zur Sprache kommen werden. Aber auch rein definitorische Fragen hat man im Mittelalter konkret angesprochen. So erklärt etwa Gervasius von Tilbury in seinen *Otia imperialia* (»Kaiserliche Mußestunden«, ca. 1209 – 1214) nur wenige Jahre vor den beiden oben zitierten Autoren seinem kaiserlichen Schüler Otto IV. die Dämonen folgendermaßen:

Ain besessen weib tocer ir augen kint auch vater
und muter do ward si yen zell pracht vnd ward
von ir gepant ain legion der teüfl das ist
vj tausent vj hundert und lxvj

[…] wenn Du fragst, welcher Natur diese Gespenster sind, so antworte ich mit den Worten des Platonikers Apuleius, der unter den Philosophen einen hervorragenden Rang einnahm. Nach seiner knappen Definition sind die Dämonen ihrer Art nach Lebewesen, ihre Seele wird von Affekten bewegt, ihr Geist ist vernünftig, ihr Leib ist aus Luft und ihre Lebensdauer ewig. Augustinus meint ferner, es sei nichts Besonderes, daß sie Tiere seien, denn das gelte auch für das Vieh. Daß ihr Geist vernünftig ist, setzt sie nicht über uns, denn das sind wir auch. Und liegt darin, daß sie ewig leben, ein Gut, wo sie doch nicht selig sind? Besser ist doch eine Seligkeit auf Zeit als eine Ewigkeit im Jammer. Daß ferner ihre Seele von Affekten bewegt wird, haben sie als Zeichen unserer Jämmerlichkeit mit uns gemein. Und wieviel ist es wert, daß ihre Leiber aus Luft sind, wo doch eine wie immer beschaffene Seele jedem Körper vorzuziehen ist! Deshalb kann religiöse Verehrung, die eine Angelegenheit der Seele ist, für nichts bestimmt sein, das unter der Seele steht.

Wo der besagte Platoniker von den Eigenschaften der Dämonen handelt, behauptet er, sie würden von denselben Gemütsbewegungen heimgesucht wie die Menschen; Unrecht erwecke ihren Unmut, Gefälligkeiten und Geschenke versöhnen sie, über Ehrenbezeugungen freuen sie sich, sie genössen verschiedene Opferzeremonien und nähmen Anstoß, wenn dabei etwas nicht beachtet werde. Unter anderem behauptet er auch die Weissagungen der Auguren, Opferschauer, Seher und Träume hingen mit ihnen zusammen und auch die Wunder der Zauberer gingen auf sie zurück. Ihr Ort sei in der Luft mitten zwischen Gott und den Menschen […].[5]

Abb. 3.1.2 Ausgetriebene Dämonen in der Größe von Insekten verlassen eine Frau während eines förmlichen Exorzismus. Ausschnitt aus dem Großen Mariazeller Wunderaltar von 1519/20.

Hier ist fast alles zu den Dämonen Wichtige äußerst knapp zusammengefasst, entbehrt aber des Kommentars, wenn etwa bei den Ehrenbezeugungen, über die sich die Dämonen freuten, nicht erwähnt wird, dass diese die Verehrung und Opfer angestrengt suchten, um so die Menschen dem Christentum abspenstig zu machen.

»Legion«: Die Zahl der Dämonen

Was die Zahl der Dämonen in Relation zur Zahl der Engel anbelangt, so findet sich bei den mittelalterlichen Autoren keine übereinstimmende Meinung.[6] Einigkeit herrscht nur, wie die obigen Beispiele zeigen, über ihre enorme Zahl und über die Dichte, mit der sie die Menschen umgeben. Die hohe Zahl geht auf die Bibelstelle beim Evangelisten Lukas (Lk 8,30) zurück, wo er von der Vertreibung der Dämonen aus dem Besessenen von Gadara berichtet und wo der Dämon von sich selbst sagt, er sei »Legion«.

Nicht nur dem Evangelisten, sondern auch allen Rezipienten seiner Zeit war die Mannschaftsstärke einer römischen Legion mit etwa 5000 Mann bewusst. Daher geht es hier in erster Linie um eine extrem hohe Zahl, die wiederum für die mittelalterlichen Vorstellungen von der Anzahl und Kleinheit der Dämonen eine Vorlage bilden konnte. Entsprechend konkret konnte ein Mörder einem sterbenden Abt in einer Erscheinung berichten, »daß viele tausend Dämonen seine Seele draußen erwarteten.«[7]

Laut dem *Elucidarius* des Honorius Augustodunensis (I, 57 und 77) betrug der Anteil der gefallenen Engel an den ursprünglich geschaffenen Engeln ein Zehntel, und dieser Anteil wurde durch die Menschen aufgefüllt. Damit sei die Zahl der Menschen und der Dämonen am Ende gleich und es gebe neunmal so viele Engel wie Menschen oder Dämonen. Diese Angabe nennt auch Caesarius von Heisterbach in der Einleitung zu seinem Abschnitt über die Dämonen.[8] Abweichend davon erwähnt derselbe Verfasser, indem er Gregor den Großen zitiert, dass die Zahl der auserwählten Menschen die Zahl der guten Engel erreiche und somit die Zahl der Dämonen um das Neunfache übersteige.[9] Andererseits habe jeder Mensch einen (Schutz-)Engel und einen Dämon um sich.[10] Das mache diese Zahlen wiederum sehr vage, denn die volle Zahl der Menschen vor dem Jüngsten Gericht sei noch lange nicht erreicht; zudem könne ein einzelner Dämon ja tausende von Menschen quälen.[11]

Neben solchen nicht gerade eindeutigen Erwägungen machen die Zahlenspiele unserer mittelalterlichen Autoren eine Diskrepanz zwischen Theorie und Praxis sichtbar: In der Theorie gibt es wenigstens theoretisch eine bestimmte Zahl an Dämonen, wenn auch nur relativ zur Zahl der Engel und Menschen. In der Praxis der Visionen und dämonischen Auskünfte ist diese Zahl aber wie der Staub in der Sonne oder der Sand am Meer, also eigentlich unzählbar. Eines der drastischsten Beispiele für die Menge an Dämonen, die am Bett von Sterbenden lauern, bietet die folgende Anekdote aus dem *Dialogus miraculorum*,[12] wo es um das Gespräch eines Ritters namens Walter aus dem Dorf Endenich bei Bonn mit einem Dämon geht. Letzterer kommt laut eigenen Angaben gerade vom Begräbnis einer Äbtissin der Benediktinerinnen, muss aber frustriert zugeben, dass die Dämonen nichts hätten ausrichten können, weil der Erzengel Michael die Seele der frommen Frau mit einer eisernen Keule verteidigt und damit die Dämonen verprügelt habe:

Darauf der Ritter: »Wieviele wart Ihr dort?«
Der Dämon: »Kennst Du den Kottenforst?!«
»Bestens, « sagte der Ritter. Darauf der Teufel: »Es gibt nicht soviele Blätter auf den Bäumen wie wir waren, als wir dort versammelt waren. Einen so großen Wald gibt es in Eurer Gegend nicht.«

Dieses sehr ausgedehnte Waldgebiet auf dem Rücken des sogenannten Vorgebirges, eines unscheinbaren Höhenrückens auf der linken Rheinseite zwischen Bonn und Köln, konnte also ebenso wie die bekanntere Metapher vom Sand am Meer für die Unzahl an Dämonen dienen – und das waren nur die an einem einzigen Totenbett!

Bei der Menge der Dämonen und ihrer weltweiten Verbreitung kommt auch immer wieder der Vergleich mit Insekten ins Spiel. So verweist etwa Thomas von Cantimpré in seinem *Bonum universale de apibus* auf Hornissen, deren Nachkommenschaft sowohl im Wasser als auch auf der Erde, sowohl in der Erde als auch in der Luft lebe, »und in dieser aller Vielfältigkeit sind sie mit den Dämonen zu vergleichen.«[13]

Die beste Zusammenfassung über die unendliche Zahl der bösen Geister gibt jedoch Jacobus de Voragine in der Michaelslegende seiner *Legenda aurea*, wenn er über die Dämonen sagt:

Doch ist auch von Gott verhänget, daß sie unterweilen bei uns auf Erden wohnen zu unserer Prüfung. Da fliegen sie häufig um uns wie Mücken, als etlichen heiligen Männern gezeigt ward, denn sie sind ohne Zahl und erfüllen die Luft wie die Mücken. Davon spricht Haymo: »Als die Philosophen haben gesagt und unsere Lehrer glauben, so ist die Luft also voller Teufel und bösen Geister, wie ein Sonnenstrahl voll ist kleiner Stäubchen«.[14]

Die Sprache der Dämonen

Schon aus den Versuchungsberichten des Neuen Testaments geht klar hervor, dass der Teufel alle Sprachen spricht. Dazu kann er aus den Schriften des Alten Bundes zitieren, womit natürlich nicht mehr ausgesagt ist, als dass sich das Böse auch hinter den Aussagen der Bibel verstecken und sich mit derartigen Zitaten tarnen kann. Ähnliches gilt für die Dämonen: Sie sprechen offenbar jedermanns eigene Sprache, sie verstehen auch alle Sprachen. Dennoch scheinen bestimmte Sprachen und sprachliche Konventionen wichtiger zu sein als andere, wenn man etwa mit den Dämonen kommunizieren will, sei es, um sie abzuwehren oder sie herbeizubeschwören.

Darüber, ob es erlaubt sei, mit den Dämonen zu kommunizieren, hatte man sich schon früh Gedanken gemacht. Die kirchlichen Dekrete verurteilten die als *incantationes* bezeichneten Sprüche auf Amuletten, die der Kommunikation mit den Dämonen dienten. Dabei griffen sie wohl auf *De doctrina christiana* des Augustinus zurück, der für die Etablierung der Kommunikation mit den Dämonen gewisse Zeichen, *significationes*, postulierte.[15] Für ihn sind alle diese Zeichen Teil einer Sprache, um mit den bösen Geistern Kontakt aufzunehmen: »Aberglaube ist ein Komplex vereinbarter Zeichen, die der Verständigung mit den Dämonen dienen.«[16] Diese abergläubischen Mittel haben aber nach Augustinus

> nur insoweit Kraft, als es durch den die Geister beherrschenden Wahn als der gemeinsamen Sprache (*lingua*) mit den Dämonen verabredet worden ist [...]. Nicht weil es Kraft hatte, gab man sich damit ab, sondern weil man sich mit diesen Dingen abgab und sie bezeichnete (*signando*), erlangten sie erst Kraft. [...] Wie nun alle diese Bezeichnungen gerade so auf die Geister wirken, wie die daran interessierten Kreise eben darüber übereingekommen sind, und wie ihre Wirkung verschieden ist, wenn die Übereinstimmung eine verschiedene ist, und wie sich die Menschen bezüglich dieser Bezeichnung nicht deshalb verstanden haben, weil diese Bezeichnung schon an sich eine bezeichnende Kraft besaß, sondern sie vielmehr nur deshalb ihre bezeichnende Kraft hat, weil man sich eben bezüglich ihrer miteinander verstand, so haben auch jene Zeichen, durch die man sich die verderbliche Gesellschaft der Dämonen erwirbt, Kraft nur nach der Tätigkeit desjenigen, der sie beobachtet.[17]

Jedenfalls enthalten somit alle Gegenstände oder eingeschriebene Zeichen die Möglichkeit, mit den bösen Mächten Kontakt aufzunehmen, solange diese Kommunikationswege auf einer Übereinkunft beruhen. Dass man sich dieser Übereinkunft aber offenbar nicht so sicher war – und wohl auch überhaupt nie sicher sein kann –, zeigen uns die vielfältigen Methoden, mit den Geistern auf gleich mehreren Wegen in Kontakt zu treten. Wenn Glockeninschriften (vgl. unten Kap. 3.3) wie die von Barnstädt (Sachsen-Anhalt) neben dem Christusruf auch noch das Zauberwort *agla* aufweisen oder die von Saleby (Västergötland, Schweden) neben dem lateinischen Ave Maria und dem Wort *agla* auch noch Runen verwenden, so ist dahinter der Wunsch zu vermuten, in der einen oder anderen Weise zu den Dämonen durchzudringen. Ganz offensichtlich wird das bei einem Amulett aus der Zeit kurz vor 1200 aus Romdrup (Nordjütland), das die Dämonen zweisprachig anredet: Ich beschwöre »Euch Elfen und Elfinnen oder Dämonen« (*vos elvos vel elvas aut demones*).[18]

Hinzu kommt die Möglichkeit, mit den Dämonen eine stillschweigende Übereinkunft getroffen zu haben, die sich in der schriftlichen Form einem damaligen uneingeweihten Leser nicht erschließen sollte. Dazu gehören die Verschlüsselungen von Namen oder auch Formeln (vgl. dazu Kap. 3.2 über die Krankheitsdämonen), aber auch eigentlich sinnlose

Buchstabenfolgen, die aber auf Grund bestimmter – vielleicht onomatopoetischer? – Annahmen als den Geistern verständlich angesehen wurden. Schließlich gab es auch die Möglichkeit, das ganze Alphabet bzw. die ganze, als Futhark bezeichnete Runenreihe aufzuschreiben, in der Annahme, dass sich (nur) die Dämonen schon die richtige Buchstabenfolge zusammensuchen würden, die der »Übereinkunft« mit ihnen entsprach.

Bei der praktischen Anwendung, also bei Zauberformeln, Beschwörungstexten, Amuletten, darf nicht der Glaube an die Macht des Buchstabens unterschätzt wird. Gerade für die schriftunkundige Bevölkerung war dies von Bedeutung. Ähnlich wird auch noch viel später, bis weit in die Neuzeit hinein, ein Text in lateinischer, griechischer oder gar hebräischer Sprache als wirksamer erachtet als einer in der Volkssprache.[19] Auch die Tatsache, dass man die Formeln zur Beschwörung oder Abwehr von Dämonen am ehesten aus Büchern vorlas, deutet nicht nur darauf hin, dass die Formeln »richtig«, also nach einer tradierten angenommenen Übereinkunft, rezitiert werden mussten (vgl. dazu unten Kapitel 3.4 über die Nekromanten), sondern verweist zusätzlich noch auf die Macht des geschriebenen Wortes. Die in Blei eingeritzten oder in Glocken eingegossenen Zauberworte und Abwehrgebete sind die dauerhaftesten Aufschreibmethoden; sie hatten somit noch mehr Gewicht als die in Handschriften enthaltenen Formeln. Zudem garantierten sie die Wiederholbarkeit der Formeln in immer gleicher Form.

Dämonen und Monster

Da gerade in der kirchlichen Ikonographie, gleich ob in der Bauplastik oder in den bemalten Innenräumen und auf Altarbildern der Kirchengebäude, eine Vielzahl dämonischer Wesen dargestellt wurde, sei noch kurz auf die heute häufige Verwechslung zwischen mittelalterlichen Monstren und Dämonen hingewiesen. Die leichte Verwechselbarkeit beruht darauf, dass beide häufig anthropomorphe Grundformen aufweisen, die bei den Dämonen aber fast immer, bei den Monstern nur zum Teil auch tierische Elemente enthalten. Da die Monster nach mittelalterlichem Verständnis (und noch heutiger medizinischer Definition) jedoch Menschen sind, die sich nur durch verschiedene Abweichungen vom normalen Europäer unterscheiden, ist diese anthropomorphe Grundform bei ihnen wenig überraschend; in heutiger Terminologie sollte man sie daher auch besser als Wundervölker oder Fabelrassen bezeichnen. Ohnehin müssen solche Abweichungen gar nicht körperlicher Natur sein und damit wie Missbildungen wirken, sondern können auch Deviationen im Sozialverhalten oder in den Essgewohnheiten umfassen, was ikonographisch nur bedingt darstellbar ist.

Obwohl wir also heute nicht bei jeder mittelalterlichen Darstellung mit letzter Sicherheit feststellen können, welcher Gruppe von Wesen etwa eine alleinstehende Fratze zuzuordnen ist, muss doch folgender prinzipieller Unterschied festgehalten werden:[20]

Dämonen sind geistige Wesen, wie es ihrer Natur als gefallene Engel entspricht; sie haben keinen Körper, sondern können alle möglichen Gestalten annehmen, die aber nicht physisch sind, sondern nur dem Schein nach existieren. Als von Gott abgefallene Engel sind sie prinzipiell böse und trachten ausschließlich danach, den Menschen zu schaden. Ihre Wohnorte sind nicht reale Bereiche der Erde, sondern das Jenseits, wo sie entweder eine dunkle Sphäre oder gemeinsam mit Satan die Hölle bewohnen, als dessen Gefolgschaft sie angesehen werden.

Monster oder Wundervölker hingegen sind nach mittelalterlicher Auffassung durchaus reale, physische und auch physisch erfahrbare Wesen, die jedoch in den Randgebieten der bewohnbaren Erde wohnen. Als Teil der Völkerkunde und Geographie gehören sie zur mittelalterlichen Naturkunde, auch wenn sie – aus unserer heutigen Sicht – nicht wirklich existierten, sondern wie Fabeltiere zu den mittelalterlichen *Mirabilia* zählten, also zum Wunderbaren oder Wunderlichen. Wenn sie dennoch in der kirchlichen Ikonographie dargestellt wurden, dann wegen der Möglichkeit der allegorischen Interpretation ihrer Deformitäten, die ihnen als Erdrandbewohner einen exotischen Reiz verliehen, ob es sich dabei nun um einen fehlenden Kopf wie bei den Blemmyae, um riesige Ohren wie bei den Panoti oder aber um einen einzigen riesigen Fuß wie bei den Sciopoden (Schattenfüßler) handelte. Im Gegensatz zu den Dämonen sind sie nur äußerst selten (wie etwa die hundsköpfige Menschenrasse der Cynocephalen) gefährlich, sondern regen zum Staunen und zur Reflexion über Gottes Schöpfung an. Die folgende Tafel kann die Unterschiede deutlich machen:[21]

Dämonen	Monster
körperlos	körperlich
transzendental	irdisch
luftig bzw. unterirdisch	menschliches Habitat
Thema der Theologie	Thema der Ethnographie
Bereich der Ethik	Bereich der Naturkunde
unzählig	beschränkte Zahl an Rassen

Die Verwandlungsfähigkeit der Dämonen

Obwohl die Verwandlungsfähigkeit von Lebewesen schon in der Antike ein verbreitetes Thema darstellte, muss man wohl nicht davon ausgehen, dass die christlichen Dämonen- und Teufelsdarstellungen direkt davon beeinflusst sind. Ovids *Metamorphosen* sind ja ganz diesem Thema gewidmet, und in Vergils *Georgica* wird die Geschichte des Aristaeus erzählt, den seine Mutter vor der Wandlungsfähigkeit des Sehers Proteus warnt, dem er ein Geheimnis entlocken will:

> Vielfach dann täuscht Gaukelgestalt und Erscheinung des Bergwilds.
> Schnell als borstiges Schwein wird der drohn, als grimmiger Tiger,
> Als blauschuppiger Drach' und gelbgemähneter Löwe;
> Oder in knatternder Flamm' erhebt er sich, und aus den Fesseln
> Schlüpfet er oder verrinnt in beschleunigtem Lauf der Gewässer.[22]

Vielmehr stehen die spätantiken christlichen Vorstellungen in einer langen Tradition, welche die Wandelbarkeit von Lebewesen akzeptierte – umso mehr dann aber auch diejenige jenseitiger Wesen wie der körperlosen Dämonen. Wie schon oben beim Quellenwert des Augustinus behandelt wurde, hat dieser mit einer relativ kurzen Bemerkung in *De civitate Dei* (X, 11) die Grundlage für die Annahme einer praktisch unbeschränkten Verwandlungsfähigkeit der Dämonen geschaffen. Seiner Auffassung nach können sie sich sowohl in ihrer eigentlichen Form als schattenhafte, geflügelte Geistwesen zeigen als auch als fremde Götter, als Menschen, als Engel und ganz besonders als die Geister von Verstorbenen ausgeben. Als heidnische Götter streben sie nach Verehrung und einem eigenen Kult, als Menschen und Engel betrügen und verführen sie die Menschen durch falsche Versprechungen, und als Geister von Verstorbenen geben sie – ob wahr oder falsch – vor, das Schicksal der Toten im Jenseits zu kennen und die Zukunft und andere verborgene Dinge vorhersagen zu können.

Der letzte Punkt ist dafür verantwortlich, dass in den mittelalterlichen theologischen Abhandlungen den verschiedensten Formen der Divination so breiter Raum eingeräumt wird, ganz besonders aber der Form der Prophetie durch Totenbeschwörung. In Wahrheit, so meinte man, stammten nämlich alle derartigen Informationen ausschließlich von den Dämonen und somit letztendlich vom Teufel selbst. Darüber wird aber noch eingehender bei den Praktiken der Nekromanten (vgl. unten Kap. 3.4) zu reden sein.

Menschengestalt und Subtilität

Der Widerspruch, der sich in den vielen Exempeln findet, die dem Volksglauben an die Dämonen entstammen, besteht darin, dass die Dämonen vielfach wie Menschen aussehen, auch meist dafür gehalten werden, andererseits aber eben rein geistige Wesen sind, die nur scheinbar einen menschenähnlichen (oder auch tierförmigen) Körper aufweisen. Ihre Substanz wird immer wie Nebel oder Rauch beschrieben. Das ist nicht zuletzt einer der Gründe dafür, dass Dämonen in der Ikonographie sehr häufig schwarz, zum Teil aber auch so weit wie möglich durchsichtig gemalt werden. Dass die schwarze Farbe natürlich negative Konnotationen aufweist, wird noch zu besprechen sein. Die luftige Konsistenz hat indes auch praktische Folgen: Nicht nur treiben die Dämonen sich in der luftigen Sphäre herum, sie können auch ungehindert durch feste Gegenstände dringen, wie viele Beispiele zeigen, wo sie einfach aus dem Boden auftauchen oder auf der Flucht in diesen verschwinden können. Noch beunruhigender ist die Tatsache, dass sie dadurch auch durch geschlossene Türen in die Häuser der Menschen eindringen können, vom Eindringen in deren Köpfe und Körper ganz zu schweigen. In der Antonius-Vita des hl. Athanasius (295 – 373) macht sich der Verfasser Gedanken über die Natur der Dämonen, die dem hl. Antonius wie kaum einem anderen Heiligen zusetzten, und sagt:

Wenn sie nun an solche Körper gebunden wären wie wir, könnten sie sagen: Die Menschen, die sich verbergen, finden wir nicht; haben wir sie aber gefunden, dann schädigen wir sie. Wir dagegen könnten uns verstecken vor ihnen und vor ihnen die Türen verschließen. Sie sind aber nicht von solcher Art, sie können durch geschlossene Pforten eindringen, sie halten sich im ganzen Umkreis der Luft auf, sie und ihr Oberteufel; sie sind voll bösen Willens und bereit zu schaden.[23]

Werden die Dämonen nun aber – trotz der in der Ikonographie hervorgehobenen theriomorphen Elemente wie Schnauzen, Krallen oder Hufe – im Wesentlichen menschengestaltig, aber dabei eben als schwarz wahrgenommen, ist es nicht verwunderlich, dass sie immer wieder mit Äthiopiern, Mohren oder anderen Schwarzen verglichen werden. Diese für uns heute inakzeptabel rassistisch klingende Gleichsetzung ist im Mittelalter, mangels ausreichender realer Kontakte mit der farbigen Bevölkerung Afrikas, ausschließlich farbbezogen; allerdings hat die Umkehrung der Gleichung in literarischen Werken zur Folge, dass schwarzhäutige Afrikaner dann mangels besseren Wissens als dämonisch apostrophiert werden. Darüber hinaus stellt sich die Frage, wie sehr die Erfahrungen besonders des Ersten und des Fünften Kreuzzugs mit maurischen Truppen auch in Ägypten diese Identifikation gefördert haben mögen. Es soll nicht vergessen werden, dass der Christusruf aus der Exorzismusformel *Christus vincit, Christus regnat, Christus imperat* auch als Schlachtruf bei der Eroberung von Jerusalem verwendet wurde und sogar auf der Parierstange des Reichsschwerts des Heiligen Römischen Reiches (aus dem 12. Jahrhundert) eingraviert war, wo er sicherlich nicht dem Exorzismus dienen sollte, sondern gegen die als dämonisch angesehenen »Heiden« gerichtet war (vgl. Abb. 3.3.8; s. unten im Kap. 3.3).

Auch die schon oben behandelte große Zahl an winzigen Dämonen, wie sie sich etwa angeblich in der Todesstunde um einen Sünder in Form von Fliegen- oder Mückenschwärmen einfinden, hat Relevanz für die Farbigkeit. Die scheinbar rauchartige Konsistenz von Mückenschwärmen findet sich immer wieder als Eindruck des Dämonischen. Entsprechend hat die schwarze Farbe der Dämonen eine Qualität, die sie von dem glänzenden Schwarz etwa von Kleidungsstücken oder dem blauschwarzen Gefieder von Raben unterscheidet;

Bei ihr findet sich eine gewisse Transparenz, die auf die Körperlosigkeit der andersweltlichen Wesen verweist und die in der Ikonographie mit eher blassen Grau- bis Brauntönen wiedergegeben werden kann. Um diese Transparenz in den literarischen Werken in Worte fassen zu können, wird einerseits auf das Bild des Schattens, andererseits auf das des dunklen Rauchs zurückgegriffen.[24] Im bereits zitierten *Väterbuch*, das die dämonischen Anfechtungen des Antonius und anderer Heiliger ausführlich beschreibt, finden sich Beispiele für beides, hier etwa für den Rauch:

Do er den armen hellegouch
Swartz gesach als einen rouch,
clein und ungeneme
Cranc und widerzeme.[25]

Den Rauch als Bild für die Transparenz der höllischen Wesen erwähnt auch Caesarius von Heisterbach ebenso wie den Schatten oder die Wolke; in einem Fall sagt er etwa: »Die körperliche Gestalt, die der Teufel angenommen hatte, war sehr fein (*subtilis*), wie eine Wolke«[26].

Während der Teufel in Menschengestalt mitunter als sehr groß beschrieben wird, sind seine Dämonen oft von kindlicher Größe

Abb. 3.1.3 Nur schemenhaft-durchsichtiger Dämon auf dem Gurker Fastentuch. 15. Jahrhundert. Dom zu Gurk, Kärnten.

oder gar von geradezu lächerlicher Kleinheit. Besonders beim Vergleich mit »Mohren« werden sie dann auch als »schwarzes Kind« oder »kleiner Mohr« oder Ähnliches bezeichnet und als Wesen beschrieben, die sich schon einmal auf der Schulter eines der von ihnen Gepeinigten niederlassen können, etwa bei einer Attacke gegen den hl. Apollonius im mittelhochdeutschen Väterbuch:[27]

Da greif er uf den Hals sin
Und vant alsam ein kindelin
Gar virschaffen und swartz
Als pech und ungenemes hartz.
Das warf er nider santzuhant
Und trat es vor im in den sant.

Dieses »Kindlein« kann der Heilige also abschütteln und wie ein Ungeziefer zertreten. Offenbar war sonst aber auch die wirkliche Größe eines Kindes gemeint:[28]

Als ein kint morvar
Swarz und ungetesche gar

Dass die Dämonen jedoch grundsätzlich eher klein sind, wie ja schon oben an den Ausführungen zu ihrer Zahl deutlich wurde, ermöglicht es ihnen, sich in einer größeren Zahl auf einer menschlichen Person einzufinden. Die wieselgroßen Dämonen auf der Schleppe einer eitlen Dame, wie sie im Folgenden beschrieben werden, wirken dann aber doch ziemlich lächerlich:

[...] schritt ein Priester durch die Kirche [...], stolzierte ihm eine Dame in pompöser Aufmachung entgegen, die durch ihre diversen Schmuckstücke bunt wie ein Pfau war. Sie zog eine überaus lange Schleppe hinter sich her, worauf er viele Dämonen sitzen sah. Sie waren klein wie Wiesel, schwarz wie Äthiopier, kicherten, klatschten in die Hände und zappelten wie Fische in einem Netz; denn der Putz einer Frau ist wirklich ein Teufelsnetz.[29]

Neben der meist schwarzen Farbe der anthropomorphen Dämonen gehören Flügel zu ihren häufigsten Kennzeichen. Dies liegt einerseits an ihrer Herkunft von den Engeln, die man sich ja ebenfalls als geflügelte Geistwesen vorstellte, andererseits ergab es sich aus ihrem Aufenthaltsort in der »dunklen Sphäre« des Luftraums. Im Gegensatz zu den gefiederten weißen oder bläulichen Flügelpaaren der Engel sind jedoch die Flügel der Dämonen durch-

wegs als dunkel, ledrig und in der Form den Fledermausflügeln ähnlich dargestellt. Am eindrucksvollsten wird der Unterschied in den Abbildungen des Engelsturzes (s. oben Kap. 2) erkennbar, wenn die aus dem Himmel gestürzten Engel sich noch während ihres Falls, und zwar samt ihren Flügel, zu verwandeln scheinen.

Ein uns eigentümlich erscheinender Zug am Aussehen der anthropomorphen Dämonen ist ihre auffällige Haartracht. Nicht nur sind die Haare üblicherweise struppig und zeigen keine Spuren eines gängigen Haarschnitts, sondern sie stehen häufig auch direkt in die Höhe (Abb. 3.1.4), sodass die Fratzen der Dämonen von gesträubtem Haar umgeben wird. Dies hat einerseits damit zu tun, dass eine gepflegte Haartracht im Mittelalter mehr als heute als Zeichen zivilisatorischen Anspruchs angesehen wurde. Eine ordentliche Frisur war Zeichen eines ordentlichen Wesens und geordneten Innenlebens: Wer sich das Äußere des Kopfes kämmt, bringt damit auch die Gedanken in demselben in Ordnung. Zerrauftes oder gesträubtes Haar hingegen bedeutet auch immer inneres Chaos. Darstellungen von Trauer, Wut oder gar Wahnsinn nutzten das häufig für die Visualisierungen solcher Gemütszustände, die aber auch in der praktischen Gestik bei derartigen Gefühlen zum Ausdruck kamen.[30] Zudem bot die Haar- und Barttracht besonders im früheren Mittelalter auch die Möglichkeit, die ethnische Zugehörigkeit, aber auch die soziale Abstufung zum Ausdruck zu bringen – erinnert sei hier an die langen Haare der Merowingerkönige. Hinzu kommt noch eine theologische Komponente: Das Haar war Sitz des geordneten Verstandes, hatte aber auch den Drang, sich vom Bösen abzuwenden, strebte also vom zutiefst teuflischen Inneren eines Dämons weg, sodass das fliegende oder gesträubte Haar von Dämonen auch direkt als Zeichen von deren Bosheit dienen konnte.

Abb. 3.1.4 Petrus pictor: Dämon mit gesträubtem Haar, Kalkmalerei in Yttergrans kyrka, Schweden (1480er Jahre).

Abb. 3.1.5 Dämon mit gesträubtem Haar auf spätmittelalterlichem Misericord, Barfüßerkirche Basel.

Dämonen in Tiergestalt

Dass die Dämonen sich praktisch beliebig verwandeln können, ist seit Augustinus eine akzeptierte Tatsache. Die Bandbreite ihrer Verwandlungsmöglichkeiten ist enorm, wurde aber im Mittelalter oft in Richtung theriomorpher Gestalten imaginiert oder wenigstens als hybride Gestalten mit menschlichen und tierischen Elementen. Man stellte sich auch vor, dass sie zwischen verschiedenen Gestalten – je nach Aufgabe – beliebig wechseln und ihre jeweilige Formen geradezu wie ein Gewand anziehen konnten:

> Wie nun Menschen ihren Körper verfärben, nämlich weißen oder schwärzen oder mit einem Gewand bekleiden können, so können auch Dämonen ihren Körper in verschiedene Formen überführen und sich entweder in schönem Glanz zeigen, um zu täuschen, oder in häßlicher Gestalt, um zu erschrecken.[31]

Das Erschrecken scheint dabei die wichtigere Funktion zu sein: Zwar erscheinen Dämonen auch in Menschen- und sogar Engelgestalt, um die Menschen zu verführen – so etwa in Form der Succubi und Incubi (vgl. unten Kap. 3.2) –, aber die Vielfalt der tierischen Formen gibt uns doch einen Einblick darin, wie man sich die Dämonen nicht nur visuell vorstellte, sondern welche Eigenschaften man ihnen zuschrieb. Mitunter grenzt dies – wenigstens für uns heute – ans Lächerliche, denken wir etwa an die erwähnten kichernden schwarzen Dämonen von der Größe von Wieseln bei Caesarius, oder auch dann, wenn der Teufel selbst in Gestalt eines Affen mit Bockshörnern erscheint.[32]

Die Tiergestalten scheinen sich je nach Situation und sich daraus ergebender Funktion der Dämonen in drei Gruppen zu manifestieren: Zum einen sind es große und wilde Tiere, die schon durch ihre physische Präsenz Schrecken einjagen konnten, zum anderen kleinere, aber besonders scheußliche Tiere und Mischwesen, und drittens schließlich gibt es insektenartige kleine Dämonen, die dafür in großer Zahl auftreten.

Zur ersten Gruppe zählen die Dämonen, die auf den hl. Antonius als Teil seiner Anfechtungen in seiner selbstgewählten Einsamkeit in der Wüste einstürmen, wie die *Vita Antonii* des Athanasius (um 360) berichtet:

> Denn leicht ist es für den Teufel, alle möglichen Gestalten zur Sünde anzunehmen. Da machten sie nachts einen solchen Lärm, daß der ganze Ort zu erbeben schien. Es war, als ob die Dämonen die vier Mauern des kleinen Baues durchbrechen und eindringen wollten; dazu verwandelten sie sich in die Gestalten von wilden Tieren und Schlangen; und gar bald erfüllte sich der Platz mit Erscheinungen von Löwen, Bären, Leoparden, Stieren und Nattern, Aspisschlangen, Skorpionen und Wölfen. Jedes von diesen Untieren

bewegte sich nach seiner besonderen Art: Der Löwe brüllte, als wollte er anspringen, der Stier schien mit den Hörnern zu stoßen, die Schlange ringelte sich, aber sie kam nicht, der Wolf stürmte los, blieb aber wie festgebannt; der Lärm aller dieser Erscheinungen zugleich war wirklich schrecklich und ihre Wut grimmig. Antonius, von ihnen zerpeitscht und zerstochen, fühlte zwar heftigen körperlichen Schmerz, aber ohne Zittern und wachsam in seiner Seele lag er da [...].[33]

Löwen, Bären und Stiere oder Ochsen treten auch sonst als Formen der Dämonen auf, aber selbst die Gestalt von Eseln und Pferden können sie annehmen. Geht es in dem Zitat aus der Antonius-Vita vor allem um den Schrecken und Lärm, den diese großen Tiere verursachen können, haben die Bären- oder Esel-gestaltigen Dämonen in den großen spätmittelalterlichen Weltgerichtsfresken Italiens eine recht spezifische Funktion, die sich auf die Gruppen der von ihnen in der Hölle gequälten Seelen bezieht: Die der *gula* schuldigen gefräßigen Seelen werden von den selbst wiederum gefräßigen Bären gemartert, die für ihre *acedia*, ihre Faulheit verurteilten Verdammten von den selbst stumpfsinnigen Eseln. Diese funktionalen Zuteilungen werden allerdings nirgendwo konsequent durchgehalten; auch wissen wir ja nicht genug über die Assoziationen, die man in religiöser Hinsicht mit bestimmten Tieren verband.

Bären finden sich allerdings auch in den Exempeln des Caesarius von Heisterbach an mehreren Stellen. In einem Fall sieht der Kantor des Klosters sogar einen bärengestaltigen Dämon bis zum Altarraum nach vorne tappeln.[34] Aber auch Stiere, Kühe und Ochsen spielen ihre Rolle als Verkleidungen der Dämonen; ein schwarzer Ochse, der dem Glöckner eines Dorfs bei Lüttich in der Kirche begegnet, trägt ihn in einer nächtlichen Luftfahrt bis auf die Zinnen einer Burg im Westerwald.[35] An anderer Stelle wird von einem Pferd berichtet, das die Luftfahrt bewirkt und das in einer Glosse ausdrücklich als Teufel bezeichnet wird.[36] Vom Drachen als Bild des Teufels wurde schon oben gesprochen.

Die zweite Gruppe an dämonischen Tieren umfassen Hunde, Schweine, Affen und Katzen, aber auch Fische, Schlangen und Kröten. Dabei kommt diesen chthonischen Tiergestalten wie Kröte und Schlange eine hervorragende Rolle zu, wobei die Schlangengestalt des Teufels ja schon beim Sündenfall Evas und Adams eine dominante Rolle in Text und Bild einnimmt. Neben Schlangen sind es die mit ihnen in der europäischen Kulturgeschichte verwandten und oft begrifflich wie ikonographisch kaum zu unterscheidenden drachenartigen Wesen, die dem Heiligen zusetzen, wird doch der Teufel selbst, ob als typischer Drache oder als Drachenmaul des Höllenschlunds, mit dem Drachen identifiziert (vgl. oben Kap. 2.4 zum Teufel als Drachen). Das Gemeinsame ist, dass man alle diese Tiere in heidnischer Vorzeit im germanischen Bereich als »Un-Geziefer« im Sinne von nicht opferwürdigem Getier betrachtete, während Pferde, Rinder und Schafe als Opfertiere, »Geziefer«, dienten.

Besonders Kröten und Schlangen galten im Mittelalter sowieso als widerliches Getier und wurden als deutliches Zeichen für dämonische Okkupation angesehen. Als der norwegische König Harald Schönhaar im 9. Jahrhundert eine finnische oder samische Prinzessin heiratete und von ihr so betört war, dass er sie nach ihrem Tod noch drei Jahre in seinem Bett behielt, bis ein Arzt ihn überzeugte, den stinkenden Leichnam endlich verbrennen zu lassen, da krochen aus ihm »Würmer und Nattern, Frösche und Kröten

und alle Arten von Ungeziefer.« Das konnte als Beleg dafür dienen, dass der König einem zauberischen Wahn verfallen gewesen war, von dem er fortan geheilt war – zumindest glaubte dies der hochmittelalterliche Verfasser der Geschichte, Snorri Sturluson in seiner *Heimskringla* (um 1230–1240).[37] Wenn Caesarius von einer riesigen Kröte von der Größe eines Huhns spricht, als die sich der Teufel oder ein Dämon einem Mönch im Altarraum gezeigt habe, ist dies nur eine Verstärkung der Tatsache, dass krötenartige Wesen als besonders abstoßend angesehen wurden.[38] Der zisterziensische Verfasser hält Kröten ebenso wie Schlangen überhaupt für präferierte Emanationsgestalten des Teufels und der Dämonen, die nicht nur erschrecken, sondern auch quälen[39] und sogar strafen können. Ein geradezu amüsantes Beispiel betrifft Kleriker, die in Prüm am Faschingsdienstag sich so der Völlerei hingeben, dass sie noch am Morgen des Aschermittwochs ganz entgegen den Fastengeboten ein fettes Huhn schlachten, dessen Eingeweide sich jedoch in Kröten verwandeln, sodass sie vor diesem Zeichen des Teufels flüchten.[40] Die Abneigung vor Kröten zeigt sich auch in der Ikonographie, wo besonders scheußliche Dämonen ausgesprochen krötenartige, aber durch Prätuberanzen und höchst phantasievolle Farben gesteigerte phantastische Formen annehmen. Auf dem oberrheinischen Tafelbild mit der Peinigung des hl. Antonius durch Dämonen (um 1520) ist eine derartige ekelhafte, noch dazu geflügelte Kröte ganz prominent im Vordergrund dargestellt.

Schweine und Hunde wurde wohl aus anderen Gründen als Vorlage für dämonisches Aussehen gewählt, galten doch im Mittelalter beide als relativ gefährlich, auch noch im halbdomestizierten Zustand. In der Ikonographie tauchen sie ebenso wie Affen in eher verfremdeten Formen als Mischwesen auf und sind oft mit phantasievollen Hörnern oder Geweihen versehen. Eine ganz eigentümliche Geschichte über einen dämonischen Hund findet sich in der *Vita* des John of Canterbury (geschrieben zwischen 1223 und 1228). Sie erzählt von der

Abb. 3.1.6 Krötenartiger Dämon. Versuchung des Antonius durch tiergestaltige Dämonen (Detail). Tafelbild, oberrheinisch (Köln um 1520).

Abb. 3.1.7 Versuchung des Antonius durch tiergestaltige Dämonen. Tafelbild, oberrheinisch (Köln um 1520).

Witwe eines Wucherers namens Katherina in Cambrai, die von einem kleinen Schoßhund gequält wird. Diesen Dämon kann nur sie sehen, aber er sitzt den ganzen Tag auf ihrem Schoß und liegt bei Nacht auf ihrem Bett; er widersteht auch Gebeten und den Kreuzzeichen. Selbst einem förmlichen Exorzismus durch den Abt Johannes beugt er sich nicht, worauf dieser aufgibt, weil offenbar das unrechtmäßige Geld, das die Witwe immer noch besitzt, sie in den Banden des Teufels hält. Da diese *Vita* überhaupt vom Thema Wucher und Fluch des Geldes durchzogen ist, dient die Episode allerdings nur zur Exemplifizierung des bösen Einflusses von (unrechtmäßig erworbenem) Geld, und der Hund spielt wohl den teuflischen Bewacher dieses für die Witwe unheilvollen Besitzes.[41]

Auch das Phänomen der Werwölfe erklärte man sich mit dämonischer Verwandlung, woran etwa der walisische Kleriker und Historiker Gerald of Wales in seiner *Topographia Hibenica* einige theoretische Überlegungen anschließt:

Dass Dämonen oder böse Menschen ihre wahre Natur weder schaffen noch wirklich verändern können, glaube ich mit Augustinus. Sie können aber, mit der Erlaubnis des wahren Gottes, ihres Schöpfers, ihre äußere Gestalt verändern, sodass sie etwas scheinen lassen können, was nicht ist. Die Sinne der Menschen, durch wunderbare Illusion gefangen und verwirrt, sehen dann wunderbarerweise Dinge nicht, wie sie sind, sondern in falschen und erlogenen Formen, wie durch verzauberte oder magische Beschwörungen.[42]

Damit wird der Volksglaube an Werwölfe auf eine reine, von Dämonen hervorgerufene Illusion reduziert.

Ein ganz spezieller Fall sind katzenförmige Dämonen. Während in der mittelalterlichen Ikonographie der quälenden Dämonen solche in Gestalt einer Katze nur ganz selten auftreten (eine Ausnahme mag Abb. 3.1.8 aus der Zeit um 1520 sein), werden sie in pauschaleren Beschreibungen durchaus, auch gemeinsam mit Schweinen, Hunden und Affen,[43] erwähnt. Caesarius erwähnt ganz nebenbei, warum sich die Dämonen in Katzengestalt zeigen, nämlich ihres einschmeichelnden Wesens wegen:

Da sah der heilige Christian Katzen mit häßlichen Brandmalen, oder besser gesagt Dämonen in deren Gestalt, wie sie durch ihre Schwanzbewegungen jenen [unaufmerksamen Mönchen] schmeichelten und sie zum Zeichen der Vertraulichkeit liebkosten, indem sie immer wieder ihre Körper an jene schmiegten.[44]

Viel häufiger werden Katzen aber im Zusammenhang mit dem Hexenwesen erwähnt und auch entsprechend dargestellt. Sie wurden geradezu für ein Kennzeichen oder ein typisches Begleittier von Hexen gehalten, soweit man nicht ohnehin annahm, dass Hexen sich für ihre nächtlichen Ausflüge in Katzen verwandelten, wie in Vintlers *Pluemen der tugent*:

Und etleich sein also gelart,
daz si nemen mit gewalt
an sich chatzengestalt.[45]

Dieser Verweis auf die Gelehrtheit von Hexen und Zauberern findet sich auch in den Illustrationen zu Vintlers Werk wieder, so etwa als Zauberer in Katzengestalt (Abb. 3.1.9).

Auch auf dem sogenannten *Trierer Hexentanzplatz* (Druck Singen 1594) sind an zahlreichen verschiedenen Stellen lauernde, kopulierende, auch Zauberbücher studierende Katzen dargestellt (vgl. Abb. 4.11 unten in Kap. 4).

Bemerkenswerterweise scheinen Dämonen jedoch kaum in der Gestalt von Vögeln aufzutreten, obwohl Vogelschnäbel und Vogelfüße sehr wohl in den diversen Hybridwesen der Ikonographie Verwendung finden. Das einzige mir bekannte Beispiel einer dämonischen Verführung durch einen Vogel ist eines der Exempla bei Caesarius von Heisterbach.[46] Darin wird ein Konverse in Heisterbach durch den 22-maligen Ruf eines Kuckucks zu dem wahnhaften Glauben verleitet, noch 22 Jahre zu leben und daher noch 20 Jahre sündigen zu können; tatsächlich starb er aber schon nach zwei Jahren.

Die dritte Gruppe von Dämonen sind kleine und kleinste Wesen, die den Insekten nahestehen. Mitunter werden sie auch direkt

Abb. 3.1.8 Katzenartiger Dämon auf dem sog. Osnabrücker Altar (Detail, ca. 1320–1370).

mit lästigen Insekten identifiziert, wie bei Thomas von Cantimpré mit Wespen:

[...] die Dämonen zeigen jene, die sich durch göttlich erlaubte Rache, in die Unwetter und Donner mischen und damit die Menschen schrecken, schädigen und töten.[47]

In der Tat ist das *tertium comparationis* zwischen Insekten und Dämonen wohl hauptsächlich die Fähigkeit, mit Billigung Gottes den Menschen zu quälen, wie schon im *Elucidarius* (I, 67) ausgeführt wird:

Mücken und Schädlinge sind gegen den Stolz der Menschen erschaffen, damit sie erkennen, wie wenig sie vermögen, wo sie Schaden von den kleinsten Lebewesen erleiden.

Aber auch die Bienen sind für einen Vergleich mit den Dämonen gut, wenn der hl. Barontus (7. Jahrhundert) in einer fiebrigen Vision zu sehen meint, wie Schwärme von Dämonen die Seelen der Sünder in die Hölle verschleppen:

Und so wie Bienen zu ihren Stöcken zurückeilen, so schleppten Dämonen sündenverstrickte Seelen zu den Höllenqualen und befahlen ihnen, sich im Kreis auf bleierne Sessel zu setzen.[48]

Wie bereits oben erwähnt, wurden die sich um das Bett eines Toten scharenden Dämonen als Mückenschwärme angesehen, wobei es in erster Linie darum ging, die große Zahl solcher auf engem Raum versammelten Lebewesen zu visualisieren. Anders ist es bei der altjüdischen Interpretation des Beelzebub (Baal Zebul) als »Herr der Fliegen«; diese volksetymologische Deutung zielte wohl auf eine Abwertung des heidnischen Gotts. Findet diese Gestalt der Dämonen in der Literatur eher selten Erwähnungen, tritt sie umso mehr in der Ikonographie auf. Schwärme von schabenartigen, fliegenden Schwärmen von Dämonen werden öfters im Rahmen von Exorzismen dargestellt. Die große, im

Abb. 3.1.9 Katzengesichtiger Dämon verführt eine Hexe. Holzschnitt von Johann Zainer, in: Ulrich Molitor: *De lamiis et phitonicis mulieribus*. Reutlingen (um 1489).

Grunde nicht fassbare Zahl der kleinen fliegenden Dämonen und die Abscheu vor ihrem an Kakerlaken gemahnenden Erscheinungsbild stehen im Zentrum des visuellen Eindrucks; zugleich wird die Macht des Exorzismus durch die panikartige Flucht als Schwarm betont.

Dämonische Mischwesen

Was in den Legenden und anderen Textsorten kaum jemals Erwähnung findet, aber dafür umso häufiger in den spätmittelalterlichen Bilddenkmälern, sind dämonische Mischwesen. Damit sind solche mit, wie schon oben beschrieben, vorwiegend anthropomorphen Zügen, aber einzelnen tierischen Elementen wie Schnauzen, Schnäbeln, Vogelfüßen oder Hufen gemeint, aber auch die viel häufigeren Hybridwesen, die sich aus rein tierischen Elementen phantasievoll zu-

sammensetzen. Die durch den jeweiligen Text offenbar in keiner Weise eingeschränkte, ja durch die Erwähnung unterschiedlichster Tiere geradezu provozierte Entwicklung zur Vielförmigkeit, wie etwa bei Martin Schongauer (Abb. 3.1.12), und schließlich auch zur Vielfarbigkeit, führte dann zu den unglaublich phantasiereichen und ästhetisch hervorragenden Bilddarstellungen der Tafelbilder des 14. und 15. Jahrhunderts. Vor allem bei denen des späten 15. Jahrhunderts, in denen die dämonischen Versuchungen des hl. Antonius drastisch dargestellt werden, sind der Phantasie fast keine Grenzen gesetzt. Die Kombination verschiedenster Elemente in ein und demselben Dämon macht eine Beschreibung mangels dominanter Züge einer bestimmten Tierart schwierig, wenn etwa krötenartige Körper mit stacheligen Schwänzen und vogelartigen Krallen auftreten oder ein roter Fischkopf mit menschlichen Augen, einem Bart und Hauern versehen wird.

Dieselbe Szene wird von unterschiedlichen Künstlern zwar ähnlich gestaltet, aber gerade bei den hybriden Tierwesen ganz anders ausgefüllt. Während der anonyme oberrheinische Meister eines extrem polychrom gehaltenen Tafelbildes (Abb. 3.1.7) Landtiere, Reptilien und Fische als Grundkörper heranzieht, bevorzugt Martin Schongauers nur wenige Jahre älterer Stich (Abb. 3.1.11) fliegende Wesen, die jedoch nichts mit Vögeln gemein haben, sondern ein Höchstmaß an Hybridität aufweisen. So sehen wir insektoide oder amphibienartige Körper

Abb. 3.1.10 Michelangelo Buonarotti: Vielgestaltige Dämonen versuchen den hl. Antonius (ca. 1487/88).

mit Rüsseln, Hörnern, Stacheln, Skorpionschwänzen und Hauern, und schuppige, panzerartige, haarige und ledrige Oberflächenstrukturen werden in allen möglichen Zusammenstellungen kombiniert, die der junge Michelangelo ganz ähnlich, nun aber polychrom ausgestaltete (Abb. 3.1.10). Das Gemeinsame der daraus resultierenden Wesen ist der Schauer, den ihr abstoßendes, bedrohliches und gefährliches Aussehen beim Betrachter auslöst – und das wiederum soll Respekt vor der Hölle und ihren Bewohnern einflößen und somit über eine solche »Höllenangst« zu einem besseren Verhalten führen.

Mitunter verraten die Details aber noch mehr. Zwar weisen auch die auf Matthias Grünewalds Isenheimer Altar den hl. Antonius quälenden Dämonen die übliche Bandbreite auf – hier sogar ausnahmsweise mit einem riesigen, eine Keule schwingenden Vogel –, aber ein weitgehend anthropomorpher Dämon in der unteren linken Bildecke hat auf seinem Körper Schwellungen, Verfärbungen oder Wunden, welche auf die Erkrankung mit dem sogen. Antoniusfeuer hinweisen, einer Krankheit, auf deren Behandlung sich die Mönche des Antonius-Klosters in Isenheim spezialisiert hatten, für deren Spitalskirche der Altar ja auch gedacht war.

Götzenkult und Dämonenverehrung

Es wurde schon in Kapitel 1 davon gesprochen, dass man im Mittelalter die antiken ebenso wie die fremden zeitgenössischen Götter als Dämonen interpretierte. Konkret bedeutete dies, dass man sich deren Statuen und Bilder als von Dämonen bewohnt vorstellte. Damit ließ sich erklären, warum heidnische Götter mitunter die Gebete ihrer Verehrer erhörten, handelte es sich doch um das Werk der Dämonen, welche damit die Menschen verwirrten.

Die Ansicht, dass Götzen von Dämonen bewohnt werden, hat eine sehr lange Tradition im Judentum. Die Israeliten kamen wohl nicht erst bei ihrer Landnahme in Palästina um die Mitte des 2. Jahrtausends v. Chr. mit dem Baalskult der Kanaaniter in Berührung, war er doch in verschiedenen Formen bei den meisten westsemitischen Völkern einschließlich Ägyptens verbreitet (Num 25,1–3). Dabei wurden wohl ganz unterschiedliche Lokalgottheiten

Abb. 3.1.11 Martin Schongauer: Vielgestaltige Dämonen führen den hl. Antonius in Versuchung (1470–1475).

mit diesem Namen belegt. Während in der Frühzeit offenbar ein nicht unwesentlicher Synkretismus zwischen Jahwekult und Baalskulten bestand, wurde später im Alten Testament der Gegensatz zwischen dem israelitischen Eingottglauben und den polytheistischen Religionen der umgebenden Völker zusehends betont, besonders beim Propheten Jeremia, später auch beim »kleinen« Propheten Hosea und im pseudoepigraphischen Buch Baruch. Nicht nur die angeblichen Kinderopfer der Baalsverehrer und die eindeutig sexuell geprägten Riten für diesen Wetter- und Fruchtbarkeitsgott gaben Anlass zur Kritik, sondern auch die Verehrung von Kultpfählen und Statuen des Gottes. Die an diese Kultbilder angelehnte Herstellung eines Goldenen Kalbes durch Aaron (Ex 32,1 – 4) wird so nicht nur zum Sinnbild für den Abfall Israels von Jahwe, sondern in der Folge geradezu für jegliche Art von Götzendienst.

Während die späteren jüdischen Auslegungen den Kult des Goldenen Kalbs zwar verurteilen (was wohl auch zum alttestamentlichen Bilderverbot beigetragen hat), aber darin noch keinen

Abb. 3.1.12 Vielgestaltige Dämonen, z. T. mit erkennbaren Krankheitssymptomen, führen den hl. Antonius in Versuchung: Matthias Grünewald: Isenheimer Altar (um 1515).

massiven Verstoß gegen das erste Gebot sehen, hat die christliche Exegetik (trotz der christlichen Bilderverehrung!) einen anderen Weg eingeschlagen und sah in der Verehrung sowohl des Goldenen Kalbs als auch von Baals-Statuen einen Götzen- oder Bilderdienst und damit einen sündhaften Abfall vom Eingottglauben. Ikonographisch wurden dabei der Baalskult und Aarons Goldenes Kalb aus dem Exodus häufig genug zur Deckung gebracht. Nicht nur Moses zerstörte und verbrannte das Goldene Kalb, auch sonst wurden im Alten Testament Götzenstatuen zugunsten des Jahwe-Kults zerstört, etwa durch König Asa infolge der Prophezeiungen des Oded und seines Sohns Asarja (2 Chr 15,8).

Obwohl also auch die Israeliten sich nicht vor Kultbildern scheuten, war die prophetische Kritik daran intensiv. Sie manifestiert sich besonders bei Jeremias, der schreibt:

Abb. 3.1.13 Tanz um das Goldene Kalb. Fresko in der nunmehr evangelischen Pfarrkirche in Lieberhausen (Bergisches Land), um 1589. Ursprüngliche Dedikation der schon um 1174 bestehenden Kirche unbekannt.

3 Denn die Gebräuche der Völker sind leerer Wahn. / Ihre Götzen sind nur Holz, das man im Wald schlägt, / ein Werk aus der Hand des Schnitzers, / mit dem Messer verfertigt. 4 Er verziert es mit Silber und Gold, / mit Nagel und Hammer macht er es fest, sodass es nicht wackelt. 5 Sie sind wie Vogelscheuchen im Gurkenfeld. / Sie können nicht reden; / man muss sie tragen, weil sie nicht gehen können.

Fürchtet euch nicht vor ihnen; / denn sie können weder Schaden zufügen / noch Gutes bewirken. (Jer 10,3–5)

Bei diesem Propheten sind die Götzenstatuen also nur physische Artefakte, ohne Macht und ohne Einfluss. Da aber in der Antike den Götterbildern sehr wohl immer wieder eine Stimme zugesprochen wurde – hier kann auf die vorwiegend literarischen Belege bei Horaz, Tibull und Properz,[49] aber auch die durchaus religiös aufgefassten bei Ovid verwiesen werden –, war in diesen Interpretationen kein Raum für dämonisches Wirken im Zusammenhang mit den genannten Artefakten.

Jedoch änderte sich die Haltung zu den antiken Gottheiten in der Zeit der Kirchenväter. Bereits Minucius Felix erklärte im 3. Jahrhundert, dass Jupiter, Saturn und Serapis nichts anderes als den Menschen eigentlich feindlich gesinnte Dämonen seien.[50] Wie sehr sich die Kleriker der Kirchenväterzeit noch von den antiken Göttern bedroht sahen, zeigt die Vita des hl. Martin aus der Feder des Sulpicius Severus (vor 355 – nach 420):

Häufig aber trat der Teufel dem heiligen Mann, wenn er versuchte, ihm mit tausenderlei schädlichen Künsten übel mitzuspielen, in den verschiedensten Erscheinungsformen vor Augen. Zuweilen zeigte er sich nämlich in Gestalt des Jupiter, oftmals in Gestalt des Merkur, sehr häufig auch mit den Zügen der Venus und der Minerva.[51]

Ein Jahrhundert später sah Augustinus die Götterstatuen der griechischen Religion selbst schon als Dämonen, worüber er im Kapitel »Über die Opfer an falsche Götter« schreibt:

[…] jene frommen Leute verehren doch diese Dämonen als Götter und können sie, indem sie solche Schandtaten bei ihnen in Abrede stellen, von allem Fehl durchaus nicht reinwaschen, weil man eben diese Götter auf ihre eigene Aufforderung hin mit Spielen ehrt, bei denen schändlich gefeiert wird […].[52]

Diese Meinung wurde im Mittelalter zur gängigen Auffassung, wenn es um die Rolle und die Begründung der Götter in den polytheistischen Religionen ging. Während es bei Augustinus im *Gottesstaat*, den er gut 30 Jahre nach der Erhebung des Christentums zur römischen Staatsreligion im Jahr 380 verfasste, noch um den Kampf des relativ jungen Christentums in der Auseinandersetzung mit der ehemaligen römischen Staatsreligion mit ihren Göttern und vergöttlichten Kaisern ging, bezogen die Missionare der germanischen und slawischen Völker die Usurpation von Götterstatuen durch Dämonen auf die »Götzenbilder« der von ihnen zu christianisierenden Völker. Diese Götterstatuen galt es also mit allen

Mitteln zu vernichten, waren sie doch nicht nur Symbole eines Kults für den Teufel, sondern wirkten auch in der Welt, um die Menschen zu verwirren.

Dabei ist zu unterscheiden zwischen der Ansicht, dass die heidnischen (also polytheistischen) Götter selbst Dämonen wären, und der, dass ihre Bilder (also Kultpfähle, Statuen etc.) nur von den Dämonen bewohnt würden, um im Namen des Teufels den Menschen vorzuspiegeln, diese Götzen seien am Leben oder könnten Macht ausüben. Letzteres erklärt ausführlich Isidor von Sevilla (*Etymologiae*, VIII, 11), der dabei auch wieder den Euhemerismus streift (s. oben Kap. 1.4), also die Theorie, dass heidnische Götter ursprünglich nichts anderes als »tapfere Männer oder Staatengründer« waren, denen man zuerst zum Andenken Statuen errichtete, die aber durch die »Überredung von Dämonen« später als Götter verehrt wurden. Ihnen einen Kult (Isidor spricht von *cultus* und von Dienst, *servitus*) zu widmen, ist die verurteilungswürdige *idolatria idolorum*, also der eigentliche Götzendienst. Aber nicht nur die Götter der Griechen und Römer, sondern auch Baal und Beelzebub (*Etymologiae*, VIII, 11, 24–26) werden darunter gezählt. Damit wird eine Kontinuitätslinie von der alttestamentlichen Ablehnung ausländischer Götter und ihrer Bilder gezogen, von denen auch die Psalmen abwertend sprechen:

Unser Gott ist im Himmel; / alles, was ihm gefällt, das vollbringt er.
Die Götzen der Völker sind nur Silber und Gold, / ein Machwerk von Menschenhand.
(Psalm 115,3–4)

Für die Verfasser der Schriften des Alten Testaments waren also die diversen Gottheiten des Zwischenstromlandes nichts anderes als Dämonen, die zeitlich oder regional begrenzt den Rang Jahwes usurpierten. Das gilt auch für den von Jesus im Neuen Testament (Lk 11,15; Mk 3,22; Mt 12,24) erwähnten Beelzebub/Beelzebul, den »Obersten der Dämonen«, der, auf den heidnischen Hauptgott Baal zurückgehend, von den Juden nur noch als Dämon aufgefasst werden konnte. Im Frühen Mittelalter führte das dazu, dass die Missionare alle keltischen, germanischen, slawischen und sonstigen Gottheiten entweder als böse Dämonen oder aber (nach der erwähnten Theorie des Euhemerismus) als historische Persönlichkeiten ansehen mussten, über die man sich in den jeweiligen Mythen nur fabelhafte, unglaubwürdige Geschichten erzählte.

Die Ansicht vom Götzendienst als einer der Hauptsünden blieb das ganze Mittelalter hindurch als Topos aktiv, auch wenn nach vollzogener Christianisierung der Randgebiete Europas die Möglichkeit für einen »Götzendienst« im älteren Sinn und damit auch die Versuchung, einen solchen einzuführen, kaum mehr bestanden. Noch Hildegard von Bingen konnte, wenn auch eher nebenbei, über die Versuchungen des Teufels sagen: »die alte

Schlange [...] der alte Feind [...]. Die einen lehrt er, Götzenbilder anzubeten, die anderen, sich in die Sklaverei vielfacher Schlechtigkeiten zu begeben.«[53]

Aber die in den dreidimensionalen Bildern hausenden Dämonen verweisen auch zurück auf die archaische Vorstellung, dass jegliches Bild erst die Beseelung brauche, ohne die es wie ein Gefäß ohne Inhalt ist.[54] Diese Vorstellung war im Alten Ägypten und Mesopotamien weitverbreitet, als es darum ging, mythologische Bilder durch bestimmte Rituale erst zum Leben zu erwecken und so »wirksam« zu machen. Diese Beseelung von Bildern ist auch dem Christentum nicht fremd, wobei damals wie heute die Frage nach der Zwei- oder Dreidimensionalität offenbar eine untergeordnete Rolle spielt. In den Apostasie-Erzählungen des Alten Testaments ebenso wie in den Götzensturz-Narrativen der europäischen Missionsgeschichte sind es hingegen vor allem Statuen und andere dreidimensionale Darstellungen, die es zu bekämpfen gilt.

Eine solche Götzenverehrung ist nun nicht zuletzt die Schuld der Dämonen. Sie verführen die Menschen dazu, die Statuen und damit auch die Dämonen selbst anzubeten, indem die Bösen Geister nach dem Tod von großen, später »vergötterten« Menschen deren Kultus erst nachträglich usurpieren. Auf diese Art spiegeln die Idole einerseits den Menschen eine nur scheinbare Lebendigkeit und Wirksamkeit vor, andererseits stärken die dargebrachten Opfer die Dämonen selbst. Auf Grund ihres boshaften Wirkens, das immer auf das Schlechte gerichtet ist, können sie dann tatsächlich eine gewisse Wirkung hervorrufen, wenn sie etwa im Herrschaftsbereich eines christlichen Königs großen Schaden durch schlechtes Wetter anrichten, in dem eines abgefallenen jedoch von ihrem Tun ablassen, sodass in den Augen der Menschen der Letztere eine glücklichere Herrschaft auszuüben scheint als der Erstere. Es sind also die Dämonen, die die menschlichen Opfer entgegennehmen und die Opfernden vor Krankheit und Hunger und Krieg verschonen, was dazu führt, dass diese dem Opferkult fälschlich eine Wirksamkeit zuschreiben, obwohl sich die Dämonen eigentlich nur in ihrer schadenstiftenden Tun zurückhalten.[55]

Die Besitzergreifung oder »Besessenheit« der Statuen heidnischer Götter durch Dämonen und die Gleichsetzung ihres Kults mit einem Teufelskult führte dazu, dass jenseits und neben wissenschaftlichen Interpretationsversuchen der Polytheismen (wie Euhemerismus, Astronomie etc., s. oben Kap. 1.4) die heidnischen Götter selbst zu Dämonen wurden. Angelegt ist die Gleichsetzung der heidnischen Götter mit dem Teufel schon in Isidors weithin wirksamen *Etymologiae* (VIII, 11), der die antiken Götter von den ägyptischen bis zu den griechischen im selben Kapitel abhandelt wie die verschiedenen Teufelsbezeichnungen und auch Baal, Beelzebub, Belial sowie Behemoth und Leviathan. Diese Zusammenstellung wurde in zahlreichen mittelalterlichen Enzyklopädien aufgegriffen, bei Hrabanus Maurus

ebenso wie bei Lambert und noch bei Vinzenz von Beauvais, meist unter der von Isidor vorgegebenen Überschrift *De diis gentium*.

Der nächste Schritt ist dann vollzogen, wenn nicht nur die Verehrer der falschen Götter von den Dämonen überredet werden, sondern man sich die Statuen als von Dämonen beherrscht, ja geradezu bewohnt vorstellt. Stürzt einer der Heiligen eine Götzenstatue, dann ist in der ikonographischen Darstellung meist auch der daraus flüchtende Dämon zu sehen.

Ein auch in der mittelalterlichen Ikonographie wirksam gewordenes Beispiel findet sich in der Legende des Apostels Thomas, der ja in Indien missioniert haben soll. Dort wollte ihn ein König zur Anbetung eines Götzen zwingen:

Da gebot Sanct Thomas dem Dämon, der in dem Bilde war, auf hebräisch, dass er das Bild zerstören solle, sobald er vor ihm die Knie beuge. Er kniete also vor dem Götzen nieder und sprach: »Seht, ich bete an, aber nicht diesen Götzen, dieses Erz, dieses Bild, sondern meinen Gott und Herrn Jesus Christus: in dessen Namen gebiete ich dir, böser Geist, der du im Bilde wohnst, dass du diesen Götzen zerstörst.« Und sofort zerschmolz der Götze, als ob er aus Wachs wäre.[56]

Ganz ähnliche Geschichten erzählt die *Legenda aurea* auch von anderen Heiligen: Der hl. Evangelist Johannes lässt sich in (Klein-)Asien auf einen Wettkampf ein und bringt einen Tempel der Diana zum Einsturz, der hl. Felix in pincis verwandelt nur durch Anblasen eine heidnische Götterstatue zu Stoaub, die nackte hl. Christina lässt eine Apollostatue in einem Tempel nur durch ihren Befehl zu Staub zerfallen; dass Gleiche vollbringt der hl. Bartholomäus in Indien; die hl. Prothus und Hyacinthus zerstören ein Götterbild in einem Tempel nur durch ihr Gebet, und der hl. Urban besprengt ein Opferfeuer mit Weihwasser und bringt dadurch eine Götzenstatue zum Absturz, die 22 heidnische Priester erschlägt. Allerdings fährt in diesen Erzählungen nicht ausdrücklich ein Dämon aus dem Götzenbild, wodurch sie nicht dieselbe bildliche Wirkung erzielen konnten.

Abb. 3.1.14 Thomas stürzt eine Götzenstatue, aus der ein Dämon entweicht. Thomasaltar in St. Martin, Villach, 1430–1440.

Noch im 12. Jahrhundert spielte das Bild von der Ausfahrt eines Dämons aus einer heidnischen Götterstatue eine wichtige Rolle, als der Dänenkönig Waldemar I. und Bischof Absalon 1168 die slawische Tempelburg Arkona auf Rügen einnahmen und der Bischof die Statue des Gottes Svantevit stürzen und verbrennen ließ, wobei laut dem Chronisten Saxo Grammaticus ein *dæmon in furvi animalis figura* aus dem Götterbild entwich, also »ein Dämon in Gestalt eines schwarzen Tieres«, der noch dazu seine Umgebung verdunkelte.[57]

Die dämonische Anwesenheit in Götzenstatuen kann aber nicht nur durch das Ausfahren eines – für allen sichtbaren – Dämons markiert sein, sondern auch indirekt und etwas subtiler durch andere Zeichen für diese Besitzergreifung der Idole, was aber im missionarischen Kontext mindestens ebenso effektiv wirkte. Die für 1022 berichtete Zerstörung einer Thorstatue durch den norwegischen König Olaf Haraldsson (später: der Heilige), der die Bauern im Gudbrandstal zu bekehren versuchte, wird folgendermaßen detailliert erzählt:[58]

In dem Augenblick schlug Kolbein so nach ihrem Gott [der Statue Thors], dass der ganz in Stücke ging, und es sprangen Mäuse heraus, die so groß wie Katzen waren, und Nattern und Schlangen. Die Bauern wurden so erschreckt, dass sie flüchteten [...]. Sodann stand der König auf und sprach: »Ich weiß nicht«, sagte er, »was das soll, der Krach und das Gerenne, das ihr da macht! Ihr könnt ja nun sehen, was euer Gott vermag, den ihr aus Gold und Silber gemacht habt, und ihr seht, welche Wesen das Essen und die Speisen genutzt haben, Mäuse und Schlangen, Nattern und Kröten! Die haben es schlecht, die an so etwas glauben, und nicht von dem Unsinn lassen wollen. Nehmt nun euer Gold und Edelsteine, die da herumliegen, und bringt sie euren Frauen zuhause, aber tragt sie nie wieder zu Stöcken oder Steinen!«[59]

Hier steht das Ungeziefer, das aus der Statue kriecht, für die Bosheit der Dämonen, die ebenso darin wohnen, aber natürlich auch für die niedere Diesseitigkeit dieses angeblichen Gottes im Gegensatz zur unsichtbaren Jenseitigkeit des christlichen Gottes, der hier gerade noch rechtzeitig die Sonne aufgehen ließ, um den Götterzweikampf für sich zu entscheiden!

Jenseits der Frage, wie es historisch in Europa zu dieser weitgehenden Dämonisierung außerchristlicher Gottheiten kommen konnte – was natürlich nicht nur mit der terminologischen Verschmelzung bei Isidor und seinen Nachfolgern, sondern auch mit dem Hegemonieanspruch des christlichen Eingottglaubens zu tun hat –, bekam die Interpretation fremder Götter als dämonische Idole eine praktische Relevanz für die Missionstätigkeit im Europa des frühen Mittelalters. Der dadurch geschaffene Gegensatz zwischen christlichem Glauben einerseits und (impliziertem) Teufelskult andererseits forcierte die von den Missionaren geforderte Entscheidung für das Christentum, und zwar ausdrücklich im Rahmen der

Taufe. Damit geht es nicht mehr nur um eine Hinwendung zur »besseren« von zwei Religionen, sondern zu einer Grundsatzentscheidung zwischen Gut und Böse, wie sie schon bei Augustinus angelegt ist. So wird der alte Glaube der indigenen europäischen Völker zu etwas Bösem, dem es im Taufritual abzuschwören gilt, was sich in entsprechenden Formeln manifestiert. Die alten Götter der zu Taufenden werden im Rahmen des Taufrituals zu Dämonen des Teufels degradiert. Die lateinische Abschwörungsformel des nachtridentinischen *Rituale Romanum* erwähnt dabei nur noch den Satan:

Abrenuntias Satanae?	Widersagst Du dem Satan?
R: Abrenuntio.	Ich widersage.
Et omnibus operibus ejus?	Und all seinen Werken?
P: Abrenuntio.	Ich widersage.
Et omnibus pompis ejus?	Und all seinem Gefolge?
P: Abrenuntio.[60]	Ich widersage.

Ursprünglicher ist wohl schon die Unterweisungsschrift *De Correctione Rusticorum* (Kap. 15) des Martin von Braga (oder Bracara, gest. ca. 580), die, alle Fragen zusammenfassend, statt des Satans auch den Teufel samt seinen Dämonen nennt:

[...] abrenuntias diabolo et angelis eius, culturis et idolis eius, furtis et fraudibus eius, fornicationibus et ebrietatibus eius, et omnibus operibus eius malis?[61]
Widersagst du dem Teufel und seinen Engeln, seinen Kulten und Statuen, seinen Verbrechen und Täuschungen, seinen Unzüchtigkeiten und Trunkenheiten, und all seinen schlechten Werken?

In der volkssprachlichen *Abrenuntio Saxonicae* (sog. Sächsisches Taufgelöbnis) dagegen sind für den Satan oder den Teufel direkt die einheimischen germanischen Gottheiten der Sachsen des frühen 9. Jahrhunderts eingesetzt:

[...] end ec forsacho allum dioboles uuercum and uuordum, Thunaer ende UUôden ende Saxnôte ende allum thêm unholdum thê hira genôtas sint.[62]
Ich widersage allen Werken und Worten des Teufels, Thor, Wodan und Saxnôt und allen Unholden, die ihre Gefährten sind.

Obwohl der nur hier genannte Saxnôt – wohl eine Stammesgottheit der Sachsen – besonders auffällt, sind es jedoch die anderen beiden, Donar und Wodan, die als typische Reprä-

sentanten der germanischen Religion für die Dämonisierung herhalten mussten. Wenig überraschend hat auch der starrköpfige Missionar der Hessen, Bonifatius (ca. 673–754), alle heidnischen Götterbilder, ob aus Gold, Silber, Erz oder Stein, als Truggottheiten (*falsidica numina*) bezeichnet, weil »in ihnen bekanntlich Dämonen wohnen.«[63]

Das genannte Werk des Martin von Braga bildete noch Jahrhunderte später die Grundlage für eine berühmte Predigt des Angelsachsen Aelfric (ca. 955–1010/15), der in *De falsis diis* (»Über die falschen Götter«) die diversen heidnischen Gottheiten abhandelt. Während in seinem lateinischen Text der römische Gott Merkur noch ausdrücklich als Dämon bezeichnet wird – *Alius deinde dæmon Mercurium se appellare voluit*[64] –, so schwächen sowohl die angelsächsische Übersetzung des 11. Jahrhunderts als auch die jüngere altisländische leicht ab und sprechen von »einem Mann, der Mercurius hieß, aber auf dänisch Odin genannt wird.«[65]

Der Glaube daran, dass die alten Götterstatuen von Dämonen bewohnt seien, fand sich auch in der griechischen Ostkirche. Als

Abb. 3.1.15 Vier heidnische Philosophen diskutieren die Natur der antiken Götter (hier der Dioskuren), die aber in Wahrheit wie alle antiken Götter Dämonen sind, aus: Handschriftenillustration zu Augustinus, *De civitate dei*, I,11 (vor 1396).

De statuis viarum in montibus niuosis.

De ministerio dæmonum.

sich um 988 Wladimir I., Großfürst von Kiew, zum griechisch-orthodoxen Christentum bekehrte, ließ er in Kiew die Statue des Gottes Perun nicht nur wie andere Idole entfernen, sondern an einen Pferdeschwanz gebunden wegschleppen und von zwölf Männern mit Stöcken verprügeln. Dies geschah ausdrücklich, um den darin wohnenden Dämon zu demütigen,[66] berichtet die altrussische *Chronik von den Ersten Dingen* aus dem 11. Jahrhundert.

Noch Jahrhunderte nach den Abschwörungsformeln der Bekehrungszeit und den gelehrten Aufarbeitungen der heidnischen Mythologie sind auch im Norden die entsprechenden Götter Thor und Odin als die beiden nordgermanischen Hauptgötter für die – sicherlich klerikalen – Sagaautoren bestens geeignet, als Dämonen oder als der Teufel selbst charakterisiert zu werden. Belegen lässt sich das etwa mit Stellen aus der in einer recht märchenhaften Vorzeit spielenden Saga vom einhändigen Egil und dem Berserkertöter Asmund (*Egils saga einhenda ok Ásmundar berserkjabana*). Hier muss die Trollfrau Arinnefja, eine der Protagonistinnen, in der Unterwelt begehrte Schätze besorgen und schläft dazu zuerst mit Thor, der ihre Schwestern für sie tötet, und dann noch mit Odin:

Darauf stieg ich in den Abgrund hinunter, um den Mantel zu suchen, und traf dort den Herrn der Finsternis; sobald er mich sah, wollte er mit mir schlafen. Mir schien, dass er Odin sein müsste, weil er einäugig war.[67]

Dass hier Odin direkt als Herr der Finsternis, also als Teufel apostrophiert wird, entspricht seinem Bild in der mittelalterlichen skandinavischen Literatur, auch wenn es sonst nicht ganz so deutlich ausgesprochen wird.

Abb. 3.1.16 Skandinavische Steinformationen, im Volksglauben auf versteinerte Trolle zurückgehend, die Olaus Magnus 1555 wie alle anderen Wesen der niederen Mythologie als Dämonen bezeichnete. Olaus Magnus: Historia de gentibus septentrionalibus. Rom 1555, Buch II, Kap. 14, S. 75.

Abb. 3.1.17 Auch unterirdisch tätige Wesen wie die Zwerge fasste Olaus Magnus unter die Dämonen. Olaus Magnus: Historia de gentibus septentrionalibus. Rom 1555, Buch III, Kap. 21, S. 127.

Aber nicht nur heidnische Gottheiten, auch viele andere Wesen der vorchristlichen niederen Mythologie galten als Dämonen, darunter Trolle, Riesen, Alben oder Disen der paganen skandinavischen Religion, für die dem judäo-christlichen Religionskonzept schlicht die entsprechenden Gegenstücke fehlten. Nicht von ungefähr hat noch der katholische Bischof von Uppsala in Schweden, der gelehrte Olaus Magnus (1490–1557), Götter, Riesen, Trolle und Zwerge gleichermaßen als Dämonen bezeichnet, wobei er den Begriff *Dæmon* für alle Arten von jenseitigen Wesen verwendete. In seiner nach der Reformation im römischen Exil entstandenen monumentalen Beschreibung Skandinaviens *Historia de Gentibus Septentrionalibus* (»Beschreibung der nordischen Völker«)[68] gab es für ihn bei der Darstellung des Volksglaubens der Skandinavier wohl keine andere Möglichkeit, weil im Lateinischen für diese Wesen keine Bezeichnungen existierten.

Dämonen und ihre Namen

Manchmal, wenn auch eher selten, werden einzelne Dämonen in mittelalterlichen Texten mit einem konkreten Namen versehen. Einteilen lassen sich diese Bezeichnungen in die eher generischen und in ganz individuelle, oft an alltägliche Personennamen gemahnende Namen. Während die schon eingangs erwähnten alttestamentlichen Bezeichnungen für Satan oder Beelzebub dem nahöstlichen Umfeld des alten Judentums entnommen sind, entstammt eine Bezeichnung wie Alber sicherlich dem (nordeuropäischen) volkssprachlichen Milieu, wo Dämonen und ihre vorchristlichen, nicht mehr näher funktional zu bestimmenden Vorgänger als altnordisch *álfar*, altenglisch *ælfen*, mittelhochdeutsch *alben*, *elbelin* bezeichnet wurden. Ein namentlich angesprochener Alber konnte somit wie etwa auf einem Amulett von Halberstadt (s. unten Kap. 3.3 zu den Amuletten) ausdrücklich als Satan und wohl nicht nur als einer seiner Dämonen bezeichnet werden. Auch die bei den Krankheitsdämonen noch zu behandelnden (unten Kap. 3.2) sieben weiblichen Fieberdämoninnen, die »Schwestern« *Ilia, Restilia, Fagalia, Subfogalia, Frica, Iulia, Ignea* (und ähnliche, absichtlich oder unabsichtlich verballhornte Formen), sind wohl eher als Repräsentantinnen einer Gattung von Dämonen und nicht als eigentliche Eigennamen anzusehen, was auch immer ihr Ursprung gewesen sein mag. Übrigens kann an dieser Stelle angemerkt werden, dass zwar in den meisten Texten, wo nicht gerade ausdrücklich verführerische Succubi oder eben diese sieben Fieber verursachenden Schwestern angesprochen sind, offenbar mit männlichen Dämonen gerechnet wird. Einige südskandinavischen Amulette verwenden jedoch, um ganz sicherzugehen, bei der Beschwörung nicht nur den lateinischen Begriff *daemones*, sondern verwenden zusätzlich den latinisierten einheimischen Begriff und führen dabei sowohl die männliche als auch die weibliche Form an, also *elphos et elphas*. Als echter Eigenname ist auch der Schreibteufel und spätere Fehlerteufel Tuttivillus (vgl. dazu unten

Kap. 3.2) wohl kaum anzusehen, ebenso wenig wie der des Mittagsdämons Meridiana oder die Wetterdämonen Mermeunt und Fasolt.

Ganz anders sind die vereinzelt auftretenden Dämonen mit menschlichen Eigennamen zu bewerten. Ob die Namensgebung hier als Spitzname oder als humorige Note der Autoren zu verstehen ist, kann kaum entschieden werden. Solche Allerweltsnamen zeigen jedoch, wie nahe den mittelalterlichen Verfassern die Dämonen standen: sie handeln vielfach wie Menschen, sie sprechen die menschliche Sprache – auch wenn sie bestimmte Ausdrücke der religiösen Sprache vermeiden (müssen) – und sie tragen mitunter eben auch menschliche Namen. Ein Sonderfall ist ein Dämon namens Oliver, der laut Caesarius einem Magister in Toledo gehorcht, als sich einer seiner unbotmäßigen bayerischen Schüler von Dämonen hat entführen lassen, und ihm beim Teufel selbst ein gutes Zeugnis ausstellt.[69] Dämonen mit Eigennamen tauchen auch in hagiographischen Abschnitten der mittelalterlichen Historiographie auf, so ein gewisser Rufin in der *Historia Ottonis* (Kap. 20) des Liutprand von Cremona (10. Jahrhundert) oder ein Wiggo in der Chronica *Slavorum* (I, 55) des Helmold von Bosau (12. Jahrhundert);[70] Ins 13. Jahrhundert gehört ein Dämon namens Nasion im *Wartburgkrieg*[71]. In englischen Texten des 15. Jahrhunderts sind die Namen Ragman und Rofyn für Dämonen belegt.[72] Insgesamt finden sich jedoch erstaunlich wenige Dämonen mit Namen, wenn man die Unzahl von Dämonenerwähnungen in der mittelalterlichen Literatur bedenkt.

3.2 Das Wirken der Dämonen

Heilige und Dämonen

Von den drei Hauptfunktionen der Dämonen – die Menschen vom rechten Weg abzubringen, die Seelen der Verdammten am Jüngsten Tag in die Hölle zu geleiten und sie dort schließlich unter eigenen Qualen bis in alle Zeiten zu martern – tritt die erste in der Literatur am meisten hervor. Dabei sind die Möglichkeiten der Dämonen, die Menschen vom gerechten Leben weg- und zu Sünden und Lastern zu verführen und damit dem Teufel in die Hände zu spielen, recht mannigfaltig.

Eine gängige Methode, die besonders Augustinus[73] betont, besteht darin, die Menschen dem wahren Glauben an den dreifaltigen Gott zu entfremden. Dazu machen die Dämonen die Verehrung von Götzen – hinter denen in Wahrheit sie selber stecken – attraktiv und verführen so zur Apostasie, zum Abfall vom wahren Glaube. Diese Auffassung konnte den historischen Glauben an die »falschen« Götter der vorchristlichen polytheistischen Religionen erklären helfen und war, wie oben bereits thematisiert wurde (s. oben Kap. 3.1), für die Rolle der Dämonen in der europäischen Bekehrungsgeschichte besonders relevant.

Eine zweite Methode der dämonischen Verführung ist es, die Menschen auf jede erdenkliche Art zu drangsalieren, um sie so schließlich zum Zweifel an den einen und wahren, guten Gott zu bringen. Bereits in der alttestamentlichen Geschichte von Hiob ist dies angelegt; sie wurde denn auch im Mittelalter vielfach rezipiert und ausführlich mit dem praktischen Wirken der Dämonen in der Welt gleichgesetzt (dazu vgl. weiter unten über die Bosheit der Dämonen).

Eine Sonderform der Verführung zur Sünde oder zum Glaubensabfall findet sich in der hagiographischen Literatur des Mittelalters, in der immer wieder die Anfechtungen von Heiligen durch Dämonen geschildert werden. Ziel dieser Anfechtungen ist es, den oder die Heilige von ihrem geheiligten Leben, dem Leben in Armut, Einsamkeit, Keuschheit und besonders von ihrem Gottvertrauen abzubringen. Auch diese Art der Versuchung ist bereits in der Bibel angelegt, wo von drei Versuchungen Christi durch den Teufel in der Wüste berichtet wird (Mt 4,1–11), die bereits in Kapitel 1 ausführlich behandelt wurden. Diese Art ganz fundamentaler Versuchungen dient in den hagiographischen Texten meist als Exempel für die Standhaftigkeit der jeweiligen Heiligen in ihrem Glauben. Im Gegensatz zu den Versuchungen Christi, die um Hunger, Gottvertrauen und weltliche Macht kreisen, geht es bei den Heiligen (auch) um menschliche Ängste. Zwar spielt der Hunger bei den oft extrem asketischen Heiligen eine gewisse Rolle, daneben aber ist es vor allem die Furcht vor Finsternis, wilden Tieren und Gespenstern und nicht zuletzt vor der eigenen Fleischeslust, häufig exemplifiziert in Gestalt verführerischer Frauen, die hier die Betreffenden in Bedrängnis bringen sollen.

Während nur wenige theoretische Schriften, wie die des hl. Augustinus und des hl. Thomas von Aquin, sich mit der Natur solcher Anfechtungen beschäftigen, tendieren die Heiligenlegenden ebenso wie die Bildkunst zur sinnlichen Ausgestaltung dieser dämonischen Versuchungen im Leben der Heiligen. Keineswegs alle Viten, also Lebensbeschreibungen der Heiligen, enthalten solche *dämonischen* Versuchungen, hatten doch viele der Märtyrer genug mit den

Abb. 3.2.1 Die Prüfungen Hiobs: Seine Kinder werden von einem einstürzenden Haus erschlagen (Ijob 1,18–19). Meister der Katharinenlegende/Meister der Barbaralegende: Triptychon mit Szenen aus dem Leben Hiobs (Detail), Brüssel (?), letztes Drittel 15. Jahrhundert.

menschlichen Anfechtungen während der römischen Christenverfolgungen im 1., 2. und 3. Jahrhundert n. Chr. zu erleiden. Die *Acta Martyrorum* (Berichte über Märtyrer) enthalten denn auch ganz ohne Dämonen reichlich beängstigendes und bildhaftes Material in Form körperlicher Leiden, welche die Märtyrer durchlebten und durchlitten, weshalb sie als Vorbild für die Christenheit dienen sollten.

Demgegenüber waren gerade solche Heiligen, die wie die mönchischen Wüstenväter des Nahen Ostens sich der extremen Askese in der Einsamkeit widmeten, besonders anfällig für die dämonischen Versuchungen. Das Rollenmodell dafür hatte ihnen natürlich das schon oben zitierte 40-tägige Fasten Jesu in der Wüste vorgegeben, das mit der dreifachen Versuchung durch den Teufel endet. Hier ist es der Teufel (*diabolus, satanas*) selbst, der Jesu in Versuchung führt, aber meist sind es nur seine dämonischen Helfer, die sich bemühen, die hungrigen Einsiedler zu verwirren und vom Pfad der Askese abzubringen. Es ist kein Zufall, dass die dämonischen Versucher in erster Linie Heilige aus den Reihen des anachoretischen Mönchtums heimsuchen, also der als Einsiedler lebenden Mönche der östlichen monastischen Tradition. Sie machten sich durch ihre extrem asketische eremitische Lebensform besonders anfällig für den Ansturm der Dämonen, während die westlichen, coenobitisch (also in Mahlgemeinschaften) lebenden Mönchen der benediktinischen Tradition auf Grund des Lebens in der klösterlichen Gemeinschaft etwas weniger angreifbar waren.

Das bekannteste Beispiel für einen dieser Wüstenväter – und das mit den intensivsten Dämonenanfechtungen – ist die Lebensgeschichte des hl. Antonius, nicht des Antonius von Padua, sondern des sogenannten Wüstenvaters, Antonius eremita, der im Ägypten des 3. Jahrhunderts lebte und schließlich in selbstgewählter Einsamkeit ca. 312 in einer Höhle des Berges Kolzim am Roten Meer starb. Die um ca. 360 verfasste älteste *Vita Antonii* des Athanasius, Bischof von Alexandrien, berichtet über die vielfache Bedrängnis, welcher der arme ägyptische Wüstenvater ausgesetzt war. Wie sein etwas jüngerer Zeitgenosse Evagrius Ponticus (345 – 399), der eine Lehre von den dämonischen Versuchungen und ihrer Abwehr entwarf, dürfte sich Athanasius Alexandrinus dabei u.a. auf überlieferte Briefe von Antonius dem Großen gestützt haben.

Sowohl die Vita aus dem 4. Jahrhundert als auch die davon abhängigen mittelalterlichen Versionen schildern, dass dem Heiligen in seinen Visionen der Teufel selbst in menschlicher Gestalt als schwarzer Knabe oder verführerische Frau entgegentritt, um ihn zur Sünde der Unzucht zu verführen, aber auch in Gestalt von dämonischen Bestien, um ihn physisch zu quälen und durch höllische Geräusche nächtens am Schlaf zu hindern. Das Thema der Versuchungen und Peinigungen des heiligen Antonius ist ein häufiges Bildmotiv in der abendländischen Kunst. Nach ersten Freskodarstellungen im 10. Jahrhundert kam es in der

Buchmalerei, der Tafelmalerei und später im Buchdruck des Spätmittelalters zu einer Häufung der ikonographischen Umsetzung der Szene. Noch kurz um und nach 1500 entstanden die heute bekanntesten Versionen durch Matthias Grünewald (um 1475 – 1528), Martin Schongauer (um 1490) und Hieronymus Bosch (um 1450 – 1516) (vgl. Abb. 3.1.11, 3.1.12 und 3.2.2).

Die beschriebenen Anfechtungen zerfallen deutlich in zwei Kategorien. Die eine zielt auf Furcht und Terror, die andere auf weibliche Verführung ab, die Antonius von den Dämonen vorgegaukelt wird:

Der arme Teufel ließ sich sogar herbei, ihm nachts als Weib zu erscheinen und alles mögliche nachzumachen, nur um den Antonius zu verführen. Dieser aber dachte an Christus und den durch ihn erlangten Adel der Seele, an ihre geistige Art, und erstickte die glühende Kohle seines Wahnes. Dann wieder stellte ihm der böse Feind die Annehmlichkeit der Lust vor, er aber, voll Zorn und Schmerz, erwog bei sich die Drohung des ewigen Feuers und die Plage des Wurmes; dies hielt er ihm entgegen und ging aus den Versuchungen unversehrt hervor.[74]

Diese doch recht kurzen Passage erfuhr im Mittelalter eine durchaus farbige Ausgestaltung, auch wenn gerade die Fassung der Antoniuslegende in der weitverbreiteten *Legenda aurea* des Jacobus de Voragine[75] die Stelle bis zur Unkenntlichkeit kürzt. Man hat sich in der Forschung gefragt, ob Antonius hier mehr rein visuellen Halluzinationen und Phantasmata von betörenden Frauen oder tatsächlichen physischen Versuchungen ausgesetzt war. Aber das spielt überhaupt keine Rolle, was die mittelalterliche Literatur und Ikonographie angeht, hatte sie doch hier nun einen Anknüpfungspunkt für die Darstellung sexueller Versuchungen in der Gestalt von Frauen (über die Formen der Darstellung der tiergestaltigen Dämonen wurde schon oben gesprochen, Kap. 3.1). Immerhin wird in keiner Fassung der Legende meines Wissens von Incubi oder besser Succubi gesprochen, vielmehr scheint das Ganze tatsächlich eher visueller Natur gewesen zu sein. Wie auch immer, der hl. Antonius erweist sich als außerordentlich standfest im Glauben, sodass der »arme Teufel« an ihm scheitert, weil der Heilige die Frauen durchschaut, die entsprechend in den (mittelhochdeutschen) Texten

Abb. 3.2.2 Nachahmer von Hieronymus Bosch (anonym): Die Versuchung des hl. Antonius (um 1500).

auch als *tuvel* oder *tuvels tohter*[76] bezeichnet werden; »arm« ist der Teufel hier deswegen, weil er gegen die Standhaftigkeit des Heiligen chancenlos ist.

Nicht nur der hl. Antonius, der allerdings das ganze Mittelalter hindurch das Paradebeispiel für asketischen Widerstand gegen dämonische Anfechtungen war, wird durch fleischliche Gelüste in Versuchungen geführt, die durch Frauen bzw. Dämonen und Frauengestalt an ihn herangetragen werden. Ein Exempel des mittelhochdeutschen *Väterbuchs* beschreibt im Fall eines namentlich nicht genannten ägyptischen Eremiten ausführlich, wie die betreffende Frau vorgeht: Sie gibt unter (ausdrücklich falschen!) Tränen vor der Klause des Eremiten vor, sich verirrt zu haben. Als er sie schließlich aus Mitleid einlässt, möchte sie auch die Nacht in seiner Schlafkammer verbringen, aus Angst, wilde Tiere würden sie fressen. Der arme Eremit – der durchaus versteht, dass der Satan dahintersteckt –, weiß sich nicht anders zu helfen, als sich selbst nicht schlafen zu legen, sondern in der Kerzenflamme einen Finger nach dem anderen für je eines seiner Gelüste zu verbrennen, bis er keine Finger und keine Gelüste mehr hat und des *tuvels tochter* am Morgen tot da liegt. Es bleibt hier allerdings eigentümlich unklar, ob es sich wirklich um eine Dämonin oder um eine menschliche Frau mit teuflischen Absichten handelt, denn in den beiden Schlussversen steht sie wieder auf und *bleib vil kusch nach der stunt*.[77]

Auch der hl. Benedikt, der 525 das Kloster Montecassino gründete und mit seiner Mönchsregel als Gründer des westlichen, coenobitischen Mönchtums gilt – und heute übrigens als Schutzheiliger der EU –, war nicht vor Anfechtungen des Teufels in weiblicher Gestalt gefeit. Als er laut dem mittelhochdeutschen *Passional* von einer Freundin aus Kindheitstagen besucht wird, kann er sich gegen seine unkeuschen Gedanken, die diese (unabsichtlich?) in ihm hervorruft, nur dadurch wehren, dass er sich nackt in einem Dornbusch wälzt, bis ihm die Haut in Fetzen vom Leibe hängt.[78]

Der hl. Bernhard von Clairvaux (ca. 1090–1153), der Gründer des Zisterzienserordens, scheint nach den über ihn kursierenden Legenden ganz besonders unter weiblichen Versuchungen gelitten zu haben. Seine ausführliche *Vita* in der *Legenda aurea* enthält gleich zwei solcher Episoden, wovon eine recht explizit ist:

Zu der selben Zeit gab der Teufel einer Jungfrau in den Sinn, daß sie sich nackend zu Sanct Bernhard in sein Bett legte, derweil er schlief. Da er dies empfand, da ruckete er viel friedlich an ein ander Ende des Bettes und ließ ihr das Ende, da er gelegen hatte, und kehrte sich auf die andere Seite und schlief weiter. Die Dirne wartete eine Zeit, darnach begann sie ihn zu streicheln und anzugreifen. Aber als er davon nicht bewegt ward, da ward sie voller Scham, so schamlos sie war, und floh in großem Wunder und Schrecken von ihm.[79]

Nicht nur extreme Selbstbeherrschung oder Dornenbüsche, sondern auch kalte Duschen schrieb man den Heiligen als Heilmittel gegen derartige Versuchungen zu.[80]

Öfters als die weiblichen Anfechtungen wurden die schrecklichen Bedrohungen von Heiligen durch Dämonen in den verschiedensten Tiergestalten sowohl verbalisiert als auch bildlich dargestellt. Das war vor allem im 15. und 16. Jahrhundert der Fall, aber schon in Kapitel 23 der *Vita Antonii* des Athanasius ist diese Wandelfähigkeit und große Varietät der Dämonen anschaulich geschildert:

Wenn die Dämonen überhaupt Christen sehen, besonders aber Mönche, die sich freudig bemühen und Fortschritte machen, da greifen sie zuerst an und führen sie in Versuchung, indem sie ihnen Anstößiges in den Weg legen; ihre Fallstricke aber sind schlechte Gedanken. Wir brauchen jedoch ihre Eingebungen nicht zu fürchten; denn durch Gebete und Fasten und durch den Glauben an den Herrn kommen sie rasch zu Fall. Aber auch dann hören sie nicht auf, wieder und wieder greifen sie an, listig und verschlagen. Denn wenn sie durch offene, unreine Begierde das Herz nicht verführen können, dann stellen sie es anders an. Sie machen Erscheinungen nach und stellen sich, als wollten sie Schrecken einjagen, sie wechseln ihre Gestalt und verwandeln sich in Weiber, wilde Tiere und Schlangen, in riesenhafte Leiber und Scharen von Kriegern. Aber auch so braucht man ihre Erscheinungen nicht zu fürchten; denn sie sind nichts, und rasch verschwinden sie, wenn man sich schirmt durch den Glauben und das Zeichen des Kreuzes. Doch sind sie kühn und überaus frech.[81]

Neben den Frauen sind hier auch Riesen, Kriegerscharen und verschiedene wilde Tiere und Schlangen genannt, die den Heiligen in Angst und damit in Glaubenszweifel versetzen sollen. Ganz anderer Art waren indes die Anfechtungen, welche die hl. Colette von Corbie (1381–1447) vom Orden der Klarissinnen durchmachte. In Besançon, einem der 17 von ihr gegründeten Klöster, erschienen ihr die Dämonen als tausende von Ameisen, im Languedoc waren es Fliegen, noch später wurde sie von Kröten, Schnecken und Reptilien belästigt. Nicht alle diese Tiere wurden auch von ihren Mitschwestern gesehen, obwohl ihr Beichtvater Pierre de Valles sie pflichtschuldigst vermerkte.

Eine besondere Tortur durch eine Schar von Dämonen macht der hl. Guthlac (674–714) in im Osten Englands durch. Er wird von Dämonen in den verschiedensten Gestalten in seiner Zelle überfallen, gefesselt, durch Dornen und Ödland geschleift und beinahe in den Höllenschlund geworfen, als ihn der von ihm angerufene hl. Bartholomäus gerade noch retten kann. Das Aussehen der Dämonen wird auch hier eindrücklich beschrieben, denn sie hatten große Köpfe, lange Hälse, dünne Gesichter, gelbe Hautfarbe, schmutzige Bärte, zerfranste Ohren, wüste Stirnen, durchdringende Augen, stinkende Mäuler mit Pferdezähnen, feuerspeiende Kehlen, verdrehte Kiefer, dicke Lippen, laute Stimmen, versengte Haare, fette Wangen, Taubenbrüste, schuppige Schenkel, knotige Knie und verdrehte Beine, geschwollene Knöchel, Plattfüße, riesige Mäuler und rauhes Geschrei.[82]

Die Tatsache, dass Guthlac hier einen Blick in den Höllenschlund werfen konnte, rückt sein Erlebnis in die Nähe anderer mittelalterlicher Jenseitsvisionen, in denen Menschen – bzw. nur ihre Seelen, während der Körper leblos daliegt – einen Einblick in die Qualen des Fegefeuers erhielten. Keineswegs alle dieser literarischen Jenseitsvisionen nennen Dämonen, im Gegenteil sind es meist Engel, die als Seelenführer dienen. Eine derjenigen, die dafür auf Dämonen zurückgreift, ist die *Visio Baronti*. Der französische Mönch erlebte um 678 eine von einem Mitbruder aufgezeichnete Jenseitsvision, bei der ihn zwei Dämonen entführten und in die Hölle bringen wollten. Nur durch die Hilfe des Erzengels Raphael wurde er davor bewahrt, und Petrus konnte schließlich die beiden Dämonen verjagen, indem er sie mit seinen Schlüsseln schlug.[83]

Der Kampf der Engel und Dämonen um die Seelen

Eines der in Literatur und Ikonographie des Mittelalters verbreitetsten Themen in Verbindung mit den Dämonen ist deren allgegenwärtiger Kampf mit den Engeln am Totenbett. Zahlreiche Legenden erzählen in visionsartigen Berichten Sterbender von diesem Kampf um die Seele, unmittelbar wenn diese den Körper verlässt. Dabei reichen die Ausgestaltungen von am Totenbett lauernden Dämonen über ganze »Mückenschwärme« um den Sterbenden herum bis hin zu Luftkämpfen zwischen bewaffneten Engeln und Dämonen um die entweichende Seele (s. Abb. 0.1 oben).

Wie uns zahlreiche Beispiele aus Literatur und bildender Kunst bestätigen, stellte man sich vor, dass am Totenbett der Menschen Dämonen und Engel gleichermaßen darauf warteten, die aus dem Mund entweichende Seele – in den Bilddenkmälern durchwegs als weißes kleines Seelenwesen dargestellt – in Empfang zu nehmen und in die Hölle bzw. in den Himmel zu führen.

Ohne in diesem Buch auf die Systematik der Engelwelt näher eingehen zu können, die im 5./6. Jahrhundert durch den sogenannten Pseudo-Dionysius Areopagita entwickelt worden war und im Mittelalter weitestgehend akzeptiert wurde, seien nur die wesentlichsten Punkte erwähnt. Er nahm drei Triaden von Engeln an, die hierarchisch gegliedert sind: Gott am nächsten befinden sich die Seraphim, die Cherubim und die Thronen, die folgende Ebene besteht aus den Herrschaften (*dominationes*), Mächten (*virtutes*) und Gewalten (*po-*

testates), die unterste aus Fürstentümern (*principates*), Erzengeln und einfachen Engeln. Noch mehr als ein halbes Jahrtausend später sieht die Visionärin Hildegard von Bingen (1098 – 1179) in ihrer 6. Vision ebenfalls die Chöre der Engel und beschreibt sie mit nur geringen Veränderungen gegenüber Pseudo-Dionysius. Bei ihr wird auch ganz deutlich, dass die Schutzengel (*O vos angeli qui custoditis populos*) der untersten Hierarchie der einfachen Engel angehören.

Neben dieser – in verschiedenen Darstellungen der Engelschöre auch ikonographisch umgesetzten – Hierarchie sind im westeuropäischen Volksglauben aber besonders jene Engel relevant, deren Namen aus den biblischen Texten bekannt sind: Michael, Gabriel (Luk 1,19; 1,26), Rafael (Tob 3,17; 6,10) und der nur aus apokryphen Schriften (2 Esdras 4,1; 5,20; 10,28) bekannte Uriel. Zweifellos der wichtigste dieser Engel war Michael, da er an mehreren Stellen des Alten (Dan 10,13; 12,1) und Neuen Testaments (Offb 12,7) sowie der Apokryphen (1. Buch Henoch; Moses-Apokalypse; Nikodemus-Evangelium; Buch der Jubiläen) genannt wird. Wichtiger ist aber, dass Michael, der in den Qumran-Rollen (vor Ende des 1. Jahrhunderts) als »Fürst des Lichts« bezeichnet wurde, als einziger Engel Gegenstand eines Heiligenkults geworden ist. Dieser Kult geht auf Erscheinungen des Erzengels an der nach ihm benannten Höhle am Monte Gargano – am Sporn Italiens – am Ende des 5. Jahrhunderts zurück, von wo er sich in ganz Europa verbreitete und besonders nach Nordwesten ausstrahlte, wo zahlreiche Höhlenheiligtümer dem hl. Erzengel Michael geweiht wurden. Am nachhaltigsten ist die frühe Gründung in der Normandie, wo der hl. Aubert (gest. 720/725) nach älteren Vorstufen 709 ein Michaelsheiligtum gründete, dessen Kanoniker mit dem Monte Gargano in Kontakt standen. Als die Normannen unter Herzog Richard I. (gest. 996) das Kloster auch noch förderten, entwickelte sich daraus nach und nach die imposante Kloster- und Festungsinsel Mont St. Michel, *St. Michael in periculis maris* (St. Michael inmitten der Gefahren des Meeres).

Neben den Erscheinungen des Erzengels am Monte Gargano – immerhin ist es nicht ganz selbstverständlich, dass ein Engel einen Fußabdruck und ein Bild von sich zurücklässt – war aber seine spirituelle Rolle im Leben jedes Menschen entscheidend für den hohen Grad an Ver-

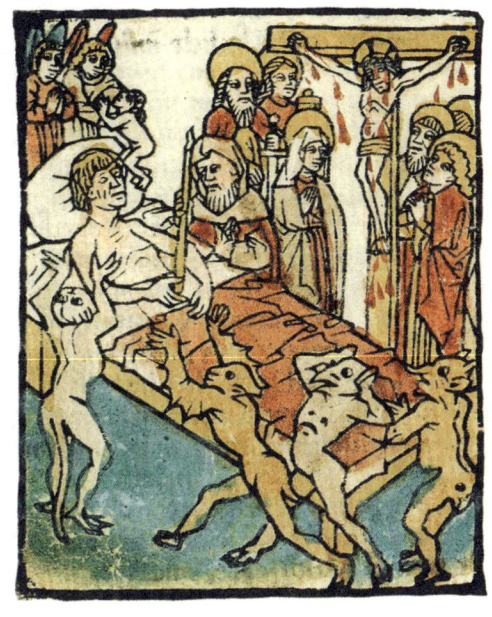

Abb. 3.2.3 Sterbeszene mit Dämonen und Engeln aus handkolorierter *Ars moriendi* (süddeutsch, um 1475).

ehrung, den er bald in ganz Europa seit dem Frühmittelalter genoss. Er diente als Psychopompos, als Seelenführer, der nicht nur den sicheren Übergang der Seele beim Verlassen des Körpers zum Jenseits begleitete, sondern bei ihrer Ankunft dort auch die Seelenwaage hielt, mit der die guten und schlechten Taten eines Menschen gegeneinander aufgewogen wurden. Das Schwert – das man ihm seit der Vertreibung der Protoplasten aus dem Paradies und dem Kampf mit dem Drachen in der Offenbarung des Johannes zuschrieb – und die Waage waren daher auch seine beiden Attribute. Beim prekären Übergang der Seele war Michael zugleich derjenige, der die Seele vor dem Zugriff der auf sie wartenden Dämonen schützte und mit der Gewalt seines Schwertes verteidigte.

Theologisch in keiner Weise abgesichert ist die Vorstellung, dass beim Partikulargericht nach dem Tod ebenso wie beim Weltgericht am jüngsten Tag der Seele schon eine einzige gute Tat genügt, um die ewige Verdammnis abzuwehren. Dennoch wird sie in zahlreichen Legenden verbreitet, wobei die Voraussetzung immer eine Art von Vision ist, in der ein Sterbender sein Partikulargericht nach dem Tod erblickt, dann aber wieder gesundet und sich nach dieser Erfahrung von seinem bisherigen – sündigen – Leben abkehrt. Die *Legenda aurea* des Jacobus de Voragine überliefert die wesentlich ältere Legende über den hl. Johannes den Almosener (Johannes Elemosynarius, ca. 559–620), der das Beispiel von Peter dem Zöllner erzählte. Dieser pflegt Bettler mit Steinen davonzujagen, hat aber eines Tages nur ein Weizenbrot zur Hand und wirft stattdessen dieses. Als er kurz darauf todkrank darniederliegt, stehen an seiner Seelenwaage Dämonen und füllen ihre Waagschale mit seinen Sünden. Die Engel auf der anderen Seite haben nichts dagegenzuhalten bis auf dieses eine Brot, das ihm nun als Almosen ausgelegt wird; sie werfen es in die Waagschale und gleichen mit dieser einen guten Tat die Waage aus.[84] Im Laufe des Mittelalters wird das Thema mit allen möglichen Objekten anstelle des Brotes variiert, wobei der Rolle der Muttergottes immer größere Bedeutung zukam: Mit ihrer Hilfe – indem sie mit einem Finger oder mit ihren Tränen die Waagschale nach unten drückt – gelingt es, den einzelnen guten Taten zu mehr Gewicht zu verhelfen (vgl. Abb. 3.2.6).

Abb. 3.2.4 Virgen María Porta Coeli: Der Gute Tod (Ausschnitt, 17. Jahrhundert).

Es wird kaum überraschen, dass die Szene mit der Seelenwaage beim Partikulargericht auch im geistlichen Spiel des Spätmittelalters aufgegriffen wurde.[85] Erstaunlich ist eher, dass der in der Ikonographie des Spätmittelalters so prominente Kampf zwischen Michael oder anderen Engeln und den Dämonen am Totenbett in den Spielszenen offenbar keine große Rolle spielte, obwohl er sich im mittelalterlichen Theater doch eigentlich angeboten hätte und obwohl sich ein in verschiedenen deutschsprachigen Spielen auftauchendes Versatzstück mittelalterlicher Spielpraxis, das sogenannte *Teufel-Seelen-Spiel*, findet.[86] Immerhin sind in den englischen Mysterienspielen (etwa *The Death of Mary* aus dem York-Zyklus) selbst am Totenbett Marias vereinzelt Dämonen anwesend, und auch wenn ihnen hier nur eine stumme Rolle zukommt und sie keinen Kampf mit den Engeln ausfechten,[87] ist das eigentliche Ringen zwischen Engel und Dämonen doch offenbar.

Die Kampfszene zwischen Michael und den Dämonen in den mittelalterlichen Bilddenkmälern blieb nicht ohne Einfluss auf die Ikonographie des Erzengels selbst: Wurde er als Anführer der himmlischen Heerscharen im früheren und hohen Mittelalter oft noch häufig in Tunika oder in der Aufmachung eines römischen Legionärs dargestellt, so wandelte sich vor allem in Frankreich nach dem Hundertjährigen Krieg mit England (1337–1453), in dem der Mont Saint Michel mitunter die letzte verbleibende Festung der Franzosen in der Normandie war, sein Aussehen. Von nun erscheint er in schwerer spätmittelalterlicher Plattenrüstung, also als Ritter. Überhaupt ist seine Kleidung oder Rüstung und seine höfische Bewaffnung auch schon vorher als Symbol der Kultur gegenüber den nackten, behaarten und mit primitiven Waffen wie eisernen Häken oder Spießen bewaffneten Teufeln anzusehen. Dies hindert ihn allerdings nicht, auch mit einfacherem Werkzeug gegen die Dämonen vorzugehen, wie bei Caesarius von Heisterbach ein Dämon mit Blick auf die Szene am Totenbett einer frommen Äbtissin klagt:

[…] der Erzengel Michael kam mit einer eisernen Keule und hat uns so verprügelt und in die Flucht geschlagen, daß wir wie Staub verstreut wurden, der von einem Sturm aufgewirbelt wird.[88]

Dass man sich den Erzengel Michael als besten Garanten gegen die am Totenbett lauernden Dämonen vorstellte, bestätigen auch mittelalterliche, in Runen abgefasste christliche Grabsteine des 11. Jahrhunderts in Schweden, deren Inschriften teils nicht nur Christus und Maria, sondern auch den hl. Michael um Gnade bitten. Diese Sonderform von Grabinschriften könnte möglicherweise auf eine über Irland nach Skandinavien vermittelte Form der Totenliturgie zurückgehen, in der Michael als Beschützer der Seelen genannt wird:

Herr Jesus Christus, König der Herrlichkeit, bewahre die Seelen aller verstorbenen Gläubigen vor den Qualen der Hölle und vor den Tiefen der Unterwelt [...]. Vielmehr geleite sie Sankt Michael, der Bannerträger, in das heilige Licht [...].[89]

Das *Rituale Romanum* wiederum nennt nicht Michael, sondern die Engel ganz allgemein (»lass ihn von den Heiligen Engeln aufgenommen werden«[90]), was natürlich auch eine Deutung als Schutzengel zuließe. In der Tat zeigen auch bildliche Darstellungen, dass man sich vor den um jedes Totenbett in Scharen lauernden Dämonen nicht nur durch Michael, sondern noch besser durch Scharen bewaffneter Engel bewacht wissen wollte. Entsprechend bestand die Vorstellung, dass um jede Seele geradezu eine Schlacht entbrannte, in der es Engeln und Dämonen darum ging, sie in ihre jeweilige Einflusssphäre zu entführen. Auch der sterbende Sakristan Isenbard im Kloster Himmerod sieht in einer Vision »den heiligen Michael mit einem großen Engelheer, bereit mir zu helfen [...].«[91]

Was die Theologen aber vor ein Problem stellte, nämlich das Intervall zwischen dem rein physischen Tod und dem Gericht über die Seele sowie der Aufenthaltsort der Seelen in dieser Periode – worüber die Bibel ja gar nichts sagt –, wurde im Spätmittelalter sukzessive dadurch beseitigt, dass die beiden Ereignisse eng aneinandergerückt wurden. Nicht erst im 14. und 15. Jahrhundert werden die beiden Szenen immer öfter literarisch und ikonographisch zusammen abgehandelt, schon am Beginn des 13. Jahrhunderts ist in einem der Exempel des Caesarius kaum mehr eine Zeitspanne erkennbar, wenn er vom Tod eines als habgierig verschrienen Kardinals erzählt, dessen Seele wegen seines lästerlichen Lebenswandels den Dämonen in die Klauen fällt. Nach seinem 1206 erfolgten Tod erschien der Kardinal Jordan de Ceccano angeblich seinem Notar Pandolf in einer Vision:

Abb. 3.2.5 Sterbeszene aus einer süddeutschen (?) *Ars moriendi* mit zahlreichem Personal: Heiligen, Familie, Dämonen (um 1475).

Als Pandolf [...] heimkehrte, sah er zur selben Stunde am Morgen vor Sonnenaufgang auf dem Feld eine jämmerliche Schar. Die Männer saßen rücklings auf Maultieren und hatten deren Schwänze im Mund. Ihnen folgte Kardinal Jordan, bekleidet mit einer Kukulle [der Zisterzienser] und auf bloßen Füßen. Er wurde von zwei Dämonen geführt. Als

der Notar sich bei diesem Anblick sehr entsetzte, rief der Kardinal: »Pandolf! Pandolf! Pandolf!« Der Kleriker blieb stehen und entgegnete: »Wer bist Du, warum rufst Du?« Da antwortete jener: »Ich bin Jordan, Dein Herr und bin tot.« Als Pandolf den Kardinal fragte: »Wohin führt man euch?«, erwiderte dieser: »Vor den Richterstuhl Christi!« Und Pandolf: »Wißt Ihr, was mit Euch geschehen soll?« – »Ich weiß es nicht«, sagte der Kardinal, »aber Gott weiß es [...].«[92]

Hier soll offenbar direkt an den Tod in der Sterbeszene die Gerichtsszene anschließen. Rein logisch scheint die Entscheidung über die Zukunft der Seele damit aber eigentlich verdoppelt, haben ihn doch die Dämonen bereits im Griff.

In den auf den Tod folgenden Gerichtsszenen des Partikulargerichts, genauer in der Szene mit der Seelenwaage, treten Michael, seine Engel und Maria auf der einen, die Dämonen auf der anderen Seite auf. Michael hält die Seelenwaage, beeinflusst sie aber nicht. Die Dämonen dagegen versuchen, die Waagschale mit den Sünden des Verstorbenen nach unten zu ziehen, um sie schwerer erscheinen zu lassen, während es Maria obliegt, die

Abb. 3.2.6 Weltgerichtsszene mit Dämonen an der Seelenwaage in der Kirche von Lieberhausen (Bergisches Land), 15. Jahrhundert.

Waagschale mit den guten Taten nach unten zu drücken, um damit die Seele zu retten. Wer zu Lebzeiten ein Marienverehrer war, hat also die Chance, dass sie auch ihm mit einem kleinen Finger hilft, so wie auf dem Weltgerichtsfresko von Lieberhausen, wo sie die Waagschale mit der erbarmungswürdigen Seele nach unten drückt, während gleich fünf rote Dämonen versuchen, die Waagschale auf der anderen Seite nach unten zu ziehen.

Michael ist nicht nur in der Johannesoffenbarung der Gegner des teuflischen Drachen und in der Sterbestunde der Beschützer der Seelen vor den Dämonen, er hat ganz allgemein den Ruf als Gegner Satans. Das berühmte, erst 1890 von Papst Leo XIII. verfasste Michaelsgebet, das für das Ende jeder Heiligen Messe gedacht war, bestätigt seine Rolle als wirksamster Schutz vor dem Teufel und seinen Dämonen bis in die jüngste Vergangenheit. Der Papst hatte damit auch einen weitreichenden, sozusagen prophylaktischen Exorzismus intendiert.

Oratio ad Sanctum Michael	Michaelsgebet
Sancte Michael Archangele,	Heiliger Erzengel Michael,
defende nos in proelio,	beschirme uns im Kampfe gegen die Bosheiten
contra nequitiam et insidias diaboli esto praesidium.	und Nachstellungen des Teufels. Sei Du unsere
Imperet illi Deus, supplices deprecamur:	Schutzwehr; Gott gebiete ihm mit Macht, wir
tuque, Princeps militiae caelestis,	bitten demütig darum. Und Du, Fürst der himmli-
Satanam aliosque spiritus malignos,	schen Heerscharen, stürze den Satan und die
qui ad perditionem animarum pervagantur in mundo,	anderen bösen Geister, die zum Verderben der
divina virtute in infernum detrude.	Seelen in der Welt umherwandern, mit göttlicher
Amen.	Kraft in die Hölle hinab. Amen

Dieses heute noch benutzte Gebet hatte natürlich Vorgänger, sogar schon unter Leo dem Großen und Gelasius I. im 5. Jahrhundert und Gregor dem Großen im 7. Jahrhundert, die aber nicht dieselbe Verbreitung erreichten wie das oben wiedergegebene Michaelsgebet. Immerhin bestätigen diese Gebete aus Anlass von Kirchendedikationen, dass Weihungen an Michael schon vor der Mitte des 1. Jahrtausends verbreitet waren. Sein Ruf als Sieger über den Teufel in Gestalt des Drachen und über die Dämonen war wohl schon damals so, wie ihn die *Legenda aurea* im Hochmittelalter kurz zusammenfasste:

Der andere Sieg, den Sanct Michael gewann, der geschah, da er den Drachen, das ist Lucifer, mit all seiner Gesellschaft aus dem Himmel stieß.[93]

Während mit solchen Gebeten die wahren Christgläubigen auf Rettung durch Michael hoffen durften, mussten die Seelen schwerer Sünder ohne Verteidigung durch die Engel auskommen: Sie wurden direkt nach dem Tod von Dämonen in die Hölle geführt. Häufig ist dies auf Tafelbildern oder Fresken mit Kreuzigungsszenen zu sehen, wo der linke Schächer,

in der mittelalterlichen Tradition Gesmas oder Gestas genannt, der Christus noch im Tod verspottete, von einem fliegenden Dämon heimgesucht wird, der ihm die Seele mit eisernen Haken oder Krallen durch den Mund aus dem Leib reißt. Demgegenüber wird die Seele des rechten Schächers, des guten Dismas (der im Mittelalter teilweise sogar als Heiliger verehrt wurde), von einem Engel in den Himmel geführt. Meist sind die Schächer und dadurch auch die Dämonen aus perspektivischen Gründen nur sehr klein dargestellt, aber durchaus erkennbar (vgl. Abb. 3.2.7 und 3.2.8).

Deshalb sind die Szenen heute auch nicht im allgemeinen Bewusstsein, selbst wenn sie häufiger in Kreuzigungsdarstellungen vorkommen, als man vermuten würde. So prominent wie in der sogenannten »Bonten Kerke« in Lieberhausen im Bergischen Land (Nordrhein-Westfalen) ist der die Seele des Gesmas holende Dämon allerdings kaum jemals abgebildet. Riesig, rot und mit Flügeln und weiblichen Brüsten versehen, zerrt er sie gewaltsam aus dem Mund des gekreuzigten Verbrechers und dominiert dabei beinahe das Hauptschiff der Kirche.

Noch drastischer ausgeführt als dieses eher naive Fresko aus der Zeit kurz vor der Reformation ist das aus fast demselben Zeitraum (1491) stammende Fresko *Selbstmord des Judas* des italienischen Malers Giovanni Canavesio in Notre-Dame des Fontaines bei La Brigue, nahe der französisch-italienischen Grenze. Hier wird die Seele nicht wie sonst aus dem Hals des Toten, sondern aus dem aufgerissenen Bauchraum des gehängten Judas herausgezogen. Die Seele ist hier auch nicht weiß oder farblos wie sonst meist, sondern trägt, wenngleich nackt, deutliche Züge von Judas selbst.

Abb. 3.2.7 Sogenannte Wiltener Kreuzigung (Totale und Detail, Tirol, um 1435).

Abb. 3.2.8 Dämon holt die Seele des bösen Schächers Gesmas, die als eine Art weißlicher Wurst dargestellt ist. Kreuzigungsszene im Mittelschiff der Pfarrkirche Lieberhausen (Bergisches Land, um 1500).

Dämonen, Versuchung und Sünde

Die Dämonen werden vom Teufel in die Welt gesandt, um die Menschen zu Sünden zu verleiten und sie damit nach ihrem Tod den Fängen Satans auszuliefern. Diese einfache Formel hat zwar als Erklärung für das ganze Mittelalter Gültigkeit – und sie reicht noch bis in die Märchen und Sagen der Frühen Neuzeit hinein, wo es oft genug darum geht, wie sich eine Seele doch noch vor dem Teufel und damit der ewigen Verdammnis retten kann –, aber sie ist nur ein Teil der Wahrheit. Es geht nämlich den Dämonen und ihrem Herrn, dem Teufel, auch darum, schon in dieser Welt von den Menschen verehrt zu werden und sie vom Dienst am wahren Gott abzubringen. Zu diesem Zweck usurpieren die Dämonen die Idole von heidnischen Göttern, wie im vorigen Kapitel ausgeführt, und genießen dadurch diese Verehrung und die dort dargebrachten Opfer selbst. Das Ziel des Teufels, wie Gott verehrt zu werden, ist ja bereits in der Versuchung Christi in der Wüste angelegt: »Das alles will ich dir geben, wenn du dich vor mir niederwirfst und mich anbetest« (Mt 4,9). Die Bemühungen der Menschen, in der Nachfolge Christi wie dieser der Verlockung zu widerstehen, versuchen die Dämonen zu hintertreiben. Dazu setzen sie im Wesentlichen auf zwei Mittel: Einerseits gebrauchen sie ihre Fähigkeit, sich in alle möglichen Gestalten zu verwandeln, andererseits nutzen sie die Schwächen der Menschen für ihre Verführungskünste.

Die Befähigung der Dämonen, eine große Bandbreite an körperlichen Formen anzunehmen, hatte schon der hl. Augustinus als eines der Hauptcharakteristika der Dämonen genannt (*De civitate Dei*, 2,29, vgl. oben Kap. 1). Sie können die Gestalt von heidnischen Gottheiten oder anderen mythologischen Wesen annehmen oder deren Statuen bewohnen, wie wir gesehen haben. Sie können wie der Teufel selbst die Gestalt von Engeln annehmen, um so die Menschen zu verwirren, wie es etwa Eva und Adam bei ihrer Buße im Jordan geschehen ist und wie es die Adams-Texte bzw. die der Kreuzesholzlegende berichten. Am häufigsten aber treten sie, wie oben in Kapitel 3.1 schon ausgeführt, als Tiere auf, was vor allem bei den albtraumhaften Qualen und Ängsten eine Rolle spielt, die sie als Versuchung den Heiligen bereiten, um sie, wie insbesondere in der Antoniuslegende breit ausgeführt, von ihrer Einsamkeit und Askese abzubringen. Die Dämonen sind aber auch in der Lage, überzeugend in die Gestalt menschlicher Männer und Frauen zu schlüpfen, was bei den Verführungsgeschichten über *succubi* und *incubi* wichtig ist, von denen noch zu reden sein wird.

Dämonen sind andererseits sehr versiert darin, die spezifischen Schwächen jedes Menschen herauszufinden, um ihn auf je eigene Art zur Sünde zu verführen. Die extremste Form ist natürlich mit dem Sündenfall im Paradies vorgegeben, wo der Teufel die menschliche Schwäche der Hybris in Form des »Wie-Gott-sein-Wollens« nutzt, um das Protoplastenpaar zur Ursünde zu verführen. Darüber hinaus aber passen der Teufel und seine Dämonen ihre Versuchungen den Schwächen der einzelnen Menschen an, was man – modern gesagt – wohl auf die charakterlichen Schwachstellen beziehen könnte, im mittelalterlichen Ständedenken häufig aber auch auf Amt oder Position, noch häufiger auf bestimmte berufs- oder standesbezogene typische Laster und Sünden: So sind Könige und

Fürsten bei ihrem Stolz und Hochmut zu packen, Bischöfe bei ihrem Ehrgeiz oder ihrer Gier, Mönche an ihrer Fresssucht, Kaufleute bei Geiz oder Habsucht und überhaupt alle Mächtigen bei ihrer sexuellen Lust. Da die Dämonen es aber besonders auf die Reinen und »Heiligen« abgesehen haben, sind diese den Nachstellungen des Teufels in hohem Maße ausgesetzt, und die wahre Heiligkeit erweist sich erst darin, dass sie diesen Versuchungen fortgesetzt zu widerstehen vermögen. Aber schon Isidor erkannte, dass alle Versuchungen der Dämonen nichts fruchten würden, wenn nicht vorher schon im Menschen der Keim für die entsprechenden bösen Gedanken gelegt sei.[94]

Die Möglichkeit für die Verführung zur Sünde liegt also im Menschen selbst, in seiner moralischen Schwachheit. Sie wurde in der mittelalterlichen Theologie in sieben Laster unterteilt: *superbia* (Stolz, Hochmut), *invidia* (Neid), *avaritia* (Geiz, Gier), *Ira* (Zorn), *acedia* (Faulheit), *gula* (Völlerei) und *luxuria* (Wollust). Oft fälschlich auch als die sieben Todsünden bezeichnet, sind die Laster jedoch erst die Voraussetzung für einzelne Sünden, nicht diese selbst. Die Sünden bestehen vielmehr aus Einzelhandlungen, die aus den Lastern erwachsen.

Seit Gregor dem Großen werden die ersten fünf dieser Laster zu den geistigen, die letzten beiden zu den fleischlichen gezählt. Während sie üblicherweise nach einem Siebenerschema abgehan-

Abb. 3.2.9 Giovanni Canavesio: Dämon entreißt dem erhängten Judas die Seele. Fresko »Selbstmord des Judas« (1491) in Notre-Dame des Fontaines in Brigue.

delt werden, wobei einzelne immer wieder variiert oder durch andere, wie Zwietracht, Verzweiflung, Torheit, Feigheit, Ungerechtigkeit, Unbeständigkeit, Trotz, Neugier, Eifersucht ersetzt werden, sind die Sünden durch das traditionelle Schema des Dekalogs kategorisiert: Die Zehn Gebote Moses' werden anhand einzelner Sünden auch ikonographisch exemplifiziert, wobei der Verstoß gegen das erste Gebot üblicherweise mit dem Tanz um das Goldene Kalb oder einen anderen Götzen visualisiert wird. Die anderen Gebote können zwar mitunter ebenfalls durch biblische Beispiele, aber auch durch sehr lebensnahe Exempel illustriert werden, so etwa das siebte Gebot »Du sollst nicht stehlen« im Zyklus von Lieberhausen im Bergischen Land in Nordrhein-Westfalen durch einen Gastwirt, der einem schlafenden Gast den Beutel abnimmt, oder wenn im Zyklus von Frankenmarkt/Oberösterreich sich zwei bewaffnete Männer an einen Juwelenhändler oder Geldwechsler heranmachen (vgl. Abb. 3.2.10 und 3.2.13).

Die hier relevante Frage ist, was die Dämonen damit zu tun haben. Während für sie die Laster nur die Grundlage sind, auf deren Basis sie einen Zugriff auf die Schwächen der Menschen haben, sind sie an den Sünden direkt beteiligt. Deshalb sind zwar die Seelen der Verdammten in der Hölle (s. Kap. 2) nach Lastern gruppiert, aber die Dämonen dienen hier nur noch zur Marter der Seelen, nicht mehr zu ihrer Verführung. In den Dekalogzyklen spätmittelalterlicher und frühneuzeitlicher Fresken und Gemälde dagegen sind die Dämonen direkt damit befasst, die Menschen zur Sünde anzustiften oder ihnen dabei zu assistieren. Nicht immer sind sie in dieser

Abb. 3.2.10 Verehrung des Goldenen Kalbs (1. Gebot). Frankenmarkt, Pfarrkirche St. Nikolaus. Fresken mit Dekalogzyklus von 1583.

Funktion abgebildet (oder auch postreformatorischen Restaurationen zum Opfer gefallen), aber etliche der wenigen noch erhaltenen Dekalogfreskenzyklen zeigen deutlich bei jeder einzelnen Sünde, dass ein Dämon mit im Spiel ist. Geradezu bizarre Formen nimmt dies auf dem Dekalogzyklus von Lucas Cranach dem Älteren von 1516 an, wo zwar auch kleine dunkle Dämonen im Hintergrund der handelnden Personen zu finden sind, aber einige der Gebotsdarstellungen zeigen riesige, äußerst phantasievoll gestaltete Dämonenfiguren, welche die Protagonisten geradezu physisch zu ihren bösen Taten drängen.

Nicht alle Übertretungen der Zehn Gebote scheinen in gleichem Maße dem Wirken der Dämonen geschuldet zu sein: Während die Verehrung des Goldenen Kalbs (und/oder, wie auf den Zyklen von Frankenmarkt und Danzig, eines antiken Gottes, angesichts der Lanze offenbar Mars) eher ohne dämonische Einflüsterungen auszukommen scheint, sind bei den Sünden gegen das vierte bis zehnte Gebot immer wieder die Einflüsterer des Teufels auf den Schultern der Sünder oder hinter ihnen zu erkennen. Dabei werden die Dämonen als meist kleine schwarze Kreaturen dargestellt, die den Menschen eine Anregung (*suggestio*) zur sündhaften Tat eingeben, ja regelrecht einblasen (deswegen mitunter auch mit Blasebalg dargestellt). Allerdings muss der Mensch diesen Einflüsterungen erst zustimmen (*consentire*), damit die Anregung zur Sünde werden kann. Heilige widerstehen in der Regel diesen Einflüsterungen, die Menschen auf den exemplifizierten Sünden der Dekalogzyklen jedoch ganz offensichtlich nicht.

Ein besonders deutliches, aber auch in der Bildgebung krasses Beispiel ist der Danziger Zyklus.[95] Er zeigt schon beim zweiten Gebot einen fast doppelt übermannshohen, unglaublich hässlichen Dämon, der durch ein Spruchband signalisiert, dass er das Volk von der Feier der Messe und über-

Abb. 3.2.11 Dekalogzyklus von Lukas Cranach dem Älteren im Rathaus zu Wittenberg (1516).

haupt der Heiligung des Sonntags abhalten will: »Trink, tanze, spiel, gehab dich wohl, es kommt doch wie es kommen soll«, heißt es da, was die auf der linken Bildseite auf dem Spruchband eines Engels zu findende Ermahnung »Du sollst feiern den Heiligen Tag« konterkarieren will. In ähnlicher Weise werden hier alle zur Sünde verführenden Dämonen mit volkssprachlichen Spruchbändern ausgestattet, die ihre bösen Intentionen verdeutlichen. Zum ersten Gebot etwa: »Ach was hast du zu schaffen, lass beten die Mönche und Pfaffen«, oder zum dritten Gebot, nicht beim Namen Gottes zu schwören: »Dir ist gering zu schwören, ich lasse dich nicht umkehren«, bis zum zehnten Gebot, wo der Teufel zwei zwielichtige Gestalten zum Diebstahl einer Kuh animiert.

Diese recht naiven Darstellungen auf den ikonographischen Repräsentationen der Zehn Gebote geben uns also einen recht guten Eindruck davon, bei welchen Sünden man in der Praxis daran dachte, dass sie durch teuflischen Einfluss zustande kämen: Beim ersten Gebot ist es der geradezu topische Tanz um das Goldene Kalb, auch das Anbeten alter oder fremder heidnischer Götter. Beim zweiten Gebot wird das Schwören, selbst auf ein Kreuz, verurteilt, beim dritten Gebot der Sonntagsheiligung gibt es eine gewisse Bandbreite, die vom Pflügen eines Feldes und dem Bearbeiten eines Gartens bis zu der erwähnten Szene des Trinkens und Feierns vor dem Hintergrund frommer Kirchgänger reicht. Gegen das vierte Gebot verstößt offensichtlich, wer sich nicht um Vater und Mutter kümmert, diese aus dem Haus jagt (Lieberhausen), in eine schlichte Kammer sperrt (Danzig) oder gar als Kranke schlägt (Frankenmarkt). Das fünfte Gebot kann sowohl biblisch – mit der Erschlagung Abels durch Kain – als auch tagesrelevant mit dem (Raub-)Mord an reisenden Pilgern exemplifiziert werden. Auch beim sechsten Gebot ist der Rekurs auf die biblische Szene von Susanna im Bade mit den beiden alten Lüstlingen eine Möglichkeit der Exemplifizierung, andere zeigen realistischere Bett- oder Ehebruchsszenen. Das siebte Gebot bietet einen breiten Darstellungsspielraum für alle Arten von Diebstählen, vom erwähnten Berauben eines schlafenden Reisenden durch einen Gastwirt bis zu Einbruchsdiebstählen. Das achte Gebot wird häufig mit Gerichtsszenen illustriert, wo ja ein falsches Zeugnis auch seinen passenden Rahmen findet. Beim neunten Gebot wird das Begehren nach der Frau eines anderen meist durch das Eindringen in ein Haus durch Tür oder Fenster oder ein Treffen mit der Frau vor dem Haus eines schlafenden

Abb. 3.2.12 Die Dämonen sind bei allen Sünden beteiligt, hier ein spinnenförmiger Dämon bei einer Sünde gegen das 5. Gebot. Frankenmarkt, Pfarrkirche St. Nikolaus. Fresken mit Dekalogzyklus von 1583.

Mannes gezeigt, nur auf der Danziger Dekalogtafel muss der Dämon einen Mann erst mit ausgestreckten Armen auf eine hübsche junge Frau vor dem Haus aufmerksam machen! Die Darstellung der Sünde gegen das zehnte Gebot reicht vom Übergriff auf einen Geldwechsler oder Juwelenhändler bis zum Diebstahl von Kühen aus einem fremden Pferch.

Dort, wo wie in den meisten der genannten Dekalogtafeln Dämonen ihre Hand im Spiel haben, ist ihr eigentliches Wirken nicht allzu konkret dargestellt. Meist scheint es sich, wie aus ihrem Sitzplatz auf den Schultern der Sünder, um  die Einflüsterung der Bösen Geister zu handeln, die die Menschen auf die sündhaften Gedanken bringen, wenn der Teufel nicht geradezu, wie auf dem Danziger Dekalogzyklus, mit ausgestreckten Armen und einem Text auf die Möglichkeit zur Sünde hinweist, oder, wie beim achten Gebot im Dekalogzyklus des Lucas Cranach, der Teufel sein Opfer geradezu zur Sünde hinschiebt.

Deutlicher, wenn auch naiver, ist das Wirken der Dämonen auf spätmittelalterlichen Klosterfresken in Osteuropa, in Bulgarien und Rumänien, ausgeführt. Dort gehören zu den Versuchungen durch Dämonen, die weniger deutlich als in Mitteleuropa an die Zehn Gebote gekoppelt sind, auch die Darstellungen der Schutzengel, sodass sich auf den meisten Einzelbildern der (potentielle) Sünder zwischen Engel und verführendem Dämon wiederfindet. Letzterer zeigt sowohl durch Spruchbänder wie durch Gegenstände, was er vorhat, ob dies nun Getränke, Speisen oder eben ein Beutel mit Geld ist.

Was aber ist die Aufgabe der Dämonen, wenn ihre Verführungskünste Erfolg hatten und der Mensch eine Sünde begangen hat? Es scheint, dass die Dämonen nicht nur in der Hölle, also nach Tod und Gericht, die Menschen bzw. ihre Seelen quälen dürfen, sondern schon im Diesseits, und zwar durch die Offenlegung von geheimen Sünden und die damit verbundene Schande. Dies findet sich, ganz nebenbei, in der kleinen Erzählung bei Caesarius von Heisterbach, die eigentlich von der Wirkung der Beichte handelt:

Und sogleich offenbarte er [der Dämon] vor allen Leuten dessen schändliche Sünden, obwohl sie [aber ohne Reue] gebeichtet waren. Er war darüber so beschämt, daß er sich in jener Stunde dahin gewünscht hätte, wo die Sonne aufgeht. Tieftraurig und mit

Abb. 3.2.13 Durch Geld verführende Dämonen. Fresko im bulgarischen Kloster von Rila (unsichere Datierung).

Gewissensbissen ging er [dieser Sünder aus der Bonner Gegend] in sich, kehrte zum Priester zurück, beichtete was geschehen war, wiederholte die Beichte und versprach aus ganzem Herzen Gott und dem Priester, daß er künftig sein Leben bessern werde. Das sagte der Priester: »Jetzt gehe beruhigt zurück, er [der Dämon] wird Dich nicht mehr beschämen.« Er tat wie ihm geheißen war. Als er (wieder) dort in das Haus eintrat, sagten einige, die dort saßen, zu dem Dämon: »Sieh doch, Dein Freund kommt wieder zurück!« Der Dämon erwiderte: »Wer ist das?« Sie entgegneten: »Derselbe, dem Du vorhin so schändliche Sünden vorgeworfen hast.« Darauf der Dämon: »Ich habe ihm nichts vorgeworfen und kenne von ihm auch keine neuen Schlechtigkeiten [*novi mali*]. Da bezeugten sie, daß der Dämon gelogen hatte, denn sie wußten nicht, daß jener Mann [inzwischen nochmal] gebeichtet hatte. So entging dieser durch die Kraft der Beichte [*per virtutem confessionis*] der größten öffentlichen Beschämung.[96]

In einem anderen Exempel bezeugt der Dämon ausdrücklich die Kenntnis von der Sünde eines Ehebrechers, der jedoch knapp vor dem Zusammentreffen noch schnell gebeichtet hatte:

Da entgegnete der Dämon: »Ich habe viel von ihm gewußt, was ich jetzt nicht mehr weiß.« So wurde durch die Kraft des Bekenntnisses der Knecht vom Tod, der Herr vom Argwohn befreit.[97]

Diesen Anekdoten (wie anderen in Caesarius' Buch auch) zufolge verhindert die Beichte, dass der Teufel und seine Dämonen Kenntnis von den betreffenden Sünden erhalten; anders gesagt löscht sie das Sündenregister des jeweiligen Menschen regelrecht. Davor befindet es sich jedoch offenbar nicht (nur?) bei Gott, sondern in erster Linie beim Teufel oder den seine Befehle ausführenden Dämonen. Die Idee von einem teuflischen Sündenregister hängt einerseits mit der Vorstellung der – für die Bestrafung der Sünder notwendigen – Kenntnis der menschlichen Verfehlungen durch den Teufel zusammen. Nur so ist es ihm und seinen dunklen Helfern möglich, die Sünden zu »verbuchen« und die Sünder nach ihrem Tod in der Hölle entsprechend zu bestrafen. Andererseits dürfte die Vorstellung vom Sündenregister auf ein monastisches Konzept zurückgehen, wonach der Teufel die Sünden (nicht nur der Mönche) sammelt und in seinen »Sündensack« steckt, der ihm offenbar als Beleg für die begangenen Sünden dient:

Einst sangen Kleriker in einer weltliche[n] Kirche, das heißt laut, aber nicht fromm, und erhoben dabei ihre lärmenden Stimmen zu höchsten Höhen. Da sah ein Ordensmann, der zufällig anwesend war, einen Dämon an einem erhöhten Platz stehen, der einen großen und langen Sack in der linken Hand trug und die Stimmen der Sänger mit der weit ausgestreckten rechten Hand ergriff und in diesen Sack steckte. Als sie den Gesang beendet hatten und sich gegenseitig rühmten, als ob sie mit schöner und lauter Stimme das Lob Gottes gesungen hätten, antwortete derjenige, der die Erscheinung gesehen hatte: »Ihr habt zwar schön gesungen, aber ihr habt den Sack vollgesungen.« Als sie sich wunderten und ihn fragten, warum er dies sage, berichtete er ihnen von seiner Vision.[98]

Der Volksglaube entwickelte die Vorstellung vom Sündenregister und von den dieses führenden Dämonen aus mittelalterlichen Exempelsammlungen weiter und baute das erstmals in den *Sermones vulgares* des Jacques de Vitry (1170–1240) zu findende Beispiel weiter aus. Darin sieht ein Priester während der Messe einen Dämon (*dyabolus, demon*) mit den Zähnen an einer Tierhaut zerren. Auf Befragung offenbart er, dass er das sinnlose Geschwätz der Kirchenbesucher aufzeichnen solle, aber auf seinem Pergament nicht genug Platz habe. Das teilt der Priester seiner Kongregation mit, die ihre Sünde so sehr bereut, dass das Geschriebene ausgelöscht wird.[99]

Allerdings scheint dieser Stoff schon vor der bei Jacques de Vitry greifbaren Geschichte zumindest konzeptuell bekannt gewesen zu sein, wie kirchliche Kleinplastik des 13. Jahrhunderts von Kärnten (Millstatt, Dom, Westportal, nach 1210) bis ins Rheinland (Maria Laach, Abteikirche, Westportal, 1220–1225) bezeugt. Darauf sind schreibende Dämonen zu sehen, allerdings noch mit listenartigen Verzeichnissen, nicht Kuhhäuten, auf denen die Sündenregister angelegt werden. Damit sind wir ganz nah an der Zeit, in die auch die Exempel des Caesarius von Heisterbach und des Jacques de Vitry fallen. Es mag dahingestellt bleiben, ob die Grundlage der Vorstellung die Erwähnung eines »Buchs des Lebens« in der Offenbarung des Johannes ist. Dies ist allerdings die einzige Bibelstelle, in denen von den Werken der Verstorbenen die Rede ist, während es sonst (Offb 3, 5; 17,8; Ps 69, 29; Phil 4,3) um die Namen der Seligen geht, nicht um die Verfehlungen der Sünder.

Ich sah die Toten vor dem Thron stehen, die Großen und die Kleinen. Und Bücher wurden aufgeschlagen; auch das Buch des Lebens wurde aufgeschlagen. Die Toten wurden nach ihren Werken gerichtet, nach dem, was in den Büchern aufgeschrieben war. (Offb 20,12)

Abb. 3.2.14 Schreibender Dämon am romanischen Westportal der Millstätter Stiftskirche (Kärnten, um 1170).

Jedenfalls lässt sich die Vorstellung vom schreibenden Teufel bis in das frühe 13. Jahrhundert zurückverfolgen, richtig verbreitet wurde sie jedoch erst mit der Wandlung zum »Teufel mit der Kuhhaut« im 15. Jahrhundert. Allerdings kommt es im späten Mittelalter auch zu einer Bedeutungsverengung. In Übereinstimmung mit dem Exempel aus den *Sermones vulgares* tritt nämlich ein die Sünden registrierender Dämon fast nur im Kontext von in der Kirche schwatzenden Frauen auf, deren »Blabla« er aufzeichnet, bis es wie im neuzeitlichen Sprichwort »auf keine Kuhhaut mehr geht«. Ein außerordentlich beredtes bildliches Zeugnis findet sich in St. Georg in Oberzell auf der Bodenseeinsel Reichenau, wo gleich fünf Dämonen eine große Kuhhaut beschriften: Während vier von ihnen sie aufspannen, beschreibt der fünfte (bebrillte!) Dämon dieses riesige Pergament. Der Text darauf ist groß genug ausgeführt, um lesbar zu sein:

ich will hie scriben von disen tumben wiben, was hie wirt plapla gesprochen, Vppigs in der wochen, Das wirt alles wol geracht, so es wirt fur den rihter braht.

Wann genau diese Dämonen, die das Sündenregister führten und die von Mönchen beim Chorgebet aus Faulheit weggelassenen Psalmenverse oder das unaufmerksame Geplauder von Frauen während der Messfeier auf Kuhhäuten aufzeichneten, erstmals mit dem Namen Tuttivillus belegt wurden, ist unklar. Die Namensformen sind sehr variabel, es finden sich auch Titivillus, Titifillus o. Ä. und bei John Audelay (gest. 1426) in *De meritis misse* sogar Roffyn, und wenigstens auf den bildlichen Darstellungen ist der Teufel selten allein; Johan Bromyard (gest. 1352) nennt ihn in seiner *Summa Predicantium* sogar bei seinem Namen: Grisillus.[100] Aber die Geschichten waren jedenfalls ab dem 13. Jahrhundert verbreitet und scheinen sich dann eben bald auf das Geschwätz im Kirchenraum beschränkt zu haben, wie aus der folgenden Anekdote über den hl. Anselm aus einer Sammlung von Marienexempeln aus isländischen Handschriften hervorgeht:

Er wurde zum Subdiakon geweiht und war am Hofe des Erzbischofs [Toletanus], dem er häufig bei der Hl. Messe diente. Nun begab es sich an einem Feiertag, als der Erzbischof selbst die Messe in der Hauptkirche der Stadt las, dass der genannte Anselm ihm zusammen mit anderen Klerikern

Abb. 3.2.15 Dämonen mit beschrifteter Kuhhaut. Fresko aus St. Georg in Reichenau-Oberzell (1376).

diente. Als die Messe bis zur Lesung des Evangeliums gediehen war, ging der Subdiakon mit dem Lektor in den Chorraum, wie es die Gewohnheit ist, und sie trugen das Weihrauchfass und das Evangeliar vor sich her. Als sie soweit gekommen waren, dass das Evangelium feierlich gelesen werden sollte, wurde der Subdiakon von einer geistigen Vision erfasst und blickte über den Chor zur Kirchentür, wo ein Dämon auf einer Schwelle saß. Er war bösartig anzusehen, hatte ein großes Tintenhorn bei den Ohren, und eine dicke Feder in seiner rechten Klaue und schrieb sehr schnell. Dieses Wesen war höchst erschreckend anzusehen. Aber was er schrieb, offenbarte sich Anselm sofort: Zwei elende Weiber saßen da drunter und redeten miteinander während des Gottesdienstes.[101]

Wir sehen eine ähnliche Struktur wie in Jacques de Vitrys Exemplum, denn auch hier wird der Dämon zornig, als ihm der Beschreibstoff ausgeht, und er beginnt mit den Zähnen am Pergament zu zerren. Es kann natürlich nicht ausgeschlossen werden, dass das französische das isländische Exempel beeinflusst hat, wenn es auch wahrscheinlicher ist, dass die Geschichte allgemeine Bekanntheit in ganz Europa erlangt hatte. Jedenfalls ist nicht nur in den ausführlicheren Darstellungen (wie bei Dürer) deutlich ein Kirchenraum dargestellt, sondern dieser ist auch in eher minimalistischen Szenen (wie bei Weiditz) durch Elemente wie eine Bildsäule angedeutet. Bei Weiditz' Holzschnitt fällt auf, dass hinter den beiden Frauen ein weiterer Dämon zu sehen ist.

Dass ein Dämon die Verfehlungen der Mönche tatsächlich in einem Sack davonschleppen kann, erhellt eine andere Stelle bei Jacques de Vitry (Nr. XIX):

Ich habe gehört, dass ein gewisser heiliger Mann, während er im Chor saß, einen Teufel sah, der von einem vollen Sack schwer beladen war. Als er aber dem Teufel zu sagen befahl, was er da trage, sprach der: »Das sind Silben und verkürzte Wörter und Psalmenverse, die diese Kleriker in ihrer Morgenandacht Gott gestohlen haben; ich aber werde sie jedenfalls zu ihrer Anklage sorgfältig aufbewahren.« Passt daher bei der Meßfeier gut auf, damit das Volk keine Unwürdigkeit befällt.«[102]

Abb. 3.2.16 Albrecht Dürer: Illustration zur Geschichte *Wie der Tufel hynder der Meß die klapperig etlicher frowen vff schreib und im das berment zu kurtz wart vnnd ers mit den zenen vßainander zoch*; aus: Geoffroy de La Tour Landry: Der Ritter vom Turn von den Exempeln der gotsforcht vnd erberkait. Basel 1493

Der Dämon Tutivillus wird, wenngleich etwas weniger offensichtlich, auch in anderen mittelalterlichen Bildquellen greifbar, nämlich überall dort, wo einer von mehreren Dämonen mit einem Rucksack voller Bücher abgebildet wird: Es lag ja nahe anzunehmen, dass es bei der Vielzahl menschlicher Verfehlungen viele Bände brauchte, um sie alle aufzuzeichnen und für den Teufel in der Hölle zu dokumentieren. Später hatte Tutivillus aber noch eine andere Bedeutung hinzugewonnen. Vielleicht durch den mittelalterlich äußerst häufig in allen möglichen Texten belegten[103] Vers

Fragmina verborum
Titufillu collegit horum

verbreitete sich wohl die Ansicht, dass dieser Dämon nicht nur – wie im Vers – die ausgelassenen Wörter und Sätze der Mönche im Stundengebet, sondern auch die versehentlich ausgelassenen Buchstaben und Wörter der Schreiber in den Skriptorien einsammelte und ihnen anlastete. Damit wurde Tutivillus (und er ist es bis heute) der Dämon der Schreibfehler, die er sammelt und verzeichnet, um sie den Schuldigen im Jenseits zur Last zu legen.

Von der Idee, dass ein Dämon (oder der Teufel selbst) nicht nur die Fehler sammelt, sondern sie auch als Schuld vermerkt, um sie dann gegen die Menschen verwenden zu können, ist es nur ein kleiner Schritt zu der Vorstellung, dass ein Dämon (ob er nun Tutivillus genannt wird oder namenlos bleibt) überhaupt erst für die Fehler der abschreibenden Mönche verantwortlich ist, um damit die Verkündigung des Wortes Gottes wenn schon nicht zu verhindern, dann wenigstens zu behindern. Daraus leitet sich letztlich der noch heute gebräuchliche Spruch ab, in einen fehlerhaften Text »habe sich der Fehlerteufel eingeschlichen«, und der sprichwörtliche Druckfehlerteufel ist der späte Nachfahre des Tutivillus.

Dies ist nur ein Beispiel – allerdings ein aus religiöser Sicht relevantes – für die immerwährende und vielfältige Bosheit der Dämonen, die ganz unterschiedliche Formen annehmen konnte und nach mittelalterlicher Vorstellung jedenfalls so gut wie alle Lebensbereiche durchdrang.

Abb. 3.2.17 Hans Weiditz:
Der Teufel notiert das Geschwätz von
Frauen (Anfang 16. Jahrhundert).

Die Bosheit der Dämonen

Zwar wird das dämonische Wirken auf Grund der Natur unserer Quellen für den monastischen Bereich intensiver dokumentiert als für andere Gebiete, sahen doch gerade die hohen Ansprüche der Zisterzienser an Gebet und Kontemplation in der Unaufmerksamkeit beim Chorgebet, bei Auslassungen in den Psalmen, bei Fehler in der Abschreibearbeit überall die Hand des Teufels und seiner Dämonen am Werk. Für die Mönche ist der von den Dämonen zugefügte Schaden allerdings fast ausschließlich ein geistlicher, auch wenn Caesarius bewusst auch körperliche Schäden nennt:

Die Dämonen haben tausend Arten und Weisen, uns zu schädigen, von denen ich Dir vier zeigen werde. Einigen schaden sie durch falsche Versprechungen; anderen durch ihre Diener, indem sie den Glauben untergraben; einigen schaden sie durch körperliche Verletzungen; einigen – was gefährlicher ist – indem sie sie im Zustand der Sünde töten.[104]

In der Folge bringt Caesarius aber doch etliche Beispiele, wie falsche Vorhersagen zum Unglück von Menschen, auch Klerikern, führten, was also eine klare, wenn auch indirekte Verurteilung der Divination darstellt. Selbst ein so harmloser Aberglaube, dass die Rufe des Kuckucks die noch verbleibenden Lebensjahre anzeigen, kann zu ewiger Verdammnis führen.[105] Aber auch die vielfach erwähnte Ablenkung und Unaufmerksamkeit der Mönche beim Chorgebet wird auf das Wirken von Dämonen zurückgeführt.

Abb. 3.2.18 Ein Dämon löst den Scherstift an einem Wagenrad. Kloster Rila, Bulgarien, unsichere Datierung.

Abb. 3.2.19 Dämonen vergiften die Speise eines armen Manns. Kloster Rila, Bulgarien, unsichere Datierung.

Außerhalb des Klosters aber, im weltlichen Leben, konnten sich die schadensverursachenden Taten der Dämonen noch viel drastischer auswirken. Dem Beispiel Hiobs, dem der Teufel mit der Bewilligung Gottes geradezu unerträgliche Bedrängnisse zumutet, ließ sich entnehmen (Job 1,16–19), dass der Teufel und seine Helfer für den Tod der Herden und der Kinder, für Feuer und einstürzende Gebäude verantwortlich sein konnten und dabei das Hauptziel verfolgten, das Vertrauen der Menschen in Gott zu untergraben. Kleine und große Widrigkeiten des Lebens, von einem abgefallenen Wagenrad (Abb. 3.2.18) über verdorbenes oder gar giftiges Essen (Abb. 3.2.19) bis hin zu Feuersbrünsten (Abb. 3.2.20) und sogar dem Verlöschen der Flamme in einer Laterne (Abb. 3.2.21), konnte man auf das übelwollende Tun der Dämonen zurückführen.

Der Mittagsdämon

Aber auch noch andere dämonische Versuchungen lauerten auf die Mönche und wohl auch die ganze Christenschar, so der Mittagsdämon, *daemonium meridianum*, den man sich als besonders um die Mittagszeit tätig vorstellte. Zwar hat man seine Wirkung auch mit der Erschöpfung oder gar einem Sonnenstich der Feldarbeiter in der mittäglichen Hitze erklären wollen, aber das greift wohl doch ganz daneben, weil der Schwerpunkt des mittelalterlichen Konzepts eindeutig im monastischen Bereich liegt. Das *daemonium meridianum* hängt deutlich mit der Sünde (bzw. dem Laster) der *acedia*, der Trägheit, zusammen, welche die Mönche nach dem Mittagsmahl während der vorgeschriebenen Mittagsruhe befällt. Es ist eine Zeit der Anfechtungen, der geistigen Trägheit, der Zweifel, aber auch der sexuellen Versuchungen, die durch die mittägliche Müdigkeit nach dem Mittagsmahl eintreten. Zwar galt schon im antiken Mittelmeerraum die Mittagsstunde als anfällig für Versuchungen, was man der Diana (auch Meridiana) zuschrieb, aber der Begriff selbst ist erst in der *Septuaginta*, und zwar in der griechischen Übersetzung von Psalm 91,6, belegt, der heute mit »vor der Seuche, die wütet am Mittag« übersetzt wird. Seit den Kirchen-

Abb. 3.2.20 Die Prüfungen Hiobs: Seine Ernte wird von Feuer vernichtet (Ijob 1,16). Meister der Katharinenlegende/Meister der Barbaralegende: Triptychon mit Szenen aus dem Leben Hiobs (Detail), Brüssel (?), letztes Drittel 15. Jahrhundert.

vätern (Evagrius Ponticus und Origenes) wurde der Mittagsdämon mit der Sünde der Lustlosigkeit bis hin zur Melancholie identifiziert. Wenn die heutige Psychologie ihn mit Depressionen identifiziert, ist das teilweise eine Überinterpretation des mittelalterlichen Konzept. Wie man sich die Heimsuchung des Dämons praktisch vorstellte, schildert wieder einmal Caesarius von Heisterbach:

Zur Sommerzeit ruhten einst unsere Konversen beim Mittagsschlaf im Schlafsaal. Da schritt der Teufel in Gestalt einer Nonne des schwarzen Ordens (sc. Benediktinerinnen) um das Bett jedes einzelnen herum. Vor einigen blieb er stehen, an einigen ging er rasch vorbei. Als er zu einem bestimmten Konversen kam, beugte er sich vor ihm nieder, umarmte ihn, streichelte ihn nach Art der Dirnen und preßte Küsse auf seinen Mund. Ein Ordensbruder sah das, und als die Nonne verschwunden war, stand er auf, sehr verwundert über die Person, wie über ihr Tun an einem solchen Ort, und ging zum Bett des Konversen; er fand ihn zwar schlafend, aber unordentlich und schamlos, weil er entblößt dalag. Als die anderen Brüder sich beim Zeichen der Non [also 3 Uhr] erhoben, fühlte er sich schwer, konnte nicht aufstehen, wurde zur Vesper in den Krankensaal gebracht und beendete sein Leben nach drei Tagen.[106]

Die Anekdote zeigt meines Erachtens, dass es sich nicht nur um Melancholie und Depressionen handelte, sondern auch um handfeste sexuelle Wunschvorstellungen und die daraus resultierenden Schuldgefühle.

Von Papst Silvester II. (999–1003, eigentlich Gerbert von Aurillac), über dessen Ruf als vermeintlicher Teufelsbündler noch zu reden sein wird (Kap. 3.4), berichtet Walter Map, dass er aus verschmähter Liebe Zuflucht zu magischen Praktiken suchte, die ihn jedoch in Apathie verfallen ließen. Bei einem Mittagsspaziergang im Wald begegnet er dann einer schönen und reichen Dame, die sich Meridiana nennt und ihm ihre Liebe und dazu noch Reichtum verspricht. Als er sich doch wieder mit seiner ersten Liebe einlässt, muss er Meridiana einen förmlichen

Abb. 3.2.21 Dämon beim Versuch, eine Laterne zu löschen. Joos van Cleve: Triptychon: Tod Mariens (1515).

Treueid schwören (also einen Teufelspakt etablieren), durch den er es bis zum Papst bringt. Erst an seinem Lebensende bereut er seine Sünde und findet Vergebung.[107]

Diese Geschichte enthält eine interessante Verbindung des Teufelspakts mit dem Wirken eines Succubus. Der Mittagsdämon ist aus den lateinischen Werken des Mittelalters auch in volkssprachliche Werke übernommen worden, etwa in altisländische Sagas. Hier tritt sogar noch das Element der heidnischen Gottheiten hinzu, wobei in dieser Neuinterpretation die Meridiana gerade noch kenntlich wird: Der Protagonist, der bezeichnenderweise auch noch Viking heißt, trifft um die Mittagszeit im Wald auf eine schöne Frau, die ihm etwas zu trinken gibt – wie meist hat so ein Trunk katastrophale Folgen:

Am selben Tag ging Viking an Land, um sich zu vergnügen, und wandte sich zu einem Wald. Da wurde ihm sehr warm, und als er auf eine schöne Lichtung kam, setzte er sich hin und sah eine Frau herankommen. Sie war sehr schön, trat auf ihn zu und grüßte ihn sehr höflich, und er antwortete freundlich. Sie unterhielten sich eine längere Zeit, und ihr Gespräch verlief sehr freundschaftlich. Er fragte sie nach ihrem Namen, und sie nannte sich Solbjört. Sie fragte, ob er nicht durstig sei, weil er lange gegangen war, aber Viking verneinte. Sie zog ein Horn unter ihrem Mantel hervor und bot ihm zu trinken an, und er nahm an und trank. Davon wurde er müde, und so sank er auf Solbjörts Knie und schlief ein. Als er aufwachte, war sie verschwunden, er jedoch fühlte sich nach dem Trunk seltsam und verspürte ein starkes Zittern im Leib. [...] Dann überkam ihn eine schwere Krankheit, und er lag mit der Krankheit namens Lepra im Bett.[108]

Obwohl es auch hier um eine schöne Frau geht, der der Held zu verfallen scheint, fehlt in den altnordischen Belegen das ausdrückliche sexuelle Element, das es erlauben würde, die Frau als Succubus anzusprechen, obwohl der Name Solbjört, »Sonnenhell«, direkt auf Meridiana verweist. Allerdings findet sich in einer anderen Saga davon noch eine Reminiszenz, wenn es heißt, dass der Held sofort in Liebe zu der Frau entbrennt, die er zufällig trifft:

Eines Tages ging Hedin in den Wald, um sich die Zeit zu vertreiben. Das Wetter war schön, und er ging noch weiter weg von seinen Männern. Er kam auf eine Lichtung. Dort sah er dieselbe Frau auf einem Sitz, die er zuvor in Serkland gesehen hatte, und sie erschien ihm nun noch schöner als zuvor. Sie sprach ihn zuerst an und gab sich sehr freundlich. Sie hielt ein Horn mit einem Deckel. Der König verliebte sich in sie. Sie bot ihm zu trinken an und der König war durstig, weil ihm warm geworden war, und nahm das Horn und trank. Aber als er getrunken hatte, geschah etwas Sonderbares, denn er konnte sich an nichts mehr erinnern, das ihm zuvor geschehen war.[109]

Aber es geht hier nicht in erster Linie um Sexualität – diese ist nur Mittel zum Zweck –, sondern um Vergesslichkeit, ja Wahnsinn und Krankheit, die diese Begegnung hervorruft. In der zweiten der zitierten Sagas begeht Hedin nach diesem Vergessenheitstrank die scheußlichsten Verbrechen an seinem besten Freund und dessen Familie, ohne zu wissen, was er tut, weil er »außer sich ist«, bis ihm die Frau (Göndul heißt etwa »Zauberin«) wieder erscheint und ihm einen anderen Trunk gibt, der ihn wieder zu sich bringt, woraufhin er seine Taten bereut. Für den altnordischen Verfasser war klar, dass es sich um die alte Göttin Freyja handelte, und er beschreibt sie dann auch genau wie einen Dämon: »Danach erwachte Hedin und glaubte die Gestalt Gönduls zu sehen, und sie erschien ihm schwarz und groß.«[110]

Wetterdämonen

Am grausamsten aber konnten die Dämonen die Menschen mit verderblichen Phänomenen des Wetters einerseits, mit Angriffen auf ihre Gesundheit andererseits bedrängen. Über die Krankheitsdämonen wird weiter unten noch ausführlicher zu sprechen sein, aber auch die Wetterdämonen waren existenzbedrohend. Ihnen werden entsprechende Wirkungen auch in naturwissenschaftlichem Kontext zugeschrieben, etwa im *Bonum universale de apibus* des Thomas von Cantimpré: Um das Jahr 1256 habe es in Theutonia, um die Stadt Trier, solche Stürme, Unwetter und Fröste gegeben, dass Weingärten und Wälder vernichtet und selbst ganz alte Bäume entwurzelt worden seien. Manche hätten gesagt, Dämonen gesehen zu haben, die wie verschiedene wilde Tiere durch die Luft und abwechselnd aus den Stürmen gefahren seien.[111] Es war also wohl Konsens selbst unter wissenschaftlichen Autoren, dass unheilvolles Wetter auf dämonisches Wirken zurückging.

Eine konzise, aber ziemlich vollständige Zusammenfassung der Effekte des dämonischen Wirkens liefert am Beginn des 9. Jahrhunderts Einhard (ca. 775–840) in seiner hagiographischen »Überführung und Wunder der Heiligen Marcellinus und Petrus«, wo er einen Dämon namens Wiggo aus dem Mund eines Mädchens sagen lässt:

»Ich bin«, sagte er »ein Gefolgsmann und Anhänger des Satans, und schon seit langer Zeit der Türwächter in der Unterwelt, aber habe jetzt etliche Jahre lang mit meinen elf Genossen das Frankenreich verwüstet, Getreide und Wein und alle anderen Früchte, welche die Erde zum Nutzen der Menschen hervorbringt, haben wir nach und nach vernichtet, wie uns befohlen wurde, das Nutzvieh an Seuchen zugrunde gehen lassen und den Menschen selbst Krankheiten und Epidemien gebracht, und jeden Schaden und alle Übel, die sie schon lange wegen ihrer Verdienste erleiden, haben wir verursacht und ihnen zugefügt.«[112]

Dass Dämonen für zerstörerische Wetterphänomene verantwortlich sind, ist ein alter Glaube und konnte sich schon auf eine biblische Stelle im Epheserbrief berufen, wo es heißt:

Denn wir haben nicht gegen Menschen aus Fleisch und Blut zu kämpfen, sondern gegen die Fürsten und Gewalten, gegen die Beherrscher dieser finsteren Welt, gegen die bösen Geister des himmlischen Bereichs. (Eph 6,12)

Obwohl die Stelle ursprünglich wohl rein spirituell gemein war, ließen sich die »bösen Geister des himmlischen Bereichs« auf die für das Wettergeschehen verantwortlichen Dämonen beziehen, da ja ein Teil der Dämonen nicht die Hölle, sondern den sublunaren Luftraum oberhalb der Erde bewohnt, wie noch Thomas von Aquin ausdrücklich betont: In der Hölle werden die Dämonen selbst gequält, in der Luft quälen sie die Menschen.[113] Schon im Buch Hiob ist der Satan für die Schäden durch Blitz (Job 1,16) und Sturm (Job 1,19), wenn auch nur mittelbar, verantwortlich. Laut Augustinus sind die Dämonen zudem auf Grund ihrer luftigen Wohnorte in der Lage, die Menschen zu beobachten und ihnen damit umso leichter zu schaden.

Dort waren sie auch für alle den Menschen gefährlichen Wetterphänomene verantwortlich. Zwar gab es schon im Mittelalter durchaus naturphilosophisch geprägte Erklärungen für die Entstehung von Stürmen oder Gewittern. Aber sowohl für diese als auch für die keineswegs leicht verständliche Tatsache, dass Hagel sehr lokal auftreten kann – bisweilen wurde ein Dorf oder ein Feld schwer getroffen und die Ernte zerstört, während ein anderes in der Nähe gänzlich verschont blieb –, wurde vor allem in der Volksreligion viel eher das dämonische Wirken verantwortlich gemacht als die schon über Isidor von Sevilla (*Etymologiae* XIII, 8, 9) aus der Antike überlieferten (pseudo-)naturwissenschaftlichen Deutungsversuche, die teils die Temperaturunterschiede in der Lufthülle, teils die Spannung zwischen den Elementen Feuer und Wasser, teils die Gewalt der Stürme für die Erklärung der Gewitter heranzogen.

Heute ist allenfalls noch einer im Schrumpfen begriffenen bäuerlichen Bevölkerungsschicht bewusst, wie sehr ein lokales Wetterereignis wie extremer Sturm oder ein Hagelunwetter existenzbedrohend ist, auch wenn seine Folgen durch Hagelversicherungen, Katastrophenfonds etc. abgefedert werden. Früher konnte ein derartiges meteorologisches Lokalereignis einen Hungerwinter, Kindersterblichkeit oder die Vertreibung von Grund und Boden infolge nicht aufbringbarer Pachtzahlungen bedeuten. Aber nicht nur Getreidefelder, Obst- und Weinbau oder sogar der Waldbesitz waren durch Wetterkapriolen gefährdet, sondern auch die Fischerei und die Seefahrt. Wenn man liest, dass im Winter 1180 – also lange vor der Klimaverschlechterung des 14. und 15. Jahrhunderts – in einem einzigen unüblich stürmischen Herbst in Island 500 Männer auf See umkamen, wobei die Gesamtbevölkerung höchstens 80.000 betrug, dann kann man daran die existentiellen Probleme erahnen, die ein solches einzelnes Ereignis hervorrufen konnte.

Manchmal scheinen sich die Dämonen auch veranlasst gesehen zu haben, etwa im Falle eines abgewehrten Schadens oder beim Widerstand eines gerechten Menschen gegen ihre Verführungen ein Unwetter als Rache niedergehen zu lassen. So erging es laut Caesarius von Heisterbach einem Priester im Siebengebirge, der einem Dämon in Gestalt einer Frau auf den Leim ging, die vorgab, von seinen Eltern geschickt worden zu sein. Als er dem Succubus auf die Schliche kam und ein Gebet sprach, um ihn zu vertreiben,

verschwand die böse Frau sofort. Und obwohl der Himmel heiter war, entstand zur selben Stunde um ihn herum ein schwerer Gewittersturm und veranlaßte ihn äußerlich durchnäßt und innerlich verwirrt ins Kloster zurückzukehren. Später bekannte er, daß er, solange er mit der Frau unterwegs war, die größte fleischliche Erregung verspürt habe […] es war der Geist der Unkeuschheit.[114]

Obwohl also *auch* die Dämonen und der Teufel für Wetterkatastrophen verantwortlich sein können – Thomas von Aquin spricht ansonsten von natürlichen Ursachen –, schreibt der Volksglaube viele der als dämonisch empfundenen Wetterkapriolen dem von Menschen ausgeübten Wetterzauber zu, und zwar lange, bevor man im 15. Jahrhundert die Hexen dafür verantwortlich machen wollte. Schon im Hochmittelalter sind sogenannte *Tempestarii*, »Wettermacher«, besser »Wetterzauberer« belegt, die nicht nur behaupteten, Regen machen, sondern auch Hagel auf Feinde herabgehen lassen oder aber auch Bauern vor Hagel schützen zu können – all das natürlich gegen Geld, das man so der leichtgläubigen Landbevölkerung aus der Tasche zog. Zwar verwiesen Theologen wie Agobard von Lyon schon um 9. Jahrhundert die Wettermacherei ins Gebiet der Märchen, ein gutes Jahrhundert später auch Bischof Burchard von Worms (gest. 1027), der sich jedoch trotzdem veranlasst sah, in seinem massiven Beichtspiegel (*Poenitentiale*), dem *Corrector*, Bußbestimmungen gegen Wettermacher ebenso wie gegen diejenigen zu erlassen, die an die Wettermacherei glaubten (weil sie andere dieser Zauberei beschuldigten). Kirchliche Synoden noch des 14. Jahrhunderts verurteilten zudem die Praxis, sich mit Hilfe von Zetteln, Briefen und Amuletten vor der Wetterzauberei zu schützen.[115]

Abb. 3.2.22 Wetterzauber. Holzschnitt von Johann Zainer, in: Ulrich Molitor: *De lamiis et phitonicis mulieribus*. Reutlingen (um 1489).

Aber unabhängig davon, ob und durch wen Wetterzauber im Spiel war, versuchte man sich auf jeden Fall gegen die ausführenden Dämonen zu schützen. Die angeblichen Methoden der Wetterzauberei werden noch bei den Hexen zu behandeln sein, aber die Methoden der Abwehr von dämonisch verursachten Unwettern unterschieden nicht nach einem *Maleficium* (Schadenzauber) durch Menschen oder dem teuflischen Treiben der Dämonen selbst. Es galt, die Wetter- und Sturmdämonen in jedem Fall zu vertreiben, und dafür waren schon seit der Antike sympathiemagische Praktiken in Gebrauch: Gegen den lauten Donner halfen Musikinstrumente, Klappern und Glocken, viel später Schüsse, während Pfeile aus Armbrüsten schon früher gegen Gewitterwolken angewandt wurden. Gegen Starkregen wurden christianisierte Wasserrituale wie Besprengen mit Weihwasser oder Segensformeln mit Bezug auf Christus im Jordan angewendet. Der *Indiculus superstitionum et paganiarum* (»Verzeichnis der Aberglauben und heidnischen Bräuche«) aus dem späten 8. Jahrhundert enthält die Überschrift *De tempestatibus et cornibus et cocleis*, womit die Missionare offenbar das Blasen von Hörnern und Klappern mit Löffeln gegen Gewitter verurteilen wollten. Dagegen galt das Läuten der Sturmglocken gegen Gewitter als gut christliche Methode zum Vertreiben der Sturmdämonen. Da auf Glocken als Glockeninschrift mitunter nicht nur das Ave Maria, sondern auch das alte Zauberwort *agla* eingegossen war, verließ man sich offenbar einerseits auf dieses apotropäische Zauberwort, andererseits auf die – bei jedem Glockenschlag hervorgerufene – Wirkung des Ave Maria, nachdem die Muttergottes ja als die wirksamste Beschützerin vor dem Teufel und seinen Dämonen galt. Letzteres ist durch zahlreiche Marienmirakel in der mittelalterlichen Hagiographie belegt, Ersteres durch die noch erhaltenen Glocken mit derartigen Inschriften (mehr dazu unten im Kap. 3.3 in Zusammenhang mit der Dämonenabwehr durch Glocken).

Neben den noch zu behandelnden Amuletten und den Glocken spielten als Abwehr der Wetterdämonen zwei weitere Methoden eine Rolle: einerseits abergläubische Praktiken aus vorchristlicher (?) Zeit, andererseits die Anrufung von bestimmten Heiligen, die man dafür als besonders geeignet hielt. Unter den rein abergläubischen Praktiken sind, abgesehen von den schon behandelten Instrumenten zur Erzeugung von Lärm wie etwa Wetterhörnern, die man gegen ein Gewitter blasen konnte, an Bäumen aufgehängte Zettel mit Beschwörungen belegt. Als Amulette, denen man Wirksamkeit gegen Gewitter zuschrieb, wurden laut dem *Buoch von den naturleichen Dingen* des Konrad von Megenberg (um 1350) Korallen, Donnersteine (eigentlich vorgeschichtliche Feuersteinwerkzeuge, aber auch die aus der römischen Eisenzeit belegten Herkuleskeulen) und Mistelzweige verwendet. Ebenso erwähnt er den Hauswurz (*Barba Iovis*, »Bart des Jupiter«), den man zum Schutz vor Gewittern auf Hausdächern pflanzte, was angeblich schon Karl der Große empfahl. Zu den drastischeren Methoden zählt zweifellos der profane Brauch, im äußersten Notfall gegen heranziehende

Gewitter alte Frauen (die nicht notwendigerweise als *incantatrices* zu bezeichnen waren) vors Dorf zu schicken, die sich dort umdrehten, bückten und den heranziehenden Sturmdämonen ihr Hinterteil entgegenstreckten.

Am kirchlich unbedenklichsten – wenn auch seit dem 15. Jahrhundert durchaus innerkirchlicher Kritik ausgesetzt – war die Beschwörung der Wetterdämonen. Gegen sie setzte man ähnliche Beschwörungs- und Exorzismusformeln ein wie beim Exorzismus von Besessenen, da es ja in beiden Fällen um die Vertreibung von Dämonen ging. Franz fasst die Funktion der Beschwörung (*adiuratio*) so zusammen:

Der Zweck der Adiuratio ist die Verhinderung der Dämonen, das Unwetter auf die Fluren der Beter herabkommen zu lassen. Die Wolken sollen weder Platzregen noch Blitze herabsenden, sondern fruchtbaren Regen, reines Wasser, wie das heilige Jordanwasser war, in welchem Christus getauft worden ist und die hl. Jungfrau ihre Füße gewaschen hat. Die Dämonen sollen Blitze und Platzregen in ferne Einöden leiten, wo niemand wohnt und niemand pflügt oder sät. Die Formeln geben dem Wunsche Ausdruck, bestimmte Örtlichkeiten, die Parochie oder das Kloster mit seinem Grundbesitze zu schützen […]. Diese Exklusivität brachte es mit sich, daß Nachbarorte dem Priester grollten, der ihnen angeblich mittels seines Segens das Wetter von seinem Pfarrorte zugeschickt habe.
Die Adiuratio richtet sich zuweilen an ›grando‹ oder ›procella‹, meist aber direkt an die Dämonen, die mit ›diabolus‹, ›satanas‹, ›angeli satane‹ oder ›angeli tartarei‹ angeredet werden. In mehreren älteren Formeln, die dem 10. bis 12. Jahrhundert angehören, wird ein Dämon ›Mermeunt‹ genannt und hinzugefügt, daß ›er über das Wetter‹ gesetzt sei.[116]

Entsprechend findet sich in mittelalterlichen Ritualen und anderen Handschriften eine Unzahl von Beschwörungsformeln, Wettergebeten und Wettersegen, welche Elemente enthalten, die auch in Exorzismusformeln und in Amuletttexten gegen Krankheitsdämonen vorkommen. Sie konnten universell gegen Dämonen zum Einsatz kommen, wenn bei einem heranziehenden Gewitter etwa der Priester mit Kreuz, Monstranz oder gar den Reliquien des Patronatsheiligen in die Kirchentür trat, um die Dämonen zu vertreiben. Der eben erwähnte Wetterdämon Mermeunt stammt nach Ansicht von Franz nicht wie sein Gegenstück, der Wind- und Wetterdämon Fasolt, aus dem Germanischen, sondern aus den apokryphen *Akten des hl. Matthäus* und schon aus dem Alten Testament (Esr, 8,33). Wenn solche Dämonen genannt werden, dient es zum einen zweifellos dazu, Macht über die so namentlich Genannten zu gewinnen, zum anderen wohl aber auch dazu, dem Text selbst mehr Präzision und Überzeugungskraft zu verleihen.

Was die Heiligen angeht, die man zum Schutz vor den Gewitterdämonen anrief, so waren es vorerst noch in erster Linie die Jungfrau Maria sowie die hl. Anna und die hl. Barbara, für die Seefahrer der hl. Nikolaus, von dem noch zu reden sein wird, und ab dem 15. Jahrhundert als einer der 14 Nothelfer besonders der hl. Dionysius. Ob der hl. Petrus, dem man vielfach auch Gewalt über das Wetter zuschrieb, in dieser Funktion wirklich Aspekte des germanischen Gottes Thor übernommen hat, ist zumindest umstritten.

Aber nicht nur die Vielzahl der Dämonen, sondern auch der Teufel selbst kann in einem Gewitter stecken, wie ein Ritter in der Bonner Gegend erfahren musste, der sah,

wie sich der Himmel im Westen verfinsterte und Regenwolken sich auftürmten. Da rief er voller Zorn: »Sieh, wo der Teufel wieder hochsteigt!« Kaum hatte er seinen Ausspruch beendet, da ertönten Donnerschläge und töteten seinen Sohn im Schoß der Amme.[117]

Wie Gewitter und Hagel für die Landbevölkerung, so waren Stürme für Fischer und Seefahrer existenzbedrohend, und auch in diesen sah man die Dämonen am Werk, war doch sonst nicht zu erklären, dass sie mitunter unvorhersehbar und ganz plötzlich auftraten. Da an Bord formelle kirchliche Dämonenbeschwörungen nicht praktikabel waren, blieb oft nur der Rekurs auf die Hilfe von Heiligen, die man auch in privaten Anrufungen und Gebeten um Hilfe gegen die Sturmdämonen bitten konnte. Von diesen waren es ganz besonders die Gottesmutter Maria und der hl. Nikolaus, die in ganz Europa als Patrone der Seefahrt verehrt wurden und denen man die Fähigkeit zuschrieb, die Seefahrer aus Stürmen zu erretten. Dass man sich die Kraft der Dämonen in einem Sturm auch gerade physisch vorstellte, sie also nicht nur als Anstifter, sondern als jene galten, die unmittelbar die Schäden anrichteten und die Gefahren bewirkten, zeigen Fresken, die den hl. Nikolaus mit Segensgestus über einem von Sturmdämonen angegriffen Schiff zeigen.

Eine Wandmalerei nach dem gleichen Muster fand sich auch in der ebenfalls von Seefahrern frequentierten Kirche Maria Lyskirchen am Rheinufer in Köln, aber leider wurden dort die Dämonen im Zuge einer völlig inkompetenten Restauration nach dem Zweiten Weltkrieg mit Wolken übermalt! Die Bilder gehen vermutlich alle auf die gleiche, in unterschiedlicher Breite weitergegebene legendarische Anekdote zurück, die sich in der Kurzfassung der *Legenda aurea* des Jacobus de Voragine so liest:

Es geschah, daß Leute auf dem Meer fuhren, die kamen in große Not. Da riefen sie Sanct Nicolaus an und sprachen: »Nicolae, du Knecht Gottes, wenn das wahr ist, was wir von dir gehört haben, so laß uns deine Hilfe erfahren«. Zustund erschien ihnen einer, der ihm

gleich sah, und sprach: »Ihr ruft mir, hier bin ich«. Und fing an und half ihnen an den Segeln und Stricken und anderm Schiffsgerät, alsbald war das Meer gestillt.[118]

Wie die Gewitter und andere Unwetter, so ist der dämonische Aspekt der Stürme darin begründet, dass man sich die Dämonen eben in den oberen Luftschichten der sublunaren Sphäre angesiedelt dachte. Dies erlaubt es ihnen auch, durch die in den Höhen wehenden Stürme große Distanzen in kurzer Zeit hinter sich zu bringen, was die christliche Neuinterpretation der vorchristlichen Vorstellung vom magischen Flug darstellt (mehr zum Fliegen unten bei den Ausführungen zum Hexenglauben in Kap. 4). Auf diese Art können selbst Priester, wenn auch nicht immer ganz freiwillig, zu derartigen Luftreisen kommen. So wird ein in Jerusalem hinter seinen Reisegefährten zurückgebliebener Priester aus Rumänien (Dacia) in Windeseile zu seiner Heimatpfarre zurückgebracht und trifft dort lange vor den anderen ein:

Abb. 3.2.23 Wandmalerei mit Seesturm und hl. Nikolaus. Kirche von Bregninge, Eskebjerg, West Seeland, Dänemark (14./15. Jahrhundert).

Da begegnet ihm ein Reiter und fragt ihn: »Warum eilst du so, einsamer Pilgrim?« – »Meine Gefährten haben mich verlassen«, antwortete der Priester und erzählte den Vorfall. »Gut«, entgegnete der Reiter; »so steige hinter mir aufs Pferd, und wir wollen versuchen sie einzuholen.« Der Priester dankt, steigt auf und verfällt nach einer Stunde in Schlaf. Gegen Abend erwacht er und schaut sich um, wo er sich wohl befinde. »Erkennst du jenen Ort?« fragt ihn sein Führer. Der Priester konnte vor Schrecken und Staunen kaum antworten; endlich sagte er: »Es scheint mir, die Kirche, welche wir vor uns sehen, ist meine Kirche, und das Haus neben ihr ist mein Haus.« – »Dem ist so«, erwiderte der Reiter; »preise Christum, dessen Sakramente du geehrt und um deren willen du die Wanderung in der fremden Wüste nicht gescheut hast.« Damit verschwand der Reiter; der Priester aber eilte in die Kirche, hielt die Vesper und erzählte dem erstaunten Volke, was sich Großes mit ihm begeben hatte; seine Erzählung wurde bestätigt, als die andern Ortsangehörigen nach längerer Zeit heimkamen. [119]

Zwar scheint der unheimliche Reiter hier eher die Funktion eines Engels als die eines Dämons zu haben, aber die windesschnelle Reise in der Luft findet sich im Mittelalter in allen möglichen Wundererzählungen, und der Sturm hat schon selbst etwas Dämonisches:

Ich glaube, daß das Brausen des Sturmes und die Menge der krächzenden Raben ein deutliches Zeichen der Gegenwart von Dämonen war.

Das sagt bei Caesarius der fiktive Novize zur Geschichte eines abgefallenen und unter Sturmesbrausen verstorbenen Mönchs.[120] Ähnlich scheint der Wind als ein Mittel der Rache der Dämonen und des Teufels zu wirken, wenn derselbe Verfasser erzählt, dass eine von Dämonen befreite Frau die ihr auferlegte Buße vorzeitig abbrach und daraufhin (also von Gott unzureichend beschützt) von einem Wirbelsturm erfasst und vom Teufel zerschmettert wurde.[121]

Dämonen und Sex: Incubi und Succubi

Incubi

Obwohl Dämonen nach allgemeiner Ansicht des christlichen Mittelalters reine Geistwesen sind, hat sich spätestens seit Augustinus die Meinung verfestigt, dass die Bösen Geister in der Lage seien, alle möglichen Formen anzunehmen und damit den Menschen eine physische Existenz vorzugaukeln. Dies führte logischerweise zur Annahme, dass die Dämonen auch menschliche Gestalt annehmen konnten und somit in der Lage waren, als männliche oder weibliche Verführer Menschen durch die Erregung sexueller Lust in Versuchung zu bringen und in letzter Konsequenz mit ihnen Geschlechtsverkehr zu haben. Taten sie dies in männlicher Gestalt, bezeichnete man sie als Incubi (»Drauflieger«), in weiblicher als Succubi (»Drunterlieger«).

Auch dieses Konzept konnte bereits auf biblische Belege verweisen. Schon im 2. Jahrhundert v. Chr. findet sich im Buch Tobit des Alten Testaments die Geschichte von einem Dämon, der sich in ein Mädchen verliebte und deswegen alle die sieben Männer, mit denen sie nacheinander verlobt wurde, tötete:

Asarja, mein Bruder, ich habe gehört, dass sie schon sieben Männern zur Frau gegeben wurde und dass sie in ihrem Brautbett in der Nacht starben. Wenn sie zu ihr hineinkamen, starben sie. Und ich hörte sagen, dass ein Dämon sie tötet. 15 Jetzt habe ich Angst: Denn der Dämon liebt sie und tut ihr keinen Schaden an, wer sich ihr aber nahen will, den tötet er. [...] 16 Rafaël sprach zu ihm: Erinnerst du dich nicht an die Weisungen deines Vaters? Er trug dir auf, eine Frau aus dem Haus deines Vaters zu nehmen. Höre also, Bruder, mach dir keine Sorge über diesen Dämon und nimm sie! Ich weiß, dass sie dir in dieser Nacht zur Frau gegeben wird. 17 Wenn du aber das Brautgemach betrittst, nimm etwas von der Leber des Fisches und sein Herz, leg sie auf die Räucherkohle und der Duft wird sich verbreiten. 18 Der Dämon wird ihn riechen und fliehen und wird sich in Ewigkeit nicht mehr bei ihr sehen lassen. (Tob 6, 14–18)

Auch wenn sich dann in der Kirchenväterzeit zwei der einflussreichsten Autoren, nämlich sowohl Augustinus als später auch Isidor von Sevilla im 7. Jahrhundert, des antiken Vokabulars bedienen und die Incubi als Faune bezeichnen, so lassen sie doch keine Zweifel daran, dass es sich eigentlich um Dämonen handelt. Laut Isidor sind sowohl Faune und Satyrn als auch Incubi zu diesen zu zählen:

Die Pilosi (»Behaarten«), die auf Griechisch Panitae, auf Latein Incubi heißen [...] sie werden deswegen Incubi genannt, weil sie drauffliegen, also schänden. Die Schändlichen zeigen sich nämlich oft auch Frauen und vollziehen mit ihnen den Geschlechtsverkehr. [...] Den man aber üblicherweise Incubus nennt, den nennen die Römer Feigen-Faun.[122]

Damit stellt er fest, dass die in der griechischen Mythologie als lüsterne und vergewaltigende Waldgeister bekannten Faune ebenfalls Dämonen sind, was es ihm erlaubt, deren Eigenschaften auf die dämonischen Incubi zu übertragen. Da für die christlichen Autoren auch die antiken Götter im Prinzip nur Dämonen waren und es in der antiken Mythologie sowohl unter den Göttern als auch unter den Wesen der niederen Mythologie wie Faunen, Kentauren und Satyrn nicht an Erzählungen über Verführungen, Vergewaltigungen und Entführungen von Frauen mangelt, hatten die Autoren ein reichhaltiges Belegmaterial für die Existenz von Incubi zur Verfügung. Hrabanus Maurus kann um die Mitte des 9. Jahrhunderts die Angaben von Isidor offenbar unwidersprochen übernehmen.[123]

Offenbar war aber die Frage nach einer möglichen physischen Vereinigung von Dämonen mit Menschen dennoch umstritten. Zwar hatte Augustinus (*De civitate Dei*, lib. XV cap. 23) unmissverständlich bekundet, dass er es für eine Unverschämtheit halte, angesichts der vielen Belege zu bezweifeln, dass die Incubi Frauen belästigten und mit ihnen schliefen. Allerdings traute er sich kein Urteil darüber zu, ob die mit einem solchen »Luftleib« versehenen Geister (*elemento aerio corporati*) beim Geschlechtsverkehr ebenso Lust empfinden könnten wie die davon betroffenen Frauen. Andererseits bezweifelte gerade ein sonst so auf magische Vorgänge fixierter Verfasser wie Bischof Burchard von Worms in seinem umfangreichen Beichthandbuch, dem *Corrector*,[124] um das Jahr 1000, dass es für Dämonen möglich sei, sich mit Menschen zu vereinigen. Auch Gervasius von Tilbury treibt in seinen vor 1215 fertiggestellten »Kaiserlichen Mußestunden« für Otto IV. die Frage um, ob die alten Geschichten von der Vereinigung von Dämonen mit Menschen wahr sein könnten:

Viele haben es nämlich erlebt und von zuverlässigen Zeugen, die es erlebt haben, wahrheitsgemäß gehört; sie haben Silvane und Pane gesehen, die man Inkuben (Alp) nennt und wozu die Gallier Dusier sagen. Ich wage es nicht, hier einen festen Standpunkt in der Frage zu beziehen, ob irgendwelche Geister mit einem Leib aus dem Element Luft aktiv und passiv Wollust ausüben können derart, daß sie auf irgendeine Weise mit Frauen verkehren oder solches von Männern erfahren können. Denn auch dieses Element spürt man ja, wenn mit einem Fächer gewedelt wird, wie eine körperliche Berührung.[125]

Was die mittelalterlichen Theologen bei der Frage nach der Existenz von Incubi und Succubi am meisten umtrieb, war einerseits die Frage, wieso ein rein geistiges Wesen wie ein Dämon, auch wenn mit einem Scheinkörper versehen, zur geschlechtlichen Vereinigung in der Lage sein sollte, und andererseits, woher die männlichem Incubi denn einen Samen haben konnten, um mit menschlichen Frauen Nachkommen zu zeugen. Die erste Frage wird unterschiedlich beantwortet, aber doch in der Regel etwa mit derselben Argumentation, derer sich der katalanische Franziskaner Johannes de Rupescissa um die Mitte des 14. Jahrhunderts bedient. Er rekurriert dabei auf die oben genannte Stelle aus dem Buch Tobit, der zufolge ein Dämon durch den Gestank verbrannter Fischinnereien vertrieben werden konnte: Wenn nun aber Dämonen Gerüche empfinden könnten, dann müssten sie auch Anteil an einer physischen Existenz haben. Er erwähnt zudem, dass sich die Dämonen vor allem unter der Regierung der Planeten Saturn, Mars und Mond wohlfühlten, weil diese für böse Handlungen opportun sei.[126]

Was nun den Samen betrifft, den ein Incubus baucht, um eine Frau zu schwängern, gab es zwei Theorien. Die eine besagt, dass sich die Dämonen den Samen von menschlichen Männern stahlen und in die Frau einführten,[127] die andere, dass sie als Succubi den männlichen Samen aufnahmen und als Incubi weitergaben.[128] Noch der unselige *Hexenhammer* des Heinrich Kramer von 1486 widmet immer wieder ganz Seiten seines Werks diesem Thema, weil er höchst bemüht ist zu zeigen, dass die Dämonen nichts Physisches aus sich hervorbringen können.

Im mittelalterlichen Schrifttum mangelt es nicht an Beispielen für den Glauben an Incubi und Succubi, und zwar weder im lateinischen theologischen und historiographischen Schrifttum noch in der volkssprachlichen Romanliteratur. Auch viele Theologen können Beispiele aus ihrer eigenen Erfahrungswelt beibringen, etwa der französische Benediktiner Guibert von Nogent, der in seiner um 1120 verfassten Autobiographie berichten kann, dass seine schwangere Mutter von einem Incubus (*diabolus*) besucht und beinahe vergewaltigt, aber durch die Anrufung Marias von einem Engel (*spiritus bonus*) gerettet worden sei, der diesen Teufel habe vertreiben können.[129]

Von einer erfolgreichen und auch langwährenden Verführung einer Frau berichtet in den 60er Jahren des 12. Jahrhunderts Jacobus de Voragine in seiner weitverbreiteten *Legenda aurea* in einer der Exorzismuslegenden über den hl. Bernhard. Eine Frau in Aquitanien sei sechs Jahre lang von einem »wollüstigen Teufel« geplagt worden, der nach der Abreise des Heiligen, der ihn vertrieben hatte, sofort wieder zu der Frau zurückkehrte. Auch der Stab des Heiligen, der ihr ins Bett gelegt wurde, half nicht auf Dauer. Erst nach einem formellen Exorzismus mit versammeltem Volk und entzündeten Kerzen gelang es dem hl. Bernhard, den Incubus endgültig zu bannen.[130]

Von der Vertreibung eines Incubus berichtet noch ein Jahrhundert später Caesarius von Heisterbach. Dabei geht es um eine verheiratete Frau aus der Gegend von Nantes, die ein Incubus verführt und

sechs Jahre lang mit unglaublicher Lust gequält hatte. Er war ihr in der Gestalt eines sehr schönen Ritters erschienen. Während ihr Mann im gleichen Bett schlief, mißbrauchte sie jener unzüchtige Geist oft und ohne daß man ihn sehen konnte. Im siebten Jahr wurde sie von Angst ergriffen. Als einmal der heilige Abt Bernhard von Clairvaux in die besagte Stadt kam, warf sich die unglückliche Frau ihm zu Füßen, bekannte unter vielen Tränen ihre schreckliche Leidenschaft sowie das teuflische Spiel und flehte ihn an, ihr zu helfen. Er tröstete sie und belehrte sie, was sie tun solle. Nach der Beichte vermochte der Teufel nicht mehr sich ihr zu nähern; aber er erschreckte sie mit Worten, indem er die schreckliche Drohung ausstieß, er werde nach dem Weggang des Abtes zurückkehren, um sie zu foltern. So wie er vorher ihr Liebhaber war, würde er nun ihr grausamster Verfolger. Als sie dies dem Heiligen angezeigt hatte, bannte er am folgenden Sonntag in Gegenwart von zwei Bischöfen bei angezündeten Kerzen und im Beisein aller Gläubigen des Pfarrbezirks jenen Geist der Unzucht. In der Vollmacht Christi verbot er ihm, diese und alle anderen Frauen (der Gemeinde) künftig heimzusuchen. Als schließlich die Kerzen gelöscht wurden, wurde die gesamte Macht des Dämons ausgelöscht.[131]

Eine Generation später erzählt auch der flämische Dominikaner Thomas von Cantimpré in seinem didaktischen Werk *Summum bonum de apibus* von einer solchen jahrelangen Heimsuchung einer Nonne durch einen Incubus. Schließlich musste sie aber zugeben, diesem ganz am Anfang nachgegeben zu haben; entsprechend wertet Thomas hier die Verfolgung durch den Incubus als Buße für eine ursprüngliche Verfehlung.[132] Ohnehin könnte es sein, dass die Idee eines Incubus gar nicht so selten als Ausrede für tatsächliche sexuelle Beziehungen herhalten musste. Wenn derselbe Thomas von Cantimpré ausführlich eine Geschichte wiedergibt, in der die Tochter eines Grafen in Schwalenberg (Kreis Lippe) behauptete, nächtens von einem »unsichtbaren und unfühlbaren Dämon« vergewaltigt worden zu sein, dann stellt sich sicherlich wie bei vielen anderen derartigen Geschichten die Frage, was tatsächlich dahintersteckt, auch wenn gerade diese Begebenheit schon Albertus Magnus als Exemplum für die Incubi erwähnt haben soll.[133]

Caesarius von Heisterbach und andere Autoren des hohen Mittelalters berichten immer wieder von Verführungen, Schändungen und Entjungferungen durch Incubi, aber auch von länger währenden Beziehungen zwischen Frauen und Dämonen. Diese Geschichten von langjährigen Verhältnissen von Frauen mit Incubi gehen aber schon auf die frühchristliche Zeit zurück. In den aus dem frühen 3. Jahrhundert stammenden apokryphen Thomasakten findet sich die Geschichte einer Frau in Indien, die den Apostel Thomas um sein Gebet und seine Hilfe gegen einen Incubus bittet:

In dieser Nacht nun kam er und pflegte seinen schmutzigen Verkehr mit mir. Ich sah ihn aber auch, als es Tag war, und floh vor ihm. In der ihm verwandten Nacht aber kam er und mißbrauchte mich. Und jetzt, wie du siehst, werde ich schon fünf Jahre von ihm belästigt, und er ließ nicht von mir ab. Aber ich weiß und bin überzeugt, daß auch Dämonen, Geister und Unholde dir untertan sind und vor deinem Gebet in Zittern geraten. Bete also für mich und vertreibe den mich fortwährend belästigenden Dämon von mir [...].[134]

Angesichts der weiten Verbreitung der Thomasakten, die erst im 6. Jahrhundert als nichtkanonisch eingestuft wurden, kann diese Stelle gut als Muster für etliche der mittelalterlichen Incubus-Erzählungen gedient haben. Zudem führten solche Belege aus den Apokryphen, die im Mittelalter in der Bedeutung kaum nach der Bibel rangierten, zu einer weitgehenden Akzeptanz solcher frühchristlichen Vorstellungen.

Es soll aber auch nicht verschwiegen werden, dass eine ganze Reihe von Autoren den Incubus einfach für eine Krankheit hielt. Die einen rückten ihn in die Nähe psychischer Pathologien oder der Epilepsie, andere führten die Erscheinungen (*phantasmata* – dass diese männlich oder weiblich seien, wird in diesem Zusammenhang gar nicht erwähnt) auf natürliche Gründe wie Verdauungsstörungen infolge allzu reichlichen Essens zurück. In diesem Sinne sind die Incubi also wie das Albdrücken zu verstehen, ohne dass ein dämonischer Ursprung angenommen wird. Vinzenz von Beauvais zitiert um 1250 in seiner Enzyklopädie *Speculum maius* gleich eine ganze Reihe von Autoren aus Antike und Mittelalter für derartige medizinische Erklärungsversuche, besonders im *Speculum doctrinale*.[135]

Auffällig – und vielleicht auch vor dem Hintergrund durchaus irdischer, wenn auch nicht als solche bezeichneter Beziehungen verständlich – ist die mitunter vermerkte unbändige Lust, die manche Frauen durch den geschlechtlichen Verkehr mit einem Dämon verspürten. Denn während einige der Frauen und Mädchen unter den Nachstellungen litten und andere eine einmalige Schwäche dem Verführer gegenüber bereuten, ist bei anderen offensichtlich ein beträchtlicher Lustgewinn mit dem teuflischen Incubus verbunden. Der mögliche oder sogar wahrscheinliche Subtext derartiger angeblich dämonischer Beziehungen ist offenbar vor 800 Jahren auch schon Caesarius aufgefallen, dem Zisterzienser, dem nichts Menschliches fremd war:

Im Dorf Breisig, das nahe der Burg Rheineck liegt, lebte vor etwa zwölf Jahren eine Frau, die ein Dämon in derselben Weise wie vorhin berichtet geschändet hat. Dies hat mir unser Mönch Arnold erzählt, der die Geschichte von damals kannte. Als sie eines Tages in der Schenke saß, spürte sie, daß ihr Herz versagte. In Todesangst bat sie ihn einen Priester zu rufen. Als sie diesem gebeichtet hatte, der Teufel habe sein Spiel mit ihr getrieben und sie habe sieben Jahre lang seinen fürchterlichen Beischlaf ertragen, versagte ihre Stimme noch während der Beichte und sie hauchte ihr Leben aus. Sie wurde mit unglaublicher Lust vom Urheber der Lust gequält und konnte dies niemandem sagen oder genauer, sie wagte es nicht; oder, was noch wahrscheinlicher ist: sie hatte Freude an seiner Liebe.[136]

Noch drastischer wird dieser Aspekt in einer isländischen Saga des 13./14. Jahrhunderts ausgeführt. Eine der Protagonistinnen – allerdings ist sie eine Trollfrau – schläft zwangsweise mit Thor, der hier – ähnlich wie die sieben getöteten Ehemänner im Buch Tobit (Tob 6,14–18), wenn es hier auch um neun Personen handelt – alle ihre Schwestern tötet und ganz eindeutig dämonische Züge hat; »aber von da an überkam mich immer so große Lust, dass ich nicht ohne einen Mann leben zu können glaubte.«[137] Der Aspekt der unstillbaren Lust nach dem Verkehr mit einem Incubus oder dem Teufel hat zwar einerseits mit der restriktiven Einstellung der mittelalterlichen Theologie zur sexuellen Lust zu tun, wohl aber auch schon mit germanischen Vorstellungen, wo das Empfinden solch unstillbarer Lust zu den Verfluchungen gehört, mit denen eine Frau belegt werden kann (*Skírnismál* der Edda, Strophe 36).

Succubi

Wiewohl die Geschichten von Succubi, also zum Geschlechtsverkehr verführenden Dämonen in weiblicher Gestalt, bei ihm wesentlich seltener sind als die über Incubi, so warnt Caesarius doch auch ausdrücklich vor ihnen:

Nicht nur die Frauen müssen sich vor ihnen [den Dämonen] in acht nehmen, sondern auch die Männer; denn wie die Dämonen in männlicher Gestalt – wie bereits gesagt wurde – mit Frauen ihr Spiel treiben, so verführen und täuschen sie auch in weiblicher Gestalt die Männer: Lies die Lebensbeschreibungen der Wüstenväter (*Vitae patrum*) und Du wirst dort finden, daß manche vollkommenen Männer durch Phantasie-Erscheinungen von Frauen versucht, zerbrochen und niedergeworfen wurden.[138]

Sein Hinweis auf die *Vitae patrum* (auch oft *Vitaspatrum*, »Leben der Väter«, »Väterbuch«) verweist denn auch unmittelbar auf den *locus classicus* für die Aktivitäten von Succubi, nämlich die Legenden um die Eremiten in der ägyptischen Wüste, allen voran der hl. Antonius – hierauf wurde schon beim Verhältnis von Dämonen und Heiligen eingegangen, vgl. Kap. 3.2). Eine wie üblich bei ihm regional verortete Geschichte findet sich dann direkt im Anschluss:

In Prüm lebte einst ein Scholasticus mit Namen Johannes, ein sehr gelehrter Mann, der jedoch unbekümmert und leichtfertig war. Wie ich vom Abt dieses Klosters erfahren habe, erzählte man von ihm, eine Frau habe dem Johannes versprochen, in einer bestimmten Nacht zu ihm zu kommen. In der verabredeten Nacht kam sie jedoch nicht selbst, sondern der Teufel, der in ihrer Gestalt und mit ähnlicher Stimme das Bett des Klerikers bestieg. Da er glaubte, es sei die ihm wohlbekannte Frau, hatte er mit ihr Geschlechtsverkehr. Als er sich früh am Morgen erhob und den Dämon, den er für jene Frau hielt, drängte, das Haus zu verlassen, antwortete dieser: »Mit wem, glaubst Du, hast Du heute nacht geschlafen?« Als er antwortete, es sei die besagte Frau gewesen, antwortete der Dämon: »Keineswegs, sondern mit dem Teufel.« Auf dieses Wort antwortete Johannes so merkwürdig, wie er war, mit einem ebenso merkwürdigen Wort, das zu nennen ich mich scheue. Er lachte den Teufel aus und scherte sich nicht um den Vorgang.[139]

Diese ist eine von nur zwei Anekdoten, die Caesarius über Succubi berichten kann, aber sie ist für dämonische Verführungen insofern höchst untypisch, als der Scholasticus den Dämon nicht ernst nimmt, ja vielleicht nicht einmal an den Teufel glaubt.

Eine natürlich völlig unhistorische Geschichte über einen Succubus im Zusammenhang mit Gerbert von Aurillac, den späteren Papst Silvester II., berichtet der englische (oder walisische) Gelehrte und Diplomat Walter Map (ca. 1148–1208/10).[140] Dem gelehrten Kleriker Gerbert sei in seiner Zeit vor dem Papsttum ein Succubus namens Meridiana jede Nacht erschienen und habe sich mit ihm vereinigt, dazu habe er später auch noch einen Teufelsbund geschlossen, durch den er zum Papst aufgestiegen sei. Allerdings darf nicht vergessen werden, dass diese Geschichte zu den zahlreichen Verleumdungen zählt, die sich auf den aus relativ einfachen Verhältnissen zum höchsten Kirchenamt aufgestiegenen frommen Gelehrten beziehen und sowohl im Unverständnis über den Aufstieg als auch im Neid auf diesen gründeten; abgesehen davon zeigt der Name des Succubus eine Verwechslung mit dem Mittagsdämon.

Was hinter dem Glauben an Succubi (ebenso wie Incubi) wohl steckt, sind nicht zuletzt erotische Träume. Umgekehrt geht die jüdische Kabbalistik im *Sohar* (wohl erst Ende 13. Jahrhundert) davon aus, dass die Succubi für die erotischen Träume der Männer verantwortlich seien.[141] Jedenfalls ist der Glaube an Incubi und Succubi im Mittelalter noch nicht an den Teufelspakt geknüpft: Ob nun der Geschlechtsverkehr mit einem Dämon mit Gewalt oder Verführung erzwungen, durch den Gestaltwandel des Dämons in den eigenen Ehemann freiwillig vollzogen oder – infolge des damit verbundenen Lustgewinns bzw. sexueller Hörigkeit – auch gewohnheitsmäßig vorgenommen wird, nichts deutet darauf hin, dass man dabei an einen Pakt mit dem Satan dachte, noch, dass man durch das sexuelle Verhältnis zu magischen Fähigkeiten gelangt. Im Gegensatz dazu wurde dann in der Frühen Neuzeit den Hexen vorgeworfen, ihren Pakt mit Satan durch den Geschlechtsakt (»Teufelsbuhlschaft«) zu besiegeln und daraus ihre magischen Kräfte zu beziehen.

Dämonenkinder

Von einem Dämonenkind, gezeugt von einer *incuba daemone*, berichtet neben anderen Dämonengeschichten relativ ausführlich Matthäus Parisiensis (gest. ca. 1259) in seiner *Historia Anglorum* zum Jahr 1149: In Wales, im Herrschaftsbereich des Grafen von Herefordshire, sei durch einen solchen Incubus, »so wird gesagt«, ein Knabe gezeugt worden, der schon bei der Geburt alle Zähne und beinahe die Größe eines Siebzehnjährigen gehabt habe; die Mutter sei dabei elend zugrunde gegangen.[142] Matthäus nennt ihn ausdrücklich ein *prodigium*, also Monster oder Wunder. Zwar wird hier die Natur des Dämons nicht näher behandelt, aber die Geschichte erinnert sehr an die Geburt des eponymen Stammvaters Völsung in der nordischen Völsungensage. Dessen Mutter ging mit ihm sechs Jahre schwanger, bis er aus ihr herausgeschnitten werden musste, wobei sie starb. Auch Völsung war nicht vom Mann seiner Mutter, Rerik, dem König von Hunaland, sondern von Odin (auf dem Umweg über einen Apfel, von dem die Königin aß) gezeugt worden, und er war ein Riese an Gestalt.[143] Diese Geschichte stammt aus der um 1250 als Prosaauflösung der Heldenlieder der *Edda* entstandenen *Völsunga saga*, dürfte aber wesentlich älter sein. So eine dämonische Herkunft erwähnt schon der gotische Geschichtsschreiber Jordanes in seiner 551 verfassten Gotengeschichte *De origine actibusque Getarum* (kurz *Getica*), indem er behauptet, die Hunnen stammten eigentlich von Hexen ab (die er gotisch *Haliurunnae* nennt), die sich in der Steppe mit unreinen Geistern gepaart hätten.[144] Freilich ist zu berücksichtigen, dass die Goten kein besonders gutes Verhältnis zu den Hunnen hatten. Die Stelle über die Hunnen wird dann noch bei Wilhelm von Auvergne (gest. 1249) erwähnt, von wo sie Nider in seinen *Formicarius* (1437/38) übernimmt (dazu s. unten im Kap. 4.4 und 4.6 über den Hexenglauben) und ausdrücklich zitiert.

Ebenfalls eine dämonische Zeugung hat man im Mittelalter dem in der Artussage auftretenden Zauberer Merlin nachgesagt. In der *Estorie de Merlin* (ein Teil des mittelfranzösischen *Lancelot-Graal-Zyklus* in Prosa) wird ausdrücklich beschrieben, wie es nicht etwa der Herzog Gorlois von Cornwall ist, der in Gestalt ihres Mannes Utherpendragon zu Igerne vordringt, sondern der Teufel selbst, der diese außereheliche Zeugung des Zauberers vollzieht. Vereinzelt findet sich diese Szene dann auch in den Handschriftenillustrationen der *Estoire* (vgl. Abb. 3.4.1) Damit geht seither eine zunehmende Dämonisierung des ursprünglich als gutartig wahrgenommenen Propheten und Zauberers Merlin einher.

In der altnordischen *Hrolfs saga kraka* aus dem 13. Jahrhundert wird durch den Protagonisten, König Hrolf, mit einem Succubus ein Mädchen gezeugt. Der hier als Albenfrau bezeichnete Succubus hat alle Anzeichen einer Dämonin, kann die Gestalt von der einer alten Bettlerin in Lumpen in eine verführerische junge Frau in Seidenhemdchen (!) verwandeln und ist nach dem Beischlaf mit dem König sofort auch wieder verschwunden. Die so gezeugte Tochter stellt sich erst nach vielen Jahren als äußerst böse und zaubermächtig heraus und verursacht schließlich den Tod des Dänenkönigs, ihres Vaters.

Dass die Nachkommenschaft von solchen geschlechtlichen Vereinigungen mit Incubi oder Succubi böse ist und dämonische Züge trägt, davon scheint die Tradition bereits lange überzeugt gewesen zu sein. Daneben finden sich aber auch Hinweise, dass die Zeugung durch Dämonen für Missbildungen, also Monstren, verantwortlich gemacht wurde. Dies dürfte jedoch zu der gelehrt-christlichen Tradition der Erklärung von Missgeburten gehören, die sich auf die Vorstellung von der Vereinigung der Adamssöhne mit den Töchtern Kains zurückführen lässt.[145] Als Beleg für die Monstrosität dämonischer Nachkommen wird meist auf die Sage von der Melusine verwiesen, die schon bei Gervasius von Tilbury belegt ist und ab der Mitte des 14. Jahrhunderts mit dem Geschlecht der Familie von Lusignan verknüpft wurde[146] – wohl um eine nicht standesgemäße Nachkommenschaft aitiologisch abzusichern. Melusine kann, muss aber nicht als Dämonin aufgefasst werden, weil sie sich einmal wöchentlich vom Nabel abwärts in eine Schlange verwandelt. Ihre Kinder mit dem Ritter weisen dann auch, mit nur einer Ausnahme, körperliche Missbildungen auf und sind somit den *homines monstrosi*, den Wundermenschen, zuzuzählen. Meines Erachtens fehlt bei Melusine aber völlig das Element der Bosheit, das für alle anderen Versionen der Verführung durch Dämonen kennzeichnend ist.

Ebenfalls scheint es mir ein sekundärer Zug an den Geschichten von der »gestörten Martenehe« wie der Melusinensage, also dem durch irgendwelche Umstände beendeten glücklichen Zusammenleben zwischen einem menschlichen Mann und einer in irgendeiner Weise anderweltlichen Frau, dass diese Verbindungen durch einen Exorzismus beendet werden, wie in der Erzählung *Peter von Staufenberg* des Egenolf von Staufenberg, wo ein Priester die *merminne* (also Fee) als dämonischen Succubus entlarvt: »Der túvel in der helle / is úwer slafgeselle«, wobei ausdrücklich die körperliche Verwandlung des Teufels/Dämons angesprochen wird: »Der túfel sich geschaffen / hett zu einem wibe«.[147] Nicht immer ist es also ein Exorzismus, mitunter auch nur die Aufforderung eines Priesters, die (für ihn unheimliche) Beziehung zu beenden. Aber: »Die von den übernatürlichen Frauen durch geistlichen Eingriff verlassenen Geliebten zeigen sich in den wenigsten Beispielen besonders erfreut über diese ›Erlösung‹ aus den Klauen des Teufelsweibes. Oft geht mit dem Verschwinden der Frau auch der Verlust von Glück, Reichtum und vor allem der gemeinsamen Kinder einher.«[148]

Im welchem Maße die Verfasser der mittelhochdeutschen Erzählungen nun tatsächlich der Ansicht waren, dass es sich bei den Feen oder anderweltlichen Geliebten um Dämonen im engeren Sinn handelte, oder ob sie sich hier nur mit der beschränkten volkssprachlichen Terminologie auf etwas (möglicherweise) Dämonisches bezogen, ist höchst fraglich. Dass es diesen Feenwesen wie erwähnt an Bosheit mangelt, spricht gegen eine Identifikation als Succubi und somit als Dämonen im kirchlichen Sinn.

Eine fast schon enzyklopädische Abhandlung über die Frage, ob es menschliche Nachkommen von Incubi oder Succubi geben kann, bringt erst im späten 15. Jahrhundert der berüchtigte »Hexenhammer« (*Malleus maleficarum*) des Dominikaners Heinrich Kramer von 1486. Im ersten Buch bejaht er durchaus, dass die Dämonen mit Hilfe geraubten männlichen Samens in der Lage seien, Nachkommen zu zeugen, und er wiederholt mehrfach, dass sie derartige »fleischliche Handlungen« nicht wegen der Lust vollzögen, die sie als geistige Wesen gar nicht empfinden könnten, sondern nur zum Verderben der Körper und Seelen der Betroffenen, mit denen sie verkehrten:

Der Grund aber, warum sich die Dämonen zu Incubi oder Succubi machen, ist nicht das Lustgefühl, denn als Geister haben sie ja weder Fleisch noch Knochen; sondern der hauptsächlichste Grund ist doch, daß sie durch das Laster der Wollust die Natur des Menschen beiderseits, nämlich den Leib und die Seele, zerstören, damit so die Menschen umso willfähriger zu allen anderen Lastern werden.[149]

Obwohl Kramer das nicht in aller Deutlichkeit ausdrückt, ist für ihn damit klar, dass die Lust, die eine Frau durch einen Incubus erleben kann, sie für alle anderen Laster anfälliger macht und dazu führt, dass sie letztendlich dem Teufel als Hexe zu dienen bereit ist. Besonders deswegen ist wohl für Kramer die weibliche Lust so gefährlich! Im Gegensatz zu den Vorstellungen der weltlichen mittelalterlichen Literatur verwahrt er sich aber dagegen, die Nachkommen aus solchen Verbindungen von Incubi mit menschlichen Frauen als Dämonenkinder zu bezeichnen, da ja der Same von einem menschlichen Mann geraubt sein müsse, der also der Vater des Kindes sei; »daher ist auch das Geborene nicht das Kind des Dämonen, sondern eines Menschen.«[150]

Krankheitsdämonen

Der zweite große Bereich, in dem die Dämonen zur Schädigung der Menschen antreten – wie schon der Teufel in der Geschichte von Hiob –, ist das der Krankheiten. Aus heutiger Sicht sollte dabei aber zwischen echten Krankheiten wie Fieber oder Hexenschuss und eher psychischen Zuständen wie Albdrücken oder Besessenheit unterschieden werden. Vor allem bei Krankheiten mit mysteriösem Hintergrund oder atypischem Verlauf lag es allerdings nahe, sie der Wirksamkeit von Dämonen zuzuschreiben. Neben manchen physischen Krankheiten wurden zudem psychische Störungen als dämonisch induziert betrachtet. Die mitunter versuchte Identifikation unterschiedlicher Typen von dämonischer Besessenheit mit heute bekannten konkreten psychischen Krankheitsbildern führt allerdings nicht sehr weit, weil dabei vergessen wird, dass nicht nur organische, sondern auch kulturelle Determinanten das Erscheinungsbild von Störungen beeinflussen.[151]

Gegen die vorwiegend physischen Krankheiten mit natürlichen Ursachen versuchte man in der Regel sowohl mit Hilfe der traditionellen Klostermedizin anzugehen, die von den klösterlichen *infirmarii* ausgeübt wurden, als auch mit der praktischen Wund- und Zahnmedizin der *chirurgici* und Bader sowie durch die mitunter zweifelhaften Praktiken umherziehender Quacksalber, schließlich aber auch mit der Schulmedizin innerhalb und außerhalb der Salernitanischen Schule sowie jener, die von den akademischen Ärzten, den *phisici* oder allgemeiner *medici*, praktiziert wurde. Diese Schulmedizin auf der Basis von antikem wie klösterlichem Heilkundewissen ist in Form mittelalterlicher Hand- und Lehrbücher der Medizin in den Handschriften gut belegt; sie ist meist ausgesprochen systematisch aufgebaut und unterscheidet in den Texten nach den pharmakologischen Wirkstoffen (den *simplicia*) und den Rezepten und Behandlungsmethoden für bestimmte Leiden (den *indicationes*). Dazu enthalten viele medizinische Handschriften auch noch sehr vernunft- und erfahrungsbasierte Regeln sowohl zur Ernährungslehre (Diätetik) als auch zur Prognostik, also zur Vorhersage des Krankheitsverlaufs, die sich in der Praxis allerdings meist auf die Überlebenschancen der Patienten beschränkte.

Wo immer aber diese Säulen der mittelalterlichen Medizin an ihre Grenzen stießen oder wo man auf Grund unerklärlicher Verläufe dämonische und magische Hintergründe einer Krankheit vermuten musste, wurde Zuflucht zu übernatürlichen Mitteln genommen. Die Gründe für diese Beschränkungen des medizinischen Wissens im Mittelalter waren vielfältig. Zwar konnte man durchaus so komplizierte Eingriffe wie Augenoperationen mit dem Starstechen oder die Entfernung von Tumoren sogar aus dem Schädel durch Trepanation vornehmen, aber zum einen waren manche physiologischen Zusammenhänge innerhalb der Organe noch wenig erforscht, zum anderen fehlten oft schlicht wirksame Behandlungsmethoden auch bei erkannten Tumor- oder Entzündungskrankheiten. Die noch fehlenden Kenntnisse über Bakterien und Viren führte außerdem dazu, dass man die durch sie verursachten Krankheiten nur symptomatisch behandeln konnte. Bei solchen von unsichtbaren Krankheitserregern hervorgerufenen Entzündungskrankheiten, bei denen die Infektionsgründe nicht ersichtlich waren, vermutete man so auch am ehesten einen dämonischen Ursprung.

Ohnehin aber waren die Möglichkeiten jenseits der genannten Teilbereiche der Heilkunde beschränkt. Entweder man konnte sich – mit Gebeten oder auch dem Versprechen von Votivgaben – direkt an die »zuständigen« Heiligen wenden, bei Augenleiden an die hl. Lucia, bei Zahnleiden an die hl. Apollonia, bei Atemwegserkrankungen an den hl. Blasius oder bei Geburtsproblemen an die hl. Margarete usw., und darauf hoffen, dass durch die Fürsprache der oder des jeweiligen Heiligen dann Christus selbst ein Wunder tat und damit Abhilfe schaffte. Diese Wunderheilungen füllen denn auch die mittelalterlichen Heiligenlegenden und Mirakelsammlungen und wurden als effiziente Therapie betrachtet. Fruchtete auch die Fürsprache der Heiligen nichts oder hatte man die Vermutung, dass die Krankheit überhaupt keine natürlichen Ursachen hatte, sondern auf dämonische Besessenheit (im weitesten Sinn) oder gar auf Verzauberung bzw. Hexerei zurückging, blieb nur der Rekurs auf die Dämonenabwehr durch entsprechende apotropäische Formeln, Gegenstände oder Handlungen.

Schon in der griechischen Antike galten die Dämonen als Verursacher von Krankheiten. Von dämonisch verursachtem Fieber spricht selbst Plinius wiederholt in seiner enzyklopädischen Naturgeschichte,[152] und auch die Pest dachte man sich als von Dämonen verursacht, ebenso natürlich auch alle psychischen Störungen und die Epilepsie,[153] die man wie gesagt unter dem vagen Terminus »Besessenheit« zusammenfasste.

Albdrücken

Die heute noch bekannteste Form dämonischer Bedrängnis ist das sogenannte Albdrücken, ein beklemmendes Gefühl bzw. ein Brustkrampf im Schlaf oder Traum (etwa während Albträumen), das häufig mit einem Gewicht auf der Brust verglichen wird und offenbar schon seit vorchristlichen Zeiten in Europa der Wirksamkeit verschiedener Arten von bösen Geistern, aber auch der Verzauberung durch Hexer bzw. Hexen zugeschrieben wurde. Die Terminologie dafür begegnet schon im Altgriechischen als *Ephialtes*, lateinisch ebenfalls *Ephialtes* oder sogar *Incubus* (s. oben), während im Althochdeutschen *maro* und im Altenglischen *maere* geläufig waren, was sich noch heute in den Begriffen Nachtmahr oder Marenritt findet, ebenfalls eine Art von Albtraum. Die bis vor wenigen Jahren noch gebräuchliche Schreibung »*Alp*traum« war übrigens irreführend, das Element hat nichts mit den Alpen zu tun, sondern geht auf die das Drücken oder die schlechten Träume verursachenden Alben/Elben zurück (skand. *álfar*, angelsächs. *ælf-* / *ylf-*). Interessanterweise hatte man schon im 13. Jahrhundert Spekulationen darüber angestellt, was dieses Albdrücken denn bewirken könne, und Gervasius von Tilbury (ca. 1150–1235) nennt in seiner stark anekdotisch geprägten historischen Enzyklopädie *Otia imperialia* (1210–1214) gleich drei Deutungsmöglichkeiten für das Phänomen. Zum einen hält er eine medizinische Erklärung für möglich, da nach der mittelalterlichen, über Galen vermittelten hippokratischen Säftelehre ein Überschuss an bösen Säften im Körper für krankhafte Phantasien verantwortlich gemacht wurde. Zum anderen zitiert er skeptisch den Volksglauben an die Hexer und Hexen, drittens dann aber Augustinus (354–430), der schon im 5. Jahrhundert Albträume als echtes Dämonenwerk erklärt hatte. Gervasius führt diese dann auf Grund seiner klassischen Bildung auf die dämonischen Wesen der antiken Mythologie, die *lamiae* (vampirähnliche weibliche Wesen) und *larvae* (Larven, Totengeister, Lemuren) zurück. Damit versuchte er wohl dem germanischen Konzept der Alben/Elben konzeptuell näherzukommen.

Noch im 13. Jahrhundert wird dämonische Bedrängnis auch jenseits des nächtlichen Albdrückens mit Drücken in Verbindung gebracht. Caesarius von Heisterbach bringt etliche Exempel, in denen ein Dämon einen Menschen schmerzhaft drückt (*compressit*), wie in der Geschichte von einer jungen Nonne namens Eufemia:

> Dieser Dämon zog das Mädchen jedoch nach dem Engelsgruß am rechten Arm und drückte es dabei so stark, daß nach dem Drücken eine Schwellung, und danach ein blauer Fleck entstand.[154]

Während sich diese Nonne wieder erholte, geht das dämonische Drücken mitunter auch tödlich aus und scheint nicht unbedingt mit physischen Krankheiten in Verbindung gebracht worden zu sein, wie ein weiteres Exempel bei Caearius belegt:

In Königskirchen – so hat mir der (einstige) Priester des Dorfes, unser Mönch Lambert, berichtet – kam einst eine ehrbare Frau mit einer anderen von irgendwoher durch das Dorf. Da begegnete ihr der Teufel, der die Gestalt eines sehr spaßigen Knechtes angenommen hatte, ergriff ihre Hand und drückte sie sanft (modicum strinxit). Als sie ihn aufforderte: »Laß mich los!« verschwand er sofort aus ihren Augen. Doch sie begann sich sofort elend zu fühlen [...]. Sie ging nach Hause, legte sich zu Bett und starb nach wenigen Tagen.[155]

Hier fungiert das Drücken eindeutig nicht als Zeichen einer Krankheit, sondern direkt als dämonischer Einfluss auf den Menschen. Nicht nur das Eindringen durch Ohren, Mund und Nase, sondern auch dieses äußerliche Drücken führte als zum Eindringen oder zur Inbesitznahme, jedenfalls aber zur Schädigung durch Dämonen.

Dass das Albdrücken und Albträume auch mit der Idee oder wenigstens dem Begriff des Incubus in Verbindung gebracht wurden, scheint im 15. Jahrhundert Hans Vintler (vor 1411) zu bestätigen:

Und etleich die gelauben,
der alpe minne die leute.
So sagt auch maniger ze teute,
er habe den orken und elben gesehen.[156]

Übrigens sei hier nur kurz angemerkt, dass im Spätmittelalter und der Frühen Neuzeit – und zwar nicht nur im deutschen Sprachraum – die Natur der Wesen einer älteren, niederen Mythologie einem deutlichen Wandel unterworfen ist, sodass auch für die Autoren, je nach Region und Bildungsstand, ein beträchtlicher Interpretationsspielraum bestand, wie eben bei Vintler für die Orken[157] und Alben/Elben.

Hexenschuss

Schon seit altenglischen Quellen, die den Begriff des *ylfa gescot* (»Hexenschuss«, eigentlich »Albenschuss«), kennen, wissen wir, dass trotz teils unklarer Terminologie bereits im Frühmittelalter die Elfen auch auf den Britischen Inseln für ganz bestimmte Krankheiten verantwortlich gemacht wurden, und nicht erst aus den kontinentalen Amuletten des Hochmittelalters. Damit entspricht altengl. *ælf/ylf* dem altnordischen *álfr*, »Albe«, nicht nur

etymologisch, sondern auch inhaltlich als dämonisches, krankheitsverursachendes Wesen.[158]

Der schon erwähnte Trierer Codex des 11. Jahrhunderts enthält fol. 49v auch einen Beschwörungstext, der sich möglicherweise gegen den Hexenschuss richtet: *Contra sagittam diaboli* (»Gegen den Pfeil des Teufels«). Allerdings geben weder die dann verwendeten (allesamt verballhornten) Zauberwörter noch der umgebende Text, der aus zahlreichen lateinischen und deutschen Kräuternamen besteht, noch die eigentliche Beschwörungsformel einen Hinweis darauf, ob es sich um dasselbe Leiden handelt, das wir als Hexenschuss bezeichnen, und wendet sich nur gegen Schädigungen der Glieder:

Adiuro te satanas. Et uos malignos spiritos per patrem [...] vz non habeatis potestatem nocere hunc famulum dei. non dormiendo. neque uigilando. nec in membris. nec in omnibus locis suis.[159]

Ich beschwöre dich, Satan, und alle Bösen Geister durch den Vater [...], dass ihr keine Gewalt habt, diesem Diener Gottes zu schaden, weder schlafend noch wachend, weder in den Gliedern noch an allen seinen Stellen.

Aber der Bezug zum Hexenschuss im engeren Sinn muss trotz der Überschrift offenbleiben. Deutlicher werden allerdings die Holzschnitte des 15. Jahrhunderts, wo tatsächlich eine Hexe mit Pfeil und Bogen den Schmerzen verursachenden Schuss abgibt.

Fieber

Besonders verdächtig waren naturgemäß Krankheiten ohne (sichtbare) äußere Gründe. Dazu zählten zahlreiche Infektionskrankheiten, die sich erst durch Fieber und Schüttelfrost manifestieren und daher unerklärlich, aber in hohem Maße beeinträchtigend infolge ihrer Wirkung und teilweise ohne medizinische Behandlung ja auch lebensgefährlich sind. Sie gehörten bis zum späten 19. Jahrhundert zu den rätselhaftesten Krankheiten, besonders wenn sie, ohne dass man die Gründe dafür auch nur erahnen konnte, zu regelmäßigen Zeiten wiederkehrten. Da solche Infektionskrankheiten zudem sowohl durch Viren (wie Influenza, Drei-Tage-Fieber bzw. *Roseola infantum*, Dengue-Fieber, Masern oder Röteln) als auch durch Bakterien (wie in manchen Formen von Influenza, Borreliose, Fleckfieber, Typhus, Salmonellen) oder gar Parasiten (wie Malaria) ausgelöst werden konnten, ergab sich lange

Abb. 3.2.24 Hexenschuss. Holzschnitt von Johann Zainer, in: Ulrich Molitor: *De lamiis et phitonicis mulieribus*. Reutlingen (um 1489).

kein durchsichtiges Krankheits- und Verlaufsbild. Dabei erschienen jene Fiebererkrankungen mit rekurrierendem oder undulierendem Fieber, das in regelmäßigen Abständen immer wieder kommt, am geheimnisvollsten, so etwa Malaria, Borreliose (Rückfallfieber) oder Gallenblasenentzündungen. Alle diese Infektionsmöglichkeiten waren im Mittelalter unbekannt, und man suchte daher nach anderen Gründen für derartige Krankheitsbilder. Angesichts ihres enigmatischen Charakters bot sich ein dämonischer Ursprung an, wenn er sich nicht geradezu aufdrängte. Die für diese Krankheiten verantwortlichen Dämonen in ihrer Wirksamkeit einzuschränken, schien also der effizienteste Weg der Therapie.

Zugang zu den vermuteten Verursachern der Effekte oder Gründe der Krankheiten bieten uns die Beschwörungsformeln, die sich auf apotropäischen Amuletten finden. Mit deren Hilfe versuchte man, sich vor den Krankheiten und ihren Verursachern zu schützen. Am wirksamsten waren bzw. als besonders wirksam empfunden wurden solche Amulette, wenn sie aus Blei gefertigt, dann mit den (üblicherweise in Latein gehaltenen) Beschwörungsformeln beschriftet und am Leib und/oder in der Kleidung eingenäht getragen wurden; hier konnten sie dazu dienen, die Dämonen abzuwehren, welche die Krankheit verursachten (vgl. dazu unten Kap. 3.3 zur Dämonenabwehr). Besonders die Bleiamulette des 11. bis 13. Jahrhunderts mit ihren Abwehrformeln waren direkt gegen sie gerichtet. Dabei ist auffällig, dass die ja nur zum Teil und nur indirekt geschilderten Krankheitssymptome kaum Einfluss auf die verwendeten christlichen Abwehrformeln hatten, offenbar aber sehr wohl zwischen unterschiedlichen Typen von Dämonen unterschieden wurde. Offenbar dachte man sich, so wie bestimmte Heilige für die Heilung einzelner Krankheiten zuständig waren, so mussten auch bestimmte Dämonen Ursache für bestimmte Krankheiten sein. Die Erklärungsmuster sind aber keineswegs völlig stereotyp, vielmehr lassen sich dort, wo die Krankheiten und/oder deren Verursacher direkt angesprochen werden, durchaus verschiedene Kategorien unterscheiden. Anlass, die Effekte oder Gründe der Krankheiten direkt zu nennen, boten die genannten Beschwörungsformeln.

Was die dämonischen Adressaten selbst angeht, so gehörte eine Gruppe von sieben weiblich gedachten Fieberdämonen sicherlich zu den ältesten derartigen Wesen, schließlich gehen ihre Namen – die keineswegs immer gleich aufscheinen – und die Zahl Sieben schon auf das Alte Testament zurück, wo man die Sieben als numerischer Standard für die Dämonen aus dem Babylonischen übernommen hatte.[160] Die Sieben Schwestern finden sich auch in der griechischen Antike, wenngleich eine Identifikation mit den Pleiaden höchst spekulativ ist und inhaltlich nicht weiterhilft.

Diese Schwestern sind aus einer Reihe von Abwehrformeln bestens bekannt, die sich sowohl in Handschriften als auch auf Pergamentzetteln und Bleistreifen zum Amulettgebrauch das ganze Mittelalter hindurch finden. Eine der ältesten und vor allem detailliertesten derartigen Formeln in Handschriften findet sich in einem Codex der Vatikanischen Handschriftensammlung aus dem 10./11. Jahrhundert:

Coniuro uos, frigores et febres – VII sorores sunt – siue meridianas, siue nocturnas, siue cotidianas, siue secundarias, siue tercianas, siue quartanas, siue siluanas, siue iudeas, siue hebreas, uel qualicunque genere sitis, adiuro uos per patrem ..., ut non habeatis licentiam nocere huic famulo dei nec in die nec in nocte, nec uigilanti nec dormienti, nec in ullis locis. [161]

Ich beschwöre euch, Schüttelfröste und Fieber – die ihr 7 Schwestern seid –, wie die mittäglichen, die nächtlichen, die täglichen, die zweitäglichen, die dreitäglichen, die viertäglichen, die Waldfieber, die hebräischen Fieber, oder welche auch immer ihr seid: Ich beschwöre euch durch den Vater und den Sohn und den Hl. Geist, sodass ihr diesem Diener Gottes nicht schaden möget weder bei Tag noch bei Nacht, weder wachend noch schlafend, noch irgendwo.

Eine Fortsetzung dieser Formel (oder vielleicht auch nur eine andere Version) nennt dann die Sieben Schwestern beim Namen, allerdings in einer (sehr simplen) Form von Geheimschrift:

Epistula contra frigores. In nomine dei patris [...]. Coniuro uos frigores, VII sorores, una dicitur klkb, alia rfstklkb, tertia fbgblkb, quarta sxbfpgllkb, quinta frkcb, sexta kxlkcb, septima kgncb; coniuro uos, de quacunque natione estis, per patrem et filium et spiritum sanctum ... per has omnes inuocationes, coniuro uos, frigores et febres, ut non habeatis ullam licentiam, nocere huic famulo dei N. nec eum fatigare, sed redeatis, unde uenistis, nec potestatem habeatis nec locum in isto famulo dei amen. [162]

Brief gegen die Schüttelfröste. Im Namen des Vaters [...] beschwöre ich euch, Fieber, Sieben Schwestern, von denen die erste klkb heißt, die zweite rfstklkb, die dritte fbgblkb, die vierte sxbfpgllkb, die fünfte frkcb, die sechste kxlkcb, die siebte kgncb: Ich beschwöre euch, woher ihr auch kommt, durch den Vater und den Sohn und den Heiligen Geist [...]. Durch diese Anrufung beschwöre ich euch, Schüttelfröste und Fieber, dass ihr nicht die Macht habt, diesem Diener Gottes N. zu schaden, noch ihn zu quälen, sondern dorthin zurückzukehren, wo ihr hergekommen seid, sodass ihr keine Macht über noch einen Platz in diesem Diener Gottes habt. Amen.

Der zweite Teil des Textes benutzt eine sehr simple kryptographische Methode, um die Namen der Sieben Schwestern zu verbergen, indem die Vokale durch den jeweils im Alphabet nachfolgenden Buchstaben ersetzt werden.[163] Damit ergeben sich hier die Namen *Ilia, Restilia, Fagalia, Subfogalia* (recte *Subfogllia*), *Frica, Iulia, Ignea* (recte: *Ignca*). Eine viel jüngere dänische Formel verwandten Inhalts nennt die Schwestern *Illia, Reptilia, Folia, Suffugalia, Affrica, Filica, Loena vel Igne*, was nur zeigt, dass die schwierigen Namensformen zur Verballhornung geradezu einluden.[164]

Ebenfalls abweichend sind die Namen der Schwestern auf einem echten Bleiamulett aus dem dänischen Blæsinge auf Seeland, wo allerdings wegen des fragmentarischen Zustands des Bleitäfelchens irgendwann aus dem 13. bis 15. Jahrhundert nur noch fünf der Namen lesbar sind, obwohl sie ausdrücklich als *septem sorores* bezeichnet werden, nämlich *Elffrica (?), Affricea, Soria, Affoca* und *Affricala*. Dieses Bleitäfelchen ist übrigens in lateinischer Sprache, aber in Runen ausgeführt und ist mit 500 Runen die längste dänische Runeninschrift überhaupt. Der hier relevante Teil des Texts lautet:

Coniuro vos, septem sorores ...
Elffrica (?), Affricea, Soria, Affoca, Affricala. Coniuro vos et contestor per Patrem et Filium et Spiritum Sanctum, ut non noceatis [i]stam famulum Dei, neque in oculis, neque in membris, neque in medullis, nec in ullo comp
[ag]ine membrorum eius, ut inhabitat in te virtus Christi altissimi. Ecce crucem Domini, fugite partes adversae [...].[165]
Ich beschwöre euch, Sieben Schwestern, ...
Elffrica, Affricea, Soria, Affoca, Affricala. Ich beschwöre und ermahne euch durch den Vater und den Sohn und den Heiligen Geist, dass ihr diesem Diener Christi nicht schadet, weder in den Augen noch den Gliedmaßen noch im Mark noch in irgendwelchen Gelenken seiner Glieder, sodass die Kraft Christi des höchsten in Dir wohne. Seht das Kreuz des Herrn, flieht, ihr bösen Geister [...].

Die auf diesen und verwandten Bleiamuletten und Pergamentversionen erhaltenen Beschwörungen lassen auf Grund der Nennung von (unerwünschten) Symptomen Rückschlüsse darauf zu, dass es sich um die erwähnten fiebrigen Krankheiten handelte, die man dem Wirken der Dämonen zuschrieb.

Sowohl die Angaben auf diesem Amulett als auch bei einem verwandten Text auf zwei weiteren dänischen Amuletten, nämlich dem unten beim Amulettgebrauch (Kap. 3.3) noch zu behandelnden Bleistreifen aus Romdrup und einem Neufund aus Svendorg, die keine Runen, sondern das lateinische Alphabet verwenden, zeigen durch den Verweis auf Schmerzen in Kopf, Augen und Gliedmaßen, dass es sich am ehesten um eine fiebrige Infektion handelt, die man dem Wirken der Dämonen zuschrieb. Damit lässt sich zusätzlich belegen, dass es sich bei den Sieben Schwestern um Fieberdämonen handelte, wie immer nun ihre Namen genau gelautet haben mögen.

Am relevantesten für die Natur und das Wirken der Dämonen im Kontext von Krankheiten ist aber die Tatsache, dass die Dämonen in diesen Fällen auch mit einem einheimischen Begriff bezeichnet werden.[166] So geben sich ein schleswigsches, zwei dänische und ein mitteldeutsches Bleiamulett Mühe, für die adressierten Krankheitsdämonen sowohl die lateinischen wie die einheimischen Begriffe zu verwenden. Offenbar wollte man sichergehen, dass die dämonischen Adressaten sich auch ja angesprochen fühlten. Das Amulett von Schleswig, das grob auf das 11./12. Jahrhundert datiert werden kann, beschwört *demones sive albes ac omnes pestes omnium infirmitatum*, also »Dämonen oder Alben und alle Erreger aller Krankheiten«, und ein dänisches Amulett von Romdrup (Nord-Jütland), das auf Grund der Fundumstände ziemlich genau auf die Jahre vor 1200 datiert werden kann, ist noch genauer und beschwört *vos elvos vel elvas aut demones*, »Euch Elfen und Elfinnen oder Dämonen«.[167] Hier wollte der Verfasser zweifellos auf Nummer sicher gehen, obwohl wir sonst keine Unterscheidung zwischen männlichen und weiblichen Alben, Elben, Elfen oder sonstigen Dämonen kennen, und das gilt auch für ein weiteres, noch nicht kritisch ediertes Amulett mit ganz ähnlicher Inschrift aus Svendborg auf Fünen, das ebenfalls aus dem Hochmittelalter stammt.[168] Etwas anders wird der Krankheitsverursacher auf einem Bleiamulett aus Halberstadt angesprochen (datiert auf 1142)[169], denn hier wird der Teufel, allerdings auch mit einem volkssprachlichen Namen, direkt adressiert: *adiuro te alber, qui vocaberis diabolus satanas*, »Ich beschwöre dich, Alber, der du Teufel [und] Satan genannt wirst«, aber auch er scheint mehr oder weniger für die gleichen Krankheiten wie auf den anderen Amuletten verantwortlich zu sein.

Die hier genannten Elfen, Alben u.Ä. entsprechen den germanischen mythologischen Wesen, die auf Altnordisch als *álfr*, auf Altenglisch als *ælf / ylf* bezeichnet wurden, ohne dass wir genau wissen, wie man sich diese jenseitigen Wesen in vorchristlicher Zeit genau vorstellte; ob sie damals schon irgendeine schadenstiftende Funktion hatten oder erst im christlichen Mittelalter dämonisiert wurden, ist auf Grund der dünnen Quellenlage jedenfalls nicht zu entscheiden. Mit Sicherheit ist jedoch zu sagen, dass wenigstens im mittelalterlichen deutschsprachigen Raum und in Skandinavien sich jede Nennung dieser Elfen oder Alben auf Krankheitsdämonen bezieht, auch wenn man nicht wie bei den Sieben Schwestern die Wirksamkeit auf Fieberkrankheiten einengen kann.

Besessenheit

Die dämonische Besessenheit, auf deren Erklärung und psychosomatische Ursachen einzugehen hier nicht der Ort ist, war seit biblischer Zeit eine besondere Herausforderung. Obwohl sich die scholastische Schulmedizin in der Regel nicht mit der Besessenheit beschäftigte oder versuchte, sie unter die natürlichen Krankheiten einzuordnen, spielte sie in der Volksmedizin eine umso größere Rolle. Wie schon verschiedentlich angemerkt, geht der Glaube an die dämonischen Ursachen von Besessenheit auf etliche Stellen im Neuen Testament zurück und war daher über alle theologischen oder medizinischen Zweifel erhaben. Nicht nur hat Jesus selbst die Dämonen ausgetrieben, wie in der schon oben zitierten Geschichte von der Legion von Dämonen, die aus einem Besessenen in eine Schweinherde getrieben wurden (Mt 8,28–33; Mk 5,1–20; Lk 8, 26–29), sondern auch die Heilung eines stummen (und blinden) Besessenen (Mt 12,22–30; Mk 9,14–27; Lk 11,14) wird recht ausführlich erzählt. Ob die Dämonen Legion sind oder nur einzelne Teufel oder etwa sieben wie beim Exorzismus über Maria Magdalena (Lk 8,2; vgl. Mk 16,9), Jesus Christus hat Macht über sie, er ist der wahre *sotér*, der Heiland, der nicht nur für die Erlösung der Menschen gekommen ist, sondern auch als Arzt und Heiler für die Seelen der Menschen wirkt. Trotz der zahlreichen im Neuen Testament belegten Heilungen Christi von körperlichen Gebrechen liegt dabei die Betonung auf der Heilung der Seelen, und insofern können die Heilungen von Besessenen, also von seelisch Kranken, als symptomatisch für sein Wirken gesehen werden. Allerdings scheint man durchaus zwischen reinen Heilungen und Dämonenaustreibungen unterschieden zu haben, etwa wenn es bei Markus heißt: »Er machte viele, die an mancherlei Krankheiten litten, gesund, und trieb viele Dämonen aus« (Mk 1,34).

Die Gabe (*charisma*) des Exorzismus ging von Christus auf seine ersten Jünger über und war nach Auskunft der Apostelgeschichte auch den Aposteln gegeben (Mk 6,12–13; 16,17; Apg 3,7; 8,7; 14,9; 16,16; 28,8). Aber selbst andere Heiler und Zauberer wie der Samaritaner Simon versuchten sich in Christi Namen an der Vertreibung von Dämonen. Dies konnte offenbar auch erfolgreich sein, wie die Klage des Johannes (Lk 9,49–50) belegt: »Meister, wir sahen einen anderen, der in deinem Namen Dämonen austrieb«, oder weniger erfolgreich wie im Falle des Zauberers Simon, der den Jüngern Geld für die Gabe anbietet (Apg 8,18–19), oder der sieben Söhne eines Hohepriesters namens Scevas, die bei einem versuchten Exorzismus selbst von den Dämonen vertrieben werden (Apg. 19,13–14).

Die Dämonenaustreibungen und Heilungen von Besessenen dienten aber auch als Machtdemonstration des jungen Christentums und beeinflussten die anwesenden Zeugen ebenso wie die Exorzierten. Zwar wurde später, in der Frühen Neuzeit, im Katholizismus die Durchführung von Exorzismen in einem möglichst kleinen Kreis empfohlen, aber gerade in der Kirchenväterzeit setzte man erfolgreiche Dämonenaustreibungen als wichtiges Mittel frühchristlicher Propaganda unter den Heiden ein. So konnten Tertullian (ca. 155 – nach 220) und Cyprian (ca. 200–258) argumentieren, dass jeder Sieg über einen Dämon auch ein Sieg über die heidnischen Götter sei, da Letztere ja nichts anderes als Dämonen seien.[170]

Der Glaube an die Macht Christi, seiner Apostel und anderer Heiliger über die Dämonen führte dazu, dass sich in der frühmittelalterlichen Hagiographie die Schilderungen von Heilungen Besessener besonderer Beliebtheit erfreuten:

Das Leben des/der Heiligen war ein ständiger Kampf mit dem Widersacher, und so wie die Besessenheit eine machtvolle Manifestation der Dämonen war, so war ihre Heilung das offenkundige Zeichen der Uebermacht des Heiligen, die nicht nur Dämonen, sondern auch den Naturgewalten gebieten konnten. Nach biblischem Muster vertrieben Heilige Dämonen aus Besessenen, ihre Reliquien, die geradezu automatisch wirkten, erwiesen sich als so wundermächtig, dass ihnen Dämonen weichen mussten.[171]

Ein weiterer Effekt des Glaubens an die Effizienz Christi und aller Heiligen im Kampf gegen die Krankheiten bestand somit darin, dass man sich auch in persönlichen Notlagen der Kraft Christi in möglichst physischer Weise versichern wollte, stand doch nicht immer ein Heiliger mit seinen Wundern zur Verfügung; umso mehr waren ihre Überreste in Form von Reliquien begehrt.

Zahlreiche Heilungen von Besessenheit durch die Heiligen des ersten Jahrtausends wurden durch die Vertreibung von Dämonen bewirkt, aber auch Fälle temporärer und für uns heute eher unmotivierter Besessenheit werden berichtet, wie die folgende Geschichte über den hl. Cassius von Narni in Umbrien (gest. 558) zeigt, die Gregor der Große in seinen *Dialogi* (III, 6, 2) wiedergibt:

Als nämlich gleichfalls zur Gotenzeit der vorgenannte König Totila nach Narni kam, ging ihm Cassius, der Bischof dieser Stadt, ein Mann von verehrungswürdigem Lebenswandel, entgegen. Er hatte von Natur aus immer ein rotes Gesicht; Totila hielt das aber nicht für eine Naturanlage, sondern für die Folge beständigen Trinkens und ließ ihn seine ganze Verachtung fühlen. Aber damit der allmächtige Gott zeigte, wie groß der Mann war, der also verschmäht ward, fuhr der böse Geist auf dem Felde von Narni, wohin der König gekommen war, vor dem ganzen Heere in seinen Schwertträger und quälte ihn grausam. Man führte ihn vor den Augen des Königs zum ehrwürdigen Cassius; der Mann Gottes betete und trieb durch das Kreuzzeichen den bösen Feind aus, der es fernerhin nicht mehr wagte, in ihn zu fahren. So kam es, daß der Barbarenkönig von jenem Tage an den Diener Gottes aufrichtig verehrte, den er vorher wegen seines Gesichtes für sehr verächtlich gehalten hatte. Weil er in ihm einen Mann von so großer Wunderkraft sah, legte sein wildes Gemüt den hochfahrenden Stolz gegen ihn ab.[172]

Die Macht der Heiligen über die Dämonen und damit ihre Wirksamkeit gegen Besessenheit wirkte auch noch an ihren Gräbern oder durch ihre Reliquien nach, wie beispielsweise eine der zahlreichen Wundergeschichten über die hl. Elisabeth von Thüringen in der *Legenda aurea* zeigt:

Es war eine Jungfrau, Benigna mit Namen, im Bistum zu Mainz, die bat ihre Magd um einen Trunk. Die Magd bot ihr den Trunk, dabei sprach sie in Zornes Mut: »Nimm und trink den Teufel!« Da sah man, wie ein glühender Brand durch die Kehle der Jungfrau hinabfuhr, und sie schrie auf und sprach, sie hätte Weh an ihrem Hals. Alsbald schwoll ihr Leib auf als eines schwangeren Weibes Leib und man sah in ihrem Leib etwelch Ding hin und wieder laufen. Und sie gebärdete sich gar jämmerlich und tat mit Schreien unsinnig, also daß man glaubte, sie sei von einem Teufel besessen. Das Wesen trieb sie zwei Jahre. Da führte man sie an Sanct Elisabeth Grab, und ward für sie ein Gelübde vollbracht. Und da man sie über das Grab legte, schien es, als wäre sie tot. Da gab man ihr ein Stücklein Brot zu essen und einen Schluck geweihten Wassers zu trinken auf demselben Grabe: alsbald hob sie sich auf gesund [...].[173]

Manchmal genügte aber schon eine Ohrfeige, um einen Dämon zu vertreiben, wie in der folgenden Anekdote über den hl. Benedikt:

Der böse Geist aber traf einen älteren Mönch, der gerade Wasser trank, fuhr in ihn, warf ihn zu Boden und quälte ihn aufs heftigste. Als der Mann Gottes vom Gebete zurückkehrte und sah, wie der Mönch so grausam gequält wurde, gab er ihm nur einen Backenstreich und vertrieb dadurch sogleich den bösen Geist aus ihm, so daß er es nicht mehr wagte, in ihn zurückzukehren.[174]

Die Ursache von Besessenheit konnte aber nicht nur in einer Krankheit bestehen, sondern wie in obigem Beispiel auch in einer Verwünschung, selbst wenn diese eher unabsichtlich ausgesprochen wurde. Das zeigt eines der Exempel bei Caesarius von Heisterbach, das auf ein Ereignis kurz vor 1220 anspielt:

Als unser Abt [Heinrich; Abt 1208–1244] im vorigen Jahr (in der Kirche) auf dem Salvatorberg bei Aachen die Messe feierte, brachte man nach dem Ende der Messe eine Besessene herbei. Er las über ihrem Haupt die Stelle aus dem Evangelium von der Himmelfahrt (des Herrn) und legte bei den Worten »Kranken werden sie die Hände auflegen und sie werden gesund« (Mk 16,18) ihr die Hände auf. Da stieß der Dämon einen so schrecklichen

Schrei aus, dass wir uns alle entsetzten. Als der Abt ihn beschwor auszufahren, antwortete der Dämon: »Der Höchste will es noch nicht.« Auf die Frage, warum er in sie hineingefahren war, antwortete er nicht und ließ die Frau auch nicht antworten. Später hat sie bekannt, daß ihr Ehemann im Zorn zu ihr gesagt habe: »Geh zum Teufel.« Da habe sie gespürt, wie er durch das Ohr in sie hineingefahren sei. Die Frau stammt aus der Gegend von Aachen und war sehr bekannt.«[175]

Auch sonst finden sich in der mittelalterlichen Literatur zahlreiche Beispiele, denen zufolge solche unüberlegt ausgesprochenen Verwünschungen nur allzu schnell einen realen Effekt haben. Möglicherweise lässt sich das auch als Verstärkung des christlichen Verbots des Fluchens deuten.

Übrigens zeugen die beiden eben zitierten Wundergeschichten (und andere mehr bei Caesarius) von dem Glauben, dass die Dämonen von außen, genauer durch den Mund oder die Ohren in den Körper der Menschen eindringen können, wenn ihnen durch einen – auch nur im Zorn geäußerten – Befehl dazu die Gelegenheit geboten wird. Ein weiterer Ort, an dem sich Dämonen bei den Menschen einnisteten, scheint das Haar gewesen zu sein, besonders nach frühmittelalterlicher Vorstellung. Man könnte die Schur besonders schönen Haares bei einem Mädchen noch damit erklären wollen, dass hier Stolz und Eitelkeit gebannt werden sollen und nur indirekt die Dämonen, wie in der *Vita* des hl. Norbert von Xanten (ca. 1082 – 1134), des späteren Erzbischofs von Magdeburg und Gründers des Prämonstratenserordens, berichtet wird. Er nahm 1124 einen Exorzismus an einem Mädchen vor und war dabei nicht zimperlich: »Und weil sie durch ihre blonden Haare schön war, ließ der Priester sie scheren, in der Furcht, dass der Teufel durch die Gelegenheit der Haare Macht über sie hätte.«[176] Andere Belege sind deutlich expliziter. So wurde die Haarschur offenbar als Teil von Exorzismen vorgenommen, »um den Dämonen ein beliebtes Versteck zu nehmen.«[177] Bezeichnend ist eine Episode aus dem Leben des Einsiedlers Arthemius in der karolingerzeitlichen *Vita Eparchii* (Kap. 15 – 16). Der hl. Eparchius wurde von den Eltern des langhaarigen, dämonisch besessenen Eremiten aufgesucht, um diesen von seinem Dämon zu befreien. Eparchius ließ ihm zuerst einmal das Haar, das er vorher wild hin und her geworfen hatte, nach Art eines Laienbruders schneiden, worauf der Dämon in lautes Wegeschrei ausbrach, weil er damit seine Macht über Arthemius verlor; dieser wurde dann in die Kirche geführt, vollständig geheilt und später sogar zum Diakon geweiht. Der Dämon musste also den Besessenen verlassen, nachdem diesem das Haar geschnitten worden war, weil er damit offenbar seinen Wohnsitz verloren hatte. Aus diesem Grund wurde mitunter auch in der Krankenbehandlung das Scheren des Haupthaares als Therapeutikum praktiziert.[178]

Die von der Schulmedizin in der Praxis längst vollzogene, aber schriftlich kaum ausdrücklich greifbare Unterscheidung zwischen Geisteskrankheiten und Besessenheit, die heute im Exorzismus der katholischen Kirche eine wesentliche Rolle bei der jeweiligen Bewertung spielt und erstmals 1614 im *Rituale Romanum* dargelegt wurde, wird an der Wende zum 15. Jahrhundert bei Johannes Nider (ca. 1380–1438) in seinem *Formicarius* (»Ameisenhaufen«, 1436/38, gedruckt 1475) verbalisiert. Im 5. Buch seines Werks über den idealen Staat, das sich ausführlich mit Zauberei und Hexerei beschäftigt, entwickelte der dominikanische Theologe eine Theorie, nach der er verschiedene Arten von Besessenheit klassifizierte, wobei er echte dämonische Besessenheit, die durch *incubi* hervorgerufen werde, vor allem den Frauen zuordnete und damit die Grundlagen für den frühneuzeitlichen Hexenwahn legte (s. unten Kap. 4 über den Hexenglauben).

3.3 Dämonenabwehr

Dämonenabwehr durch Amulette

Der Wunsch, sich vor Dämonen und ihren Einflüssen zu schützen, ob diese nun als Verzauberung, Krankheit oder Unglück wahrgenommen wurden, geht weit vor das Christentum zurück. Einem solchen Schutz dienten in erster Linie Amulette, die aber nicht wie heute meist als Glücksbringer fungierten, sondern als Schadensabwender gedacht waren, nicht unähnlich den heute noch weit verbreiteten christlichen Christophorus-Plaketten und -Anhängern als Schutz vor Unfällen im Verkehr. Dass diese Amulette meist am Körper getragen wurden, hängt damit zusammen, dass sie sich vor allem gegen Krankheitsdämonen wandten, so wie Glocken (vgl. unten Kap. 3.3) in erster Linie gegen Wetter- und Sturmdämonen zur Verwendung kamen.

Amulette sind schon in der Vor- und Frühgeschichte bekannt. Dabei handelte es sich in erster Linie um organische und anorganische Gegenstände wie Tierzähne, Knochen, seltsam geformte Steine und Mineralien. Derartige Amulette sind aber auch noch für das ganze europäische Mittelalter belegt. Um 1300 herum erwähnt der katalanische Gelehrte Arnald von Villanova (gest. 1311) in seinem medizinischen *Breviarium*, dass bestimmte Pflanzen, Steine und tierische Substanzen ebenso wie Korallen oder in Silber gefasste Hölzer, die um den Hals getragen oder, zu kleinen Päckchen zusammengefaltet, in die Kleidung eingenäht würden (vgl. Amulett von Shropsham/England, Abb. 3.3.1), sowohl zum Zwecke eines Schadenzaubers als auch als apotropäische, also schadenabwehrende Mittel wirksam seien (so etwa bewahren Korallen um den Hals vor Verdauungsstörungen).[179] Weder als Theologe noch als Mediziner scheint er an derartigem Glauben Anstoß genommen zu haben. Mittel-

alterliche Bilddenkmäler belegen den Glauben an solche Ligaturen (»umgebundene Amulette«), aber die archäologischen Belege für mittelalterliche Amulette im christlichen Kontext zur Dämonenabwehr bestehen meist aus Texten auf Pergament oder auf bestimmten Gegenständen aus Metall – mit wenigen Ausnahmen, etwa einem Korallenperlenarmbändchen aus Greifswald aus der Zeit um 1300, das nur acht Zentimeter Umfang hatte und also wohl das Armkettchen eines Neugeborenen war.[180] Ein früher Beleg für die Wirkung der Koralle bei Kleinkindern ist das sogenannte Triptychon des hl. Proklos von 1332 des Ambrogio Lorenzetti in den Uffizien, welches das Christuskind mit einem Korallenästchen als Amulett an einem Halsband zeigt; solche Korallenamulette sind auf mittelalterlichen Darstellungen ausgesprochen häufig zu finden.

Zwar sind Amulette mit Texten wie im Christentum des Mittelalters auch schon aus den Hochkulturen des Nahen Ostens, dem alten Ägypten und aus Babylon bekannt, dort aber mit wenigen Ausnahmen ohne erkennbare Wirkung für die abendländische Praxis geblieben. Im vorchristlichen germanischen Bereich sind derartige Bildträger als Amulette, teilweise mit Runen beschriftet, in Form der Goldbrakteaten schon für das 5./6. Jahrhundert in ganz Nord-, West- und Mitteleuropa belegt, blieben aber ebenfalls ohne direkten Einfluss auf Amulette der christlichen Periode. Sie zeigen allerdings zum einen, dass bestimmte Zauberworte schon in dieser Zeit als wirksam gegen Unheil betrachtet wurden, zum anderen aber auch, dass man mit anderen Formeln die jenseitigen Mächte beschwören oder »herbeizitieren« wollte, um von ihnen Schutz vor Unheil zu erlangen oder sie ausdrücklich von schadenbringendem Verhalten abzuhalten. Insofern unterscheiden sich diese Amulette einer polytheistischen germanischen Religion nicht prinzipiell von den etwas später einsetzenden christlichen Amuletten, die ja ebenfalls nicht direkt als Gegenstände, sondern durch die Anrufung der Gottheit, der Heiligen oder anderer jenseitiger Mächte wirken sollen.

Im christlichen Raum scheint sich die ostkirchliche Tradition in Byzanz deutlich von der westeuropäischen zu unterscheiden. Hier wirkten noch stärker als im Westen antike griechische Elemente weiter,[181] indem etwa das vorchristlichen Hystera-Haupt (seinen Namen verdankt es der begleitenden Inschrift *hystera meláne melanoméne*, »Gebärmutter, schwarz, schwärzend«) mit der Darstellung von Schlangen ein wichtige Rolle spielt, auch wenn auf der Rückseite eine Heiligendarstellung zu finden ist. Dagegen spielen auf den mittelalterlichen

Abb. 3.3.1 Amulett von Shropsham in zusammengefaltetem Zustand, England.

westlichen Amuletten bildliche Darstellungen mit Ausnahme des Kreuzes und des Gekreuzigten fast gar keine Rolle, und vorchristliche Symbole beschränken sich ausschließlich auf das SATOR-Quadrat (s. unten Kap. 3.3). Da die Kulturkontakte zwischen Byzanz und Westeuropa jedoch nicht völlig abrissen – besonders mit den Ottonen des 10. Jahrhunderts einerseits, dem norwegischen Königshaus im 11. Jahrhundert andererseits –, finden sich allerdings vereinzelt auch in Westeuropa die auf byzantinischen Medaillons und Phylakterien verwendeten griechischen Wörter des christlichen Ritus, besonders die in der Liturgie in Resten überlebenden Namen Gottes wie Sabaoth, Hagios, Kyrios, Adonai;[182] die Form und die Textformeln der betreffenden byzantinischen Amulette haben jedoch mit den westlichen ansonsten kaum etwas gemein.[183] Nur sehr vereinzelt – und sicherlich eher der gelehrten Vermittlung als einem Transfer im Volksglauben geschuldet – sind byzantinische Formeln und Wörter des Amulettgebrauchs, wie Τρισάγιος, ΑΒΡΑΣΑΣ, oder die formelhafte Anrufung Salomons im Westen auf Amuletten zu finden.[184]

Was die Bezeichnungen von Amuletten selbst anlangt, so ist die mittelalterliche Terminologie nie ganz eindeutig: Das *amuletum* (von lat. *amoliri*, »beseitigen«) findet sich schon bei Plinius dem Älteren in der *Historia naturalis*; er definiert es als magisches Objekt, das man am Körper, meist um den Hals trug zum Schutz vor allen möglichen Gefahren. Im Mittelalter wurde das Wort ungebräuchlich und kehrte erst mit der Renaissance wieder in den Sprachgebrauch europäischer Sprachen zurück. Ähnliches gilt für das Wort Talisman, das aus dem griechischen *télesma*, »Ritus; Abgabe«, in das Arabische als *tilsām* entlehnt wurde und ebenfalls erst seit dem 17. Jahrhundert wieder als Gegenstand mit magischen oder astrologischen Zeichen in Europa auftaucht.[185]

In der Kirchenväterzeit finden sich vor allem die Begriffe *phylacterium*, *ligamentum* und *ligatura*, um auf Papyrus geschriebene Amulette zu bezeichnen, und diese Begriffe werden dann im ganzen Mittelalter für Amulette gebraucht, die – wenigstens in erster Linie – aus Texten bestehen. Während *phylacterium* (mittelalterlich auch *filacterium*) in der Bedeutung »Schutz« auch auf Kapseln mit Amuletten bezogen war, ob nun geschrieben oder nicht, wurde der Begriff dann nicht nur für Abwehrzauber, sondern für alle Arten von auf Beschreibstoffen verzeichneten Zaubersprüchen verwendet. *Ligatura*, seltener *obligamenta* oder *ligamen*, alles eigentlich »Band, Verband« (von lat. *ligare*, »binden, umwickeln«), ist im Mittelalter der gebräuchlichste Begriff für Amulette und deutet direkt darauf hin, wie sie getragen wurden – meist an einem Band um den Hals. In dieselbe Richtung gehen die selteneren Bezeichnungen *impendimenta* und *suspensoria*, die sich nur auf das Um- bzw. Aufhängen beziehen. Nicht nur die Verwendungsweise, sondern auch das Material, aus dem die Zettel bestanden, nämlich Papyrus, Pergament oder später Papier, konnte für Textamulette namengebend sein, also *carta*, *c(h)artula*, »Kärtchen«, und *scheda*, »Zettel, Liste«, und selbst die Form dieser Amulette, wenn es sich etwa um schmale Bleistreifen handelte, die als *lamellae* oder *laminae*, »Lamellen«, bezeichnet werden konnten.

Da die magischen Texte in aller Regel kurz waren, um eben auf Zettelchen oder Metallstreifchen zu passen, wurde ab dem Spätmittelalter der Begriff Briefchen oder Brief immer häufiger, der sich von lateinisch *brevis*, »kurz; kurzer Text; Brief«, ableitet, wobei dies in der Neuzeit überhaupt die gängige Bezeichnung für Textamulette, Zauber- und Schutzbriefe (wie etwa Pestbriefe) wurde. Daneben zeigen die althochdeutschen Glossen, dass die *phylacteria* mit *zaupargascrip*, *zoubergiscrip* oder auch *plech* und *plechir* offenbar für die metallenen Objekte (egal welchen Metalls) verwendet wurden.[186] Nur in einem übertragen Sinn konnten die Amulette auch als *characteres*, »Zeichen«, bezeichnet werden, denn das waren eigentlich die Buchstaben, allenfalls auch andere Zauberzeichen, die auf den Amuletten als apotropäische Texte geschrieben waren, vermutlich auch Zauberwörter wie das noch zu behandelnde *agla*.

Schon seit der Kirchenväterzeit wurden jedoch immer wieder die Herstellung und das Tragen von Amuletten durch kirchliche Autoren verurteilt bzw. als abergläubische Praxis, wenn nicht gar als heidnische Sitte abgetan. Nicht zuletzt mag dies etwas mit der Tatsache zu tun haben, dass Amulette ja wohl meist für Geld (oder wenigstens eine Spende) hergestellt wurden, was natürlich die Anknüpfung an die Geschichte vom samaritanischen Zauberer Simon in der Apostelgeschichte (Apg 8,18–24) erlaubte, der sich die Kraft des Heiligen Geistes von den Aposteln erkaufen wollte und dafür von Petrus zurechtgewiesen wurde. Im Frühmittelalter behandelte das karolingische Verzeichnis von abergläubischen Gebräuchen, der *Indiculus superstitionum* (Ende 8. Jahrhundert), unter dem Titel *De filacteriis et ligaturis* (etwa »Über Behältnisse/Kapseln und Umhängsel«) offenbar auch den nie unumstrittenen Amulettgebrauch. Spätestens seit Isidor von Sevilla (um 600) wurden Amulette offiziell verurteilt, auch wenn sie die nächsten 1000 Jahre intensiv in Gebrauch blieben:

> Zu all dem gehören auch die Bänder [oder Binden, oder Amulette] der verdammten Heilmittel, welche die ärztliche Kunst verurteilt, ob nun durch Beschwörungen oder durch Zeichen oder durch Umhängen oder Anbinden irgendwelcher Dinge. Denn bei allem derartigen ist die Kunst der Dämonen aus einer unheilvollen Verbindung von Menschen und bösen Engeln hervorgegangen, weswegen sie alle von einem Christen vermieden und mit jeglicher Verfluchung zurückgewiesen und verurteilt werden müssen. (*Etymologiae*, VIII, 9, 30–31)

Dieses nicht ganz wörtliche Zitat aus Augustinus, *De doctrina christiana*,[187] drang über Isidors extrem einflussreiche Enzyklopädie in zahlreiche kirchliche Schriften des Mittelalters ein, so in die wirksamen Schriften des Caesarius von Arles (ca. 470–542), der gegen »Amulette und diabolische Zeichen oder andere Umhängsel« wetterte.[188] Seine Verurteilungen flossen in die Schriften von Martin von Braga (515–580), Gregor von Tours (538–594), Papst Gregor dem Großen (ca. 540–604), Eligius von Noyon (588–660) und dem iroschottischen Missionar Pirmin von Meaux (ca. 690–753) ein und erreichten mit der Tätigkeit von Pirmin auf der Reichenau auch Mitteleuropa.

Die pseudo-augustinische *Homilia de sacrilegiis*[189] aus dem Kloster Einsiedeln aus einer Handschrift des 8. Jahrhunderts ging noch einen Schritt weiter und verdammte jegliche Amulettanwendung als heidnisch:

Quicunque salomoniacas scripturas facit et qui characteria in carta siue in bergamena siue in laminas aereas, ferreas, plumbeas uel in qualcumque christum uel scribe hominibus uel animalibus mutis ad collum alligat, iste non est christianus, sed paganus est.
(Cap 6, § 19, hier nach Caspari, Homilia, 11)
Wer auch immer Salomonische Schriften anfertigt und wer Zauberzeichen auf Zettel oder Pergament oder auf kupfernen, eisernen oder bleiernen Streifen oder auf irgendeinen Christen schreibt und den Menschen oder den stummen Tieren um den Hals hängt, ist kein Christ, sondern ein Heide.

In dieser Tradition frühmittelalterlicher Verurteilungen des Amulettwesens stand auch Burchard von Worms (ca. 950/65–1025), der kurz nach 1000 in seinem als *Corrector* oder *Decretale* bezeichneten *Poenitentiale*,[190] insbesondere in Buch 10 »Über Zauberer und Wahrsager« (*De incantatoribus et auguribus*), zahlreiche heidnische Sitten und Gebräuche auflistete und dessen Werk nicht zuletzt deshalb zu einer gewissen Popularität gelangte. Auch er verurteilte neben Zaubersprüchen (*incantationes diabolicas*) und Wahrsagerei den Gebrauch von *phylacteria*, allerdings so knapp, dass es kaum über das Wort hinausgeht.

Wenn es sich bei all diesen Verurteilungen nicht *nur* um missionszeitliche Formeln zur Verurteilung paganer Gebräuche handelt – was zwar möglich ist, aber nicht ganz zu überzeugen vermag –, dann zeigt dies auch, dass es sich bei den Amulettgebräuchen eben nicht nur um die Reste heidnischer Vorstellung handelte, sondern zur selben Zeit auch christliche Kleriker durchaus bereit waren, den volksreligiösen Bedürfnissen nach Schutz gegen dämonische Bedrohungen nachzukommen. Damit aber vollzog sich der Wandel hin zu den fast ausschließlich christlich geprägten, nur noch von ganz vereinzelten vorchristlichen Zauberworten durchsetzten Amuletttexten – und selbst diese Zauberworte stammten nicht aus dem germanischen oder keltischen Wortschatz, sondern wurden aus dem Nahen Osten übernommen und waren damit für die Gläubigen nicht mehr als nicht-christlich identifizierbar.

Zwecke der Amulette

Hauptzweck aller Amulette war in allererster Linie die Schadensabwehr. Dabei dienten die am Körper getragenen in erster Linie dem Schutz vor Krankheiten, da man im Volksglauben für Krankheiten im Wesentlichen nur drei Ursachen kannte: »durch Krankheitsdämonen, durch Zauberkraft des Menschen und durch natürliche Ursachen«[191] (vgl. oben unter Krankheitsdämonen Kap. 3.2). Jedoch existierten auch Amulette, die nach mittelalterlicher Auffassung übernatürliche Kräfte verliehen, weil sie einen Teufelspakt festhielten, aber auch harmlosere Gegenstände wie die beiden Kupferamulette aus der wikingischen Rus', die nach derzeitiger Deutung dem Träger (zusätzliche?) Manneskraft verleihen sollten, ob dies nun in kämpferischer oder sexueller Hinsicht gemeint gewesen sein mag. Der überwiegende Teil der erhaltenen Amulette auf Pergament oder Metall ist jedoch krankheitsabwehrender Natur, wobei keineswegs in allen Fällen die Art der Krankheit ersichtlich ist. Die Amulette nennen nämlich eher nur die zu schützenden Körperteile einer bestimmten Person, die auf dem Amulett idealerweise auch namentlich und nicht nur mit dem standardisierten *hic famulus dei*, »dieser Diener Gottes«, oder gar nur mit einem (noch zu ergänzenden) N. für *nomen*, »Name«, genannt wurde.

Es muss noch erwähnt werden, dass man auch Gegenstände als Amulette auffasste, die wir heute kaum unter diesem Begriff subsumieren würden, vor allem Reliquien wie Kreuzpartikel in Kapseln als Phylakterien oder die Evangelientexte (dazu unten mehr) oder ganze Evangeliare. Das bekannteste davon dürfte das aus dem 9. Jahrhundert stammende Evangelienbuch von Pürten in Bayern sein, das man als heilkräftig gegen Irrsinn betrachtete. Man legte den Besessenen oder Geisteskranken das auf den Seiten mit einer Abbildung eines der vier Evangelisten aufgeschlagene Evangeliar über Nacht unter den Kopf und verlieh es für diesen Zweck auch gegen geringe Gebühr. Aus diesem Grund sind heute in diesem an sich gut erhaltenen Codex Clm 5250 der Bayerischen Staatsbibliothek die drei noch erhaltenen Abbildungen auch stark beschädigt.[192]

Nach Ausweis der Texte scheinen jene Amulette, bei denen eine Aussage darüber überhaupt möglich ist, häufig gegen fiebrige Erkrankungen und solche von Kopf und Augen gerichtet zu sein und die Dämonen beschworen zu haben, davon abzulassen. Andere (oft hölzerne) Amulette als obstetrische Hilfe kommen dagegen allein mit der Anrufung der Heiligen aus und nehmen meines Wissens keinen Bezug auf Dämonenbeschwörungen; vermutlich wurde in der liminalen Situation der Geburt eine dämonische Inkantation als zu gefährlich angesehen.

»Hoc scribe in plumbo«: Amulettmaterialien

Wiewohl Amulette im Mittelalter aus allen möglichen Materialien bestehen konnten, sind diejenigen, die sich in apotropäischer Weise mit Dämonen beschäftigten, zum überwiegenden Teil aus Pergament oder Blei. Aber auch teufelsbündlerische Texte, die uns leider nicht erhalten sind, waren nicht auf »Zettel« beschränkt, von denen man sich vorstellte, dass die Schwarzkünstler sie selbst unter der Haut der Achselhöhlen eingenäht trugen, sondern konnten auch aus Metall sein. Das scheint eine Stelle in einem Brief Papst Benedikts XII. vom 13. April 1336 zu belegen, in dem er den Bischof von Paris bittet, einen dort verhafteten englischen Nigromanten samt den sichergestellten (oder noch sicherzustellenden?) »gewissen Metallstreifen (*laminas*), mit denen er angeblich seine Schadenzauber betreibt«, an die päpstliche Kurie nach Avignon zu überstellen.[193] Vermutlich war aber die überwiegende Zahl aller Amulette, die mit der Beschwörung von Dämonen deren Abwehr dienen sollten, auf Pergamentstreifen geschrieben, die man in die Kleidung einnähen oder an Schnüren um den Hals tragen konnte. So haben sich auch viele der noch zu behandelnden Formeln ausführlicherer Art auf Pergamenten erhalten.

Bleiamulette

Besser haltbar, aber dennoch heute als Belegmaterial nicht annähernd so umfangreich wie die Pergamentbriefchen sind die Inschriftentäfelchen oder beschriftete Streifen aus Blei. Obwohl sich Blei in der Erde sehr gut bewahrt, hat man die in zusammengefalteter Form oft nur winzigen Bleiamulette bis vor wenigen Jahrzehnten in der Forschung nicht wahrgenommen, weil man sie in den die Kirchen umgebenden Friedhöfen wohl als bleierne Materialreste der Kirchenabdeckungen wahrgenommen und daher nicht näher untersucht hat. Ein zweiter Grund für die trotz zahlreicher Funde der letzten Jahre noch immer beschränkte Textmenge ist die Tatsache, dass man beim Zusammenfalten der Bleitäfelchen diese offenbar gerne fest verklopfte, um einerseits den Text der Innenseite zu schützen, andererseits das Volumen des resultierenden kleinen Bleipäckchens gering zu halten. Dass man Dämonenbeschwörungen in Blei für effizienter hielt als in anderen Medien, geht aus einer Reihe handschriftlicher Texte hervor, die etliche Jahrhunderte umspannen. Übrigens hat man aus dem frühen Mittelalter auch Amulette aus Kupfer und vereinzelt anderen Metallen gefunden, aber diese scheinen mit der Dämonenabwehr gar nichts zu tun haben und sollen hier auch nicht weiter behandelt werden.

Bleiamulette waren schon in der Antike getragen worden, wie ein Beispiel aus einem Mädchengrab aus Carnuntum zeigt,[194] und in der christlichen Spätantike wurden apotropäische Formeln in Blei geritzt, so etwa auf einer Bleitafel aus Trogir in Dalmatien aus dem 6. Jahrhundert, die Christus gegen *immondissime spirite tartaruce* [sic!], also »einen höchst unreinen höllischen Geist« anruft.[195] Aber auch das ganze Mittelalter hindurch blieb

Blei ein wichtiger Träger von Zauberformeln, und wir dürfen wegen der Natur der Inschriften annehmen, dass es als besonders wirksam gegen Dämonen angesehen wurde. In einer rheinischen Pergamenthandschrift aus Maria Laach aus dem 11. Jahrhundert wird schon eine lateinische Anleitung zur Herstellung eines Bleiamuletts gegeben:

Im Namen des Herrn nimm Blei und mache hinein ein Kreuz und schreibe darauf vor dem Ganzen: »Sieh das Kreuz Gottes« und an den Schluß: »Friede sei mit dir, Halleluja«. Und binde es über dem Kranken an dessen Hals.[196]

Auch in einer Heidelberger Handschrift des 15. Jahrhunderts wird in einem lateinischen Rezept empfohlen, für einen an Epilepsie (*Morbus caducus*) Erkrankten eine ganze Reihe heiliger Namen zu schreiben:

Diese Namen sollen auf Bleitafeln mit Buchstaben wie unten angegeben geschrieben und an den Hals des Kranken gehängt werden: [...].[197]

Die Verwendung von Blei für Täfelchen mit Amulettinschriften ist aber keineswegs an die Epilepsie oder überhaupt eine spezifische andere Krankheit gebunden, sondern hängt nur mit der apotropäischen Kraft dieses Metalls zusammen. Dass keine Amulette aus Eisen gefunden wurden, dem ja ähnliche Kräfte zugeschrieben wurden, dürfte mit der leichteren Bearbeitbarkeit des Bleis zusammenhängen. Dass Blei das typische Material für die Amulettherstellung war, geht auch aus der Liste der Zauberhandlungen des Hans Vintler hervor, der (vor 1411) schreibt:

und etleich schreiben auf plei
Under der cristmess für den Wurm[198]

Das ist einer der äußerst seltenen Hinweise auf die Produktionsbedingungen von Amuletten (»während der Weihnachtsmesse«), was aber wohl damit zu tun hat, dass das betreffende Evangelium der Anfang des Johannesevangeliums ist, sodass nicht ganz klar ist, ob sich die Aussage vielleicht nur auf den Text oder doch die konkrete Abfassungssituation bezieht.

Ein Uppsalenser Codex deutscher Provenienz aus dem zweiten Drittel des 13. Jahrhunderts enthält zwischen wissenschaftlichen Texten eine Benediktion, die überhaupt gleich mit einer Handlungsanleitung verbunden wird. Nach dem Text vom Beginn des Johannesevangeliums, *In principio erat verbum*, »Am Anfang war das Wort«, fordert er auf: *Contra elphos hoc in plumbo scribe*,[199] »Gegen Alben/Dämonen schreibe das in Blei«. Offenbar gelangt die Wirksamkeit des »heiligen« Texts erst in Verbindung mit dem dämonenabwehrenden Metall zu ihrer vollen Entfaltung.

Im sogenannten Kasseler Arzneibuch aus dem ersten Viertel des 15. Jahrhunderts wird ebenfalls eine Beschwörung angeführt mit den Zusatz: *Contra febres Scribe in plumbo*,[200] »Gegen Fieber, schreibe in Blei«. Auch volkssprachliche Texte übernehmen im Spätmittelalter noch diese Handlungsanweisung, so etwa eine englische Handschrift des 15. Jahrhunderts, deren detaillierte Anweisung zur Herstellung eines Bleiamuletts ungenannter Bestimmung folgendermaßen beginnt: *Take a plate of leed and make hit even square and elke cornere make a cros in this manere*, »Nimm eine Bleitafel und mache sie quadratisch und in jede Ecke mache ein Kreuz in dieser Art«.[201]

Diese Bleitafeln wurden dann gefaltet, sodass der Text der Beschwörungen innen lag, und außen meist mit zusätzlichen Zeichen und Formeln beschriftet. Häufig handelte es sich um Kreuze, das Alpha und Omega oder das Sator-Quadrat, die wohl alle den »heiligen« Inhalt im Sinne eines Paratexts markieren, aber auch schützen sollten.

Dass die Bleistreifchen (*laminas*) auch zu anderen Zwecken wiederverwendet werden konnten, zeigt z. B. ein Bleiamulett aus Romdrup (in der Nähe von Aalborg) im dänischen Jütland, wo sich der schmale Bleistreifen als Schutz von drei in Seide eingewickelten Reliquien in einer Kapsel im Altargrab der im Jahr 1200 geweihten Kirche gefunden hat. Die auf dem Blei angebrachte ausführliche Inschrift gegen Krankheitsdämonen, die einem gewissen Nicholas nicht schaden sollten, kann also nicht mit der Verwendung im Altargrab zusammenhängen, aber offenbar störte man sich auch nicht an dieser Inschrift in diesem doch streng liturgischen Kontext.[202]

Bleikreuze

Eine Sonderform der Bleiamulette sind die vor allem in Skandinavien verbreiteten Bleikreuze mit Inschriften, die sich nicht wesentlich von denen anderer Bleiamulette unterscheiden und aus ganz kurzen Ritzungen bestehen können, die nicht immer verständlich sind, aber auch aus längeren Inschriften. Die ca. 20 bekannten Bleikreuze, vorwiegend aus dem 13. Jahrhundert, verteilen sich recht gleichmäßig auf solche in Runen und solche in lateinischem Alphabet, wobei mit Blick auf die Funktion kein Unterschied zwischen den beiden Schriftsystemen zu erkennen ist. Die Kreuze rangieren in der Größe zwischen 5 und 15 Zentimetern und enthalten entweder nur wenige Zeichen, die sich weitgehend auf Wiederholungen des Zauberwortes *agla* (Trondheim, N 28109) oder wenige unverständliche Runen beschränken, bis hin zu ausführlicheren Sammlungen magischer Wörter in (schlechtem) Latein, so etwa bei dem Runenkreuz von Madla (N 248) mit über 160 Runen.[203] Letzteres trägt die Inschrift (hier in normalisiertem Latein wiedergegeben):

Ecce crucem domini, fugite partes adversae, vicit leo de tribu Juda, radix David. Quattuor gramis in pectalon quod fronte tulit Aaron. Jesus Christus. Marku. Matthäus. Lukas. Johannes. Tetragrammaton. A et O.

Wiewohl einige der Kreuze in Gräbern gefunden wurden, deuten die Inschriften darauf hin, dass es sich um dämonenabwehrende Amulette und nicht etwa um Begräbniskreuze handelte.

Ein gutes Beispiel ist das schon genannte Trierer Klosterschulbuch aus der Zeit um 1050, das neben zahlreichen lateinischen Rezepten auch einige Beschwörungstexte enthält, darunter »gegen die Pfeile des Teufels«, und an einer Stelle den Hinweis: *accipe plumbum et fac inde crucem paruulam*, »nimm Blei und mache (daraus?) ein kleines Kreuz«,[204] um dann aufzufordern, dieses dem Kranken um den Hals zu hängen. Hier haben wir also auf Pergament die Anleitung, wie ein kreuzförmiges Bleiamulett herzustellen ist.

Pergament

Vermutlich war wie bereits erwähnt die überwiegende Zahl aller Amulette mit Beschwörungsformeln zur Abwehr von Dämonen auf Pergamentstreifen geschrieben, die man in die Kleidung einnähen oder an Schnüren um den Hals tragen konnte, und viele der noch zu behandelnden Formeln ausführlicher Art haben sich auf Pergamenten erhalten. Auch die unter die Haut eingenähten Zaubersprüche waren – sofern es sie in dieser Form wirklich gegeben hat, was noch nicht zweifelsfrei geklärt ist – sicherlich aus Pergament und nicht wie in dem oben zitierten Beispiel aus Metall.

Dass sich diese Pergamentstreifchen außerhalb von Bibliotheken nicht sonderlich gut erhalten haben, ist naheliegend. Aber auch so ist es überraschend, dass das große »Corpus der deutschen Segen und Beschwörungsformeln« (CSB) in der Sammlung des Instituts für Sächsische Geschichte und Volkskunde in Dresden ca. 28.000 Belege umfasst.[205] Die große Schwachstelle dieser und anderer Sammlungen (abgesehen von editionstechnischen Problemen) ist die Tatsache, dass etwa auch Anton E. Schönbachs (1848–1911)[206] Sammlung sich fast ausschließlich auf volkssprachliche Texte konzentrierte. Diese sind für die mittelalterliche Lebensrealität, in der Latein die wichtigste Rolle spielte, nicht gerade repräsentativ, zumal in einem Bereich der Religiosität, auch wenn die Volksreligiosität wohl noch eher auf die Volkssprache zurückgegriffen haben mag als die Liturgie.

Auf Pergament finden sich auch die wenigen Beispiele illustrierter Zaubersprüche, die über Kreuze, Symbole, das Sator-Quadrat und andere derartige »*Characteres*« hinausgehen. Illustrationen setzen natürlich voraus, dass das Format der Pergamentamulette wenigstens geringfügig größer waren als die meist winzigen Bleiamulette (die in zusammengefaltetem

Zustand häufig nur 20 × 20 bis 30 × 40 mm maßen), um einen erkennbaren Bildinhalt zu ermöglichen. Ein in der Literatur inzwischen gut bearbeitetes Beispiel stellt die Handschrift Princeton MS 235 dar[207], das auf etwa 1450 datiert wird, aus Katalonien stammt und mit den fast quadratischen Maßen 17,5 × 17,6 cm wohl eher schon eine maximale Größe für derartige Amulette angibt. Das Zentrum in der mittleren der drei Spalten nimmt eine farbige, fein ausgeführte Miniatur von Christus als Schmerzensmann ein, umgeben von den Leidenswerkzeugen. Der großteils lateinische Text besteht aus Ausschnitten aus den vier Evangelien und beginnt, wie so viele Amulette, direkt mit dem Zitat von Joh 1,1–14 mit der rot geschriebenen Rubrik *Secundum Johannem*. Auskunft über den Zweck des Amuletts gibt eine Stelle rechts unten auf demselben:

siquis sequentem epistolam domini nostri ihesu christi scripsisse portaue[rit][?] tenuerit ab omnis malis et periculis euadet.[208]
Wer auch immer diesen von unserem Herren Jesus Christus geschriebenen Brief trägt und behält, entkommt allen Übeln und Gefahren.

Damit wurde die Multifunktionalität des Amuletts festgelegt, und auch wenn es keine ausdrückliche Beschwörung von Dämonen enthält und diese in dem Zitat nur mit Blick auf die Heilung von Besessenen durch Jesus aus Mt 8,14–17 (*demonia*) und einmal im katalanischen Textstück (*diables*) erwähnt werden, wendet sich auch dieses Exemplar ganz deutlich gegen alle möglichen Formen dämonischer Aktivitäten. Bestätigt wird dieser Eindruck durch den um die zentrale Illustration laufenden Text, der mit einer Version des *Titulus triumphalis* beginnt: *christus uincit christus regnat christus ab omni malo me defendat*.

Zwar dürfte mit derart großen Pergamentblättern die Grenze der Praktikabilität erreicht worden sein, dennoch gibt es ganz ausnahmsweise auch Pergamentamulette noch wesentlich größeren Formats. Das Amulett aus der Canterbury Cathedral Library, Add. Ms 23, das aufgefaltet immerhin die beträchtliche Größe von 51,2 × 47,7 cm aufweist, ergab nach der mehrfachen Faltung immer noch ein längliches »Briefchen« von 12,8 × 5,3 cm ergab, wies dabei aber dann 32 Schichten auf[209] und war somit nur noch bedingt etwa für ein Einnähen in Kleidung geeignet.

Obwohl einige der Pergamentblätter durch die Faltungen und Gebrauchsspuren eindeutig als Amulette zu identifizieren sind, die auch praktisch zum Einsatz kamen, finden sich bei weitem die meisten der entsprechenden Texte nicht auf den eigentlichen Amulettzettelchen, sondern in Handschriften, wo sie als Vorlage oder Erinnerungsstütze für die Herstellung von Amuletten eingetragen wurden. Meist stammen sie aus dem klösterlichen Kontext – nicht nur, weil dort die umfangreichsten Bibliotheken zu finden waren, sondern wohl auch, weil man sich die Herstellung von Amuletten im Randbereich des klösterlichen Lebens zu denken hat, wo sie zur Nebeneinkunft der Geistlichen beigetragen haben mag. Nicht umsonst warnt am Beginn des 15. Jahrhunderts Hans Vintler die Laien – deshalb auch auf Deutsch – im Rahmen seiner fast enzyklopädischen Superstitionskritik vor magischen Praktiken, auch wenn sie von Klerikern stammt, denn offenbar hat er oft gehört:

Auch sprechent si: »mich hatz gelert
Ain pfaff, wie möchte es pös gesein?«[210]

Kleriker und Mönche bieten sich auch vom Grad der Alphabetisierung und des Bildungsstands als Verfasser von Amulettformeln, sicherlich aber auch anderer magischer Praktiken an. Dass man jedoch nicht nur im – auch kommerziellen – Umfeld von Klöstern die Herstellung und den Vertrieb von Amuletten zu denken hat, zeigt ein praktisches Beispiel aus einer Legende über den hl. Bernhard von Clairvaux (in der Version der *Legenda aurea* des Jacobus de Voragine aus den 1160er Jahren). Bernhard wollte auf einer Reise eine Besessene heilen, und nach längerer Diskussion mit dem Dämon, der die Frau nicht aufgeben wollte, exorzierte er ihn förmlich:

Und da Sanct Bernard betete, fuhr der Teufel aus dem Weibe. Aber da der Heilige von dannen ging, kam der Teufel wieder und fuhr abermals in die Frau. Da lief ihr Mann hinter Sanct Bernhard drein und erzählte ihm, was geschehen war. Der gab ihm einen Zettel, den sollte er ihr um den Hals binden; darauf stund geschrieben: »Ich gebiete dir im Namen unseres Herrn Jesu Christi, böser Geist, dass du dieses Weib hinfort nicht mehr anrührest.« Der Mann tat nach dem Geheiß, und der Teufel wagte fürder nicht, dem Weibe zu nahen.[211]

Wenngleich diese Stelle nichts darüber aussagt, in welcher Sprache der Heilige dieses »Zettelchen« (*chartulum*) abfasste – denn der Text der *Legenda aurea* ist natürlich lateinisch, dürfen wir aber aus rein statistischen Gründen davon ausgehen, dass auch diese wie die meisten anderen überlieferten Beschwörungen auf Latein verfasst war –, so bringen Belege wie dieser doch die Grundannahme von Germanisten ins Wanken, die zu Zaubersprüchen und Segen meinen: »Ihre genuine Existenzform ist mündlich«,[212] und damit auch gleich die Volkssprachlichkeit der Texte als normal voraussetzen.

Die Formeln der Amulette

Man hat die Beschwörungen auch in den Volkssprachen (und hier besonders im Mittelhochdeutschen) nach ihren Anwendungsgebieten bzw. ihrer Wirkung zu klassifizieren versucht. Demnach gibt es solche

— gegen Krankheiten (Fieber, Gicht, Epilepsie, den »Wurm«, Augenleiden),
— gegen Verletzungen (Verrenkungen, Lähmungen, Verletzungen durch Waffen),
— im Verhältnis zu Menschen (Liebeszauber, Waffensegen, gegen Feinde),
— im Verhältnis zu Tieren (Viehsegen, Wolfssegen, Bienensegen),
— im Verhältnis zu Pflanzen (Kräutersegen, Auffindung von Zauberpflanzen) oder
— im Verhältnis zu den Naturgewalten (Feuersegen, Wetter- und Hagel-Zauber).[213]

Auffällig daran ist, dass dämonische Hilfe fast nur für die beiden ersten und die letzte der Kategorien in Anspruch genommen wird. Mir sind keine Beispiele bekannt, in denen die Dämonen etwa beim Besprechen oder zum Auffinden von Kräutern beschworen worden wären.

Es darf vermutet werden, dass entweder das drastische, der schwarzen Magie ja sehr nahestehende Mittel der Dämonenbeschwörung (ob sie nun auch Alben, Elben, Elfen etc. genannt wurden oder nicht) nur in existenzbedrohenden Situationen angewandt wurde oder aber man dämonisches Wirken nur hinter den Krankheiten, Wetterphänomenen und Feuer vermutete und daher in den anderen genannten Fällen keine Beschwörung möglich oder notwendig war. Deswegen wird sich die folgende beispielhafte Vorstellung von typischen Amuletttexten auch auf Krankheiten beschränken, da man gegen Sturm und Hagel nicht auf Amulette, sondern in erster Linie auf die apotropäische Wirkung von Glocken, deren Geläut und deren Inschriften setzte (vgl. unten).

Die aus theologischer Sicht ja keineswegs unproblematische Beschwörung von Dämonen wird in den Amuletttexten dadurch kaschiert, dass viele Amulette mit der Anrufung der Dreifaltigkeit beginnen, zudem auch christliche Standardgebete inkludieren oder noch öfters kurz zitieren und sich wiederholt auf die Kraft und Gnade Christi und die Fürsprache seiner Heiligen berufen.

Bei den in Handschriften überlieferten Zaubersprüchen lassen sich stets die epische bzw. mythologische Vorbildhandlung, der eigentliche Befehl und schließlich eine (meist schon christianisierte) Aktivierungsformel unterscheiden, wobei die epische Vorbildhandlung mit ganz wenigen Ausnahmen schon christlich gestaltet ist. Im Gegensatz dazu setzen die Amulette meist sofort mit einer Beschwörung der jenseitigen Mächte ein, wie im nur handschriftlich aus dem 14. Jahrhundert überlieferten umfangreichen sogenannten

»Münchner Nachtsegen«, von dessen 75 Versen nur der Mittelteil sich ausdrücklich gegen Dämonen richtet (V. 23–38):[214]

alb vnde elbelin	Alb und Elbelein, ihr sollt nicht
Ir sult nich lenger bliben hin:	länger hier bleiben,
albes svestir vn vatir	Albes Schwester und Vater, fahrt
Ir sult uz varen obir de gatir:	hin über den Zaun;
albes mutir trute vn mar	Albes Mutter, Truhte und Mare, ihr
Ir sult uz zu de virste vare:	sollt beim Dach hinausfahren!
noc mich dy mare druche,	Weder soll mich die Mare drücken
noc mich dy trute zciche,	noch die Truhte ziehen,
noc mich dy mare rite,	Weder die Mare mich reiten, noch
noc mich dy mare bescrite.	die Mare mich beschreiten.
alb mit diner crummen nasen,	Alb mit deiner krummen Nase, ich
ich vorbithe dir aneblafen	verbiete dir mich anzublasen,
ich vorbite dir alb ruche	ich verbiete dir, haariger Alb, zu mir
cruchen vn anehuechen.	zu kriechen und mich anzublasen.
albes kind ir withelin	Albenkinder, ihr Wichtel, lasset euer
lazet vwer tastin noch mir sin.	Greifen nach mir sein![215]

Hier werden verschiedene albische/elbische Wesen nicht nur in ihren Familienverhältnissen, sondern auch in ihren Funktionen beschrieben, aber bis auf den Albdruck und das *riten* werden keine Krankheiten konkret genannt.

Ebenfalls ganze Familien elbischer Dämonen, die man sich offenbar als männlich und weiblich vorstellte, aber mit wesentlich konkreteren Angaben zu den Krankheiten, finden sich auf mehreren Amuletten aus Norddeutschland bzw. Dänemark, von denen hier im Folgenden die beiden Amulette aus Schleswig und Romdrup als exemplarisch näher behandelt werden sollen. Bezüglich der Verwandtschaftsverhältnisse von Alben/Elben wäre allerdings zu überlegen, ob nicht auch die Stelle *Adiuoro uos elphos elphorum gordin. ingordin* […] aus einer Uppsalenser Handschrift deutscher Herkunft (*Codex Upsaliensis* C 222 der *Gemma animae* des Honorius Augustodunensis, ca. 1300) als »Elfen der Elfen« hierherzustellen wäre.

Am ausführlichsten von den genannten Amuletten ist das Bleiamulett aus Schleswig. Das relative große Bleitäfelchen (144 × 54/59 mm) stammt aus dem späten 11. oder frühen 12. Jahrhundert und wurde schließlich zu einem Päckchen von 40 × 40 mm zusammengefaltet, wobei die beschriftete Seite wie üblich nach innen gewandt ist. Außen wurde nach

dem Zusammenfalten ein Sator-Quadrat einge-
zeichnet, und zwar gleich zweimal, allerdings
beide Mal falsch und offenbar ohne Verständnis
für das mehrfach palindromartige Prinzip des Sator-Quadrats (s. unten). Auf der Innenseite steht
in sieben Zeilen die Beschwörung in fehlerhaftem
und verkürzendem Latein:

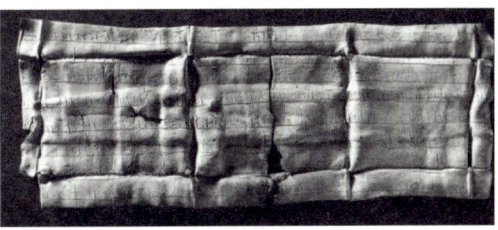

+ Initiu(m) s(an)c(t)i eu(an)g(e)lii s(e)c(un)d(u)m Ioh(anne)m. In pricipio erat v(er)bu(m) et hoc

v(er)b(u)m initio caret e(t) sine fine manet. I(n) no(m)i(n)e d(omi)ni n(ost)ri Iesu Chr(ist)i

c(on)iuro vos demones sive albes ac om(ne)s pestes om(n)iu(m) infirmitatu(m) ac

om(ne)s int(er)iectiones in unicum d(eu)m patre(m) om(n)ip(otente)m ac Ie(su)m Chr(istu)m filiu(m) eius

ac sp(iritu)m s(an)c(tu)m, ut n(on) noceatis famulo d(e)i neq(ue) in die nec i(n) nocte

nec (i)n ullis horis. Ecce cruce(m) + d(omi)ni, fugite partes adv(er)s(ae), vic(it) leo

(de t)ribu Iuda, radix D(av)id, am(en). Cru(x) † benedicat me n(omen) am(en)

Crux + Chr(is)ti p(ro)tegat, crux Chr(ist)i erua(t) me n(omen) a diabolo ac om(n)ib(us) mal(i)s am(en). +

Der Anfang des Heiligen Evangeliums nach Johannes: Am Anfang war das Wort und das Wort hat keinen Anfang und bleibt ohne Ende. Im Namen des Herrn Jesus Christus beschwöre ich euch, Dämonen und Elben und Ursachen[216] aller Krankheiten und aller Behinderungen, durch den einen Gott, den allmächtigen Vater und seinen Sohn Jesus Christus und den Heiligen Geist, dass ihr diesem Diener Gottes nicht schadet, weder bei Tag noch bei Nacht noch zu aller Zeit. Seht das Kreuz + Christi! Flieht, ihr feindliche Mächte! Es triumphiert der Löwe aus dem Hause Juda, der Wurzel Davids. Amen. Möge das Kreuz mich, N., segnen. Möge Christi + Kreuz mich schützen, möge Christi Kreuz mich, N., vor dem Teufel und allem Bösen bewahren. Amen.

Hier werden die Dämonen sicherheitshalber auch mit dem volkssprachlichen Wort *albes* (der latinisierten Form des altnordischen *álfar*) angesprochen und zusätzlich näher definiert als Seuchen oder Krankheiten bzw. deren Ursachen.

Noch detaillierter, sowohl in der Beschwörung dieser dämonischen Wesen als auch in den Krankheiten, ist ein etwas kürzeres Amulett aus dem nördlichen Jütland in Dänemark, das als Hülle für Reliquien wiederverwendet und im Jahr 1200 bei der Weihe der Kirche von Romdrup

Abb. 3.3.2 Bleiamulett aus Schleswig.

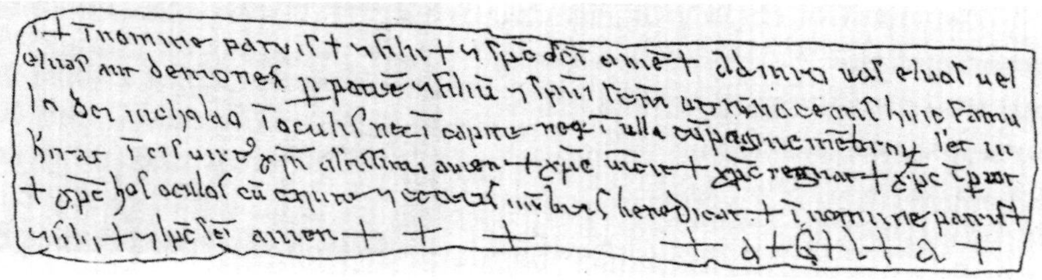

im Altargrab niedergelegt wurde. Auch hier findet sich die Inschrift auf der Innenseite des zusammengefalteten Bleistreifens, während außen einige Kreuze und der Name Gottes angebracht wurden. Der innenliegende Text der Beschwörung nennt die Dämonen mit Verweis auf männliche und weibliche Elben:

† In nomine patris † et filii † et spiritus sancti amen † adiuro uos eluos uel eluas aut demones per patrem et filium et spiritum sanctum ut non noceatis huic famulo dei nicholao in oculis nec in capite neque in ulla compagine membrorum set in habitat in eis uirtus christi altissimi amen † christus uincit † christus regnat † christus imperat
† christus hos oculos cum capite et ceteris membris benedicat † in nomine patris † et filii † et spiritus sancti amen ††† †a†g†l†a†
† Im Namen des Vaters † und des Sohnes † und des Heiligen Geistes Amen. † Ich beschwöre euch, Elben und Elbinnen und Dämonen, durch den Vater und den Sohn und den Heiligen Geist, dass ihr diesem Diener Gottes, Nikolaus, nicht schaden könnt, weder in den Augen noch am Haupt noch in seinen Gliedern, sondern dass die Kraft Christi in ihm wohnen möge. Amen. † Christus siegt † Christus regiert † Christus herrscht † Christus segne diese Augen zusammen mit dem Haupt und den anderen Gliedern. † Im Namen des Vaters † und des Sohnes † und des Heiligen Geistes Amen †a†g†l†a†[217]

Diese beiden Amulette, zu denen ständig Neufunde aus Dänemark, Deutschland und England treten, die aber zum einen meist deutlich kürzer sind und zum anderen entweder schwer verständlich sind oder gar keine sinnvollen Inschriften tragen, lassen zusammen den ganzen Reichtum der dämonenabwehrenden Formeln erkennen.

Abb. 3.3.3 Amulett aus Romdrup.

Sator-Quadrat

Das magische Quadrat der Sator-Formel findet sich im Mittelalter weitverbreitet als apotropäischer Text. Dabei geht es weniger um den Inhalt oder gar die Verständlichkeit der Wörter, die bis heute umstritten sind.[218] Bei ihnen handelt es sich um:

S	A	T	O	R
A	R	E	P	O
T	E	N	E	T
O	P	E	R	A
R	O	T	A	S

Wichtig ist die Tatsache, dass diese fünf Wörter zu je fünf Buchstaben ein Palindrom ergeben, das von jeder Ecke des Quadrats aus gelesen dieselbe Lesung ergibt. Ob die Deutung von Blau richtig ist, dass sich die Dämonen in diesem Textlabyrinth verirren sollen,[219] möchte ich dahingestellt lassen, jedenfalls ist bis heute die genaue Deutung der Formel unsicher: ob es nun »Der Säer Harpocrates schützt den Wagen und Bauernarbeit und Ernte« oder »Der Sämann Arepo hält mit Mühe die Räder« oder, ganz anders, »Der Schöpfer hält die Welt, die Welt hält der Schöpfer« bedeutet, sicher ist die ihm zugeschriebene apotropäische Wirkung.

					P					
					A					
		A			T			O		
					E					
					R					
P	A	T	E	R	N	O	S	T	E	R
					O					
					S					
		O			T			A		
					E					
					R					

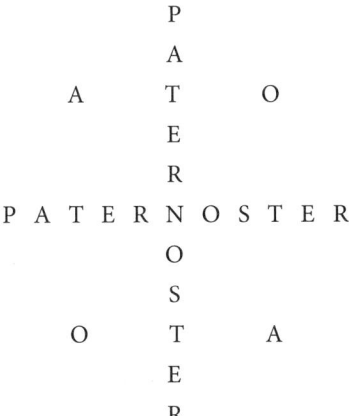

Abb. 3.3.4 Das »magische« SATOR-Quadrat galt in Antike und Mittelalter als apotropäisch.

Abb. 3.3.5 (Sekundäre) christliche Erklärung des SATOR-Quadrats durch Herleitung aus dem Paternoster plus Alpha und Omega.

Meist als christlich angesehen, findet sich die Sator-Formel allerdings schon in Pompei. Das macht eine frühchristliche Entstehung zwar nicht unmöglich, aber unwahrscheinlich (Pompei fiel im Herbst des Jahres 79 dem Ausbruch des Vesuvs zum Opfer). Andere Interpretationen sehen den Ursprung schon im vorchristlichen Judentum oder gar im Mithraskult. Eine mögliche (christliche) Herleitung ergibt sich allerdings auch aus der Tatsache, dass man es als Palindrom und Anagramm von ideogrammatischen Darstellungen des Pater noster herleiten könnte, wobei die Buchstaben A and O (also Alpha und Omega, »Anfang und Ende«) in den vier Winkel zu ergänzen wären.

Was auch immer der Ursprung der zwei Jahrtausende alten Formel sein mag, es ist zudem unsicher, welche apotropäische Wirkung man ihm im Mittelalter genau zuschrieb. Einen Hinweis könnte eine englische Handschrift des 11. Jahrhunderts geben (Cambridge, Corpus Christi College MS 41, p. 329), die eine Funktion in der Geburtshilfe andeutet – das zumindest scheint aus dem zweiten Teil einer dort enthaltenen Benediktion hervorzugehen:

Per + sator . arepo . tenet . opera . rotas . Deus qui ab initio fecisti hominem et dedisti ei in adiutorium similem sibi, ut crescitur et multiplicatur, da super terram hanc famulam tuam N., ut prospere et sine dolore parturit.
Durch Sator Arepo tenet Opera Rotas. Gott, der du von Anfang an den Menschen schufst und ihn in seinem Ebenbild zu seinem Helfer formtest, damit er wachse und sich vermehre, gewähre auf Erden dieser Dienerin Gottes N. dass sie gedeihe und ohne Schmerzen gebäre.[220]

Allerdings ist nicht ganz sicher, ob die Sator-Formel tatsächlich wie hier zum zweiten Teil der Benediktion gehört. Für eine solche obstetrische Anwendung spricht jedoch die Tatsache, dass sich eine Reihe von in Runen ausgeführten Sator-Formeln (ohne quadratische Anordnung) auf skandinavischen Runenstäbchen finden, wie man sie bekannterweise in der Geburtshilfe verwendete, indem man diese Stäbchen an den rechten Oberschenkel der Gebärenden band.[221] Derartige Belege fanden sich besonders in Bergen und Trondheim in Norwegen und sind auf das 12. bis 13. Jahrhundert zu datieren. Auch aus Island findet sich ein derartiges Runenholz, und eine spätmittelalterliche isländische medizinische Handschrift[222] enthält ebenfalls einen Hinweis auf eine Funktion in der Frauenheilkunde:

Ef kona hefir of micit blod lat þa rist þu fyrir nefnda blodstemmu fimbria xristi at kefli ok þar med verssit. sator arepo tenet opera rotas. ok bitt kelfit vid hægra lær hennar.
Wenn eine Frau einen zu großen Blutfluss hat, ritze den vorgenannten Blutsegen *fimbria Xristi* auf ein Hölzchen und dazu den Vers *sator arepo tenet opera rotas*, und binde das Hölzchen an ihren rechten Schenkel.[223]

Dieser Blutsegen *fimbria Christi*, »Saum Christi«, bezieht sich auf die Stelle im Matthäusevangelium (Mt 9,20), wo eine Frau vom Blutfluss geheilt wird, als sie nur den Saum von Christi Gewand berührt. Auch eine spätmittelalterliche englische volkssprachliche Handschrift (London, British Library, Ms Sloane 962, fol. 35v) verbindet den Text der Sator-Formel, wenn auch nicht als Quadrat, mit dem bekannten, hier allerdings verballhornten Geburtssegen *Elisabeth peperit Johannem*.[224]

In eine ganz andere Richtung der Erklärung deuten zwei ebenfalls runische, aber wie auf dem Kontinent üblich als Quadrat ausgeführte Belege aus Schweden, die beide auf dem Boden von Bechern eingraviert sind, und zwar einem Silberbecher aus Dune auf Gotland aus dem 14. Jahrhundert und einem Holzbecher aus Örebro in Schweden. Dies könnte darauf hindeuten, dass die Formel als Schutz vor vergifteten Getränken diente, falls man nicht eine sehr weit hergeholte Verbindung zur Geburtshilfe konstruieren will.[225] Darüber geben allerdings die handschriftlichen Belege keinen Aufschluss.

Eine weitere Deutungslinie eröffnet eine Reihe von drei (ehemals vier) Wettersegen in einer Münchner Handschrift des 15. Jahrhunderts (ehemals Kloster Thierhaupten), in der gleich zweimal die Sator-Formel vorkommt, von der Adolph Franz noch 1909 sagen konnte: »die uralte, auf alexandrinische Tradition zurückgehende, noch heute hier und da gegen Unwetter gebrauchte Zauberformel, die horizontal oder vertikal gelesen das gleiche bietet«.[226] Von diesen beiden ganz eindeutig gegen Unwetter gerichteten Wettersegen ist der zweite besonders interessant, da er die Dämonen im wahrsten Sinn des Wortes »in die Wüste schickt«:[227]

Ich beschwöre dich, Dämon, durch den lebendigen Gott [...], dass du in die Wüste zurückkehrst, wo es keine Mühen gibt und keine Menschen wohnen. Durch den lebendigen Gott [...] durch Gott, der dich aus Wasser schuf, dass du ins Wasser zurückkehrst. † Sator [...]

Dass es sich bei dem Sator-Quadrat also tatsächlich *auch* um eine Abwehr von Wetterdämonen handelt, scheint mir die Verwendung auf Gebäude (sowohl auf dem Kontinent wie in Britannien) zu bestätigen, wie z. B. bei einem schon aus dem 10. Jahrhundert erstmals urkundlich erwähnten Bauernhof auf dem Dürnberg bei St. Konrad im oberösterreichischen Voralpenland.

Eine allgemein apotropäische Funktion ist jedenfalls gesichert, auch wenn z. B. die Abwehr (oder nur Erkennung?) von Gift in Getränken für die Sator-Formel nicht mit Sicherheit nachzuweisen ist. Sie findet sich jedenfalls nicht in den Formeln kirchlicher Benediktionen, die als Giftsegen bekannt sind, für die sogenannte Johannesminne.[228] Dass die

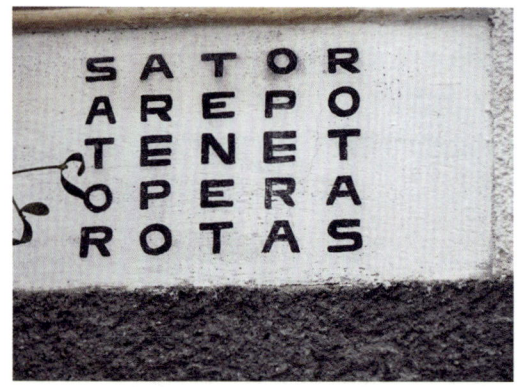

Abb. 3.3.6 Satorquadrat auf einem Bauernhof in St. Konrad, Oberösterreich.

Formel aber selbst in der Tiermedizin Anwendung fand, zeigt ein neuzeitlicher Beleg aus dem Kraichgau in Baden-Württemberg, wo empfohlen wird: »gieb dem Viehe diese Buchstaben auf einem Zettel zu essen und im Stall genagelt […] SatoD Ajebo Teret Obera Roeas«,[229] wobei dann trotz der entstellten Schreibung immerhin die Anordnung zum magischen Quadrat gewahrt blieb.

Auffällig an den beiden Sator-Quadraten des Schleswiger Amuletts ist die unübliche Ausführung als fortlaufender, aber letztlich ein Quadrat um ein Kreuz herum bildender Text. Gerade in Skandinavien finden sich Beispiele für (hölzerne) Amulettstäbchen mit dem fortlaufenden Text, und auch in handschriftlichen Aufzeichnungen der genannten Wettersegen ist die Sator-Formel nicht als Quadrat, sondern als normaler Text wiedergegeben. Dagegen macht aber das Schleswiger Exemplar den Eindruck, als hätte der Schreiber und/oder Verfertiger des Amuletts zwar davon gehört, dass die Formel als Quadrat auszuführen sei, wäre sich aber nicht über die genaue Form desselben im Klaren gewesen und hätte es deswegen im Quadrat um das Kreuz herum geschrieben, was bei fünf gleich langen Wörtern für vier Seiten natürlich zu Platzproblemen führte. Eher als eine bewusste Sonderform des Sator-Quadrats würde ich hier also Inkompetenz des Schreibers bei der Ausführung vermuten.

Insgesamt lassen sich die vielfältigen Funktionen des Sator-Quadrats über Zeit und Raum auch für das christliche Mittelalter nicht auf eine bestimmte einengen. Vielmehr wurden ihm von koptischen Amuletten gegen Schlangenbiss bis zu Wetterzauber, Fieberabwehr und als Verschlusszauber viele weitere Bedeutungen zugeschrieben.[230]

Johannesevangelium: In principio erat verbum

Wie im Amulett von Schleswig, so setzten die Texte nicht selten mit der Zitation des Anfangs des Johannesevangeliums (Joh 1,1 – 2) ein: »Im Anfang war das Wort und das Wort war bei Gott und das Wort war Gott. Dieses war im Anfang bei Gott.« Diesem Text aus dem Evangelium des Weihnachtstages wurde besondere apotropäische Wirkung zugeschrieben, und schon in der Kirchenväterzeit ist von Pergamentamuletten mit diesem Text die Rede, die man sich um den Hals band.[231] Selbst Augustinus, der im *Tractatus in Johannem* sich ausdrücklich gegen umgebundene *ligaturae* bei Kopfschmerz ausspricht, hielt das Johannesevangelium unter dem Kopfpolster für zielführend – ein Beleg dafür, dass die Praxis schon im 4. Jahrhundert gang und gäbe war.

Die Verwendung des Beginns des Johannesevangeliums als Zaubertext ist spätestens seit dem 11. Jahrhundert äußerst häufig belegt: Die Synode von Seligenstadt im Jahr 1023 rügte den Gebrauch der Textstelle, vor allem von Frauen, für Vorhersagen (*pro aliqua divinatione*), und für das 11. und 12. Jahrhundert ist vor allem die Verwendung in kirchlichen Benediktionen für Ordale (Gottesurteile, nicht zuletzt durch Zweikampf) belegt, die allerdings auf dem Laterankonzil 1215 endgültig verboten wurden. In Heiligenlegenden, wie der *Magna vita* (V, 9) des Bischofs Hugo von Lincoln (1140–1200), ist selbst die Heilung eines dämonisch Besessenen und die Vertreibung des Teufels durch den Anfang des Johannesevangeliums belegt.[232] Von der allgemein apotropäischen Wirkung zeugt eine der Wundergeschichten bei Caesarius von Heisterbach, die sich Ende des 12. Jahrhunderts zugetragen haben muss. Darin ruft der noch junge Zisterzienserkonverse Theoderich von Soest im Zorn den Teufel an, der ihn in Lübeck durch die Lüfte führt und gerade noch am Leben lässt. »Man rief einen Priester, der den Anfang des Johannesevangeliums über ihn las und ihn noch mit weiteren Gebeten gegen den Angriff des Teufels wappnete.«[233] Ähnlich beschreibt Caesarius, wie man eine junge Nonne gegen weitere dämonische Attacken zu schützen suchte, indem man über die krank im Bett Liegende ebenfalls den Beginn des Johannesevangeliums las.[234]

Der Anfang des Johannesevangeliums findet sich wie auf den Amuletten in allen möglichen verschiedenen Segen und Beschwörungen, und zwar durchwegs an einleitender Stelle der Texte. Allerdings konnte dabei auf den Amuletten, so wie hier ja zusätzlich vor dem eigentlichen Text, ersatzweise auch nur der Hinweis »Anfang des Evangeliums nach Johannes« (*Initium sancti euangelii secundum Iohannem*) erfolgen, offensichtlich ohne die Wirksamkeit des Textes zu schmälern. Diese ergab sich wohl daraus, dass der Text die Katalysation des Wortes im Fleisch verbalisiert,[235] und das Wort ist in den Beschwörungen ja die einzige Waffe gegen das Dämonische.

Eine wichtige praktische Funktion scheint der Beginn des Johannesevangeliums in den verschiedenen Wettersegen zur Abwehr von Unwettern gespielt zu haben; selbst eine drohende Windhose konnte man von einem Schiff aus mit einem Messer und der Rezitation des Johannesevangeliums bekämpfen.[236] Die Kraft dieses Evangelientextes gegen alle Arten dämonischer Einwirkungen wurde als gegeben vorausgesetzt, wie noch zwei Fiebersegen des 16. Jahrhunderts

Abb. 3.3.7 Außenseite des Bleiamuletts aus Schleswig mit missverstandenem SATOR-Quadrat.

festhalten: »Wer aber die wordt sprechen kann, den kümpt der ridt nümmer an« oder »Wenn man die vers spricht [...] mag kain fewer noch kain dyeb chain schad nicht gesein.«[237]

Wie auf dem Amulett aus Schleswig ist auch der erste dieser beiden Sprüche gegen Krankheitsdämonen gerichtet, wobei es in beiden Fällen um Fieberdämonen geht, die *frigores et febres* (»Fröste und Fieber«) verursachen, im Mittelhochdeutschen zusammen als *riten*, einzeln als *frören* und *fieber* bezeichnet. Noch ein (frühneuzeitlicher?) Fiebersegen aus Blaubeuren empfiehlt detailliert die Verwendung gegen das Fieber (und Zahnen) bei Kindern:

Gegen die Gichter der Kinder und das Zahnen.
Man schreibt in der siebten Stunde aus dem Evangelium Johannis, Kap. 4. Vers 43–54 ab, näht dies in ein Leinwandfleckchen ein, und hängt es dem Kinde um den Hals unter Nennung der drei höchsten Namen. Ist das Kind ein Knabe, so schreibt es der Vater, ist es ein Mädhen, die Mutter. Kann man nicht sogleich mit Sympathie helfen, so mache man kalte Ueberschläge über den Kopf.[238]

Hier geht es allerdings ausnahmsweise nicht um den Anfang des Johannesevangeliums, sondern um Evangeliumsstelle von der Heilung des Sohnes eines Beamten in Kafarnaum vom Fieber.

Auffällig ist, dass in den Beschwörungen gegen Krankheitsdämonen das Johannesevangelium offenbar gegen andere Krankheitstypen (wie den *wurm*, also Geschwüre) nicht zum Einsatz kam, was engen Texttraditionen geschuldet sein könnte, aber vielleicht auch der Tatsache, dass es sich bei den Fiebern um unsichtbare Krankheitsursachen handelte, die man daher mit gutem Grund dem Wirken der Dämonen zuschreiben musste, gegen die physische Heilmittel weniger wirksam waren als das heilige Wort.

Unbestritten häufig ist dagegen die Verwendung des Johannesevangeliums in den Beschwörungen von Wetterdämonen. Zwar sind Beschriftungen von Glocken mit den Evangeliumsversen Joh 1,1 offenbar seltener als die mit dem Ave Maria, aber doch belegt. Zudem gibt es etliche Wettersegen, die sich mit Hilfe des Johannesevangeliums direkt gegen die Unwetter verursachenden Dämonen wenden.[239] Dazu gehört eine lateinische Beschwörung des 12. Jahrhunderts, in der ebenfalls sofort nach dem Eingangsgebet das Johannesevangelium zitiert wird:

Am Anfang war das Wort. Durch diese Worte des heiligen Evangeliums mögen unsere Sünden und alle Gefahren dieses Unwetters abgewendet werden.[240]

Hier werden die Dämonen selbst nicht erwähnt, aber fast alle lateinischen Wettersegen inkludieren eine Beschwörung der Dämonen, »von dem Werk der Zerstörung, welches sie anscheinend vollbringen wollen, abzustehen.«[241]

Eine weitere Funktion des Johannesevangeliums war die Segnung des Johannesweins,[242] was aber wohl mit dem Datum des Johannestages (24. Juni) sowie mit der Kräuterweihe zusammenhängt. Zwar erwähnt die Segnung des Johannesweins die Dämonen ebenfalls nicht wörtlich, beginnt aber mit einem Exorzismus gegen eine »Kreatur des Weins« (*creatura uini*).[243] Ob sich das auf das (möglicherweise) enthaltene Gift bezieht oder ob diese »Kreatur« auf die Reihe giftiger Tiere zurückgeht, die im sogenannten Johannesgebet eingangs genannt werden, bleibt offen.

Beschwörung der Dämonen

Die Amuletttexte beginnen nach der Anrufung Gottes oder nach der Zitation des Johannesevangeliums mit einer Beschwörung der für die Krankheit verantwortlichen Dämonen und nennen sie dabei (wie schon im Münchner Nachtsegen) mit möglichst allen zutreffenden Namen. Bei den beiden hier behandelten Amuletten kann keinerlei Zweifel bestehen, dass die genannten Elben und Elbinnen synonym mit den lateinisch beschworenen Dämonen sind. Einen wichtigen Teil der Amulettformeln macht die eigentliche Beschwörung der Dämonen aus, üblicherweise der Krankheitsdämonen. Auf deren verschiedene Gattungen wurde oben bei den Krankheitsdämonen schon eingegangen, während hier nun die Beschwörungsformeln selbst zu betrachten sind.

Die Austreibung von Dämonen geht auf das Neue Testament zurück. Die Belege betreffen den Exorzismus von Besessenen, aber die Urkirche machte auch bei der Taufe der Katechumenen von ihm Gebrauch, und spätestens ab dem 3. Jahrhundert ist kirchlich das Amt eines Exorzisten belegt. Bei den Katechumenen geht es darum, die noch aus dem Heidentum im Menschen vorhandenen Bösen Geister auszutreiben, sodass der Neophyt dann ganz von Christus erfüllt werden kann.

Im Gegensatz zum eigentlichen Exorzismus, also der Dämonenaustreibung,[244] die in den Amuletten gegen Krankheiten in dieser Form meines Wissens nicht greifbar wird, geht es in den Amulettformeln um eine Beschwörung der Dämonen, um sie mit Gottes Hilfe kraftvoll herbeizurufen und zu bestimmten Handlungen zu zwingen – in aller Regel eben dazu, von ihren unheilvollen Handlungen gegen die Menschen abzulassen. Die Verben *conjuro* und *adjuro* bedeuten beide »beschwören«, sollten aber vielleicht genauer als »sich mit jemand verschwören« und »jemand beschwörend verpflichten« übersetzt werden. Sie scheinen allerdings weitgehend synonym verwendet worden zu sein und stehen immer in der ersten Person Singular am Beginn der eigentlichen Beschwörungsformel, setzten also eine

Einzelperson (einen Priester?) als Sprecher voraus. In der Regel wird mit der Beschwörung nicht nur ein einzelner Dämon oder Teufel, sondern die Gesamtheit der Dämonen, die *turba demonorum*, beschworen. Zwar kommen auch Dämonenbeschwörungen von Einzelwesen vor, wie etwa die eines Krankheitsdämons namens Alber auf dem Halberstädter Bleiamulett, wo der Singular auch durch das begleitende *qui uocaberis diabolus vel satanas*, »Ich beschwöre dich, Alber, der du Teufel und Satan genannt wirst«,[245] explizit gemacht wird. Auch in den echten Exorzismusformeln für Besessene kommt mitunter *indicitur tibi satanas*, oder *coniuro tibi et obtestor tibi, inimice*,[246] *conjuro te, demon et satanas*, ähnlich auch *adiuro te, maligne spiritus* vor, wobei hier also an einen ganz bestimmten Dämon, aber kaum an Satan selbst als Herrscher über die Dämonen gedacht wurde, denn dagegen spricht ein ganz spezifischer Eigenname. In aller Regel wird die Beschwörungsformel aber auf ein Objekt im Plural angewandt, wobei die unterschiedlichsten Anreden verwendet werden: *adjuro vos, angeli satane* oder *adjuro vos, angeli tenebrarum* oder *conjuro vos, maledicti spiritus*,[247] daneben auch *angeli tartar …, demones, elvae, elves/elphos, albes, pestes* etc. Nur in Ausnahmefällen werden in Benediktionen, aber meines Wissens nicht auf erhaltenen Amuletten, auch die Objekte der Segen direkt angesprochen, und nicht erst durch Zitation von Dämonen, so etwa auf dem St. Galler Bienensegen, wo die Bienenkönigin (*mater aviorum*) direkt beschworen wird, oder im sogenannten Zürcher Geschwulstsegen, wo die (bislang nicht näher identifizierte[248]) Krankheit direkt beschworen wird (*Adiuro te mala malannum*).[249]

Nach der Zitation der Dämonen folgt die nähere Eingrenzung der Funktion des Amuletts auf bestimmte Krankheiten bzw. den Schutz bestimmter Körperteile vor solchen Krankheiten, woraus sich zum Teil deren Natur erschließen lässt (vgl. dazu oben S. 142ff. in Kap. 3.2 über Krankheitsdämonen). Auf diese Auflistung der Krankheiten oder allenfalls betroffener Körperteile folgt eine zeitliche (seltener räumliche) Komponente, um sicherzustellen, dass die Dämonen dem Träger des Amuletts weder bei Tag noch bei Nacht noch überhaupt irgendwann schaden können. Die Nennung des Trägers oder auch Auftraggebers des Amuletts findet sich nur vereinzelt mit Namen, oft wird die Wirkung für die Person, die im Besitz des Amuletts ist, vorausgesetzt, wobei deren christlicher Status durch die Worte »diesen Diener Gottes« oder »diese Dienerin Gottes« ausdrücklich betont wird. Dass das teils stark verballhornte Latein auch mit einer generellen Inkompetenz des Amulettherstellers zu tun haben könnten, scheint mir der Fall des Schleswiger Amuletts zu bestätigen: Hier wurde, anstatt das N. = *nomen*, »Name« der wohl handschriftlichen Vorlage wie vorgesehen durch den Namen der zu schützenden Person zu ersetzen, einfach das Formular abgemalt, offensichtlich ohne die Anweisung, den Namen des oder der Betreffenden einzusetzen, zu verstehen.

Die Vertreibung der Dämonen: Exorzismusformeln

Erst nach der »Widmung« des Amuletts an eine bestimmte Person folgen die eigentlichen apotropäischen Formeln. Die im Schleswiger Amulett zitierte Formel *Ecce crucem domini, fugite pates adversae!*, »Seht das Kreuz Christi! Flieht, ihr feindliche Mächte!«, ist direkt den Exorzismusformeln des *Rituale Romanum* entnommen, genauer gesagt dem Abschnitt *De exorcizandis obsessis a Daemonio*, »Über den Exorzismus von Dämonen Besessenen«.[250]

Die äußerst verbreitete Formel, die meist vollständig zitiert wird als *Ecce crucem domini, fugite partes adversae, vicit leo de tribu Iuda, radix David*, greift eine Antiphon auf das Heilige Kreuz auf, wo der »Löwe aus dem Stamm Juda, aus der Wurzel Davids« aus dem Neuen Testament, genauer der Offenbarung des Johannes (Offb 5,5) entnommen ist. Das Zitat der Antiphon mag ursprünglich zum Bekanntheitsgrad der Formel beigetragen haben, ist aber sicher nicht der Hauptgrund für ihre Verwendung auf einem krankheitsabwehrenden Amulett, denn die Formel ist im Mittelalter sowohl bei der Vertreibung von Krankheitsdämonen als auch von Wetterdämonen weit verbreitet.[251] Offenbar war es bei Prozessionen gegen Unwetter üblich, den Wetterdämonen in den Gewitterwolken das Kreuz mit diesen Worten zu zeigen, um sie zur Flucht vor dem Kreuz zu bewegen. Die schon im 10. und 11. Jahrhundert sehr populäre Formel fand schließlich Aufnahme in das *Rituale Romanum*, offiziell zwar erst 1614, aber es ist bis zum heutigen Tag Teil der gängigen Exorzismusformel, mit welcher der eigentliche Akt der Vertreibung durch das Zeigen des Kreuzes eingeleitet wird:

V. Ecce Crucem Domini, fugite, partes adversae.
R. Vicit Leo de tribu Juda, radix David.
V. Fiat misericordia tua, Domine, super nos.
R. Quemadmodum speravimus in te.
Exorcizamus te, omnis immunde spiritus, omnis satanica potestas, omnis incursio infernalis adversarii, omnis legio, omnis congregatio et secta diabolica …
V. Seht das Kreuz Christi! Flieht, Ihr feindlichen Mächte!
R. Der Löwe aus dem Stamm David hat gesiegt, aus der Wurzel Davids.
V. Lass dein Erbarmen, o Herr, über uns walten,
R. wie wir von dir es erhoffen.
Wir vertreiben euch, jeglichen unreinen Geist, jegliche satanische Macht, jeglichen Einfall der höllischen Gegner, jegliche Legion, jegliche Gemeinde und teuflische Sekte.

Die Exorzismusformel in dieser (oder nur leicht abweichender) Form geht also auf jeden Fall schon auf das Ende des 1. Jahrtausends zurück, wurde aber trotz der zahlreichen Belege für Wettersegen keineswegs nur gegen Wetterdämonen angewandt, sondern, wie auf dem Schleswiger Amulett und anderen südskandinavischen Bleiamuletten, häufig auch gegen Krankheitsdämonen.[252]

Dabei konnte der ganze Exorzismus auch auf die Anfangszeile(n) der obigen Formel reduziert werden, wie etwa auf dem bleiernen Runenkreuz von Madla in Rogaland in Norwegen, auf dem zwar keine Dämonen erwähnt werden, das aber neben den beiden Eingangszeilen noch den Gottesnamen Tetragrammaton und die Namen der vier Evangelisten, alles in einem sehr verballhornten oder vielleicht auch nur akustisch zur Schreibung in Runen rezipierten Latein.[253] Die Tatsache, dass der Text auf einem (Gebets-?)Kreuz steht, könnte für dieses eine Rolle in einem Exorzismus oder Wettersegen nahelegen.

Titulus triumphalis: *Christus vincit, Christus regnat, Christus imperat*

Im Text des Amuletts aus Schleswig folgt auf die Austreibungsformel des eigentlichen Exorzismus noch der sogenannte *titulus triumphalis*, wie das auch bei allen anderen bekannten ausführlichen Amuletten aus Südskandinavien der Fall ist, nämlich Odense, Kävlinge, Boge und Blaesinge:[254] *Christus vincit, Christus regnat, Christus imperat*, »Christus siegt, Christus regiert, Christus gebietet«, heute ja meist sangbarer wiedergegeben als »Christus Sieger, Christus König, Christus Herr in Ewigkeit«. Dieser »Triumphtitel« ist aber selbst nicht Teil des Exorzismus nach dem *Rituale Romanum*. In Invokationen und somit auch auf den Amuletten scheint dem Ruf die Funktion des »Aktivators« der Zauberformel zugekommen zu sein (so wie in einfacheren altdeutschen Zaubersprüchen der Hinweis auf ein dreimaliges Vaterunser etc.), und diese Rolle wird auch in den Formeln einer vatikanischen Handschrift[255] erkennbar, die mehrere Belege dafür bewahrt.[256] Eine dänische (kathedralschulische?) Handschrift des 15. Jahrhunderts bewahrt einen für ein Amulett gedachten knappen Fiebersegen, der ganz ohne Beschwörung und Exorzismus überhaupt gleich mit dem Titulus einsetzt:

Christus vincit christus regnat Christus imperat Christus liberat hunc famulum tuum .N. ab omni impugnacione febrium vel frigorum. In nomine p et f. et sp.[257]

Liturgisch hatte der Ruf ursprünglich eine ganz andere Funktion. Er geht als Teil des *Laudes-Regiae*-Rufs, also des Lobgesangs bei der Herrscherhuldigung, auf die Mitte des 8. Jahrhunderts zurück und findet sich – wieder als abschließender, dreimal ausgestoßener und somit verstärkender oder aktivierender Ruf – in einer Allerheiligenlitanei aus karolingischer Zeit in der genannten vatikanischen Handschrift:

Sancti angeli, orate pro me.
Sancti archangeli, orate pro me.
Sancti throni, orate pro me.
Sanctae dominationes, orate pro me.
Sancti principatus, orate pro me.
Sanctae potestates, orate pro me.
Sanctae virtutes, orate pro me.
Sanctae cherubim, orate pro me.
Sanctae seraphim, orate pro me.
Omnes patriarchae, orate pro me.
Omnes prophetae, orate pro me.
Omnes evangelistae, orate pro me.
Omnes apostoli, orate pro me.
Omnes martyres, orate pro me.
Omnes confessores, orate pro me.
Omnes sanctorum, orate pro me.
[...]
Propitius esto, Libera nos Domine. ter.
Agnus Dei qui tollit peccata mundi, Christe audi nos.
Kyrie eleison, ter.
Christus vincit, Christus regnat, Christus imperat, ter.
illius, quales volueris, ulo juva.[258]

Diese weitverbreitete Litanei bildet auch die Quelle der immer wieder auf Amuletten als Helfer angerufenen Chöre von Engeln, Propheten, Aposteln usw.

Erst in der Folge wurde der *Titulus* als apotropäisch angesehen und bekam damit auch eine praktische Bedeutung in der Volksfrömmigkeit des frühen und hohen Mittelalters: Übereinstimmend berichten die Chronisten des Ersten Kreuzzugs wie Fulcher von Chartres (1059–1127) in seiner *Historia Hierosolymitana* (cap. 31),[259] Radulf von Caen (ca. 1080–1130) in seinen *Gesta Tancredi in Expeditione Jerosolymitana* (cap. 40)[260] oder Lisiardus von Tours († 1168) in der *Historia Hierosolymitana* (1105),[261] dass die christlichen Kreuzfahrer den Ruf als Schlachtruf verwendeten, verbürgt jedenfalls unter König Balduin bei der historischen Schlacht von Ramleh 1105. Vielleicht könnten ihn die französischen und normannischen Heere von den Armeniern 1097 bei der Schlacht von Adana übernommen haben. Die Verwendung als Schlachtruf zeigt, dass man die feindlichen Moslems mehr oder weni-

ger mit Dämonen gleichsetzte – zumindest half der Ruf gegen sie ebenso wie gegen die Bösen Geister.

Ende des 12. Jahrhundert, also ein Jahrhundert nach dem Ersten Kreuzzug, findet sich der *Titulus* dann auch auf der Parierstange des (1198 gefertigten) Reichsschwerts des römisch-deutschen Kaiserreichs eingraviert. Er sollte somit wohl gleichermaßen gegen Dämonen wie auch gegen die »Heiden« wirken, die man ohnehin mit dem Wirken des Dämonischen gleichsetzte bzw. direkt als Ausgeburten der Hölle betrachtete. Die dunkle Hautfarbe der Gegner machte diese Identifikation wohl auch für die einfacheren Gemüter verständlich, wie auch in der volkssprachlichen (besonders skandinavischen) Literatur des Mittelalters der Begriff »Schwarzer« sowohl für einen Afrikaner als auch einen Dämon stehen konnte. Es soll nicht vergessen werden, dass unsere Amulette aus dem 12. und 13. Jahrhundert stammen und somit mehr oder weniger zeitgleich sowohl mit den früheren Kreuzzügen als auch dem Reichsschwert sind.

Das Zauberwort *Agla*

Dieses Zauberwort, das man trotz seiner wohl hebräischen Herkunft als durch und durch christlich auffasste, wie sich aus seiner Anbringung sowohl auf bleiernen Amulettkreuzen (etwa einem Bleikreuz aus dem Trondheim des 13. Jahrhunderts, N-28109) und auch auf Kirchenglocken ergibt (dazu noch unten in Kap. 3.11 über Glocken als dämonenabwehrendes Instrument), gehört zu den häufigsten magischen Wörtern auf mittelalterlichen Amuletten und ist häufig in lateinischen wie auch volkssprachlichen, in Skandinavien sogar runischen Texten zu finden. Sowohl auf kontinentalen Pergamentamuletten wie runischen Bleiamuletten finden sich anagrammatische Formen wie *gala*, *laga*, wohl auch *aagg* (aus der »sortierten« Wiederholung der Buchstaben).[262]

Die Bedeutung des Wortes ist bislang nicht zufriedenstellend erklärt, aber die wahrscheinlichste Herleitung ist die aus der hebräischen Gebetsformel *a'ttâ gibbôr le'ôlâm 'adônâj*, »Du bist gewaltig in Ewigkeit, Herr«. Ob das Wort tatsächlich zuerst als jüdischer *shem* (Zauberformel) mit Herkunft aus der jüdischen Liturgie, nämlich dem Gebet *'Amidah*, »Achtzehnbittengebet«, in den Gemeinden der Aschkenasim in Westeuropa als Schutzformel gegen Feuersbrünste in den mittelalterlichen Städten verwendet und im sogenannten Davidsschild

Abb. 3.3.8 Parierstange des Reichsschwerts mit dem eingravierten *Titulus triumphalis*: Kopie.

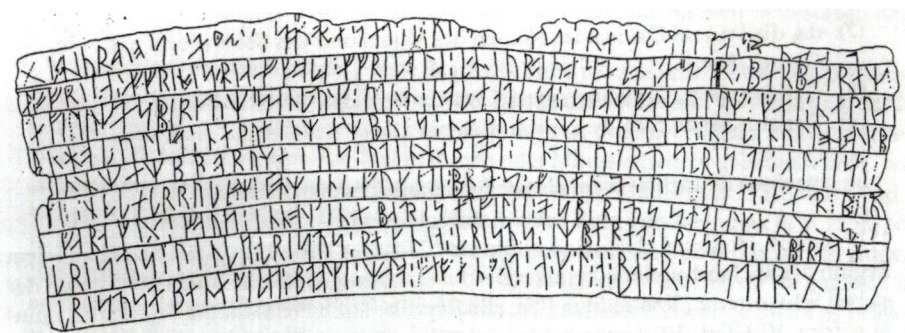

(*Magen David*) auf Haustüren gemalt wurde, ist fraglich; auch die angebliche Umdeutung im Deutschen Umfeld als »**A**llmächtiger **G**ott **l**ösch **a**us« lässt sich meines Wissens nicht belegen.[263] Jedenfalls ist das Zauberwort im christlichen mittelalterlichen Kontext seit dem 10. Jahrhundert wesentlich verbreiteter als im jüdischen.[264]

Die Funktion ist allgemein apotropäisch und kaum auf ein Anwendungsgebiet gegen Dämonen zu beschränken. Mitteldeutsche Belege scheinen im Wetterzauber verwendet worden zu sein.[265] Darauf deutet die weite Verbreitung als Teil von Glockeninschriften hin, die ja beim Wetterläuten durch den Glockenschlag das Zauberwort vervielfältigend hervorrufen und gegen die Sturmdämonen einsetzen sollten. Ein alemannischer Text aus dem 15. Jahrhundert setzt das Wort in »Briefchen« zum Unschädlichmachen von Gift ein:

Wem mit vergifft vergeben ist So schrib dis nachgeschriben wortuff dru briefli von megten berment und schlind des morgens ains ze mittem tag ains und abents ains Und ist im mit gifft ze tod vergeben. Es bricht ze stund von im Und genisent Und sind dis die wort / †
Agla ††† effrecga ††† agla † refoa †††[266]

Dagegen hat eines der zahlreichen runischen Exemplare aus Skandinavien, wo sich das Zauberwort auf Goldringen, Bleitafeln, Bleikreuzen und Holzstäbchen findet, eindeutig mit der Beschwörung von Fieberdämonen zu tun. Auf diesem äußerst umfangreichen runischen Amulettblech aus Blæsinge auf Seeland aus dem späteren Mittelalter geht es eindeutig um Fieberdämonen, nämlich die Sieben Schwestern (dazu vgl. oben Kap. 3.2 zu den Krankheitsdämonen), wobei das Amulett mit den Worten schließt: *ab omni malo defendat a k l a pater noster*, »von allem Bösen befreit er uns. Agla. Vater unser.«

Characteres (Zauberzeichen)

Neben einfachen Kreuzen und dem Sator-Quadrat finden sich auch noch andere Zeichen, denen man magi-

Abb. 3.3.9 Bleiamulett von Blæsinge mit der längsten dänischen Runeninschrift.

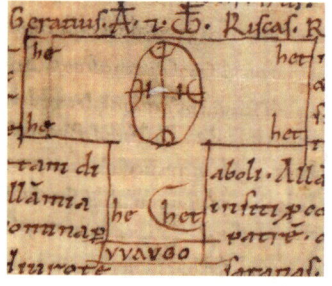

sche und/oder apotropäische Wirkung zuschrieb. Auf die Polyfunktionalität des Sator-Quadrats wurde schon eingegangen. Bei den Kreuzen stellt sich die Frage, ob sie entweder nur ganz allgemein den christlichen Charakter der Amulette markieren sollten oder aber einen Teil des Herstellungsprozesses dokumentieren, indem nach der schriftlichen und mündlichen Äußerung der Textteile auch die damit verbundenen Kreuzzeichen fixiert wurden, oder ob es sich um eine Handlungsanweisung bei einer allfällige Rezitation des Amuletttextes handelte, bei der die Kreuzzeichen über dem Erkrankten zu schlagen waren. Während diese Möglichkeiten in erster Linie die in den Text integrierten Kreuze betreffen, stellt sich die Frage, ob die oft in Fünfergruppen angeordneten Kreuzzeichen (wie auf der Außenseite des Schleswiger Amuletts, siehe Abb. 3.3.7 oben) nicht noch eine zusätzliche Funktion als »magische« Zeichen hatten und deshalb unter den Begriff der *characteres* zu stellen wären, der bei der Herstellung von Amuletten (bzw. bei deren Verbot) wiederholt erwähnt wird.

Für die letztgenannte Auffassung sprechen auch Symbole, die immer wieder das Kreuz, daneben aber auch andere Formen in den unterschiedlichsten Kombinationen enthalten, mangels Erklärungen oder Beschriftungen in den einzelnen Elementen aber unklar bleiben. Das gilt etwa für die im Zentrum einer handschriftlichen Seite befindlichen Zeichnung im schon bei den Pergamentamuletten erwähnten ehemaligen Trierer Codex des 11. Jahrhunderts, wo vor allen anderen Texten ein breites Tau-Kreuz angelegt wurde, in das ein ovales Mandala eingeschrieben wurde, das wiederum durch ein Kreuz und Bögen auf den Kreuzarmen geteilt ist. Das über dem Kreuz befindliche griechische Alpha und Omega scheint zu dem ganzen Symbol dazuzugehören, weil der später eingetragene Text auch dieses umfließt.

Obwohl vereinzelt kirchliche Autoritäten Amulette grundsätzlich ablehnten (vgl. dazu oben), so waren es besonders die »geheimnisvollen«, faktisch aber meist auch völlig sinnfreien Zeichen, die dazu führten, dass Amulette und besonders die *characteres* darauf verurteilt wurden. So wird in einer mittelalterlichen *Homilia de sacrilegis*[267] jeder verurteilt, *quicunque salominicas scripturae facit et qui characteris in carta siue in bergamena siue in laminas aereas, ferreas, plumbeas [scribit]*, also »wer auch immer Salomonische Schriften anfertigt und wer Zauberzeichen auf Zettel oder Pergament oder auf bronzenen, eisernen oder bleiernen Streifen [schreibt]«.

Auch in Hans Vintlers schon erwähnter Aufzählung verurteilungswürdiger Zauberpraktiken werden die *characteres* erwähnt, hier noch in dem interessanten Kontext, dass das dafür verwendete Pergament jungfräulich, also noch völlig unbenutzt sein solle:

Abb. 3.3.10 Handschriftliche Vorlage zur Amulettherstellung.

Maniger auch characteres macht
Auf pirmet virgineum.[268]

An anderer Stelle erwähnt er noch eine Sonderform des geschriebenen Amuletts, nämlich wenn gegen Fieber (und nebenbei auch gleich Zahnweh) auf eine Oblate – womit doch höchstwahrscheinlich eine Hostie gemeint sein dürfte – geschrieben wird:

vil die wellen auf oblat schreiben
und das Fieber damit vertreiben,
und etleich segnet den zandwe.[269]

Bei den *characteres* bestand ja, im Gegensatz zu den eindeutig christlich konnotierten Formeln der Exorzismen und anderen Benediktionen, die Gefahr, dass es sich dabei um nichtchristliche Symbole handelte, offenbar auch dort, wo das Kreuzzeichen immer wieder Anwendung fand. Das in Abb. 3.3.10 dargestellte Symbol aus dem 11. Jahrhundert macht jedenfalls deutlich, dass trotz der Zitation von *Alpha & Omega* als Gottesname die dreifach eingeschriebenen Formeln *he – het* und die am Fuße des Tau-Kreuzes befindliche Vokalkombination *vvaveo* keineswegs problemlos als christliche Segens- oder Exorzismusformeln zu identifizieren sind. Daher machten gerade derartige Zeichen die Praxis des Amulettgebrauchs auch innerkirchlich verdächtig und offen für Verurteilungen.

Die *characteres* konnten – und dann vermutlich weniger verdächtig – aber auch ganz einfach Buchstaben bezeichnen, wie auf einem Segen gegen Diebstahl, bei dem die *characteres* b.f.o.r.r.b.x.v.p geschrieben und dem Schlafenden in das rechte Ohr (!) gesteckt werden sollten.[270] Wofür diese Buchstaben als Abkürzung standen und ob sie überhaupt einen sinnhaften Text wiedergeben sollten, bleibt dabei jedoch unklar. Insofern wird auch hier die schillernde Natur der *characteres* sichtbar.

Dämonenabwehr durch Glocken

Man hat den Dämonen, obwohl sie selbst ja besonders für starke Geräuschentwicklung – ob nun in Form von Tierlauten, Sturm oder sonstigem Lärm – verantwortlich waren, eine Antipathie gegen Lärm und ein feines Gehör bescheinigt, was schon für die Antike belegbar ist.[271] Wiewohl aber einige apotropäische Zaubersprüche auch Musikinstrumente wie Trompeten gegen dämoneninduzierte Geschwulste empfehlen, so ist dies jedoch eher der Ausnahmefall. Als besonders empfehlenswert gegen unterschiedliche Einwirkungen der Dämonen wurde indessen das Läuten von (geweihten) Glocken empfunden. Schon aus der Antike und dem Nahen Osten sind kleine Glocken zu apotropäischen Zwecken belegt, und ab der Mitte des 1. Jahrtausends ist die Verwendung von fest aufgehängten Glocken über Gallien in das christliche Europa gedrungen. Zuerst dienten Glocken als Zeichen (*signum*) der jungen Christengemeinden, dann natürlich auch für den Ruf zu Gebet und Messfeier. Das Glockenläuten wurde erst nachfolgend auf andere Funktionen, wie Totenläuten oder Wetterläuten, ausgedehnt. Für die Beeinflussung von Dämonen konnte man sich auf die Stelle im Alten Testament über Saul und David berufen (1 Sam 16, 14 – 23), wo ein Klang – in diesem Fall der Musik – in der Lage ist, böse Geister zu besänftigen. Das wurde im Mittelalter zwar diskutiert,[272] hatte aber deutlich weniger praktische Auswirkungen als das Vertreiben der Dämonen durch Glockengeläut.

Der Ausdruck Wetterläuten oder Sturmläuten verweist noch heute darauf, dass man bei heraufziehendem Unwetter, das durch Sturm und Blitzschlag, aber besonders durch Hagel für eine agrarische Bevölkerung existenzbedrohend sein konnte, die Wetter- oder Sturmglocke läutete, um die für das Gewitter mit Sturm und Hagel verantwortlichen Wetterdämonen zu vertreiben – natürlich neben dem säkularen Gebrauch als Feuer- und sonstige Alarmglocke. Da nur in den größeren Städten Europas mehrere Glocken für unterschiedliche Zwecke (Betglocken, Sterbeglocken) zur Verfügung standen, erfüllte in den ländlichen Regionen die oft einzige Kirchenglocke alle Funktionen in einem, wie auch aus den verbreiteten Glockeninschriften im deutschsprachigen Raum hervorgeht. Der reine Klang lauter Kirchenglocken, der auch gegen Stürme hörbar war, konnte aber in ihrer apotropäischen Wirkung verstärkt werden durch die erhabenen Inschriften, die auf den Glocken beim Guss mitangebracht wurden. Nur selten wurden Inschriften nachträglich in Glocken eingeritzt, so etwa die Formel *Christus vincit, Christus regnat, Christus imperat* auf einer schwedischen Glocke des 12. Jahrhunderts, denn auch dieser Teil der Exorzismusformel hatte apotropäischen Charakter.[273] Daher ist es wenig überraschend, dass wir auf mittelalterlichen Glocken neben reinen Dedikationen oder Gedenkinschriften mit Jahreszahlen besonders solche Texte finden, die als in der Dämonenabwehr wirksam angesehen wurden: das *Ave Maria*, den Beginn des Johannesevangeliums, das Zauberwort *agla*, vereinzelt auch Exorzismusformeln und Alphabetinschriften. Dabei gibt es auch Glockeninschriften, die sich direkt gegen das Unwetter (und nicht an die sie verursachenden Dämonen) wenden, mit Inschriften wie *fulgura frango*, »Die Blitze brech' ich«, auf der aus dem frühen 13. Jahrhundert stammenden Sturmglocke im Limburger Dom oder *Vivos voco. Mortuos plango. Fulgura frango*, »Die Lebenden rufe ich. Die Toten beklage ich. Die Blitze breche ich«, auf der 1486 gegossenen großen Glocke im Kloster Allerheiligen der Reichsstadt Schaffhausen. Noch die erst 1670 gegossene Leodegar-Glocke in Friedingen (Baden-Württemberg) trägt in deutscher Sprache eine derartige Inschrift: *Die Lebendigen bervfe ich. Die Doten beklage ich. Den Donner briche ich. Wer das nicht glavbt der lese mich*.[274] Eine im deutschen Sprachraum verbreitete Glockeninschrift ab dem 15. Jahrhundert enthält u. a. den Satz (in verschiedenen mundartlichen Ausprägungen): »Alle bösen Wetter vertreibe ich«, so etwa auf der kleineren Glocke der Stiftskirche von St. Goar aus dem 13. Jahrhundert, der Marienglocke von 1471 in Bad Salzig, auf der ehemaligen größten Glocke von Niedertiefenbach in Hessen von 1479 (»Maria heißen ich, alle bösen Wetter vertreibe ich MCDLXXIX«, 1917 eingeschmolzen) u. v. a. m.

Dass das *Ave Maria* als Gebet auf Glocken besonders häufig Anwendung fand, hat mehrere Gründe. Zum einen ist es eines der bekanntesten Standardgebete der katholischen Kirche, zu dem die Glocken dreimal am Tag geläutet werden, um die Gläubigen genau zu diesem *Ave-Maria*-Gebet zu rufen, nämlich am Morgen um 6 Uhr, am Mittag um 12 Uhr und am Abend um 18 Uhr, zum anderen eignet es sich wegen seiner geringen Länge von nur 169 Zeichen auch für den Glockenguss, und schließlich – und in diesem Kontext am wichtigsten – wurde die Gottesmutter Maria als hilfreichste und stärkste Beschützerin vor dem Teufel und seinen Dämonen angesehen. Noch heute existieren allein in Deutschland knapp 100 mittelalterliche Glocken, die das Ave Maria tragen.[275] Konnte das komplette *Ave Maria* auf Grund der Größe der Glocke nicht untergebracht werden, reichte auch ein Teil davon als Pars pro toto für den zu erzielenden Effekt. Dabei spielte es offenbar keine Rolle, wenn der Text mitten im Gebet abbrach, so etwa auf der kleinen, nur 53 Zentimeter hohen Kirchenglocke von Hæstrup in Jütland aus der Zeit um 1200. Auf ihr ist zuerst nur die erste Hälfte des Gebets, *Ave Maria, gratia plena, dominus tecum, benedicta tu in mulieribus et benedictus fructus ventris tui*, zu lesen ist, gefolgt von dem Namen eines Stifters (oder Glockengießers?) namens Eskil, dann kommen die ersten zehn Zeichen eines weiteren *Ave Maria* in (anders ausgeführten) Runen. Eine Glocke aus Gjerpen im norwegischen Telemark enthielt den Engelsgruß überhaupt radikal abgekürzt: **b**(enedictus) **f**(ructus) **u**(entris) **tui A**(men), noch dazu in Runen.[276]

Obwohl man davon ausgehen könnte, dass gerade in Skandinavien Runen für derartige christliche Texte verwendet wurden, damit die Dämonen sie besser verstünden, wie auch auf der (heute verlorenen) Glocke aus Gjerpen mit ihren Runen, so spielte doch offenbar – wie bei den Amuletten – die Schriftart eine geringere Rolle als der Text selbst. So trägt die 1228 gegossene Glocke von Saleby im schwedischen Västergötland ein *Ave Maria* in lateinischen Lettern, aber gefolgt vom Zauberwort *agla*. Dieses und das *Ave Maria* zusammen mussten als kraftvolle Dämonenabwehr gedient haben. Wie sehr man sich Maria als Dämonenbezwingerin

Abb. 3.3.11 Wetterglocke von Haestrup, Dänemark, mit Ave Maria in Runen, ca. 1200.

(vgl. oben Kap. 3.2) vorstellte, zeigt eine spätmittelalterliche Glocke aus Jydstrup auf Seeland aus dem Jahr 1463, welche die Inschrift trägt: *Vocor Maria demonum victrix melodia*, »Ich heiße Maria, durch meinen Klang Bezwingerin der Dämonen«.[277] Das Ave Maria auf Glocken war offenbar das ganze Mittelalter hindurch und in ganz Europa verbreitet, wie u.a. auch die noch erhaltene Stundenglocke in der Pfarrkirche von Hermannstadt in Siebenbürgen, die aus der zweiten Hälfte des 14. Jahrhunderts stammt, belegt.[278]

Das dämonenabwehrende Zauberwort *agla* galt einerseits als Apotropäum gegen Feuerteufel, aber offenbar auch gegen Gewitter selbst, und es findet sich noch auf einer ganzen Reihe deutscher Glocken[279] (St. Wenzel, Barnstädt, und St. Georg., Nemsdorf, beide jetzt evangelisch und im Landkreis Querfurt; Hardegsen, St. Mauritius, im Landkreis Northeim; alle 13. Jahrhundert; evangelische Pfarrkirche Hirschfeld, Hunsrück, von 1481), und auch die schon genannte, 1228 gegossene Glocke von Saleby im schwedischen Västergötland enthielt neben dem *Ave Maria* das Zauberwort *agla*.

Ein weiterer wichtiger Text, der zwar häufig im Kontext der Amulette vorkam, ist seltener auf Glocken zu finden, nämlich der Anfang des Johannesevangeliums, *In principio erat verbum*. Dem Johannesevangelium wurde ja, wie schon besprochen, eine dämonenvertreibende Wirkung zugeschrieben, und die meisten Glockeninschriften hatten dieselbe Funktion. Das belegt eine deutlich explizitere (aber heute leider verlorene[280]) Glockeninschrift aus Hardeberga in der heute schwedischen, im Frühmittelalter aber noch dänischen Landschaft Schonen mit der runischen Umschrift: *per crucis [h]oc signum fugiat procul omne malignum +*, »Beim Zeichen dieses Kreuzes soll alles Böse entfliehen«. Hier wird eine ähnliche Formel verwendet wie auf den apotropäischen Amuletten mit Exorzismusformeln, und wie beim *Ave Maria* hat man sich vorzustellen, dass mit jedem Glockenschlag diese Gebete und Formeln tatsächlich durch das Medium Glocke geäußert wurden; mit dem Geläut als gebetsmühlenartiger Kommunikationsform sollten somit die Wetter- und Sturmdämonen im Zaum gehalten werden.

Neben diesen einzelnen Gebeten, Evangelientexten und Zauberworten hatte auch die Wiedergabe des gesamten Alphabets (bzw. in Skandinavien des runischen Futhark mit der kompletten oder gekürzten Runenreihe) apotropäischen Charakter und diente dazu, die Gesamtheit aller Abwehrformeln in sich zu vereinigen. Diese Möglichkeit könnte schon auf heidnische Vorstellungen zurückgehen.[281]

Dass die Praxis des Sturmläutens das ganze Mittelalter hindurch im Gebrauch war, belegen nicht nur die zitierten früh- und

Abb. 3.3.12 Wetterglocke von Barnstädt mit AGLA-Inschrift.

hochmittelalterlichen Glockeninschriften, sondern auch die in den 1430er Jahren verfasste Streitschrift des Johannes Nider, der *Formicarius* (»Ameisenhaufen«). Darin stuft Nider das Läuten der Glocken als eine gute christliche Sitte ein – im Gegensatz zu vielen Gebräuchen, die er als ketzerisch verurteilt. Den Brauch des Wetterläutens pflegte man dann auch bis weit in die Moderne. In Bayern wurde zwar im Jahr 1784 durch eine Verordnung des Kurfürsten Karl Theodor das Wetterläuten verboten, aber nicht wegen des »Aberglaubens«, sondern weil nachweislich zu viele Messner beim Läuten der Sturmglocke während eines Gewitters in ihrer exponierten Stellung im Kirchturm vom Blitz getroffen wurden.

Dämonenabwehr durch Anrufung Heiliger

Oben in Kapitel 3.2 wurde schon viel zur Macht der Heiligen über die Dämonen bzw. ihren erfolgreichen Widerstand gegen die Versuchungen der Dämonen gesagt. Entsprechend war auch die Anrufung dieser Heiligen gegen die Dämonen und ihre (spirituellen oder physischen) Attacken ein bewährtes Mittel der Dämonenabwehr. Erwähnt wurde auch bereits die Macht, die man dem hl. Erzengel Michael, dem Anführer der himmlischen Heerscharen, gegen die bösen Geister zuschrieb, wobei man in erster Linie an die am Totenbett des Menschen lauernden Dämonen dachte, die danach trachteten, sich der Seele zu bemächtigen. Aus diesem Vertrauen auf Michael heraus hat sich das ebenfalls schon zitierte Gebet an den Erzengel entwickelt, das zwar erst am Ende des 19. Jahrhunderts verfasst wurde, aber nach älteren Vorstufen ganz zweifellos die Vorstellungen wiedergibt, die man schon seit ältester christlicher Zeit hatte und die sich auf mittelalterlichen Grabsteinen widerspiegeln: Nach Christus und seiner Mutter Maria hielt man Michael für den wirksamsten Verteidiger gegen den Teufel und seine bösen Geister.

Anders ist es um den hl. Joseph, den Ziehvater Christi, bestellt. In der Josephslitanei wird er unter vielen anderen Titeln auch als »Schrecken der Dämonen« (*terror daemonorum*) bezeichnet. Allerdings speisen sich die Legenden über Joseph als Bekämpfer der Dämonen allein aus Stellen der apokryphen Kindheitsevangelien (etwa dem Pseudo-Matthäusevangelium), nach denen die Götter Ägyptens in den Tempeln gestürzt seien, als Joseph mit Maria und dem Jesuskind auf der Flucht nach Ägypten in eine Stadt namens Sotinen gekommen sei.[282] Das soll in Erfüllung der Prophezeiung des Jesaja (Jes 19,1) geschehen sein, nach der die Götter Ägyptens zu Fall kämen – was allerdings eine recht weithergeholte Interpretation der Apokryphen ist. Wie auch immer, das Faktum scheint im Mittelalter geläufig gewesen zu sein, denn auch die *Legenda aurea* erwähnt: »Als aber unser Herr nach Ägyptenland kam, da fielen die Abgötter allesamt«.[283] Von Joseph als Grund dieses Dämonensturzes ist da allerdings nicht die Rede. Die Verehrung Josephs als »Schrecken der Dämonen« ist also wohl ein vorwiegend neuzeitliches Phänomen, und auch die erwähnte Litanei zum hl. Joseph wurde erst 1909 von Papst Pius X. approbiert. Es dürfte daher kein Zufall sein, wenn die vorhergehende Zeile Joseph den »Patron der Sterbenden« (*Patrone morientium*) nennt – sein Schutz vor Dämonen scheint ähnlich wie bei Michael für die Todesstunde gedacht gewesen zu sein.

Andere Heilige haben es, auch wenn sie sich selbst (wie Antonius) von enormer Standhaftigkeit gegen die bösen Geister erwiesen haben, nie zu Schutzheiligen gegen Dämonen so wie Michael oder eben später Joseph gebracht. Durchaus wurde ihnen aber große Kraft bei ihrer förmlichen Vertreibung und Austreibung zugeschrieben.

Die Austreibung der Dämonen: Der formelle Exorzismus

Mit Blick auf den Exorzismus fasst sich der neue Katechismus der katholischen Kirche von 2003 erstaunlich kurz:[284]

> »Wenn ich aber die Dämonen durch den Geist Gottes austreibe, dann ist das Reich Gottes schon zu euch gekommen« (Mt 12,28). Die von Jesus vorgenommenen *Exorzismen* befreien die Menschen aus der Macht der Dämonen [vgl. Lk 8,26–39]. Sie nehmen den großen Sieg Jesu über den »Herrscher dieser Welt« (Joh 12,31) vorweg. Das Reich Gottes wird durch das Kreuz Christi endgültig errichtet: »Vom Holz herab herrscht unser Gott«.

Noch knapper, aber deutlicher ist da ein Katechismus von 1910, wenn er immerhin den Teufel als bösen Feind anführt:[285]

> Die Kirche wendet Beschwörungen an, um den schädlichen Einfluß des bösen Feindes zu vertreiben und fernzuhalten […]. Die Gewalt zu beschwören, zu segnen und zu weihen hat die Kirche von Jesus Christus.

Wenn im vorigen Kapitel von Besessenheit die Rede war, die durch die Austreibung von Dämonen (meist) beendet werden kann, dann steckt im heutigen Verständnis eigentlich irgendeine Form von natürlicher, aber psychischer und daher nicht leicht erklärbarer Krankheit dahinter. Der oben zitierte Passus des neuen Weltkatechismus der katholischen Kirche versteht den Exorzismus aber in einem weiteren Sinn: als Sieg Christi über das Böse. Bei der Betrachtung der neutestamentlichen Exorzismen durch Christus und seine Jünger fällt allerdings auf, dass nirgendwo danach gefragt wird, ob die betreffende Krankheit oder das jeweilige Leiden natürlichen oder übernatürlichen Ursprungs war. Ist also in den Evangelien von Besessenheit, Mondsucht (Mt 17,15) oder Blutfluss (Mt 9,20–22; Mk 5,25–34; Lk 8,43–48) die Rede, gab es für Betroffene und Betrachter keine prinzipiellen Unterschiede, vielmehr konnten alle diese Leiden durch dämonisches Wirken verursacht worden sein und deswegen auch durch Christi Macht über die Dämonen vertrieben bzw. geheilt werden.

Es lassen sich aber in der Bibel durchaus zwei Arten von sehr unterschiedlichen Exorzismen unterscheiden, und zwar im Alten wie im Neuen Testament, nämlich die Austreibung der Bösen Geister, welche die Statuen heidnischer Götter usurpiert hatten, und die Austreibung von Dämonen aus Besessenen. Daraus haben sich zwei breite Traditionen des Exorzismus im Christentum entwickelt. Zum einen ist das der Exorzismus bei der Taufe, bei der jeder Täufling seinen alten Göttern oder, stellvertretend für alle, dem Satan abschwören muss. Der Taufexorzismus wurde schon im Kapitel über die Auffassung fremder Götter, Götzen und Idole als Dämonen behandelt. Zum anderen geht es, wie in den meisten Dämonenaustreibungen im Neuen Testament, um die dämonische Besessenheit einzelner Menschen, die sich in Symptomen ähnlich denen psychischer (und anderer) Krankheiten manifestieren und wohl auch zu einem guten Teil als solche zu bezeichnen sind. Das ist die Art der Dämonenaustreibung, die wir heute als den normalen Fall des Exorzismus betrachten, vor allem in der Außenansicht der katholischen Kirche. Auch wenn diese Art heute (im Gegensatz zu populären Meinungen) nur eine sehr geringe Rolle spielt, so ist im Mittelalter immer noch wie im Neuen Testament die Vertreibung von Dämonen aus Menschen einer der wichtigsten Machterweise christlicher Heiliger. Daher soll in diesem Kapitel der Schwerpunkt auf diesem Aspekt liegen.

Abb. 3.3.13 Christus heilt den »mondsüchtigen« Knaben: Der einzelne schwarze Dämon entflieht aus dem Geheilten. Aus: Les Très Riches Heures du Duc de Berry, fol. 166r.

Christus hatte die Fähigkeit, Dämonen auszutreiben, ganz bewusst auf seine Jünger übertragen, und offenbar wurde es im Urchristentum geradezu zu einem »Markenzeichen« der Anhänger Christi, dass sie diese Gabe besaßen. So heißt es an der bekannten Stelle von der Aussendung der Apostel bei Markus:

12 Die Zwölf machten sich auf den Weg und riefen die Menschen zur Umkehr auf. 13 Sie trieben viele Dämonen aus und salbten viele Kranke mit Öl und heilten sie. (Mk 6,12–13)

Auch die Tatsache, dass Außenstehende an dieser Gabe des Exorzismus partizipieren wollten, zeigt ihre Bedeutung für die urkirchliche Gemeinde. Vom Zauberer Simon (Simon Magus), der den Jüngern Geld bot, um die Beherrschung dieser Fähigkeit von ihnen zu erwerben, ist in der Apostelgeschichte die Rede. Zwar will er nicht ausdrücklich die Gabe des Exorzismus kaufen, aber da knapp vorher von den Besessenen die Rede ist, liegt dies nahe:

6 Und die Menge achtete einmütig auf die Worte des Philippus; sie hörten zu und sahen die Zeichen, die er tat. 7 Denn aus vielen Besessenen fuhren unter lautem Geschrei die unreinen Geister aus; auch viele Lahme und Verkrüppelte wurden geheilt. 8 So herrschte große Freude in jener Stadt. 9 Ein Mann namens Simon hatte schon länger in der Stadt Zauberei getrieben und das Volk von Samarien in Staunen versetzt; er gab sich als etwas Großes aus. 10 Alle achteten auf ihn, Klein und Groß, und sie sagten: Dieser ist die Kraft Gottes, die man die Große nennt. 11 Sie achteten aber deshalb auf ihn, weil er sie lange Zeit durch Zaubereien in Staunen versetzt hatte. 12 Als sie jedoch dem Philippus Glauben schenkten, der das Evangelium vom Reich Gottes und vom Namen Jesu Christi verkündete, ließen sie sich taufen, Männer und Frauen. 13 Auch Simon wurde gläubig, ließ sich taufen und schloss sich dem Philippus an; und als er die großen Zeichen und Machttaten sah, geriet er außer sich vor Staunen. 14 Als die Apostel in Jerusalem hörten, dass Samarien das Wort Gottes angenommen hatte, schickten sie Petrus und Johannes dorthin. 15 Diese zogen hinab und beteten für sie, dass sie den Heiligen Geist empfingen. 16 Denn er war noch auf keinen von ihnen herabgekommen; sie waren nur getauft auf den Namen Jesu, des Herrn. 17 Dann legten sie ihnen die Hände auf und sie empfingen den Heiligen Geist. 18 Als Simon sah, dass durch die Handauflegung der Apostel der Geist verliehen wird, brachte er ihnen Geld 19 und sagte: Gebt auch mir diese Vollmacht, damit jeder, dem ich die Hände auflege, den Heiligen Geist empfängt! 20 Petrus aber sagte zu ihm: Dein Silber fahre mit dir ins Verderben, wenn du meinst, die Gabe Gottes lasse sich für Geld kaufen. 21 Du hast weder einen Anteil daran noch ein Recht darauf, denn dein Herz ist nicht aufrichtig vor Gott. 22 Wende dich von deiner Bosheit ab und bitte den Herrn, dass dir das Ansinnen deines Herzens vergeben werde! 23 Denn ich sehe dich voll bitterer Galle und in Unrecht verstrickt. (Apg 8,6 – 23)

Andererseits ließ Christus ausdrücklich zu, dass auch andere Personen außerhalb seines engeren Jüngerkreises in seinem Namen Exorzismen vornahm, wie Markus berichtet, solange ein Rekurs auf seine Person und Sendung bestand (Mk 9, 38 – 40):

38 Da sagte Johannes zu ihm: Meister, wir haben gesehen, wie jemand in deinem Namen Dämonen austrieb; und wir versuchten, ihn daran zu hindern, weil er uns nicht nachfolgt. 39 Jesus erwiderte: Hindert ihn nicht! Keiner, der in meinem Namen Wunder tut, kann so leicht schlecht von mir reden. 40 Denn wer nicht gegen uns ist, der ist für uns.

Sowohl auf den Missionsauftrag der Apostel als auch auf Stellen wie diese konnte sich das Christentum seither berufen, wenn es um die Vertreibung von Dämonen geht. Exorzismen sind bis heute ein Element des Christentums geblieben, auch wenn man sie heutzutage oft scheel ansieht und selbst viele katholische Geistliche, geschweige denn die Laien, dem Exorzismus skeptisch gegenüberstehen. Dass die Austreibung von Dämonen nicht immer auf Gegenliebe stieß, musste aber schon der Apostel Paulus auf seiner zweiten Missionsreise erfahren, als er aus einer heidnischen Wahrsagerin im Dienst eines Römers einen Geist austrieb:

16 Als wir einmal auf dem Weg zur Gebetsstätte waren, begegnete uns eine Magd, die einen Wahrsagegeist hatte und mit der Wahrsagerei ihren Herren großen Gewinn einbrachte. 17 Sie lief Paulus und uns nach und schrie: Diese Menschen sind Knechte des höchsten Gottes; sie verkünden euch den Weg des Heils. 18 Das tat sie viele Tage lang. Da wurde Paulus ärgerlich, wandte sich um und sagte zu dem Geist: Ich befehle dir im Namen Jesu Christi: Fahre aus dieser Frau aus! Und im gleichen Augenblick fuhr er aus. 19 Als aber ihre Herren sahen, dass sie keinen Gewinn mehr erhoffen konnten, ergriffen sie Paulus und Silas, schleppten sie auf den Markt vor die Stadtbehörden, 20 führten sie den obersten Beamten vor und sagten: Diese Männer bringen Unruhe in unsere Stadt. (Apg 16,16–20)

Dadurch, dass die Magd, möglicherweise sogar freiwillig, von einem sogenannten Wahrsagegeist (einem Pythonischen Dämon) besessen war, konnte die Familie des Besitzers Paulus und seinen Begleiter Silas wegen Geschäftsstörung auf Schadenersatz verklagen; allerdings werden die beiden auf wunderbare Weise aus dem Kerker errettet. Bei Python handelt es sich um einen Dämon, der mit dem Apollo-Orakel in Delphi in Verbindung stand, dem Zentrum der antiken Wahrsagerei. Noch bis ins Spätmittelalter werden daher Hexen und Wahrsagerinnen als Pythonissa bezeichnet. Die delphische Orakelpriesterin hieß Pythia, was sich vom Beinamen des Apollo, Pythias, herleitet, den er führte, weil er den Drachen Python getötet hatte. Solche Wahrsagedämonen spielten in den mittelalterlichen Exorzismuslegenden dann allerdings eine eher untergeordnete Rolle.

Im 1614 veröffentlichten tridentinischen *Rituale Romanum* des Papstes Paul V. (1552–1621) werden zur Unterscheidung der echten Dämonenbesessenheit von einer nur scheinbaren oder pathogenen, strenge Regeln aufgestellt. Demnach ist nur dann von einem Dämon auszugehen, wenn eine besessene Person

— ihr ansonsten unbekannte Fremdsprachen spricht oder versteht,
— außerordentliche und ansonsten unerklärliche Körperkräfte entwickelt oder

— Kenntnisse weit entfernter oder ihr sonst notwendigerweise unbekannter Dinge oder Ereignisse aufweist.

Diese Regularien sind bis heute gültig, und auf dieser Grundlage werden auch nur sehr selten Fälle echter Besessenheit festgestellt.

Aber nicht erst in der Neuzeit ging man – zumindest seit dem Ende des 16. Jahrhundert, das einen Höhepunkt der exorzistischen Tätigkeit darstellte – restriktiv mit dem Mittel des Exorzismus um. Auch für das Mittelalter sind wesentlich weniger Fälle echter Dämonenaustreibung belegt, als man zunächst vermuten würde. Dabei ist zu unterscheiden zwischen recht spontanen Austreibungen, die uns in vielen Heiligenlegenden begegnen und meist irgendwann in eher ferner Vergangenheit stattgefunden haben sollen, und den – möglicherweise ebenfalls legendarischen, aber doch mit dem Wahrheitsanspruch der hochmittelalterlichen Zeitgenossen versehenen – förmlichen Dämonenaustreibungen, die Bischöfe, Äbte oder eben bestimmte kirchlich beauftragte Exorzisten in aller Form vornahmen.

Das Kirchenrecht unterscheidet zwischen dem einfachen oder kleinen Exorzismus, den sogar Laien ausüben können, und dem großen oder feierlichen Exorzismus. Zur Illustration des Letzteren mag eine Geschichte dienen, die wieder Caesarius von Heisterbach überliefert. Sie betrifft den Gründer seines Ordens, den Abt Bernhard von Clairvaux, der 1153 gestorben war, sodass der Begriff »in unserer Zeit« am Ende des Exempels recht weit zu fassen ist, schrieb Caesarius doch erst um oder nach 1220.

Ein Beispiel aus den Wundergeschichten des heiligen Abtes Bernhard, der einen Incubus-Dämon von einer Frau vertrieb.
Eine Frau in der Gegend von Nantes wurde von einem zudringlichen Dämon, nachdem er ihre Zustimmung erreicht hatte, sechs Jahre lang mit unglaublicher Lust gequält. Er war ihr in der Gestalt eines sehr schönen Ritters erschienen. Während ihr Mann im gleichen Bett schlief, mißbrauchte sie jener unzüchtige Geist oft und ohne daß man ihn sehen konnte. Im siebten Jahr wurde sie von Angst ergriffen.
Als einmal der heilige Abt Bernhard von Clairvaux in die besagte Stadt kam, warf sich die unglückliche Frau ihm zu Füßen, bekannte unter vielen Tränen ihre schreckliche Leidenschaft sowie das teuflische Spiel und flehte ihn an, ihr zu helfen. Er tröstete sie und belehrte sie, was sie tun solle. Nach der Beichte vermochte der Teufel nicht mehr sich ihr zu nähern; aber er erschreckte sie mit Worten, indem er die schreckliche Drohung ausstieß, er werde nach dem Weggang des Abtes zurückkehren, um sie zu foltern. So wie er vorher ihr Liebhaber war, würde er nun ihr grausamster Verfolger.

Als sie dies dem Heiligen angezeigt hatte, bannte er am folgenden Sonntag in Gegenwart von zwei Bischöfen bei angezündeten Kerzen und im Beisein aller Gläubigen des Pfarrbezirkes jenen Geist der Unzucht. In der Vollmacht Christi verbot er ihm, diese und alle anderen Frauen (dieser Gemeinde) künftig heimzusuchen. Als schließlich die geweihten Kerzen ausgelöscht wurden, wurde die gesamte Macht des Dämons ausgelöscht. Die Frau empfing nach einer Generalbeichte ihrer Sünden die heilige Kommunion und war (von da) an vollkommen befreit. Dies ist in unserer Zeit geschehen.[286]

Es handelt sich um den einen feierlichen Exorzismus, der nur mit Erlaubnis des Bischofs erfolgen sollte und auch mit einem gewissen Grad von Öffentlichkeit abgehalten wurde. Er bestand aus der feierlichen, mehrfachen Anrufung der Dreifaltigkeit, der Beschwörung des oder der Dämonen und aus wirkkräftigen Exorzismusformeln. Diese kennen wir nicht nur aus dem *Rituale Romanum*, wo der ganze umfangreiche Ritus ausführlich beschrieben ist, sondern auch aus den in Codices[287] und auf Amuletten[288] in großer Menge zu findenden Abwehrformeln für Dämonen, wo die entscheidenden Sätze des Ritus Verwendung fanden. Es gab aber offenbar schon im Frühmittelalter förmliche Sammlungen von Formeln oder Ritualvorschriften, wie die Erwähnung eines *libellus exorcismi*, »Büchleins des Exorzismus«, in der *Translatio S. Severi* des Priesters Liutolf von Mainz aus dem 9. Jahrhundert belegt.[289]

Zu den am häufigsten zu findenden Exorzismusformeln gehört vor allem die heute noch (wenn auch in anderem Kontext) verbreitete, als *titulus triumphalis* bezeichnete Formel, die schon oben bei den Amuletttexten behandelt wurde:

Christus vincit, Christus regnat, Christus imperat!
Christus siegt, Christus herrscht, Christus befiehlt!

Ebenfalls schon oben bei den Amuletten erwähnt wurde eine zweite, stets mit der mehrfachen Anrufung Gottes verbundene Austreibungsformel, die sich direkt gegen die Dämonen richtet:

Ecce crucem Domini, fugite partes adversae,
vicit leo de tribu Juda, radix David!
Seht das Kreuz des Herrn, flieht, ihr bösen Geister,
gesiegt hat der Löwe aus dem Stamm Juda, der Spross aus der Wurzel Davids!

Die zweite Zeile ist ein Zitat aus der Johannes-Apokalypse (Offb 5,5), dem offenbar große apotropäische Wirkung zugeschrieben wurde, beide Zeilen zusammen stammen aber be-

reits aus einem sehr alten Antiphon. Wichtig ist dabei der Verweis auf das Kreuz, denn dieses wurde durch zahlreiche geschlagene Kreuzzeichen oder wohl auch das Halten eines physischen Kreuzes evoziert. Der Gestus der Bekreuzigung durch den Priester ist daher auf fast allen bildlichen Exorzismusdarstellungen zu sehen.

Die Gebete des oder der Exorzisten und der begleitenden anderen Geistlichen, dazu die über dem Exorzierenden geschlagenen Kreuzzeichen, die erwähnten Kerzen und zweifellos auch die unterstützenden Bittgebete oder Responsorien der Umstehenden vervollständigten den Ritus. Es darf nicht vergessen werden, dass das Ritual auch ein Drama ist, das die Macht Gottes, seiner Kirche und seiner Diener kraftvoll darstellt und als solches auch eines Publikums bedarf – die Inszenierung ist also ein wichtiger Bestandteil des Ganzen.

Weniger formell scheint die Dämonenaustreibung in einer anderen von Caesarius überlieferten Geschichte zu verlaufen:

In Sachsen war eine vornehme Frau vom Teufel besessen und wurde von ihm sehr schwer gequält. Ihre Ministerialen brachten sie, um Heilung für sie zu erwirken, zu verschiedenen Gräbern der Heiligen. Eines Tages kam ein Priester vorbei, der zwar äußerlich unansehnlich, aber mit der Gnade Gottes versehen war, der Mitleid mit ihr hatte. In seiner großen Liebe flehte er zu Gott um Hilfe, trieb den Teufel aus und gab der Frau die Gesundheit wieder.[290]

Auch wenn die Geschichte in diesem Fall am Ende wegen zu früh abgebrochener Buße ein böses Ende nimmt, zeigt sie doch, dass auch eine spontane Austreibung – ganz im Sinne des Neuen Testaments – wirkungsvoll Abhilfe schaffen konnte.

Vergessen werden darf aber auch nicht, dass wie der oben geschilderte feierliche Exorzismus die meisten der besonders in der Hagiographie wie der Historiographie überlieferten Austreibungsgeschichten letztlich literarische Texte sind, mit all den Aspekten, die mittelalterliche Literatur kennzeichnen: Sie wollen belehren – über die Macht Gottes und seine Gnade –, aber sie wollen auch unterhalten. Zusätzlich wollen sie unmissverständlich die Heiligkeit einer Person festhalten, sei es, um deren Heiligsprechung erst zu unterstützen, sei es, um ihren Kult zu fördern. Es greift daher etwas zu kurz, im Christentum eine Entwicklung von den Aus-

Abb. 3.3.14 Maestro di San Severino Firenze: Feierlicher Exorzismus.

treibungen dämonischer alter Gottheiten im Frühchristentum hin zu den mittelalterlichen Exorzismen als Ketzerbekämpfung zu zeichnen.²⁹¹ Im Gegenteil: Während die Bekämpfung der antiken Götter und ihre Kennzeichnung als Dämonen für das junge Christentum noch eine Überlebensfrage war, ist die Dämonenbekämpfung der Heiligen im Mittelalter als literarische und psychologische Auseinandersetzung mit dem Bösen in der Welt und in den Menschen zu sehen. Die Möglichkeit des Exorzismus dieser personifizierten Realisationen des Bösen durch die Heiligen gab den glaubenden Menschen des Mittelalters die Hoffnung, auch damit fertig werden zu können.

Die recht spontanen Dämonenaustreibungen werden relativ häufig von Heiligen berichtet, die auf Grund ihrer besonderen Meriten und ihrer engen Beziehung zu Christus, dem ersten aller Exorzisten, bestens dafür geeignet gehalten wurden. In der Hagiographie dienen sie wie andere Heilungswunder in erster Linie dazu, das Charisma und die Wundertätigkeit des oder der Betreffenden hervorzuheben. Aus dem Bedürfnis der Hagiographen, den jeweiligen Heiligen durch solche Narrative in seiner Bedeutung hervorzuheben, resultiert die hohe Zahl an in den Heiligenviten überlieferten Dämonenaustreibungen. Dabei sind es aber ganz bestimmte, auch lokale Heilige, die mehr als andere mit der Austreibung von Dämonen in Zusammenhang gebracht wurden, was sich sowohl in ihren Viten und Wundern als auch in der Ikonographie niederschlug. Mitunter sind es dann auch nur ganz bestimmte Kunstwerke, die zum Ruf eines Heiligen als besonders begabter Exorzist beitrugen und selbst wieder in Texte Eingang fanden.

Darüber hinaus fungieren sehr viele der Geschichten über Dämonenaustreibungen, ähnlich wie die oben schon behandelten Drachenkampferzählungen, als Exempel der erfolgreichen Missionierung durch den Machterweis Gottes mit Hilfe des Heiligen. So will der hl. Martin bei der Austreibung eines Dämons aus einem Sklaven eines gewissen Taetradius, römischer Prokonsul in Trier, das Haus des Prokonsuls nicht betreten, weil dieser noch Heide ist, der Besessene aber will seine Kammer nicht verlassen. Als Taetradius verspricht, sich im Falle eines erfolgreichen Exorzismus zum Christentum zu bekehren, kann der Heilige eintreten und dem Burschen durch Handauflegung den Dämon austreiben – und damit zugleich seinen Missionsauftrag erfüllen.²⁹²

Im Extremfall reicht die Macht von Heiligen über die Dämonen so weit, dass der Exorzismus als Ritual erst gar nicht zur Anwendung kommen muss, weil die Dämonen den Heiligen so fürchten, dass sie vor ihm aus den Besessenen fliehen. Das finden wir

Abb. 3.3.15: Austreibung eines Dämons durch den hl. Martin. Meister des Martinsretabels, Flügelaltar aus St. Katharein an der Laming, um 1440, linker Flügel oben.

etwa in der Geschichte über den heiligen Ambrosius (339–397) in Mailand in der *Legenda aurea* des Jacobus de Voragine:

Es war ein besessener Mensch, wann der in die Stadt Mailand einging, verließ ihn der Teufel; wann er aber wieder aus der Stadt ging, so fuhr der Teufel wieder in ihn. Man beschwur den Teufel darob und fragte ihn, wie das käme; da antwortete er, es geschähe aus Furcht vor Sanct Ambrosio.[293]

Aber auch im Mittelalter wurde Wert darauf gelegt festzuhalten, dass es nicht der Ritus selbst und auch nicht der Priester ist, sondern die Macht des Höchsten und seiner Heiligen, die den Dämon letztendlich austreibt. So antwortet der Dämon Wiggo am Ende der Dämonenaustreibung dem exorzierenden Priester:

»Ich fahre nicht aus, nur weil du es befiehlst«, sagte er, »sondern wegen der Kraft der Heiligen, die mir nicht gestatten, länger in dieser [Frau] zu verweilen.«[294]

Schließlich sei noch auf die zwar nebensächliche, aber für die mittelalterlichen Autoren durch ihren Bezug zum Neuen Testament (Lk 8,26–33) interessante Frage hingewiesen, wohin denn die Dämonen nach ihrer Vertreibung »umziehen« sollten, wenn sie aus einem Besessenen vertrieben werden. Die vor dem Hintergrund mittelalterlicher Vorstellungen naheliegende Antwort, nämlich in die Hölle oder in die »dunkle Sphäre« als die üblichen Wohnorte der Dämonen, scheint nicht auszureichen – warum hätte Christus sonst die Dämonen des Besessenen aus Gerasa in die Schweineherde verbannt, die sich daraufhin in den See stürzt, um der Hölle zu entgehen? Die Frage war also offenbar diffiziler, und so konnte sie der frühmittelalterliche Autor Wetti in seiner *Vita S. Galli* (um 820) auch einem Dämon selbst in den Mund legen, den er aus Fridiburga, der Tochter des Herzogs Cunzo in Überlingen am Bodensee, vertrieb:

Gallus legte ihr die Hand aufs Haupt und sprach: »Im Namen Jesu Christi befehle ich dir, du unreiner Geist, fahr aus diesem Geschöpf Gottes aus und verlaß es.« Nach diesen Worten schaute ihn das Mädchen mit offenen Augen an. Der böse Geist aber sprach: »Bist du nicht Gallus, der mich schon früher vertrieben hat? [...] Wenn du mich nun von hier vertreibst, wo soll ich dann hingehen?« Da antwortete der Mann Gottes: »In die Hölle (*abyssus*), wohin dich der Herr verstoßen hat.« Alle konnten es sehen, wie der dann sofort aus dem Mund des Mädchens wie ein häßlicher und schrecklicher schwarzer Vogel flog. Auf der Stelle stand das Mädchen gesund auf und der Mann Gottes übergab es seiner Mutter.«[295]

Dieser Heilige ist also noch strenger als Christus und bannt den ängstlichen Dämon direkt in die Hölle.

Die mittelalterliche Hagiographie ist so voller Exorzismen unter den Wundern der Heiligen, dass kein Mangel an Beispielen für die Dämonenaustreibungen besteht: Neben den schon genannten sind es u.v.a. die besser bekannten Heiligen Bernhard, Dominik, Donatus, Franziskus, Gervasius und Protasius, Leonhard, Martin, Norbert, Severin und Silvester, von denen Exorzismuslegenden berichtet werden, neben einer großen Zahl von weniger bekannten.

3.4 Kontrolle und Instrumentalisierung der Dämonen? Nekromanten und Hexenmeister

Der hl. Augustinus hatte schon um 400 festgehalten – und ihm folgte Thomas von Aquin im Hochmittelalter –, dass jeglicher magischer Handlung, also jeder Form der Zauberei, die Kommunikation mit den Dämonen zugrunde liege. Für einen Christen aber sei jeder Kontakt mit ihnen grundsätzlich zu verurteilen.[296] Allgemein wurde es im Mittelalter für möglich angesehen, mit den Dämonen in Kontakt zu treten und diese Mächte der Unterwelt beschwörend zu zwingen, sich nicht nur in physischer Gestalt zu zeigen, sondern auch Auskunft über verborgene Dinge zu geben, etwa zukünftige Ereignisse, die Lagerstätten von Gold und Silber oder das Schicksal von verstorbenen Angehörigen. All dies war aber nach kirchlicher Lehre mit einem christlichen Leben unvereinbar.

Zu solchen Beschwörungen, also der Herbeirufung von Dämonen, oder überhaupt zum Kontakt und Gespräch mit ihnen waren nach kirchlicher Ansicht ausschließlich Exorzisten, also befugte und über die notwendigen Ritualformeln verfügende Priester zuständig, und auch das nur zu dem einen Zweck, von Dämonen besessene Menschen von diesen zu befreien und sie durch die Teufelsaustreibung von den damit einhergehenden Krankheiten zu heilen. Besonders geeignet für diese Exorzismen waren, wie oben besprochen, die Heiligen, die dabei sogar auf die kirchlichen Formeln verzichten konnten und dank ihres gottgegebenen Charismas in der Lage waren, allein durch ihr

Abb. 3.3.16 Giotto di Bondone: Der hl. Franziskus befreit die Stadt Arezzo von Dämonen. Fresko in der Oberkirche von S. Francesco in Assisi (um 1295/1300).

Gebet, mitunter sogar durch ihre bloße Anwesenheit Dämonen aus Besessenen zu vertreiben.

Trotz dieser offiziellen Kommunikationsexklusivität für Priester (und Heilige) gab es aber eine zweite Berufsgruppe, die kraft ihrer Bildung und Kenntnis der jenseitigen Mächte in der Lage war, mit Dämonen Kontakt aufzunehmen. Diese oft gelehrten Zauberer werden in vielen hoch- und spätmittelalterlichen Exempla als Nekromanten bezeichnet. Genauso wenig wie der Begriff Exorzist ist jener des Nekromanten eine Berufsbezeichnung, sondern weist auf die Fähigkeit oder das Bemühen hin, auf die eine oder andere Weise mit den Dämonen in Kontakt zu treten. Häufig genug dürfte es sich um Priester oder Scholaren gehandelt haben, also Universitätsangehörige und Gelehrte, die sich mit okkulten Dingen beschäftigten. Die Volksetymologie, die aus der Nekromantie, einer »Totenbeschwörung« (zu griech. *nekros* »tot«), eine Nigromantie, »Schwarzkunst« (zu lat. *niger* »schwarz«), machte, zeigt, dass diese Praktiker eindeutig der schwarzen Magie, also der illegitimen Beschäftigung mit Zauberei zugerechnet wurden. Der Begriff des Nekromanten, mit dem ursprünglich der Wahrsager gemeint ist, der mit Hilfe von Totenbeschwörungen sein Geschäft zu verrichten sucht, steht im späteren Mittelalter fast synonym für Zauberer oder Schwarzkünstler.

Schon die älteste römische Gesetzgebung definierte Magier als Personen, die das Maleficium, also Schadenzauber betreiben. Diese Einengung der Begriffe Magie und Magier zieht sich in der Folge nicht nur durch die mittelalterliche Gesetzgebung, sondern prägte offenbar auch die öffentliche Wahrnehmung.[297] Magier betreiben aber auch Wahrsagerei aus jenem Teilbereich der Divination, also der Zukunftsvorhersage, die der verbotenen Schwarzen Kunst zuzurechnen ist, und bei der ist die Beteiligung der Dämonen unabdingbar, wie schon Isidor von Sevilla um 600 in seiner einflussreichen Enzyklopädie, den *Etymologiae*, in einem etwas unsystematischen Kapitel über Zauberer festgehalten hatte:

Zauberer (*magi*) sind die, die im Volk Übeltäter (*maleficii*) genannt werden [...]. Diese rütteln auch die Elemente durcheinander, verwirren die Sinne der Menschen und ohne irgendeinen Schluck Gift, nur durch die Gewalt ihres Spruchs räumen sie [jemanden] aus dem Wege. [...] Wenn sie Dämonen herbeigerufen haben, wagen sie [diese] nämlich anzutreiben, so dass jeder durch böse Künste seine Feinde zugrunde richtet. Diese gebrauchen auch Blut und Opfer, und oft berühren sie die Toten. Die Totenbeschwörer (*necromanti*) sind [die], durch deren Zaubersprüche wiedererweckte Tote zu weissagen und auf Fragen zu antworten scheinen [...]. Um diese zu befragen, wird das Blut von Leichen hinzugezogen, denn man sagt, dass Dämonen Blut liebten. Daher wird, sooft eine Totenbeschwörung stattfindet, frisches Blut mit Wasser gemischt, damit das Fließen des Blutes leichter hervorgerufen wird.[298]

Dann folgt bei Isidor die lange Liste verschiedener Arten der Divination, wie sie von Weissagern aus den verschiedenen magischen Künsten praktiziert wurde, wie eben Geomanten, Hydromanten (»das Herausrufen der Schatten der Dämonen durch die Betrachtung des Wassers«), Aeromanten und Pyromanten, Haruspicen und Auguren, also die Weissager aus Luft, Feuer, Eingeweide und Vogelflug, und noch etliche andere. Diese werden dann im Hochmittelalter sowohl von Thomas von Aquin in seiner *Summa Theologiae* (II, 2, 95, a3)[299] als auch von Vinzenz von Beauvais in seine monumentale Enzyklopädie *Speculum maius* (*Speculum morale*, III, iii, XVII, 1111–1117) übernommen (beide um die Mitte des 13. Jahrhunderts). Sie stellen alle diese Divinationsspezialisten zu den eigentlichen (aber viel knapper behandelten) Schadenzauberern, obwohl die Weissagung nicht in dieselbe Kategorie von Schadenzauber gehört wie z. B. die bei Isidor eingangs genannte der magisch bewirkten Tötung. Dennoch wird etwa bei Vinzenz die Chiromantie, also das relativ harmlose Handlesen, das völlig ohne dämonische Hilfe auskommt, als verbotene Kunst verurteilt.

Nur Divinationstechniken völlig ohne Dämonenanrufung, also etwa die Astrologie, werden von Thomas von Aquin ausgenommen, alle anderen Wahrsager werden als zu verurteilende Schwarzkünstler aufgefasst.[300] Thomas sieht in der Nekromantie trotz der falsch wiedergegebenen Etymologie, wobei er Isidor von Sevilla folgt, aber sie dennoch *nigromantia* nennt, noch nicht die »Schwarzkunst«, sondern die Totenbeschwörung zur Vorhersage aus dem Munde von Toten, die der Zauberer zu diesem Zwecke wiederbelebt und befragt (*videntur resuscitati mortui divinare et ad interrogata respondere*[301]). Wir sind bei diesem Konzept von reinen Wahrsagemethoden recht weit von dem entfernt, was wir heute einen Zauberer oder einen Hexenmeister (oder gar eine Hexe) nennen würden, aber die Praktiken, die meist nur theoretisch genannt werden, sind sehr wohl wesentlich breiter, wie verschiedene Aufzählungen der Fertigkeiten eines Zauberers belegen.

Neben der reinen und weitverbreiteten Divination gehört auch die Herstellung von Talismanen zu den Künsten eines Nekromanten. Bei der Herstellung der häufig anthropomorphen Figuren wurde der Stellung der Gestirne eine wichtige Rolle zugeschrieben. Eine Mitwirkung von Dämonen bei der Herstellung dieser Talismane, die sowohl apotropäische Wirkung haben konnten als auch dem Liebeszauber dienen sollten,[302] wird hingegen nicht erwähnt; sie soll deshalb hier nicht weiter behandelt werden.

Die Künste eines Nekromanten (heute wohl eher: Hexenmeister) waren dennoch recht breit gestreut und umfassten auch jenseits der Wahrsagerei durch den Mund von Toten vieles, wozu die Hilfe der Dämonen benötigt wurde. Neben der Totenerweckung gehörten dazu auch die Tierverwandlung, die Schatzsuche und die Prospektion von Edelmetallen sowie schließlich Zauberkunststücke, die nur mit Hilfe von Zaubersprüchen durchgeführt wurden. Eine gute Zusammenstellung derartiger Künste bietet eine Beschreibung des hochmittelalterlichen Mythographen Snorri Sturluson in seiner *Heimskringla*. In deren ersten Teil (der *Ynglinga saga*) behandelt er den heidnischen Gott Odin – der natürlich aus christlicher Sicht entweder ein Dämon oder ein vorgeschichtlicher Zauberer ist – als mythischen vorzeitlichen König Skandinaviens:

Odin konnte seine Gestalt verändern. Sein Körper lag dann wie schlafend oder tot da, aber er war ein Vogel oder Tier, Fisch oder Schlange und reiste so in einem Augenblick in weit entfernte Länder in eigener Sache oder der anderer Leute. Er konnte mit Worten allein Feuer schlagen und das Meer beruhigen und den Wind in jede Richtung drehen lassen, die er wollte [...] und manchmal weckte er Tote aus der Erde auf oder setzte sich unter Gehenkte. [...]; er konnte durch Mímirs Haupt oder Totenerweckung Informationen aus anderen Welten erhalten und durch seine Raben Nachrichten aus der Ferne bekommen. Alle diese Zauberkünste erreichte er durch Runen oder die Lieder, die Zaubersprüche (*galdrar*) heißen [...]. Daneben beherrschte er aber auch noch die Zauberkunst, welche die größte Macht hat, die *seiðr* heißt, und damit konnte er das Schicksal der Menschen und zukünftige Dinge erfahren, auch Menschen den Tod oder Unglück oder Krankheit bringen, und Menschen ihren Verstand oder ihre Kraft rauben und sie anderen geben. [...] Er wusste auch um verborgene Schätze der Erde und er beherrschte die Sprüche, die ihm Erde oder Felsen oder Grabhügel aufschlossen, und er besiegte mit Worten allein die sie bewachten, und ging hinein und nahm sich was er wollte. (*Ynglinga saga*, Kap. 7)[303]

Auch diese eher literarische Beschreibung eines dämonisierten Gottes des heidnischen germanischen Polytheismus unterscheidet recht genau zwischen der weißen und der schwarzen Magie: Während im ersten Teil Gestaltwandel und Divination behandelt werden, geht es im zweiten um Schadenzauber und um Reichtümer. Da Odin hier im vorhergehenden Abschnitt als historischer Mensch in grauer Vorzeit bezeichnet wird, der nach dem im Mittelalter verbreiteten antiken Interpretationsmuster des Euhemerismus aber wegen seiner magischen und sonstigen Fertigkeiten andernorts und später als Gott verehrt (und deswegen auch potentiell als Dämon angesehen) wurde, handelt es sich bei der Aufzählung der Fertigkeiten um solche, die man einem *menschlichen*, wenn auch sehr begabten Hexenmeister zutraute.

Eine ähnliche Zusammenstellung findet sich mehr als ein Jahrhundert später bei Giovanni Boccaccio (1313–1375) in seiner Schrift *De mulieribus claris*. Hier werden die magischen Fertigkeiten allerdings schon einer Frau zugeschrieben, nämlich der antiken Medea, Königin der Kolcher:

Sie war ziemlich gutaussehend und verfügte über tiefgehende Kenntnisse der Hexerei. Von welchem Lehrer auch immer sie unterrichtet worden war, sie war so gut mit den Wirkungskräften der Kräuter vertraut wie niemand anderes. Sie wusste genau, mit welchen Zaubersprüchen man den Himmel in Aufruhr versetzte, die Winde aus ihrer Höhle rief, Gewitter heraufbeschwor, den Lauf von Flüssen zum Stehen brachte, Zaubertränke herstellte, Flammen für eine Brandstiftung erzeugte und alle solche Dinge zustande brachte.[304]

Keineswegs alle dieser Fertigkeiten sind, wie noch im römischen Recht, dem *Maleficium*, also dem Schadenzauber zuzurechnen, wenn auch einige der Künste dazu hätten genutzt werden können. Zusehends aber scheint sich der Begriff des Zauberers (*magus*) so verengt zu haben, dass nun jemand gemeint war, der wenigstens potentiell Schadenzauber ausübt. Diese Bedeutungsverengung war dem griechischen *magoi* (»Zauberer Sterndeuter«) des Neuen Testaments noch völlig fremd, wurden in diesem doch die Drei Weisen aus dem Morgenland so bezeichnet (Mt 2,2) und zählte man hier die Kunst der Astrologie, welche die drei ja offenbar ausübten, noch zur Naturphilosophie.

Während in Snorri Sturlusons Liste von Odins Fertigkeiten in erster Linie die Zwecke der Zauberei angeführt werden, finden sich andernorts auch die magischen Handlungen selbst aufgezählt, wenn auch nicht im Detail. Einen recht umfassenden Katalog derartiger Handlungen bietet der Südtiroler Patrizier Hans Vintler (gest. 1419), der seit 1407 im Dienst Herzog Friedrichs IV. von Tirol stand.[305] Sein Werk »Blumen der Tugend« (*Pluemen der tugent*) entstand vor 1411 als Bearbeitung der italienischen Prosa-Exempelsammlung *Fiori di virtù* eines Benediktiners namens Tomaso Gozzadini aus Bologna. Diese führte im Anschluss an die *Summa theologiae* des Thomas von Aquin 35 Tugenden und Laster auf.[306]

Es geht aber nicht nur um die Laster und Tugenden selbst, sondern auch um deren praktische Seiten. Für den Unglauben liefert Vintler eine lange Liste von abergläubischen Vorstellungen und Praktiken. Er nennt Teufelsbeschwörung zum Zwecke der Bereicherung oder der Auffindung von Gold und anderen edlen Erzen (V. 7732–7736), den Glauben an Herodias und Diana, die beide im Mittelalter zur Figur der Herodiana verschmolzen wurden, bzw. die Percht mit der Eisernen Nase (V. 7738–7740 und 7761f.; dazu unten im Kap. 4 über die Hexen), Wahrsagerei mit Hilfe von Vogelgeschrei, Traumauslegung oder Beobachtung des Feuers (V. 7745, 7746 und 7750f.), Schwalbenflug (V. 7818) oder Eingeweideschau (V. 7819), das Feien (Unverletzbarmachen) gegen Schwerter (V. 7747–7749) und einen »Siegstein« (V. 7807–7809), Liebeszauber durch alte Frauen (V. 7754–7756), die Verwendung von Losbüchern und Alraun (V. 7757 und 7760), die Herstellung von Amuletten auf Oblaten gegen Fieber und Zahnweh (V. 7776–7778) oder auf Blei gegen »den Wurm« (V. 7808–7809) sowie die Anbetung des Teufels und der Gestirne (V. 7773–7784) und schließlich den Glauben an mythologische Wesen des Volksglaubens wie die Trutte, den Alp, Orke und Elben und Schratteln (V. 7796–7806).

Dazu nennt Vintler noch die Verwendung diverser Kräuter sowie abergläubische Praktiken im Totenbrauch, die aber mit Zauberei nichts mehr zu tun haben. Was er jedoch kaum direkt anspricht, sind die Protagonisten der Zaubereien, wenngleich in seinen Versen ein leichter Überhang von Zauberinnen und alten Frauen gegenüber männlichen Zauberern zu konstatieren ist. Was auch beim ihm nur ganz nebenbei erwähnt wird, ist die ganz konkrete Praxis der magischen Handlungen, die nicht über die folgende Beschreibung einer Teufelsbeschwörung hinausgeht, welche eine von nur zwei Stellen ist (V. 7735 und 8236f.), wo er eine Unterstützung des Teufels bzw. der Dämonen bei der Zauberei sieht. Mit dieser zurückgedrängten Rolle der Dämonen in der Zauberei steht er schon mehr dem Hexenglauben des späteren 15. Jahrhunderts nahe (vgl. unten Kap. 4.1) als den mittelalterlichen Traditionen. Die ausführlichste Erwähnung der Teilnahme des Teufels, hier an der Totenbefragung, ist ebenfalls nicht sehr umfangreich:

So seind dann ettleich leut,
die got gent zu laide
des nahtes an ain wegschaide
und ruefen dem milleartifex
Der do ist der poshait rex,
als das von im geschriben stat.
Etleich nemen das chraut widertat.
Das selb sol sein für zauberei.[307]

Die Zusammenstellung ist, wie schon an dem zitierten kurzen Ausschnitt zu sehen, reichlich unsystematisch: Zuerst wird das Herbeirufen des Teufels an einem nächtlichen Wegkreuz zum Zweck der Totenbeschwörung erwähnt, wobei sowohl *milleartifex*, also »Tausendkünstler«, als auch »König der Bosheit« hier den Teufel bezeichnen (der Begriff *milleartifex* findet sich auch im *Hexenhammer* des Heinrich Kramer wieder).[308] Doch dann folgt unvermittelt ein Kraut, das wohl nichts mehr mit der Teufelsbeschwörung zu tun hat und das Vintler hier *widertat* nennt, das aber auch als *Widerton* bekannt ist, also ein Kraut »Gegen-das-Antun«, das schadenabwehrenden Charakter haben soll und wohl als Haarmützenmoos zu identifizieren ist (*Polytrichum formosum*).[309] Andere von ihm verstreut genannte Kräuter sind die zur Sonnenwende ausgegrabene Verbena (V. 7821–7824),[310] der vierblättrige Klee (V. 7779), Porst (V. 7908) und junge Haselzweige (V. 7923f.; mehr zu »magischen« Kräutern in Kap. 4.1 über Hexen).

Das im obigen Zitat beschriebene Beschwören des Teufels oder der Dämonen an einem nächtlichen Kreuzweg hat eine lange Tradition, die am eindrucksvollsten in mittelalterlichen skandinavischen Quellen beschrieben ist, wo der Vorgang als *útiseta*, »Draußensitzen« bezeichnet wird und sogar in den Gesetzen der einzelnen Landschaften ausdrücklich verboten wird, also zu einer verbreiteten Praxis gehört haben dürfte. Das nächtliche Draußensitzen diente der Kontaktaufnahme mit dem Teufel (oder einem seiner Dämonen), um durch ihn von den Toten Informationen über die Zukunft zu erlangen, was man sich offenbar nur abseits menschlicher Behausungen vorstellen konnte. Wenn das altnorwegische *Gulaþingslög* (32) das »Draußensitzen, um Trolle aufzuerwecken«, unter Strafe stellt, ist dabei allerdings unklar, ob sich die Bezeichnung »Troll« hier auf die Toten oder die Dämonen bezieht; wahrscheinlich ist jedoch eher Letzteres. Eine in etwa der *útiseta* entsprechende Form der Divination ist schon um 1000 dem deutschen Bischof Burchard von Worms bekannt, wenn er in seinem Bußhandbuch fragt: *vel in bivio sedisti supra taurinam cutem, ut et ibi futura tibi intelligeres?*, zu Deutsch: »oder hast du [zu Jahresbeginn] an einem Kreuzweg auf einer Stierhaut gesessen, um so dort deine Zukunft zu erfahren?«[311] Ein altnordischer hagiographischer Text, die *Maríu saga*, erwähnt noch zusätzlich das Detail, dass die Rinderhaut noch blutig sein müsse: »Da lass eine blutige Ochsenhaut ausbreiten und setze Dich selbst darauf«.[312]

Warum es die Nacht ist, in der die Totenbefragung stattfinden muss (abgesehen von der Geheimhaltung), erklärt indirekt der *Dialog* des Petrus Alfonsi, der den Meister (das *alter ego* des jüdischen Verfassers) seinem Schüler erklären lässt, dass die Toten, wenn sie durch die Kunst eines Zauberers (*magus*) erweckt würden, nicht weiter gehen könnten als die Länge ihres eigenen Schattens, um dann wieder tot zur Erde zu stürzen.[313] Das impliziert natürlich, dass sie in der Nacht, weil sie da keinen Schatten werfen, länger für die Befragungen zur Verfügung stehen.

Die ausführlichste Beschreibung der Schwarzkunst in deutscher Sprache findet sich in dem 1456 als Auftragsarbeit verfassten *Buch aller verbotenen Kunst* des süddeutschen Arztes und Dichters Johann Hartlieb (ca. 1400–1468). Hartlieb beschäftigte sich u.a. intensiv mit diversen divinatorischen Praktiken und schrieb Mitte des 15. Jahrhunderts u.v.a. ein Kräuterbuch, das auch einige Pflanzen für den magischen Gebrauch umfasste. Das 22. Kapitel seines *Buchs aller Verbotenen Kunst* handelt von den Praktikern der »Nygramantia«, die er gemäß seiner Schreibung auch ausdrücklich als Schwarzkunst auffasste:

Das zwayvndzwaintzigist capitel, das ist von der ersten kunst nigramantia, die haißt die schwartz kunst.
Nygramantia ist die erst verboten kunst vnd haißt man sy die schwartzen kunst. Die künst ist die aller böst, wann sy gät zu mit dem opffer vnd dienst, den man den tuiffeln tun muß. Wer jn der kunst arbaiten will, der muß den tuiffeln maniger hannd opffer geben, auch mit den tuiffeln gelübt vnd verpintnuß machen; dann so sind jm die tuiffel gehorsam vnd ver-

pringen den willen des maysters, als ferr jn das von got verhengt wirt. Merck zway grosse vbel in der kunst: das erst, das der mayster muß sein opffer vnd zinß geben den tuiffeln, damit er gotes verlaugent vnd den tuiffeln anlegt götliche ere. Wann wir allain got, der vns beschaffen hatt vnd mit seiner marter erarnet hat, opfern stillen, das ander das er sich verpint mit den tuiffeln, der dann ist der gröst veind aller menschait.
[...]
Mit den Worten ergibt sich der mensch mit leib vnd sel dem bösen tiufel; mit dem räch vnd opffer verschmächt er gott vnd gibt dem tuiffel, seinem großen veind, die göttlich ere.[314]

Außer an dieser Stelle, an der er über das für die Nekromantie als Voraussetzung notwendige Teufelsbündnis und die Opfer an die Dämonen – der Plural *tuiffeln* macht es klar, dass hier immer die Dämonen gemeint sind – spricht, erwähnt Hartlieb in seinen 132 Kapiteln den Teufel und die Dämonen nur sehr selten. Einer dieser wenigen Fälle behandelt wieder ein Dämonenopfer, in diesem Fall bei der Hervorrufung von Hagel:

wann du der sach begerst, so gang an ain gehaym und rüff den gaisten vnd opfer jn das N, so chomen sy vnd machen dir jn ainer stund hagel, wä du wilt.[315]

Auch *wie* man diese Opfer für die Dämonen durchführt, erzählt er – mit dem üblichen missbilligenden Ton – und berichtet, dass es Zauberer gebe, die Vögel (vermutlich meint auch er damit die andernorts in diesem Kontext genannten Hähne) töten würden und (das Blut?) in die Luft würfen, damit besondere (Böse) Geister in den Lüften sie annähmen und dadurch besänftigt würden, sodass sie ihnen geheime Dinge verraten würden.[316]

Während bei den eingangs aufgelisteten Fertigkeiten des Gottes/Königs Odin als Nekromanten kein Bezug zum Teufelspakt hergestellt wird, liegt dies wohl nicht zuletzt daran, dass ein heidnischer Gott aus christlicher Sicht ohnehin selbst potentiell ein Dämon ist. Was aber die zweifelsfrei menschlichen Nekromanten angeht, so lag der Verdacht wenn schon nicht eines förmlichen Teufelspakts (dazu siehe Kap. 4.2 unten), so doch wenigstens des Paktierens mit dem Teufel nahe. Man sah zwar schon im 13. Jahrhundert die Möglichkeit von Teufelsbündnissen als gegeben an, aber damals eher noch allein als das Metier der Nekromanten, also eigentlich von Spezialisten, der Zauberer, die kraft ihrer »Kunst« Kontakt mit dem Teufel und den Dämonen aufnehmen bzw. sie beschwören konnten. Caesarius von Heisterbach überliefert einige Anekdoten über derartige Nekromanten, die ein eigentümlich schillerndes Bild zeichnen: Zum einen handelt es sich wenigstens zum Teil um Universitätslehrer, die die magischen Künste betreiben – offenbar mit der nötigen Vorsicht –, zum anderen werden dieselben Personen als Schwarzkünstler angesehen, die wegen ihrer teuflischen Kunst (*ars diabolica*) zweifellos der ewigen Verdammnis anheimfallen. Bei Caesarius wird die Schwarzkunst durchwegs als Nigromantie, »Schwarze Magie« bezeichnet, was aber eben die erwähnte mittelalterliche Volksetymologie der ursprünglichen Bedeutung von Nekromantie, »Totenbeschwörung«, ist, die er aber nicht wahrzunehmen scheint. Als Erläuterung zu Leben und Sterben solcher »Nigromanten« führt er folgendes Exempel von zwei Klerikern an, die in Toledo – der typische Ort für die magischen Künste – die Nigromantie studierten. Als einer von ihnen stirbt, erscheint er dem anderen und versucht ihn von diesem Leben abzubringen:

Wehe mir, ich bin in Ewigkeit verdammt, weil ich die teuflische Kunst gelernt habe. Sie ist der Tod für die Seele, wie schon ihr Name sagt. Ich rate dir, meinem einzigen Freund: laß ab von dieser abscheulichen Kunst, suche ein Leben als Mönch und leiste Gott auf diese Weise Sühne für Deine Sünden.[317]

Eine andere, viel längere Geschichte über die Tätigkeit eines professionellen Nekromanten führt uns zwar ebenfalls nach Toledo, entbehrt jedoch trotz aller warnender Worte nicht eines gewissen Humors bei der Schilderung dieser Situation unter mittelalterlichen Universitätslehrern und Studenten:

Gottschalk von Volmarstein, einer unserer Mönche seligen Angedenkens, hat mir eine Geschichte erzählt, die ich nicht verschweigen darf. Als er eines Tages den besagten Philipp bat, ihm etwas über seine wunderbare Kunst zu erzählen, antwortete dieser: »Ich werde Euch eine sehr wundersame Geschichte erzählen, die zu meiner Zeit in Toledo wirklich geschah:
Als mehrere Studenten aus verschiedenen Gegenden die Schwarze Kunst (sc. Nigromantie) studierten, gab es in dieser Stadt auch einige junge Männer aus Schwaben und Bayern, die sich über das Unerhörte und Unglaubliche wunderten, das sie von ihrem Meister hörten. Sie wollten überprüfen, ob dies wahr sei, und sagten: ›Meister, wir möchten, daß Du uns vor (unseren) Augen demonstrierst, was Du uns lehrst, damit wir aus unserem Studium einige Frucht davontragen.‹ Als er sie abwies, sie aber sich nicht zufrieden gaben – weil jener Stamm ein seltsames Volk ist –, führte er sie zu geeigneter Zeit auf ein Feld, zog mit dem Schwert einen Kreis um sie und gebot ihnen unter Androhung des Todes, sich innerhalb des Kreises aufzuhalten; sie dürften keinem etwas geben, auch wenn er darum bäte, und von keinem etwas annehmen, wenn er es anböte.
Als er sich ein wenig abseits von ihnen niedergesetzt hatte, rief er mit Zaubersprüchen die Dämonen herbei. Sogleich näherten sie sich ihm in Gestalt prächtig gewappneter Ritter,

die Kampfspiele um die jungen Männer herum aufführten. Bald täuschten sie vor, zu fallen, bald streckten sie Lanzen und Schwerter gegen die jungen Männer aus und versuchten so auf alle mögliche Weise, sie aus dem Kreis zu locken. Als sie so nichts erreichten, verwandelten sie sich in wunderschöne Mädchen, führten Reigentänze vor ihnen auf und luden mit verschiedenen verführerischen Bewegungen die jungen Männer dazu ein. Eine von ihnen, die an Schönheit alle anderen überragte, hatte sich einen der Schüler ausersehen: Sooft sie beim Reigentanz in seine Nähe kam, hielt sie ihm einen goldenen Ring hin. So beeinflußte sie ihn innerlich und entflammte ihn äußerlich durch die Bewegungen ihres Körpers zur Liebe. Als sie dieses oftmals wiederholt hatte, wurde der junge Mann besiegt und streckte seinen Finger außerhalb des Kreises nach dem Ring aus. Das Mädchen zog ihn sofort am Finger aus dem Kreis heraus und er wurde nicht mehr gesehen. Nachdem die Beute gefangen war, verschwand die Versammlung der Bösewichter in einem Wirbelwind. Da erhoben die Schüler ein lautes Schreien und Lärmen, der Meister lief herbei und alle wehklagten über den Raub des Genossen. Der Meister antwortete ihnen: ›Ich trage keine Schuld daran, Ihr habt mich gezwungen. Ich hatte es Euch vorhergesagt, Ihr seht ihn nie mehr wieder.‹ Darauf entgegneten sie ihm: ›Wenn Du ihn uns nicht wiederbesorgst, werden wir Dich umbringen.‹ Der Meister, der um sein Leben bangte, weil er wußte, daß die Bayern gewalttätig sind, antwortete: ›Ich werde sehen, ob es noch eine Hoffnung für ihn gibt.‹ Er rief den Fürsten der Dämonen, erinnerte ihn daran, daß er ihm (immer) treu gedient habe; ferner daß es seiner Lehre sehr abträglich sei und er von den Schülern getötet werde, wenn der junge Mann nicht zurückgegeben würde. Der Teufel hatte Mitleid mit ihm und sagte: ›Morgen werde ich Deinetwegen eine Ratsversammlung an einem bestimmten Ort abhalten; Du sollst dabei sein, und wenn Du ihn auf irgend eine Weise zugesprochen bekommen kannst, soll es mir recht sein.‹ Was geschah weiter? Auf Befehl des Teufelsfürsten wird ein Konzil der bösen Geister einberufen. Der Meister erhebt Anklage wegen der Gewalt, die seinem Schüler widerfahren ist. Der Prozeßgegner antwortet: ›Herr‹, sagte er, ›ich habe ihm kein Unrecht getan; er war seinem Meister ungehorsam und hat das Gesetz des Kreises nicht beachtet.‹ Während sie so miteinander stritten, fragte der Teufel einen Dämon, der neben ihm saß, nach seiner Meinung: ›Oliver, Du bist immer gerecht gewesen, hast ohne Ansehen der Person Recht gesprochen, löse Du diese Streitfrage.‹ Jener erwiderte: ›Ich stimme dafür, daß der junge Mann seinem Meister zurückgegeben wird.‹ Dann wandte er sich an den Prozeßgegner und sprach: ›Gib ihn zurück, denn Du hast ihm allzu sehr zugesetzt.‹ Als die übrigen seinem Spruch zustimmten, wurde der Schüler noch in derselben Stunde auf Anordnung des Richters aus der Hölle herausgeholt und seinem Meister zurückgegeben. Die Versammlung löste sich auf und mit der wiedererlangten Beute kehrte der Lehrer freudig zu den Schülern zurück. Das Gesicht (des Schülers) aber war so mager und bleich, die Farbe so verändert, daß er aussah, als sei er zu dieser Stunde aus dem Grab erstanden. Er erzählte den Gefährten, was er in der Hölle gesehen hatte, und zeigte ihnen mehr durch sein Aussehen als durch Worte, wie jene Lehre (sc. der Nigromanten) Gott zuwider und abscheulich ist. Er ging von dort (sc. Toledo) fort und wurde Mönch in einem Kloster unseres Ordens.[318]

Abgesehen von den diversen amüsanten Details ist hier einiges über die Praxis der »Nigromanten« in der Vorstellung des Zisterziensermönchs Caesarius zu erfahren. Über das »Gesetz des Kreises« wird noch zu sprechen sein, aber interessant ist auch das Verhältnis zwischen dem Schwarzkünstler und dem Teufel in der zeitgenössischen Auffassung: Er dient dem Teufel lange Jahre lang und verbreitet offenbar auch dessen »Lehre« (gemeint ist wohl die Kunst der Nigromantie, wobei hier aber schon Ansätze an den Glauben an eine »Hexenkirche« zu sehen sein könnten), er pflegt mit ihm auch, wie es scheint, ein fast freundschaftliches Verhältnis und kann ihn ohne größere Probleme jederzeit sprechen, muss sich aber an bestimmte Regeln halten. Auch der Teufel selbst, der Fürst der Dämonen (*princeps daemoniorum*), ist in seiner Entscheidung nicht völlig frei, sondern muss ein Konzil der Bösen Geister (*concilium malignatium*) einberufen. Eine derartige Versammlung der Teufel und Dämonen sah man als eine Art von Teufelskonzil an, das in der Polemik des 16. Jahrhunderts an Bedeutung gewann, als man geradezu eine *synagoge diaboli*, eine »Hexenkirche« postulierte. Hier wird schon ansatzweise am Beginn des 13. Jahrhunderts daran gedacht.[319]

Was im Mittelalter noch weitestgehend fehlt, ist die später in den Hexenprozessen so wichtige angebliche sexuelle Vereinigung der Hexen mit dem Teufel zur Besiegelung des Paktes, der ihnen die Befähigung zu magischen Handlungen verleiht, auch wenn Augustinus die Vereinigung von Menschen mit Dämonen als theoretisch möglich angesehen hatte. Zum einen befassen sich fast alle Teufelspaktgeschichten mit männlichen Zauberern, denen meines Wissens nirgendwo eine geschlechtliche Beziehung zum Teufel oder irgendwelchen seiner Dämonen nachgesagt wird, auch nicht in Form weiblicher Dämonen, also als Succubi. Wo aber andererseits Dämonen als Incubi als Verführer oder sogar langjährige Liebhaber von Frauen auftreten, ist nirgendwo von einem Bund mit dem Teufel oder gar einem formellen Teufelspakt die Rede, auch kaum von Zauberei überhaupt. Die beiden Vorstellungen

Abb. 3.4.1 Dämonenkonzil, aus: Robert de Boron, L'Estoire de Merlin (ca. 1280–1290).

vom dämonischen Liebhaber und dem Teufelspakt werden also erst Ende des 15. Jahrhunderts zusammengeführt und sind bis dahin ohne Verbindung. Selbst die Verfasser der *Hexenhammer*-Literatur des späten 15. und 16. Jahrhunderts sind ja der Überzeugung, es handle sich beim Hexenwesen in der uns seither und bis heute geläufigen Form mit Hexensabbat und Teufelspakt »um eine neue Erscheinung, und zwar um eine neue Ketzerei, um eine *insolita haeresis* der jüngsten Zeit«.[320]

Erst 1437 gab Papst Eugen IV. (1431–1447) seinen Inquisitoren den Auftrag, auch nach solchen Ketzern zu fahnden, die mit Hilfe von schriftlichen Texten (*charta scripta*) einen Pakt mit dem Teufel geschlossen hatten, und schon bald gestanden unter der Folter der Inquisition auch erste Zauberer, dass sie solche vom Teufel mit dem Blut des Menschen und dem Schweiß des Teufels getränkte Zettel in den Achselhöhlen verborgen hatten. Diese Körperstelle als Versteck der teuflischen Textamulette – hier im 15. Jahrhundert geht es ja nicht mehr um ihre Wirkung, sondern um die Tatsache des Teufelspakts –, findet sich aber schon 250 Jahre vorher bei Caesarius von Heisterbach im *Dialogus miraculorum* in einer ausführlich erzählten Anekdote über zwei Irrlehrer in Besançon, die als asketische Mönche auftraten und Wunder taten, indem sie über Wasser gehen oder dem Feuer widerstehen konnten. Als dem Bischof die Irrlehrer zu dreist werden, befiehlt er einem seiner Kleriker, der in der Schwarzkunst (*nigromantia*) bewandert ist, den Teufel nach den Ursachen für die Macht dieser Irrlehrer zu befragen. Der von ihm befragte Dämon antwortet:

»Meinen handschriftlich aufgesetzten Vertrag, auf welchem der Treueid steht, den sie mir geleistet haben, bewahren sie eingenäht unter ihren Achseln zwischen Haut und Fleisch auf. Mit dessen Hilfe können sie solches tun und von niemandem verletzt werden.« Als der Kleriker fragte: »Was geschieht, wenn man ihnen diesen handschriftlichen Vertrag wegnimmt?«, antwortete der Teufel: »Dann wären sie schwach wie die übrigen Menschen.«[321]

Als die Soldaten des Bischofs die beiden entkleiden, die Narben sehen, aufschneiden und diese Zettel (*chartulas*) herausziehen, werden die Irrlehrer schwach und verbrennen in dem Feuer, das sie selbst als Beweis ihrer Wunderkräfte durchschreiten wollten.

Auch lange vor den Hexenprozessen war also ein Pakt mit dem Teufel, der sogar schriftlich fixiert sein konnte, für mittelalterliche Kleriker durchaus glaubwürdig. Allerdings betreffen fast alle bekannten Stellen vor dem 15. Jahrhundert männliche Ketzer, Irrlehrer oder Zauberer, so noch diverse Traktate des Johan Gerson von ca. 1415 aus der Zeit des Basler Konzils.[322]

Zahlreiche Geschichten über mittelalterliche Hexenmeister erwähnen den magischen Kreis, in dem sich der Vorgang der Dämonenbeschwörung abzuspielen habe, und Caesarius berichtet noch in weiteren Anekdoten über Teufelsbeschwörungen davon. Dabei erläutert er auch das sogenannte »Gesetz des Kreises«:

Ein Ritter namens Heinrich aus der Burg Falkenstein 730 war der (frühere) Mundschenk unseres Mönches Caesarius, des damaligen Abtes von Prüm. Wie ich durch die Erzählung dieses Caesarius erfahren habe, zweifelte jener Ritter an der Existenz von Dämonen und hielt für lächerlich, was er über diese hörte oder gehört hatte. Dennoch zog er einen gewissen Kleriker mit Namen Philipp, der wegen der Nigromantie sehr berühmt war, zu Rate und bat ihn mit großer Hartnäckigkeit, er möge ihm doch einmal Dämonen zeigen. Der antwortete ihm: »Der Anblick von Dämonen ist schreckenerregend, er ist gefährlich und es bekommt nicht allen gut, sie zu sehen.« Da aber der Ritter nachdrücklich darauf bestand, fügte er hinzu: »Wenn Du mir die Sicherheit gibst, daß mir von Deinen Verwandten oder Freunden kein Leid geschieht, wenn Du von Dämonen betrogen, erschreckt oder verletzt wirst, will ich Dir willfahren.« Und Heinrich versicherte es ihm.
Eines Tages, es war zur Mittagsstunde, zu der der Mittagsdämon besondere Kräfte hat (vgl. Ps 91,6), führte Philipp den Ritter an einen Scheideweg, zog mit dem Schwert einen Kreis um ihn, stellte ihn in den Kreis, sprach ihm das Gesetz des Kreises vor und sagte: »Wenn Du auch nur eines Deiner Glieder nach meinem Fortgang aus dem Kreis herausstreckst, wirst Du sterben; denn dann werden Dich sogleich die Dämonen herausziehen und töten.« Er mahnte ihn auch, ihnen nichts zu versprechen und sich nicht zu bekreuzigen. Dann fügte er hinzu: »Auf viele Weise werden Dich die Dämonen versuchen und erschrecken, aber sie werden Dir nicht schaden können, wenn Du meine Weisungen befolgst.«
Dann verließ er ihn. Als der Ritter alleine im Kreis saß, siehe, da sah er Wasserfluten auf sich zukommen, dann hörte er das Grunzen von Schweinen, das Brausen von Stürmen und ähnlichen weiteren Spuk, womit die Dämonen ihn zu erschrecken versuchten. Weil aber Speere, die man kommen sieht, seltener treffen, schützte er sich selber dagegen. Schließlich sah er im nahen Wald einen gräßlichen Schatten wie von einem Menschen, der höher war als die Bäume und auf ihn zueilte Und er erkannte sogleich, daß dies der Teufel selber war. Als er den Kreis erreicht hatte, blieb er stehen und fragte den Ritter, was er für sich wolle. Er war wie ein großer Mann, ja, ungeheuer groß, völlig schwarz und mit einem schwärzlichen Gewand bekleidet. Dazu von solcher Häßlichkeit, daß der Ritter ihn nicht anblicken konnte.
Er sagte zu ihm: »Gut, daß Du gekommen bist, ich hatte gewünscht, Dich zu sehen.« »Wozu?«, fragte jener. Der Ritter darauf: »Ich habe viel von Dir gehört.« Als der Teufel fragte: »Was hast Du von mir gehört?«, antwortete der Ritter: »Wenig Gutes und viel Böses.« Darauf der Teufel: »Oft verurteilen und verdammen mich die Menschen ohne Grund.

Ich habe niemandem geschadet und verletze niemanden, wenn ich nicht herausgefordert worden bin. Dein Meister, Philipp, ist ein guter Freund von mir und ich von ihm. Frage ihn, ob ich ihn je angegriffen habe. Ich tue, was ihm gefällt, und er gehorcht mir in allem. Weil er mich rief, bin ich jetzt hierher zu Dir gekommen.« Darauf entgegnete der Ritter: »Wo warst Du, als er Dich rief?« Der Dämon antwortete: »Ich war so weit von jenem Ufer des Meeres entfernt, wie die Entfernung von hier bis zum Meer ist. Und darum gebührt es sich, daß Du mit irgend einer Gegenleistung meine Mühe entlohnst.«
Als der Ritter ihn fragte: »Was willst Du?«, antwortete der Teufel: »Ich will und bitte darum, daß Du mir Deinen Mantel gibst.« Als der Ritter sagte: »Ich werde (ihn) Dir nicht geben!«, forderte der Teufel einen Gürtel, danach ein Schaf aus der Herde. Als er dies alles ablehnte, erbat der Teufel schließlich einen Hahn aus dem Haus des Ritters. Als er ihn fragte: »Wozu brauchst Du einen Hahn?«, sagte der Dämon: »Er soll für mich krähen.« Darauf der Ritter: »Wie würdest Du ihn fangen?« Der Teufel erwiderte: »Das soll Dich nicht kümmern, Du brauchst ihn mir nur zu schenken.« Darauf der Ritter: »Ich werde Dir nichts geben«, und er fügte hinzu: »Sag mir, woher kommt Dein so großes Wissen?« Darauf der Dämon: »Nichts Böses geschieht in der Welt, was mir verborgen bleibt. Und damit Du siehst, daß ich die Wahrheit sage: In diesem Dorf und in jenem Haus hast Du Deine Unschuld verloren und hier und dort hast Du diese und jene Sünde begangen.« Und der Ritter konnte nicht bestreiten, daß jener die Wahrheit sagte.[323]

Auch darüber, was passieren konnte, wenn man während der Beschwörung den Kreis verließ, hat Caesarius neben der oben erwähnten Studentengeschichte ein weiteres Beispiel, das aber im Gegensatz zu dieser tödlich endet:

Von einem Priester, der vom Teufel aus dem Kreis gezogen wurde und so zusammengeschlagen wurde, daß er am dritten Tage starb.
Zur gleichen Zeit bat ein törichter Priester Philipp gegen Belohnung, ihm Dämonen zu zeigen. In der gleichen Weise wie vorhin berichtet, stellte er (sc. Philipp) ihn in den Kreis [in circulo positus] und unterwies ihn. Doch er wurde vom Teufel erschreckt, aus (dem Kreis) gezogen und bevor Philipp kam, derart zusammengeschlagen, daß er am dritten Tage starb. Walram, der Graf von Limburg, konfiszierte dessen Haus. Ich habe diesen Philipp gesehen. Er wurde vor wenigen Jahren umgebracht – wie man glaubt durch Betreiben des Teufels, seines Meisters und Freundes.[324]

Der Kreis wird auch in Darstellungen der Frühdrucke als Paratext für die Tätigkeit von Nekromanten herangezogen, sodass schon an den Darstellungen eines Mannes, der mit Stock oder

Schwert einen Kreis um sich zieht, der Zauberer sofort erkennbar ist. Aber auch handschriftliche Zeichnungen davon gehören dem 15. Jahrhundert an, wie jene in einer Münchner Handschrift (CPlg 194, Bl. 69a), wo ein Exorzismus an einem Besessenen offenbar innerhalb eines mit Kreide vor dem Altar gezeichneten Kreises, in den der Betreffende gelegt wurde, ausgeführt wird.[325] Im Gegensatz zu den in Handschriften zu findenden Kreisen scheinen die auf den Boden geritzten Kreise keine sonstigen »okkulten« Zeichen oder *Characteres* enthalten zu haben, sondern sind als einfacher Kreis gehalten. Erst in den im späten 16. und 17. Jahrhundert gedruckten Texten des *Secretum Secretorum* finden sich detaillierte Anleitungen zur Herstellung eines magischen Kreises: Der bestehe eigentlich aus drei konzentrischen Kreisen. Im äußersten Kreis seien die vier Himmelsrichtungen

und die sie am entsprechenden Tag regierenden Luftgeister, im mittleren neben der entsprechenden Stunde die Namen der darüber herrschenden Engel, im innersten die vier göttlichen Namen auf Hebräisch eingetragen: Adonai, Eloy, Agla und Tetragrammaton.[326] Diese Details gehen aber bereits weit über die mittelalterliche Praxis hinaus. Bemerkenswert an den obigen Beispielen ist, dass der Kreis in diesen Fällen offenbar nicht mehr dazu gedacht war, die Dämonen in ihn zu bannen, um sie davon abzuhalten, außerhalb des Kreises weiteres Unheil anzurichten, sondern dass die Nekromanten (oder ihre Kunden) selbst innerhalb des Kreises stehen und die herbeigerufenen Dämonen außerhalb des Kreises versuchen, die Beschwörer aus dem Kreis zu ziehen. Damit bildet er einen Asylplatz, ein »Aus« oder »Leo«[327] für die von den Dämonen bedrängten Nekromanten oder deren Schüler. Zweck des Kreises ist aber in jedem Fall die Abgrenzung der Sphäre der Menschen von derjenigen der Dämonen für die Dauer der Beschwörung; die Form des Kreises verweist dabei auf die Unentrinnbarkeit dieses Orts, die darin gegebenenfalls angebrachten Namen Gottes sowie Gebete schützen den Beschwörenden.[328] Allerdings sind, wie in den oben zitierten Beispielen des Caesarius, die von den Dämonen hervorgerufenen Illusionen gefährlich, wenn man nicht zwischen diesen und der Realität zu unterscheiden vermag.

Wie weit verbreitet die Vorstellung vom Kreis als »Handwerkszeug« der Nekromanten war, zeigt die Abbildung zur Lutherbibel von 1472, in der die (früher) sogenannte Hexe von Endor dargestellt ist. Sie soll im 1. Buch Samuel für König Saul den toten Samuel beschwören, damit dieser ihm seine Zukunft – nämlich Niederlage und baldigen Tod – prophezeie. Nur die Totenbeschwörerin kann den Geist Samuels sehen. Obwohl im biblischen Text von einem Kreis gar keine Rede ist, wird sie in der genannten Abbildung in ei-

Abb. 3.4.2 Dr. Faustus in einem magischen Kreis. Titelseite des Schauspiels *The Tragical History of Doctor Faustus* von Christopher Marlowe, London 1616.

nem solchen mit *Characteres* dargestellt, weil das der zeitgenössischen Vorstellung von einer Beschwörung im 15. Jahrhundert entsprach. Die Textstelle wird heute übrigens ganz anders übersetzt und von dem Ausdruck »Hexe« dabei Abstand genommen: »In En-Dor gibt es eine Frau, die über einen Totengeist Gewalt hat« (1 Sam 28,7). Wirkungsgeschichtlich hat diese Stelle des Alten Testaments die Exegeten vor Herausforderungen gestellt, da nicht klar ist, ob Samuel als Toter – er wird von der Beschwörerin als Greis beschrieben – oder als Geist auftritt.

Ganz ohne Kreis und Kreuzweg, aber dafür nicht ohne Opfer an die Dämonen kommt eine deutsche Anleitung zur Teufelsbeschwörung aus einer Handschrift des Jahres 1496 aus.[329] Die offenbar zur praktischen Anwendung gedachte Formel ist aus Sicherheitsgründen teilweise verschlüsselt, und zwar mit Hilfe der skandinavischen Runenschrift. Woher der Konstanzer Rektor diese kannte, ist noch ungeklärt. Im folgenden Zitat sind die Runen wie heute in Editionen üblich durch halbfette lateinische Buchstaben wiedergegeben.

Item das du machest, daß sint die rett der
boes gaist, und was du **in wilt**
fragen, so tue jm also: so **tuo ain** ding
vnd gang zů **nacht** ain **or** in die
nacht vsse **in das feld da niemand**
nit sy von **hus** noch von **kirchen** vnd
rief mit lutter stim diese wortt:
diabolo diaboliczo : satana
sathaniczo : kum her **zuo mir,**
ich will **dir zuo sprechen,** vnd
nim die **present** von mir,
die ich dir **bracht** han; vnd das
soll sin **zuo dem ersten kolen**
vnd **brot** vnd **kaes** und dry **ros negel**
und **gersten** und och **saltz**
vnd das nim jn die **blosen hand**
vnd wirf jm es fyr, so bald vnd du jn
sichst **komen** vnd **er wirt**
komen wie ain **schwartz huindlin,**
vnd was du **in fragst : das** sagt er **dir**.[330]

Die wesentlichen Elemente dieser Beschwörungsanleitung[331] sind die auch sonst immer wieder erwähnten Lokalisierung auf freiem Feld abseits menschlicher Behausungen, hier allerdings ohne Erwähnung von Kreuzweg oder eines Kreises oder einer Kuhhaut. Es folgt die direkte *invocatio* des Teufels selbst mit der Anrede *diabolus* und *satanas*, nicht aber einer Mehrzahl von Dämonen; dennoch werden auch dem Teufel Opfergaben dargebracht, wobei von Vögeln nicht die Rede ist, sondern Kohle, Brot, Käse und Hufnägel als Opfergaben übergeben werden. Schließlich würde er in Gestalt eines schwarzen Hündleins, den man dann befragen könne, vor dem Nekromanten erscheinen. Dass

der Teufel in Gestalt eines Hundes auftritt, ist nicht nur im christlichen Mittelalter verbreitet,[332] während Dämonen ja oft auch in Gestalt kleiner schwarzer Kinder oder Affen beschrieben worden.

Die Praxis der Teufelsbeschwörung durch Nekromanten fand nur relativ selten Eingang in die deutsche Dichtung des Mittelalters, und wenn, dann wird sie gerne in ferner Vergangenheit angesiedelt, so wie im um 1200 in Thüringen entstandenen Trojanerepos *Liet von Troye* des Herbort von Fritzlar. Über die Tochter eines Königs, nämlich Medea – indem wir uns so in der Vergangenheit bei den Trojanern befinden, ist die unchristliche Praxis in vorchristlicher Zeit angesiedelt –, wird hier gesagt, sie sei »eine harte wise maget« (V. 546), die nicht nur Medizin, sondern auch die Schwarzkunst beherrschte:

Sie kunde arzedige
Vnd von nygromancien
Daz man heizzet swarze buch
Da man ane findet fluch
Vnd beswernisse
Wie man in vbelnisse
Die vbeln geiste beswert
Daz man an in eruert
Allez daz da ist geschehen
Vnd wie man vor kan besehen
Manic ding daz kvmftic ist
Noch so lernet man die list
In einer stat zu tolet
Die in yspanie stet. (V. 551–564)[333]

Abb. 3.4.3 Magischer Kries mit *characteres* als Illustration zur Geschichte der Hexe von Endor. Holzschnitt von Johann Teufel in der Lutherbibel 1572: Martin Luther, Biblia Das ist: Die gantze heilige Schrifft Deudsch, Hans Krafft, Wittenberg 1572, S. 197.

Auch hier ist die Schwarzkunst, bei ausdrücklicher Beschwörung der bösen Geister, eigentlich auf die Vorhersage beschränkt, wenn man von der vagen Formulierung »in Schwierigkeiten« (*in vbelnisse*) einmal absieht. Der Verweis auf die spanische Stadt Toledo, wo man immer noch diese Kunst (*list*) lernen könne, stellt wiederum den Bezug zur Gegenwart her. In der Folge werden dann, neben einem Verweis auf umfassendes Wissen, nur zwei magische Fertigkeiten genannt: nämlich das Wasser bergauf zu seiner Quelle zurückfließen zu lassen und Menschen nächtens so zu verhexen, dass sie woanders hingingen, als sie wollten:

Dez nachtens sie den mannen besvur
Daz er hinderwer vur
Als er sollte vur gan
Des was niht man hette es wan
Daz iz also were
Daz kunnen zouberere
Vnd zoubererinnen (V. 575–581)

Insgesamt wird im *Liet von Troye* die Kunst der Nekromantie, die Dämonenbeschwörung, ihre Hochburg in Toledo und verschiedenen Fertigkeiten sowohl mit männlichen als weiblichen Zauberinnen zusammengebracht.

Priester standen wohl – sicherlich nicht ganz zu Unrecht – überhaupt potentiell im Generalverdacht der Hexerei. Angesichts ihrer Lesefähigkeit und Bildung kann das nicht überraschen, und es wurde sicher noch durch die verbreitete Praxis verstärkt, dass sie Amulette herstellten und Benediktionen und Exorzismen durchführten. Dass man ihnen auch Liebeszauber zutraute, zeigt die Geschichte des unschuldig der Vergewaltigung angeklagten und eingesperrten Priesters aus Soest, von dem Caesarius von Heisterbach erzählt.[334] Die ihn beschuldigende Frau dringt selbst noch ins Gefängnis ein und versucht ihn dort vergeblich zu verführen, aber solche Liebestollheit wird von den Richtern als Effekt von Magie ausgelegt und er wird unschuldigerweise als Bösewicht und Zauberer auf dem Scheiterhaufen verbrannt (*maleficum et magum miserunt in ignem*).

Dass die Hexenmeister als Nekromanten nicht nur männlich, sondern auch als geweihte Priester gedacht wurden, zeigen uns nicht nur dieses und die oben zitierten Exempel des Zisterziensers Caesarius, sondern auch der wohl kaum mehr als ein Jahrzehnt ältere *Parzival* des Wolfram von Eschenbach, in dem der Zauberer (*phaffe der wol zouber las*) Clinschor vorgestellt wird:[335]

Clinschore ist stæteclîchen bî
der list von nigrômanzî,
daz er mit zouber twingen kann
beidiu wîb unde man. (617, 11–14)

Derselbe Nekromant Clinschor (auch bei Wolfram ist die Nekromantie schon zur *nigrômanzî* geworden) tritt aber auch in dem wohl um 1230 als *Rätselspiel* bezeichneten Abschnitt des *Wartburgkriegs* auf.[336] In diesem Teil des Sängerkriegs tritt der gelehrte Clinschor gegen den sich naiv als ungebildeten Laien gerierenden Minnesänger Wolfram in einem Rätselwettstreit an und deklariert sich bereits da als

Nygromantiam weiz ich gar
Der astronomîe nim ich an den sternen war. (22,1f)
[…]
Nu merket wârheit unde sin,
daz ich von hôher kunst ein meisterpfaffe bin (25,1)

Mit einem Nekromanten und Pfaffen als Gegenspieler des braven Minnesängers Wolfram ist es hier aber nicht getan, sondern Clinschor ruft auch noch einen Teufel namens Nasion zu Hilfe. Der verbale Austausch des Teufels mit dem Minnesänger ist hier irrelevant – natürlich setzt sich Letzterer dank seines festen Glaubens durch, und der Teufel muss dem von Wolfram geschlagenen Kreuzzeichen weichen –, relevanter ist die Frage, ob es sich hier tatsächlich um einen Teufel handelt oder ob die im Mittelhochdeutschen zweideutige Form *tiuvel* den bisherigen Forschern eine falsche Fährte gelegt hat: Natürlich handelt es sich bei Nasion nicht um *den* Teufel, sondern um einen seiner Dämonen, den der Nekromant als argumentative Hilfe dank seiner zauberischen Fähigkeiten hervorgerufen hat. Schon die Tatsache, dass er einen Namen trägt, entlarvt ihn für den Leser, denn nur Dämonen haben derart komische Namen; der Teufel selbst könnte nur als Satanas oder Diabolus angesprochen werden. Auch hier – und das inmitten des Sängerkriegs auf der Wartburg! – haben wir es also mit dem echten Nekromanten Clinschor zu tun, der in der Lage ist, Dämonen zu beschwören.

Einen durchaus weltlichen Protagonisten finden wir im Kontext der *nigrômanzî* (Nekromantie) in dem nur im Ambraser Heldenbuch wohl Mitte des 13. Jahrhunderts in Österreich entstandenen Versepos *Biterolf und Dietleib*, nämlich den Fürsten Biterolf:

Der fürste hete sîner man,
swenne er ritter wolde hân,
ahte tûsend oder baz
in der hpubetstat dâ er saz:
Tôlêt sô was diu genant,
dar inne dienten im diu lant.
ein berc lit nâhen dâ bî
dâ der list nigrômanzî
von êrste wart erfunden, Biterolf (V. 73–81)[337]

Hier wird Toledo oder zumindest ein nahe gelegener Berg nicht nur zur Hauptstadt der Zauberei, sondern zu ihrem Ursprungsort. Dass dort in der Nähe in Azzarîâ, »20 Meilen von Toledo«, Mimes Schmiedegeselle Wieland das wunderbare Schwert Miming des Helden schmiedet (V. 115–181), wird zwar nicht ausdrücklich mit Zauberei in Verbindung gebracht, liegt aber durch den Kontext nahe. Jedenfalls findet sich hier der seltene Fall eines höfischen Protagonisten, der zwar nicht direkt, aber durch seinen Sitz in Toledo mit der Nekromantie in Verbindung gebracht wird.

In einem weiteren mittelhochdeutschen Texte, der sogenannten *Vorauer Novelle*, einer nach der Mitte des 13. Jahrhunderts entstandenen alemannischen Bearbeitung eines lateinischen Texts (der *Reuner Relationen*), muss Toledo gar nicht mehr genannt werden – auch so dürften die Leser verstanden haben, in welche Stadt die zwei Klosterschüler, die hier die Hauptfiguren sind, ziehen, um dort die Kunst der Nekromantie zu erlernen (V. 128ff.). Im Gegensatz zu den unten in Kapitel 4 zu behandelnden Teufelsbündlern sind diese beiden Novizen aus reiner Neugierde unterwegs, um die Zauberkunst zu erlernen, und nicht etwa aus Geldgier oder der Liebe zu einem unerreichbaren Mädchen wegen. Über die Praxis ihres Studiums wird kaum etwas gesagt, außer dass sie dabei aus einem Nekromantenbuch lernen müssen, aber auf die schrecklichen Folgen, die letztlich auch die Moral der Geschichte bilden, wird schon eingangs angespielt:[338]

hie hebet sich ane der sêle tôt,
der mit êwêclicher nôt
vil grimme wirt gebunden
und lasterlîchen vunden
in des tiuvels kêwen
von êwen unz hin z'êwen. (V. 205–210)

Eine echter Teufelsbund wird hier aber offenbar nicht etabliert, denn die zwei Schüler wollen nur ihrem Hexenmeister als Lehrlinge dienen:

> sie sprâchen: herre, ja lât uns wesen
> iemer iuwer knehte,
> daz ir um lêret rehte
> die kunst und ouch den hôhen list,
> der an dem buoche geschriben ist. (V. 220–224)

Die Künste, die das Zauberbuch sie lehren kann, sind dann allerdings nur sehr summarisch abgehandelt, und von den Methoden der Nekromantie, insbesondere der Dämonenbeschwörung, wird gar nichts gesagt:

> und wie man wîse liute
> mit zouber mage verkêren.
> dar nâch wil ich iuch lêren
> wîp unde man betriegen,
> gote und der werlte liegen,
> dem tiuvel ruofen und beswern. (V. 228–233)

Dann beginnen sie aus dem Buch zu lernen und geben sich einem zügellosen Lebenswandel hin, wobei die *unkiusche minne* und die Verführung von Frauen (durch ihre Zauberkenntnisse) ausdrücklich genannt werden, während ansonsten nur von Betrügereien allgemein die Rede ist.

Auch andere mittelalterliche Texte sprechen schon von richtigen Zauberlehrlingen, was unserem neuzeitlichen Verständnis im Gefolge der Faust-Rezeption erstaunlich nahekommt. So findet sich in der Exempelsammlung für Prediger des französischen Dominikaners Étienne (oder Stephan) von Bourbon, dem *Tractatus de diversis materiis predicabilibus* (nach 1250) ein Exempel von einem Zauberlehrling, der sich bei einem Meister der Zauberei verdingt (Exempel II, 84):

> Man list, das ain maister der swarczen chunst ain junger het, der lobt iem vil dinst vnd eren, dy er iem tuen wolt.[339]

Als der Meister die Loyalität seines Schülers auf die Probe stellt, erweist er sich als ausgesprochener Illusionist. Er kann dem Lehrling vorgaukeln, dieser sei Kaiser von Konstantinopel und bekomme Burgen und Städte und Länder geschenkt. Aber sobald ihn der Meister um Land bittet, stellt der Lehrling sich unwissend und meint, er kenne ihn nicht, und obwohl der Lehrer sich darauf beruft, dass er ihm alles beigebracht habe, will er ihm nichts geben. Daraufhin macht der Meister den Undankbaren wieder arm.

Selten genug werden in mittelalterlichen Texten so wie in der *Vorauer Novelle* ausdrücklich Zauberbücher erwähnt. Zwar dachte man sich diese sicherlich auch für die Dämonenbeschwörung als Teil divinatorischer Praktiken geeignet, worauf ja schon ein Text wie die oben zitierte spätmittelhochdeutsche Anleitung hindeutet, aber wir erfahren in mittelalterlichen Texten nur wenig darüber. In ihnen wird von Zauberbüchern nur ganz pauschal gesprochen, und auch die vielfältigen Traditionen der *Libri nigri*, der »Schwarzbücher«, die seit der Spätantike in Europa kursierten, sind hier nicht von Belang, da sich nur die wenigsten konkret mit den Dämonen und den Methoden ihrer Beschwörung beschäftigten. Viele der Zauberbücher sind – wie schon die hochmittelalterlichen Enzyklopädien – Zusammenstellungen der verschiedenen Form der divinatorischen Praktiken, von der Chiromantie, Geomantie, Hydromantie, Pyromantie bis zur Onomatomantie (Wahrsagen aus Namen). Andere beschäftigen sich auch oder nur mit den potentiell magischen Wirkungen von Kräutern, (Edel-)Steinen und Amuletten, wozu noch halbmagische Rezepte gegen bestimmte Krankheiten treten konnten.

Am systematischsten aufgebaut und zugleich das mit hunderten von lateinischen und volkssprachlichen Handschriften weitverbreitetste Werk war das *Secretum Secretorum*, »Geheimnis der Geheimnisse«. Seine Wurzeln hatte es im arabischen Frühmittelalter, und es wurde in zahlreiche europäische Sprachen übersetzt. Es gibt vor, von Aristoteles zu stammen, ist aber wohl eine ins 10. Jahrhundert zu datierende Übersetzung aus dem Arabischen;[340] vollständig übertragen wurde es überhaupt erst im 13. Jahrhundert. Neben den besprochenen Themen enthält es sogar fürstenspiegelartige Ratschläge für Könige, diätetische und medizinische Regeln, aber auch alchemistische und astrologische Abschnitte, sodass es eher eine Enzyklopädie der Geheimwissenschaften als ein Zauberbuch im engeren Sinn darstellte.

Überhaupt ist nicht nur *Aristotelis haimlichkeit*, wie das Werk in deutschen Übersetzungen mitunter heißt, sondern auch andere Bücher über die Schwarzkunst an Dämonen für unsere Frage nur am Rande interessant, und dies gilt selbst für die oben zitierten Büchlein von Hans Vintler und Johann Hartlieb, denn auch bei diesen gibt es nur wenige Stellen, die eine so genaue Anleitung zur Totenbeschwörung, also der eigentlichen Nekromantie, liefern wie das 37. Kapitel bei Hartlieb:

Das siben vnd dreissigist capitel von dem tottenhaubt, das rede vnd anttwurtt geitt.

Es ist noch ain böser, schnöder list der kunst nigramancia, der gät zu mit ainem totten haubt. Das beswërt man vnd macht darzu gut wolschmeckent räch, auch kertzen, dann so gibt das haupt antwurt. O armer mayster deiner Vernunft vnd synn, du mainst das haubt antwurt, so ist es der bös tewffel darynn, der antwurt dir. Er sagt dir oft wär, bis er dich verfürt, vnd verlaitten mag. Aller gnädigister fürst vnd swäger, hütt dich vor der bösen zaubrey, wann sicher jch waiß ain fürsten deins plütz, der durch das stück gar schwärlich verfürt worden ist. O kunst vnd synnreicher fürst, dein genad sol wissen, das nyemant vermag all artickel der schwartzen kunst gar zu schreiben, sogar jn manig listikait die bösen tuïffel, das dem menschen eingepildet vnd geformiert haben.[341]

Hier also wäre die Anleitung für den Zauberlehrling – als Adressat des Buchs, nämlich Herzog Albrecht III. von Bayern-München (1401 – 1460), gedacht – ausführlich genug. Sie enthält aber die ausdrückliche Warnung sowohl vor den durch Dämonen hervorgerufenen Illusionen, da es nicht wirklich das Haupt des Toten sei, welches spreche, sondern die darin versteckten Bösen Geister, als auch vor der Verführung des Teufels zum Abfall vom wahren Glauben: Beides ist das Berufsrisiko des Nekromanten.

4
TEUFELSKULT UND HEXENGLAUBE

4.1 Hexenglaube

Von einem Hexenglauben im engeren Sinn, wie er sich in den Hexenverfolgungen und Hexenprozessen des 16. und 17. Jahrhunderts manifestierte, kann im Mittelalter noch gar nicht gesprochen werden. Dieser impliziert ja, dass es menschliche Frauen gibt, die auf Grund eines Bundes oder Vertrags mit dem Teufel schwarze Magie (*maleficium*) betreiben, um ihren Mitmenschen zu schaden und sich in einer bewussten Abkehr von Gott gleichzeitig auf die Seite des Teufels und seiner Dämonen zu stellen. Im Mittelalter dagegen hielt man derartige Frauengestalten selbst für Dämonen und nicht für menschliche Frauen.

Für die Frühe Neuzeit, die unsere heutigen Vorstellungen von einem Hexenwesen geprägt hat, konstituiert sich der Hexenglaube im Wesentlichen aus einem halben Dutzend von Elementen, die aber alle in erster Linie mit Frauen in Verbindung gebracht werden: Schadenzauber, Teufelspakt, Tierverwandlung, Teufelsbuhlschaft, Hexenflug und Hexensabbat. Der Glaube an die ersten beiden Elemente ist sehr alt, wie wir schon oben gesehen haben, die letzten vier Aspekte, die man der Hexerei angeklagten Frauen anlastete, finden sich hingegen im Mittelalter nur sehr vereinzelt und vor allem nicht im Zusammenhang. Ein solch systematisches Konzept von Hexen lässt sich also erst ab der Mitte des 15. Jahrhunderts beobachten und kann hier im Rahmen dieses Buches auch nur ansatzweise behandelt werden. Wohl aber müssen die aus dem Dämonenglauben heraus verständlichen Wurzeln des Hexenglaubens thematisiert werden, die weit bis in Spätantike und ins Frühmittelalter zurückreichen. Sie gründen einerseits im Glauben an die Existenz von (vorerst aber fast durchwegs männlichen!) Zauberern und Hexenmeistern, die schon in der Apostelgeschichte des Neuen Testaments erwähnt und verurteilt werden, andererseits in der Vorstellung, dass die Dämonen, obwohl Geistwesen, durchaus eine Art von Körperlichkeit als Schein-Leib zur Verführung der Menschen annehmen können.

Wenn man also überhaupt von (weiblichen) Hexen spricht, dann kann damit für das Mittelalter nur eine unscharfe Bezeichnung für Zauberinnen gemeint sein, die sich an spätantike Vorstellungen von magisch begabten, mit dem Teufel im Bunde stehenden Frauen anlehnt. Die meisten Belege für weibliche Geister, die uns ab dem Frühmittelalter in den

»nachtfahrenden Frauen« begegnen, betreffen hingegen nicht menschliche Frauen, sondern dämonische Gestalten, die man in der Antike *strix* oder *striga* nannte und die bei einer ganzen Reihe von Schriftstellern und sogar in der großen Naturgeschichte Plinius' des Älteren, der *Historia naturalis*, im 1. Jahrhundert erwähnt werden. Die mittelalterlichen Nachfahren dieser dämonischen Wesen, die Holden und Unholden, sind spätestens seit den normannischen Autoren des 11. und 12. Jahrhunderts mit dem Konzept eines (mangels eines besseren Ausdrucks) »Hexenflugs« verknüpft, worauf später noch einzugehen sein wird.

Im früheren Mittelalter finden sich die Wurzeln eines Glaubens an Zauberer und Hexen (im allerweitesten Sinn) im Glauben an das *Maleficium*, also an den »Schad-Zauber«. Durch ihn konnten Zauberer anderen Menschen Unglück, Krankheit oder den Tod anhexen, wie Isidor von Sevilla schon im 5. Jahrhundert kurz und prägnant formuliert hatte: »Zauberer (*magi*) sind die, die im Volksmund Übeltäter (*malefici*) genannt werden auf Grund der Größe ihrer Verbrechen«.[1] Die Vorstellung vom Verzaubern oder Verhexen von Menschen gibt es in vielen Kulturen, und sie war wie bei den meisten anderen europäischen Völkern zweifellos auch schon bei den Germanen vorhanden und resultierte in einer Vielzahl sehr unterschiedlicher Konzepte, die von zauberisch initiierten Krankheiten bis zum Glauben an Werwölfe (als in eine Wolfsgestalt verzauberte Männer) oder Vampire (als noch posthum schädlich aktive Zauberer) reicht. Für zahlreiche unerklärliche und unerfreuliche Phänomene wurden Zauberer verantwortlich gemacht. Schon Augustinus im 5. Jahrhundert, als der einflussreichste theologische Verfasser zu diesem Thema, verurteilt deshalb ausführlich jeden Kontakt von Menschen mit Dämonen, um Zauberei zu üben.[2] Von den eigentlichen *maleficia* nennt er kaum welche und bringt nur (mit einem Zitat aus Vergils *Bucolica*[3]) das eine Beispiel, dass eine Zauberin die Feldfrüchte von einem Feld auf ein anderes versetzt habe.[4] Thomas von Aquin folgt im 13. Jahrhundert darin Augustinus und behandelt ebenfalls kaum *maleficia*, sondern konzentriert sich bei der Behandlung der Magie fast ausschließlich auf die Divination. Das einzige bei ihm zu findende Beispiel für echten Schadenzauber ist die Impotenz durch dämonische Einwirkung, die er unter den Ehehindernissen ganz nebensächlich abhandelt.[5]

Erst am Ausgang des Mittelalters Ende des 15. Jahrhunderts gelingt es Heinrich Kramer in seinem unseligen *Hexenhammer* von 1487, auch weitere schädliche Wirkungen der Magie anzuführen, die aber nun nicht mehr dem Tun der Dämonen auf Wunsch der Zauberer, sondern den vom Teufel angestifteten Hexen zugeschrieben wird: »das Herbeiführen von Unwettern und Mißernte, Anzaubern von Impotenz und Unfruchtbarkeit, Giftmischen, Mord und Kannibalismus.«[6] Einzelne dieser Punkte, selbst der absurde Vorwurf des Kannibalismus durch Hexen und Zauberer, reichen schon weit zurück, aber die Verdichtung der

Vorwürfe zu einem Komplex des systematischen Schadenzaubers und die Konzentration auf eine bestimmte Gruppe von Menschen findet sich erst hier an der Schwelle zur Neuzeit.

An dieser Stelle kann weder eine Geschichte des Hexenglaubens geboten werden, ist doch die Literatur zu diesem Thema inzwischen praktisch unüberschaubar, noch lassen sich auch nur die ganze allmähliche Entwicklung und all die Gründe für die Entstehung des Hexenwahns nachzeichnen, die heute endlich im Fokus interdisziplinärer Forschung steht. Die Hexenverfolgungen selbst und damit die systematische Zusammenfassung aller früheren Vorstellungen durch den *Hexenhammer* können somit heute untersucht werden mit Hilfe von

Analysen dörflicher oder umgreifender Konflikte im Zusammenhang mit zusehender Verrechtlichung der sozialen Verhältnisse als Mittel sozialer Disziplinierung als Formen eines »Kulturimperialismus« auf dem flachen Land und Kriminalisierung populärer Glaubenspraktiken im Zusammenhang mit politischen Tendenzen des sich bildenden Territorialstaates mit den konfessionellen Auseinandersetzungen mit ökonomischen Katastrophen infolge von Schlechtwetter- oder konjunkturellen Niedergangsjahren[7]

sowie anhand der existentiellen Nöte infolge der Klimaverschlechterung im Zuge der Kleinen Eiszeit und der ebenfalls damit verbundenen Ausbrüche von Seuchen wie der Beulenpest von 1350 mit 200 Millionen Toten oder den in Europa deutlich kleineren Pockenepidemien des Spätmittelalters. All diese Faktoren spielen nämlich eine Rolle für den an sich nur schwer erklärlichen Übergang von einem theoretischen, wenn auch sich schon zwischen 1300 und 1500 verschiedentlich in Hexen- und Ketzerverfolgungen manifestierenden Hexenglauben zum im 16. und 17. Jahrhundert grassierenden, fast flächendeckenden Hexenwahn. Hier soll im Folgenden nicht dieses im Wesentlichen nachmittelalterliche Phänomen, sondern nur verschiedene schon im Mittelalter identifizierbare Vorstellungen von Schadenzauber und Hexenglaube angesprochen werden.

Da die Verfolgung von angeblichen Zauberern und später die Hexenjagden praktisch immer ganz andere Gründe und Anlässe hatten als eine tatsächliche »magische« Schädigung und diese Erkenntnis dem Mittelalter keineswegs fremd war, setzte auch schon früh Kritik an diesem Aberglauben ein. Schon Karl der Große stellte um 782 in seiner Verordnung über die Gebräuche bei den soeben unterworfenen Sachsen, der *Capitulatio de partibus Saxoniae* (§ 6),[8] nicht etwa nur die Zauberei selbst unter Strafe, sondern verbot schon bei Todesstrafe den Glauben an die Möglichkeit der Hexerei (also die Meinung, es könne Hexen und Zauberer geben, die anderen Menschen Schaden zufügen könnten):

Todesstrafe erleidet der, der vom Teufel getäuscht, nach heidnischer Sitte wähnt, irgendein Mann oder eine Frau sei Hexe und Menschenfresser und sie deshalb verbrennt oder deren Fleisch verzehrt bzw. zum Verzehr weitergibt.[9]

In dieser rechtlich verankerten Superstitionskritik, die sich hier an ein noch kaum christianisiertes germanisches Volk richtet, konnte Karl an ältere germanische, aber auch auf römischem Recht beruhende Gesetze anschließen, denn schon das langobardische *Edictum Rothari* von 643 stellte den Glauben daran, dass eine *striga* (offenbar nachtfahrende Frau, Hexe, s. unten) einem Mann schaden könne, unter Strafe. Auch das Papsttum hatte Anteil an dieser Kritik des Aberglaubens an Hexen: Papst Gregor VII. hält 1080 in einem Schreiben an den sehr papsttreuen dänischen König Harald Hen (den er allerdings fälschlich Hakon nennt) ausdrücklich fest, dass man Frauen nicht verurteilen solle, weil sie angeblich Stürme oder Krankheiten verursachten.[10]

Dennoch waren offenbar – und das bestätigen die kirchlichen und weltlichen Verurteilungen – die verschiedenen einzelnen Elemente des späteren Hexenglaubens im Volksglauben tief verankert, auch wenn sie im Früh- und Hochmittelalter noch eigentümlich isoliert wirken. So wird durchaus eine Verbindung zwischen Schadenzauber (auch durch Frauen) und dem selten erwähnten angeblichen nächtlichen Fliegen hergestellt, und selbst die Tierverwandlung und mitunter sogar der Teufelspakt werden thematisiert, allerdings ist dafür noch kein logisches System erkennbar. Der Hauptgrund für diesen Mangel an Systematisierung lag – neben der kirchlichen Verurteilung dieses Glaubens – nicht zuletzt in der Unsicherheit, mit der die Frage behaftet war, ob es sich bei nachtfahrenden Frauen oder auch bei Wesen in Tierverwandlung nun tatsächlich um menschliche Frauen handelte oder nicht doch vielmehr um Dämonen. War Letzteres der Fall, konnte natürlich nicht von Hexen gesprochen werden, sondern es handelte sich um die üblichen Vorspiegelungen von Dämonen, die zwar glaubwürdig erschienen, aber auf Grund der allgemeinen schadenstiftenden Natur der Dämonen auch nicht überraschend waren.

Sollte es sich aber um menschliche Frauen handeln, die Schadenzauber wirkten, dann bestätigte die Fähigkeit zu Luftfahrt und Tierverwandlung natürlich den Teufelspakt, und es war dann in erster Linie diese Teufelsbündelei, die zur angestrebten oder tatsächlichen Verurteilung führte und nicht etwa ein tatsächlicher oder eingebildeter Schadenzauber. Wie bei anderen mittelalterlichen Ketzern und Zauberern kam dann unter Umständen der Vorwurf des *maleficium* gar nicht erst ins Spiel, sondern es ging allein darum, dass ihre magischen Fähigkeiten – wie in den biblischen Beispielen – dadurch zustande kamen, dass sie mit dem Teufel im Bunde standen. Wie bei den beiden Zauberern von Besançon (s. oben Kap. 3.4) bei Caesarius konnte dies dazu führen, dass sie wegen des Nachweises des Teufelspakts und somit der Ketzerei – also des Abfalls vom wahren Glauben – verbrannt wurden, auch wenn keinerlei Anklage auf irgendeine Schädigung im Raum stand.

Das nicht nur in der Frühen Neuzeit wesentlichste und verurteilungswürdigste Element des Hexenglaubens ist also der Pakt mit dem Teufel. Dieser hat eine lange Vorgeschichte, ohne dass er aber in Antike und Mittelalter direkt mit Hexen in Verbindung gebracht worden wäre, wohl aber mit Zauberei an sich.

4.2 Teufelsbund und Teufelspakt im Mittelalter

Jeglicher magischen Handlung liegt, wie gesagt, nach mittelalterlicher Vorstellung eine Kommunikation mit den Dämonen zugrunde. Erst sie bewirken, wie schon Augustinus festhielt, was der Mensch an entsprechenden Fertigkeiten zu haben und was er damit zustande zu bringen scheint. Die Beherrschung der »geheimen« Kräfte der Natur, etwa für die Heilkunde, die Vorhersage der Zukunft in der Wahrsagerei durch Befragung der Toten über die Dämonen oder spektakuläre Zauberkunststücke wie Fliegen oder das Gehen über Wasser oder durch Feuer, all dies setzt nach verbreitetem Volksglauben immer ein Einverständnis mit den Helfershelfern des Teufels voraus.

Selbst einem Exorzismus liegt ja die Kommunikation mit den Dämonen zugrunde, denn ohne diesen Kontakt sind die Formeln wirkungslos, mit denen die Dämonen herbeigerufen, gebannt oder vertrieben werden. Deshalb ist es auch so wichtig, die Sprache der Dämonen zu sprechen und ihre Namen zu kennen, weil dies Macht über sie verleiht. Spezialisten auf dem Gebiet der Magie wurde daher gemeinhin die Fähigkeit zur Kommunikation mit den Dämonen zugesprochen: Magier, Zauberer, Hexer, Wahrsager, aber auch Ketzer vermochten, so glaubte man, mit den Dämonen zu sprechen und sie zu bestimmten Handlungen zu bewegen. Jedoch auch die von der Kirche durch ihr Amt autorisierten Exorzisten mussten in der Lage sein, Kraft des göttlichen Wortes die Dämonen zu erreichen und sie damit zu vertreiben.

Es lag nahe, dass diesem sprachlichen Einverständnis mit den Mächten des Bösen (abgesehen vom Akt des Exorzismus) ein Vertrag zugrunde liegen musste. Schon Augustinus hatte dies als Voraussetzung jeglicher zauberischer Praktik angesehen, etwa auch beim Tragen von Amuletten:

Dies alles hat nur insoweit Kraft, als es durch den die Geister beherrschenden Wahn als der gemeinsamen Sprache mit den Dämonen verabredet worden ist.

Es geht hier also noch nicht so sehr um einen förmlichen Pakt als vielmehr um die gemeinsame Sprachebene, die die Voraussetzung für den Kontakt zu den Dämonen ist. Augustinus sah dabei auch schon sehr scharf die Beliebigkeit der magischen Handlungen, deren strenge Formelhaftigkeit nur ein »Als ob« ist:

Daher kommt für jeden aus ein und derselben Sache etwas besonderes heraus, je nach seinen Gedanken und Vermutungen.[11]

Aus der Tatsache, dass manche Menschen eine – für sie – passende Sprache finden, um Kontakt mit den Dämonen aufzunehmen – was eigentlich nicht nur für Zauberer und Hexen, sondern in letzter Konsequenz auch für Exorzisten gelten würde –, ergibt sich die Idee eines Bundes oder Pakts eines Menschen mit dem Teufel. Dass dieser Pakt dann nicht nur genutzt werden kann, um Heilung oder Prophezeiungen zu erlangen, sondern auch, um dadurch an Macht oder Reichtum zu kommen, liegt nahe. Dieser Gedanke lässt sich im Mittelalter weit zurückverfolgen und beruht letztendlich auf des Teufels Vorschlägen bei Christi Versuchung in der Wüste (vgl. oben Kap. 2).

Bildet die Vorstellung von einem solchen Teufelspakt im späten Mittelalter und in der Frühen Neuzeit die Grundlage des Hexenglaubens und damit der Hexenverfolgungen, so ist sie bis ins 15. Jahrhundert fast ausschließlich auf den Bund von Männern – Zauberern und Nekromanten – mit dem Teufel beschränkt. Mit den Geschichten von Dr. Faustus manifestiert sich das dann in einer vom Hexenglauben abgespaltenen frühneuzeitlichen Traditionslinie. Schon in der Kirchenväterzeit lässt sich der Gedanke des Teufelspakts nachweisen, aber letztendlich geht die Tradition direkt auf das Neue Testament zurück, wo in den synoptischen Evangelien von der Versuchung Christi in der Wüste durch den Teufel erzählt wird. Zwar heißt es bei Markus – direkt nach der Taufe Jesu – nur:

Danach trieb der Geist Jesus in die Wüste. 13 Dort blieb Jesus vierzig Tage lang und wurde vom Satan in Versuchung geführt. Er lebte bei den wilden Tieren und die Engel dienten ihm. (Mk 1,12f.)

Sowohl Matthäus (Mt 4,1–11) als auch Lukas führen die Stelle in der bekannten Weise breiter aus, wobei Letzterer noch ein wenig detaillierter ist (vgl. die Stelle bei Matthäus oben Kap. 2.1). Darin ist natürlich nicht direkt von einem Teufelspakt die Rede, aber der Teufel bietet Christus einen solchen Pakt an: »Wenn du dich vor mir niederwirfst und mich anbetest, wird dir alles gehören.« Die Verleihung von Macht durch den Teufel ist also bereits in den Evangelien angelegt, aber während Christus dieser Versuchung widersteht, sind die

Männer in den verschiedenen Teufelspaktlegenden wesentlich willensschwächer bzw. streben diese Macht selbst mit allen Mitteln an, sind also von sich aus bereit für einen Pakt mit dem Teufel.

Auch dem schon im Neuen Testament erwähnten Simon Magus (»Simon der Zauberer«) aus Samarien wird in späteren apokryphen Quellen implizit Teufelsbündelei vorgeworfen. In der Apostelgeschichte des Neuen Testaments wird er nur als bekehrter Zauberer dargestellt, der aber die Kraft Christi von den Aposteln für

Geld erwerben will (vgl. das Zitat oben im Abschnitt über den Exorzismus). Simon wird in den kanonischen Schriften des Neuen Testaments zwar nirgends ausdrücklich als Teufelsbündler bezeichnet – für die frühchristlichen Apologeten ist er in erster Linie der Häresie der Gnosis schuldig, dann auch als »Erfinder« der Simonie (also des Ämterkaufs) bekannt –, aber seine Fähigkeiten in den Apokryphen, den ausführlichen *Pseudo-Klementinen*[12] und den *Petrus-Akten* zeigen, dass er mit dem Teufel in Kontakt steht, der ihm die typischen Fähigkeiten eines Zauberers verleiht: Tierverwandlung, anderes Aussehen annehmen, Statuen beleben, Gold finden u. a. m.[13] Jemand mit diesen Fähigkeiten – der noch dazu von sich selbst die Jungfrauengeburt behauptet – kann nach christlicher Auffassung seine Macht nur vom Teufel haben. Laut den *Petrus-Akten* tritt er in Rom in der Öffentlichkeit und vor dem Kaiser Nero in Wettstreit mit Petrus und will zeigen, wie er von einem Turm aus (mit Hilfe der Dämonen) fliegen kann, aber Petrus bringt ihn durch sein Gebet zum Absturz und prophezeit zudem die Art des Absturzes und den dreifachen Knochenbruch des Simon.[14]

Aber auch die *Petrus-Akten* lassen eine gewisse Unsicherheit darüber bestehen, ob Simon Magus selbst als Dämon angesehen werden kann oder eben nur als Illusionist und zauberisch begabter Mensch, wenn von ihm nach seinem Absturz gesagt wird:

Simon aber, (so) ins Unglück gekommen, fand einige, die ihn des Nachts auf einer Tragbahre von Rom nach Aricia brachten [...] und wurde zu einem Mann (mit Namen) Kastor gebracht, der aus Rom wegen seiner Zauberei nach Terracina verbannt worden war, und dort wurde er operiert und (so) fand der Engel des Teufels, Simon, sein Lebensende.[15]

Abb. 4.1 Naive Darstellung der Versuchung Christi durch den Teufel mit der Aufforderung, einen Stein in Brot zu verwandeln. Holzkirche St. Michael in Binarowa, Galizien, Südostpolen, 16. Jahrhundert.

Die Bezeichnung »Engel des Teufels« (*angelus Satanae*), die ursprünglich aus 2 Kor 12,7 stammt, meint dort eine Krankheit des

Abb. 4.2 Absturz des Simon Magus durch das Gebet des Petrus. Holzschnitt aus der Nürnberger Chronik von 1493.

Paulus, also einen personifizierten Krankheitsdämon. Wenn sie nun auf Simon bezogen wird, scheint ihn das als Dämon zu markieren, auch wenn er sonst als menschlich geschildert wird. Diese Unschärfe begegnet dann wie gesagt nur allzu häufig im mittelalterlichen Hexenglauben, wo keineswegs immer scharf zwischen teufelsbündlerischen Zauberern und echten Dämonen unterschieden wird.

Obwohl Simon Magus also nicht direkt des Teufelspakts beschuldigt wird, ist die Legende um ihn schon allein deshalb für die spätere Tradition von Bedeutung, weil die Aufzählung seiner magischen Fähigkeiten auch außerhalb der Teufelsbunderzählungen von Einfluss geblieben ist: in der Missionszeit des 8. bis 10. Jahrhunderts zur Verurteilung heidnischer Praktiken und später zur Identifizierung von Zauberern und Hexen, die natürlich an ihren Fähigkeiten gemessen wurden. Die schlichteste Variante einer solchen Erzählung über einen Bund mit dem Teufel, die uns doch einiges über die Vorstellungen von Ursache, Vorgang und Ausgang zeigen kann, ist die Erzählung vom Diener des Proterius, die sich vor allem als Teil der Legende über den hl. Basilius von Caesarea (330–379) findet, den bestens belegten Bischof und Kirchenlehrer aus Kappadozien. Sie findet sich in ihrer mittelalterlichen Gestalt auch in der *Legenda aurea* (unter dem Namen Eradius statt Proterius):

Der Diener eines römischen Senators verliebt sich in die einem christlichen Leben versprochene Tochter seines Herrn und verschreibt sich – vermittelt durch einen Zauberer, der sich das selbst nicht zutraut – schriftlich dem Teufel. Der Brief muss von der Hand des Jünglings selbst sein (weil der Teufel schon zu oft betrogen wurde!), der darin Christus, der Taufe und dem christlichen Bekenntnis abzuschwören sowie die Stellung als Knecht des Teufels und die ewige Verdammnis zu akzeptieren hat. Schließlich verfällt die Tochter auf Betreiben des Teufels dem Diener und willigt in die Heirat ein. Sie bemerkt allerdings bald das unchristliche Verhalten ihres Mannes und bittet Bischof Basilius um Hilfe. In dieser hagiographischen Biographie von höchst unsicherer Authentizität gelingt es dem Heiligen, den Teufelsbündler nach vollzogener Hochzeit nicht nur zu bekehren,[16] sondern mittels einer interessanten Methode – dreimal dreitägigem Fasten und Einschließung – auch aus dem schriftlichen Pakt zu lösen. Der Vertrag mit dem Teufel fällt dem Bischof aus der Luft in die Hand und der Diener darf wieder in den Schoß der Kirche (und seiner Frau) zurückkehren.[17] Der Bischof geht dabei – natürlich im Gegensatz zum Teufel – davon aus, dass ein mit dem Bösen geschlossener Vertrag von vornherein ungültig sei; dennoch muss er den Brief in die Hände bekommen und zerreißen können.[18] Diese Art der Argumentation, nämlich dass Versprechungen gegenüber dem Bösen sowieso nichtig seien, sollte dann noch eine unheilvolle Rolle in den Hexenprozessen der Frühen Neuzeit spielen.

Derartige Exempel, die vor einem Teufelsbund warnen, finden sich auch sonst schon vor der Mitte des 1. Jahrtausends in anderen Heiligenlegenden. Sie verfolgen durchwegs das Ziel, die Macht des jeweiligen Heiligen und seines Gebets auch über den Teufel zu zeigen. So ist die Geschichte vom Magier Cyprianus fest in der Legende von der hl. Justina von Antiochien (ursprünglich Justa) verankert. Die Heilige war als Märtyrerin während der Diokletianischen Christenverfolgung (303–313) um 304 gestorben, und auch ihre Heiligenlegende stammt noch aus dem 4. oder spätestens 5. Jahrhundert; jedenfalls ist ihr Kult bereits vor 500 nachweisbar, als über ihrem Grab eine Kirche errichtet wurde. In dieser Geschichte ohne jeglichen historischen Hintergrund verliebt sich der Zauberer Cyprianus, den »seine Eltern dem Teufel geweiht [hatten], da er sieben Jahre alt war«,[19] in Justina selbst und versucht, mit Hilfe einer ganzen Reihe von Dämonen ihre Liebe zu erlangen, aber vergeblich. Einer seiner Dämonen nimmt u.a. die Gestalt eines Incubus an, dann aber auch noch die Gestalt eines anderen Mädchens, wobei er mit Hilfe des göttlichen Fortpflanzungsgebots (»seid fruchtbar und mehret euch«) sie beinahe umstimmen kann. Auch hier zeigen sich der Teufel und seine Dämonen als bibelfest und nützen dies in der Argumentation, sicherlich nach Vorbild der eingangs zitierten Stelle bei Lukas 4,10–11, wo der Teufel Psalm 91,11–12 zitiert. Schließlich muss der Zauberer dem Teufel selbst schwören, ihm immer zu folgen, bevor auch der seine List an Justina versucht. Da aber auch der Teufel am festen Glauben der Jungfrau scheitert, schwört Cyprian ihm ab und wird Christ. Schließlich wird er selbst Bischof und Justina Äbtissin, bevor sie beide den Märtyrertod erleiden. Der Teufelsbund mit dem Schwur währt hier zwar nur kurz und kommt ohne schriftliche Vereinbarung aus, zeigt aber eine Steigerung von der reinen Anrufung der Dämonen hin zum formellen Bündnis mit dem »Fürsten der Teufel«.[20]

Eine neue Stufe der Erzählungen von einem solchen Magus, also Zauberer, stellt der Bericht von Anthemius dar, der in die Legende der Maria von Antiochien eingefügt ist.[21] Die Geschichte von der Jungfrau Maria von Antiochien (nicht zu verwechseln mit einer anderen, namenlosen Jungfrau von Antiochien in der *Legenda aurea*) ist in den *Acta Sanc-*

torum zum 29. Mai verzeichnet. Darin wird sie von Anthemius, einem vornehmen christlichen Jüngling, umworben. Als sie jedoch seine Anträge ablehnt, wendet sich der Jüngling an einen Zauberer (in einigen Fassungen heißt er Megas), dem es durch Gestaltwandel gelingt, Maria zu Anthemius zu bringen. Allerdings verschafft sie sich erst einmal eine 15-tägige Frist, bis sie ihm nachgeben will. Anthemius will inzwischen selbst Zauberer werden und nimmt über Megas Kontakt mit dem Teufel auf, der aber für dieses Ansinnen eine förmliche, eigenhändig geschriebene Abschwörung (*abjuratio*) des christlichen Glaubens verlangt. Als der Teufel – nach einem ausführlichen Schriftwechsel mit dem Zauberer! – Anthemius endlich als Schüler annimmt, packt diesen nun sein Gewissen; er erklärt sich sowohl einem Bischof als auch der Jungfrau selbst und wird schließlich gerettet. In diesem Falle ist es jedoch nicht die Wunderkraft des Bischofs, der hier kein Heiliger ist, sondern allein die Kraft des Gebets und die tätige Reue, welche die Erlösung bewirken. Diese Legende könnte eine Umarbeitung der Basilius-Legende sein, aber ob sie deswegen wesentlich jünger ist, ist kaum zu sagen. Immerhin spielt hier die Schriftlichkeit eine bedeutsame Rolle, und es geht bald nicht mehr um die keusche, fromme Jungfrau, sondern um den Wunsch des Anthemius, ein Nekromant zu werden, und um den Weg dorthin, der über eine förmliche, feierliche und schriftliche Abschwörung des christlichen Glaubens führt.

Aus dem üblichen Schema solcher Teufelsbundlegenden fällt die Legende vom hl. Christophorus heraus. Als weitestgehend ahistorische, märchenhafte Figur wurde er 1969 trotz seiner großen Popularität als Schutzpatron der Reisenden unter den 14 Nothelfern aus dem katholischen Heiligenkalender gelöscht.[22] Von Christophorus, der in der Westkirche als Riese, in der orthodoxen Ikonographie zusätzlich als hundsköpfig dargestellt wurde, überliefern die großen Legendensammlungen des Mittelalters eine Teufelspaktgeschichte. Die *Legenda aurea* führt breit aus, wie Christophorus, ein Riese aus dem Volk der Chananäer, beschließt, dem mächtigsten König der Welt dienen zu wollen. Er findet diesen (interessanterweise christlichen) König, muss aber feststellen, dass dieser Angst vor dem Teufel hat, der demnach mächtiger sein müsse. Also sucht er den Teufel auf, gelobt ihm seinen immerwährenden Dienst und »nahm ihn zu seinem Herrn«. Als er aber merkt, dass der Teufel Angst vor dem Kreuz hat und dies auch gestehen muss, verlässt er den Teufel und wird von einem Einsiedler über den christlichen Glauben aufgeklärt und bekehrt sich zum Christentum. Erst dann folgt der bekannte Teil der Legende, in dem der riesenhafte Christophorus Menschen über einen Fluss trägt, darunter auch das Jesuskind. Später erleidet er als Christ (angeblich unter Decius im 3. Jahrhundert) das Martyrium. Trotz der höchst sagenhaften Geschichte ist der Heilige schon im 7. Jahrhundert in Frankreich bekannt, und im 10. Jahrhundert ist er im Rheinland so fest etabliert, dass in Speyer bereits eine gereimte lateinische Vita entsteht. Die *Legenda aurea* fügte im 13. Jahrhundert die Elemente zu der oben paraphrasierten Form zusammen und verbreitete sie weiter, und sie findet sich auch in den diversen volkssprachlichen Sammlungen wie dem *Passional*.[23] Nirgendwo ist allerdings von einem förmlichen, gar schriftlichen Pakt mit dem Teufel die Rede, sondern der Dienst beim Teufel ist nur eine der Stationen auf der Suche nach dem Herrscher der Welt. Jedoch zeigt schon diese frühe Legende, dass eine Unterwerfung des Menschen unter den Teufel aus freien Stücken vorkommen kann, und zwar wie auch in allen späteren Spielarten der Geschichte auf Grund der Macht, in der er nur dem wahren Gott nachsteht.

Der Kontrakt mit dem Teufel ist in all diesen Legenden, ob nun mit Hilfe eines Zauberers oder Nekromanten geschlossen oder nicht, als recht formeller, geradezu öffentlicher Akt angesehen. Augustinus im 5. Jahrhundert versucht jedoch schon zwischen einem expliziten, also ausdrücklichen Pakt (*pactum expressis*) und einem impliziten, also stillschweigenden Teufelspakt (*pactum tacitum*) zu unterscheiden. Letzterer ist für die Umwelt nur noch daran zu erkennen, dass dem Teufelsbündler dadurch die Dämonen als Diener (*familiares*) zur Verfügung stehen, was aber lediglich anhand der so ermöglichten magischen Handlungen des Nekromanten sichtbar wird.

Thomas von Aquin (1225–1274) übernahm wie in so vielem die Vorstellungen von Augustinus und entwickelte daraus eine systematische Dämonologie, in der er auch den Grund dafür sucht, warum sich der Mensch überhaupt der Magie zuwendet. Im Gegensatz zu den genannten Legenden, in denen es fast immer um die Liebe zu einem spröden Mädchen geht, das der Verliebte nur mit Hilfe des Teufels überreden zu können glaubt, setzt Thomas grundsätzlicher an: Zum einen sei es die Eigenliebe, die zu verschiedenen Formen des *maleficium* führe; heute würden wir sagen (auch im Hinblick auf die Legenden oben), es sei der Egoismus gepaart mit mangelndem Respekt vor den Wünschen anderer.[24] Thomas nennt aber noch einen anderen Grund: die Neugier, und diesen Beweggrund sehen wir vor allem in den Geschichten um Nekromanten, die nicht nur in divinatorischer Absicht die Zukunft ergründen (was ja der Hintergrund aller verurteilungswürdigen Praktiken bis hin zur Astrologie ist), sondern häufig genug auch einfach ihre Macht über die Dämonen erproben wollen (s. Kap. 3.4).

Was den impliziten Pakt angeht, so denkt Thomas noch mit Augustinus an die offizielle Religion des Römischen Reichs, die in *De doctrina christiana* komplett als magischer Komplex, als eine Religion des Teufels und der Dämonen interpretiert wird. Bei Au-

Abb. 4.3 Typisches Monumentalfresko des hl. Christophorus in der Abteikirche des Stifts St. Lambrecht, Steiermark (Ende 14. Jahrhundert).

gustinus dient diese Theorie in allererster Linie der Bekämpfung heidnischer, d.h. vorchristlich-römischer Religiosität. Der Hintergrund einer heidnischen (Staats-)Religion fehlte den spätmittelalterlichen Theologen freilich, was letztendlich durch die Interpretation von Augustinus und Thomas in der Frühen Neuzeit zur Annahme einer Hexenkirche führte, welche die Hexenjäger meinten aufspüren zu müssen – natürlich vergeblich.[25]

Da den Angehörigen der (vorchristlichen) römischen Religion nicht bewusst war, dass ihre Handlungen als Teil dieser Religion – aus christlicher Sicht – Teufelswerk waren, glaubte Thomas in einer solchen unbewussten Ausübung von Magie einen stillschweigenden Teufelspakt zu erkennen. Das führte dazu, dass er jede Form heidnischer Kultausübung, also auch alle divinatorischen Praktiken einschließlich der Astrologie, als auf einem Teufelspakt gründende Magie ansah und damit die Möglichkeit »weißer Magie« völlig ausschloss. Dass diese Ansichten des Aquinaten in der Praxis meist unbeachtet blieben, ist offensichtlich, stellten doch einfache Kleriker christliche Amulette her und verteilten Segen gegen Krankheiten oder erarbeiteten Theologen an den Universitäten Horoskope für die Herrscher, ohne dass sich irgendjemand von ihnen als Teufelsbündler hätte bezeichnen lassen. Erst im Spätmittelalter und der Frühen Neuzeit und dann ganz vorwiegend außerhalb der kirchlichen magischen Praktiken bekam das Modell eines solchen Bündnisses praktische Bedeutung.

Die theoretische Untermauerung des Konzepts vom Teufelspakt geht auf die oben genannten Stellen bei Augustinus zurück. Er meinte ja eben, dass jede Form zauberischer Praktiken einer freiwillige Absprache (*pactum expressis*) des Menschen mit dem Teufel und seinen Dämonen bedürfe, weil ohne eine solche grundlegende Kommunikation die Wirksamkeit der Praktiken wie Wahrsagerei, Heilkunde und Beeinflussung der Naturgewalten nicht denkbar sei.[26] Damit war jede außergewöhnliche, auf den ersten Blick »übernatürliche« medizinische Fähigkeit theoretisch verdächtig, sich der Hilfe der Dämonen bedient zu haben und somit Teufelswerk zu sein.

Auf der Grundlage der augustinischen Auffassung setzte sich die Ansicht durch, dass es nicht die natürlichen, in Gestirnen, Pflanzen und Mineralien zu findenden Kräfte waren, die durch besonders dafür gestimmte und begabte Menschen dienstbar gemacht wurden, die auf diese Weise Magie ausübten. Vielmehr konnten diese Wirkungen entweder nur durch Gottes Gnade erzielt werden oder es war zu einer solchen Aktivierung der Kontakt des Magiers zu Dämonen erforderlich, um sich ihrer Kräfte bedienen zu können. Die Auffassung, Zauberer oder Hexen seien selbst machtlos und bezögen ihre Kraft ausschließlich von den Dämonen, rückte die Frage nach dem Teufelspakt ins Zentrum jeglicher Hexenverfolgung.

Allerdings konnte der Teufelspakt selbst – schon auf Grund des meist fehlenden Schriftstücks – nicht nachgewiesen, sondern nur anhand der praktischen Zauberhandlungen festgestellt werden. Die logische Folge war, dass im Spätmittelalter aus dem Vorhandensein von magischen Utensilien zuerst auf die Absicht zur Zauberei, dann auf die Existenz eines Teufelspakts geschlossen wurde. Das hatte enorme praktische Folgen: Sowohl bei diversen Ketzerverfolgungen als auch bei der Zerschlagung des Templerordens und in den frühneuzeitlichen Hexenverfolgungen konnte man auf diese Argumentation zurückgreifen. Die oben beim Amulettgebrauch bereits angesprochene Episode mit den zwei Zauberern in Besançon, von denen Caesarius von Heisterbach uns berichtet, zeigt die Methoden zur Enttarnung von Ketzern und die praktischen Auswirkungen schon im frühen 13. Jahrhundert.[27]

Der Vorwurf, dass hinter weltlichen Reichtümern ein Bund mit dem Teufel stehe, findet sich bei vielen Teufelspaktgeschichten, so etwa auch bei Hans Vintler (1411), der als Motiv einer solchen verhängnisvollen Vereinbarung die Gier nach Reichtümern und die Wahrsagerei nennt:

So wellen dise den teufel pannen,
das si in pringen guet zesamen.
so wellen etleich warsagen
und wollen vil den teufel fragen,
wa lige golt und edel gestain.[28]

Die im Hoch- und Spätmittelalter intensiv rezipierten frühchristlichen Legendengeschichten sind nicht ohne Einfluss auf die späteren Vorstellungen von Teufelspakten geblieben, aber sie weisen einen wesentlichen Unterschied auf, insofern sie auf die Reue und die Bekehrung des einstigen Teufelsbündlers abzielen, ja diesen sogar – wie Cyprianus – zum Heiligen werden lassen. Diese Legenden entstammen alle der frühchristlichen Zeit. Zwar sah man im Hochmittelalter die Möglichkeit von Teufelsbündnissen immer noch als gegeben an, aber es handelte sich dabei eher um ein Metier von (akademischen?) Spezialisten, den Nekromanten, die kraft ihrer »Kunst« Kontakt mit dem Teufel und den Dämonen aufnahmen bzw. sie mit bestimmten zu erlernenden Formeln und Ritualen zu beschwören vermochten. Dagegen gehört der bekannteste Teufelsbündler des Mittelalters, Theophilus, noch ganz in die alte patristische Tradition.

4.3 Theophilus, *der* Teufelsbündler des Mittelalters

Wie in der Neuzeit die Teufelspaktgeschichte von Dr. Faustus, so ist im Mittelalter die literarisch wirksamste und verbreitetste jene von Theophilus, dem reuigen Sünder, der durch Maria aus dem Bündnis mit dem Teufel befreit wird und durch sie Vergebung erlangt,[29] so wie die oben genannten Teufelsbundgeschichten aus der patristischen Zeit dem Sünder Erlösung durch einen Heiligen verschaffen. Die gesamte Breite europäischer Überlieferung verbindet die Geschichte des Theophilus mit Marienmirakeln. Man nimmt daher an, dass die allerältesten griechischen Versionen im Gefolge der aufkommenden Marienverehrung nach dem Konzil von Ephesos 431 entstanden sind, um deutlich zu machen, dass die von Maria vermittelte göttliche Gnade auch den extremsten Sündern offensteht.

Schon um 870 verfasste Paulus Diakonus von Neapel (nicht zu verwechseln mit dem ein Jahrhundert älteren langobardischen Historiker Paulus Diaconus von Montecassino) eine lateinische Übertragung, und ab da fand diese Legende Eingang in praktisch alle größeren Sammlungen von Marienlegenden des Mittelalters. Daneben entstanden in fast allen europäischen Literatursprachen noch im Früh- und Hochmittelalter eigenständige epische und dramatische Fassungen der Legende, als bekannteste vielleicht das lateinische Hexameterepos der Hrotsvit von Gandersheim (vor 959). Da die Fassungen zum Teil extrem wortreich sind – selbst ganz unselbständig als Teil der Marienmirakel im mittelhochdeutschen *Passional* umfasst die Erzählung immerhin 321 Verse[30] –, kann hier nur eine kurze Paraphrase der in den meisten Fassungen enthaltenen Grundelemente geboten werden.

Theophilus ist der tüchtige und fromme *vicedominus* eines Bischofs. Als dieser stirbt, soll er ihm nachfolgen, lehnt dies aber aus Bescheidenheit ab. Ein anderer wird zum Bischof gewählt, enthebt Theophilus aber wegen falscher Verleumdungen bald seines Amtes. Auf Anraten eines Juden wendet sich der unschuldig entlassene Theophilus nun an den Teufel, der von ihm ein förmliches gesiegeltes Schreiben (das *Passional* spricht von *hantveste* und *brief*, die *Legenda aurea* von *chirographum*) verlangt, das den Pakt schriftlich festhält und dem Teufel übergeben wird. Daraufhin wird Theophilus vom neuen Bischof rasch wieder in sein altes Amt eingesetzt, das er nun aber hochmütig und hartherzig ausübt. Schließlich erinnert sich Gott seiner früheren Frömmigkeit, bewirkt einen Sinneswandel bei Theophilus, der nun bereut und 40 Tage vor einem Marienschrein büßt, bis ihm die Gottesmutter erscheint und ihn zwar heftig schilt, aber ihm Hilfe für die Vergebung seiner Sünde zusagt, allerdings nicht ohne weitere Sühne. Nach vielfältigen Bitten an Maria bekommt er von ihr sogar den Vertrag mit dem Teufel zurück und ist damit erlöst, bekennt öffentlich seine Schuld und stirbt nach drei Tagen.

Diese Legende dient vor allem im Kontext der Marienlegenden als Exemplum für die unermessliche Güte der Gottesmutter, die einem Sünder selbst bei einem so schweren Sündenfall wie der Verleugnung des Christentums und der Teufelsknechtschaft ihre Gnade erweist und ihm zur vollen Vergebung verhilft. In literarischer Hinsicht ist Theophilus das mittelalterliche Gegenstück zur neuzeitlichen Figur des Dr. Faustus, also des willentlich sich dem Teufel verschreibenden Mannes, wobei allerdings in Motivation, Figurenzeichnung und Verlauf wesentliche Unterschiede bestehen.

Der Gnadenerweis der Gottesmutter und die Vergebung durch Christus sind in fast allen Versionen nicht zuletzt dadurch motiviert, dass Theophilus vor seinem Teufelspakt ein guter und frommer Mann war. Aus heutiger Sicht muss auch ergänzt werden, dass er im Gegensatz zu vielen anderen Teufelsbündlern sich nicht mit dem Teufel eingelassen hat, um Macht, Gewinn, Liebe oder Wissen zu erlangen, sondern um in sein ihm ungerechterweise entzogenes Amt wiedereingesetzt zu werden. Deswegen wirkt für uns auch dieser Teufelsbund, immerhin mit der Aussicht auf die ewige Verdammnis, angesichts des damit erkauften Gewinns etwas unausgewogener als etwa bei älteren Legenden, wo es um die Lust nach einer Frau ging. Im Mittelalter jedoch war es besonders die auch in dieser extremen Situation noch mögliche Erlösung, also das Ende der Geschichte, das dieser zu ihrer enormen Popularität verhalf, auch wenn Theophilus etwa in französischen Versionen zu einem französischen Kaufmann wird oder sich der Name in Skandinavien zu Callinius verändert.

Aus der Theophilus-Legende heraus entstanden etliche andere mittelalterliche Geschichten von Teufelspakten, die ganz unterschiedlich motiviert waren, aber auch zusätzlich durch neue Details ausgeschmückte Fassungen der Legende in Dramatisierungen

Abb. 4.4 Theophilus schließt einen Vertrag mit dem Teufel; Maria empfängt den Vertrag vom Teufel zurück. Sogenannter Psalter der Königin Ingeborg (um 1195), Ms. 9, fol. 35v und 36r.

Abb. 4.5 Papst Silvester II. und der Teufel. Aus der Kaiser- und Papstchronik in der Handschrift Cod. Pal. germ. 137 fol. 216v (um 1460).

des 16. Jahrhunderts.[31] Eine aus heutiger Sicht eher bizarre, aber im Mittelalter weit verbreitete Geschichte um einen Teufelsbündler betrifft den schon oben erwähnten Gerbert von Aurillac, den späteren Papst Silvester II. (999 – 1003). Der hochgelehrte, aber aus einfachen Verhältnissen aus der Auvergne stammende Gerbert hatte schon mit Kaiser Otto II. eng zusammengearbeitet, der ihm dafür die Reichsabtei Bobbio im Apennin übertrug und ihn zum Lehrer des jungen Otto III. ernannte. Dieser wiederum machte den von ihm bewunderten und ihm freundschaftlich verbundenen Gerbert zum Papst, aber Gerbert hatte sich schon als Abt von Bobbio mächtige Feinde geschaffen; auch zählte er nicht zum Hochadel, aus dem sich sonst die höchsten kirchlichen Würdenträger rekrutierten, von den mächtigen römischen Familien ganz zu schweigen. Außerdem hatte er in Spanien studiert, wenngleich in Katalonien und nicht in Córdoba und Sevilla, wie manche Texte behaupteten, was aber dennoch seinen Ruf als Magier beförderte. Trotz seines erfolgreichen Pontifikats und der engen Kooperation mit dem jungen Kaiser kam daher noch im 11. Jahrhundert das Gerücht auf, Gerbert sei nur durch ein Bündnis mit dem Teufel an die Spitze der katholischen Kirche gelangt, und während der Himmelfahrtsmesse des Jahres 1003 sei er tot zusammengebrochen und vom Teufel geholt worden. So wurde Gerbert im Mittelalter weniger als großer Gelehrter, brillanter Kirchenpolitiker und erfolgreicher Papst, sondern als Teufelsbündler und Zauberer berühmt oder eher berüchtigt. Diese Legende seiner Neider erlangte enorme Popularität und findet sich bereits Anfang des 12. Jahrhunderts in England bei William von Malmesbury (ca. 1095 – ca. 1143) in *De Rebus Gestis Regum Anglorum*, die Chroniken enthalten sie seit der mittelhochdeutschen *Kaiserchronik* (12. Jahrhundert) und der lateinischen des Martin von Troppau (ca. 1220 – 1278) und die Enzyklopädien seit dem *Summum bonum de apibus* des Thomas von Cantimpré und dem *Speculum Historiale* des Vinzenz von Beauvais Mitte des 13. Jahrhunderts. Auch in einige Fassungen der Anekdotensammlung der *Gesta Romanorum* hat die Legende Eingang gefunden, die aus dem frommen Gelehrten einen Verbündeten des Teufels machten; allerdings teilte er dieses Schicksal mit anderen großen Gelehrten des Mittelalters, aus denen die posthume Fama ebenfalls Zauberer machte, etwa Albertus Magnus oder Roger Bacon im 13. Jahrhundert.[32] Wo die Legende dann ausgeschmückt wird, wie in der *Weltchronik* des Jansen Enikel,[33] wird der (hier allerdings ungenannte) Protagonist zu einem herabgekommenen Würfelspieler, der sich dem Teufel verschreibt, um Papst zu werden – diese anonymisierte Fassung hat die historischen Fakten damit völlig hinter sich gelassen.

Beziehen sich die allermeisten mittelalterlichen Teufelsbundlegenden auf männliche Personen, gilt das auch für die Predigtexempel des schon genannten Dominikaners und Inquisitors Stephan von Bourbon (1185/90–1261) in dessen *Tractatus de diversis materiis predicabilibus* (»Abhandlung über diverse Predigtstoffe«). In Stephans letzten Lebensjahren in Lyon niedergeschrieben, wird das Werk oft als frühe Quelle für den Hexenglauben genannt, obwohl es praktisch auch hier nur Männer sind, die einen Pakt mit dem Teufel schließen.[34] Ein Exempel allerdings, dass sich auch in einer mittelhochdeutschen Teilübersetzung seines *Tractatus* findet, bildet insofern einen Sonderfall, als der Teufel die versprochenen Reichtümer nicht nur daran knüpft, dass die Frau, die seine Hilfe erbittet, sich seinem Willen unterwirft, sondern auch an vier Aufgaben, die sie – alle entgegen den christlichen Geboten – zu erfüllen hat: Erstens soll sie Geistliche in ihrem Haus aufnehmen und dann zu Sünden verführen; zweitens soll sie armen Leuten tagsüber Unterkunft gewähren, sie nachts aber wieder vertreiben; drittens hat sie absichtlich in den Kirchen die dort Betenden zu verwirren; und viertens besteht der Teufel darauf, dass ihr Vertrag mit ihm geheim bleibt und sie ihn auch nicht beichten darf. Als sie dann auf Vorhaltungen ihres Sohnes doch bereut und beichten will und er ihr einen Priester holt, wird sie inzwischen von Dämonen so erschreckt, dass sie in kurzer Zeit daran stirbt (in der deutschen Übertragung des 15. Jahrhunderts: *chomen dy veint und schreckten sey, daz sy starb vor vorchten*).[35] Erst durch die Beichte ihres Sohnes (!) und seiner siebenjährigen Buße für ihre Sünde wird sie schließlich doch noch vor der Hölle gerettet. Fast identisch, allerdings etwas ausführlicher und in Versen bringt auch das mittelhochdeutsche *Passional* diese Geschichte eines eigentümlichen Teufelsbunds einer Frau in eine volkssprachliche Version.[36]

4.4 Hexenflug und die nachtfahrenden Frauen

Für die in den späteren Hexenprozessen wichtigen Fragestellungen spielte aber neben dem Pakt mit dem Teufel ein Element eine viel größere Rolle als die Fähigkeiten der genannten mittelalterlichen Zauberer, nämlich die Fähigkeit zum Fliegen, auch wenn wir wenigstens bei Simon Magus schon die Möglichkeit des Fliegens durch Zauberei kennengelernt haben. Diese im spätmittelalterlichen und neuzeitlichen Hexenglauben so dominante Fähigkeit der Hexen – ob nun auf Besen, wie man sich das seit dem Spätmittelalter bis heute noch populär

vorstellt, oder auf allen möglichen Tieren reitend – ist ebenfalls bereits im Mittelalter zu finden.

Ansätze des Hexenflugs finden sich bereits in der Spätantike und im Frühmittelalter, ohne dass sich dort bereits ein Hexenbild im frühneuzeitlichen Sinn entwickelt hätte. Die Vorstellung von Frauen, die des Nachts durch die Luft fahren (oder dies zu tun glauben), ist zweifelsfrei sehr alt, wie die Bestimmungen des *Canon episcopi* bestätigen. Der beim rührigen und gelehrten Abt der Reichsabtei Prüm, Regino von Prüm (ca. 840–915), überlieferte Teil dieses frühmittelalterlichen Kirchengesetzes schreibt strenge Kirchenbußen vor für Männer und Frauen, die an teuflischen Praktiken beteiligt sind:

Es soll auch nicht übergangen werden, daß einige einfache Frauen, verdorben vom Satan und verführt von den Vorspiegelungen und Phantasmen der Dämonen, glauben und offen gestehen, daß sie in der Nacht, auf gewissen Tieren reitend, zusammen mit der heidnischen Göttin Diana und einer unzähligen Schar von Frauen über riesige Strecken Landes fliegen, um den Befehlen ihrer Herrin zu gehorchen und ihr in anderen Nächten zu Diensten zu sein. Aber es wäre gut, wenn diese allein in ihrem Unglauben zugrunde gingen und nicht so viele andere in die Fallgrube ihres Irrglaubens mit sich zögen, denn eine unzählige Menge, von diesem Irrtum verführt, hält das für wahr und kommt, das glaubend, vom rechten Glauben ab und fällt in heidnischen Irrglauben zurück, wenn sie glaubt, daß es irgendeine Gottheit oder Macht außer der Gottes gibt.[37]

Dieses kanonische Recht wurde auf Grund seiner Stellung im Mittelalter extrem wirksam, und so findet sich die darin enthaltene Vorstellung von den nächtens fliegenden Frauen in zahlreichen mittelalterlichen Texten. In ihr, die sich aus ganz anderen Quellen als die schon biblischen christlichen Dämonenvorstellungen speist, scheinen Konzepte recht unterschiedlicher Herkunft zusammenzufallen: die recht vage alttestamentliche Ansicht von einer *heresia Pythonissa*, zudem ein römischer Hexenglaube, der sich in gefährlichen weiblichen (vogelartigen?) Wesen wie den *Lamiae* und *Strigae* manifes-

Abb. 4.6 Älteste Abbildung des Hexenflugs, der ketzerischen Vaudoises. Miniatur in einer Handschrift von Martin Le France, Le champion des dames, 1451, fol. 195v.

tierte, dann auch die Überlagerung germanischer Vorstellungen von Seherinnen mit diesem römischen Glauben. Dazu tritt schließlich die sowohl römische wie germanische Idee von fliegenden Geisterheeren, im Germanischen mit dem Wilden Heer, das in Winternächten durch die Luft reist, assoziiert, im römischen Volksglauben mit den Luftfahrten eines Frauenheers der Herodias oder Diana.

Die Vorstellung von der *heresia Pythonissa* geht auf eine einzige, schwer verständliche Stelle im Buch Levitikus (Lev 18,11) des Alten Testaments zurück, wo der Begriff eine bestimmte Gruppe von Geistern bezeichnet, die für die Zukunftsbefragung herangezogen wurden (vgl. oben Kap. 3.4 über die *divinatio*). Schon die heute gängige Übersetzung mit »Totengeister« ist höchst fraglich (Luther hatte 1545 vorsichtiger »Zeichendeuter« eingesetzt), aber jedenfalls wurde diese Gruppe als eine Art gefährlicher Wahrsager aufgefasst, immerhin stand darauf die Todesstrafe. Seit Isidor von Sevilla festgestellt hatte: *Pythonissae a Pythio Apolline dictae, quod is auctor fuerit divinandi,* »die Pythonissen heißen nach dem Pythischen Apoll, denn er ist der Urheber des Weissagens« (*Etymologiae*, VIII, 9, 21), ergab sich daraus für die Theologen eine im antiken Heidentum wurzelnde Etymologie für diese Art der Wahrsagerei, und ausgerechnet dieser Typ rief im Mittelalter besonderes Interesse hervor und fand dadurch Eingang in kirchenrechtliche Bestimmungen, Enzyklopädien und selbst Predigten.[38] Schon wegen der isidorschen Etymologie wird diese Art der Weissagung schließlich auf die Sibyllen, also die weiblichen Wahrsagerinnen der Antike, übertragen, und bei Petrus Comestor (gest. um 1178) und anderen einflussreichen Autoren ist dann von eigentlich betrügerischen Wahrsagerinnen die Rede: »Pythones, das sind Bauchrednerinnen, die durch einen bösen Geist reden, und wegen Python, d.h. Apollo, so genannt werden.«[39]

Die falschen Prophetinnen spielen aber trotz ihrer Bekanntheit bis ins Mittelalter eine geringere Rolle bei der Entstehung des Hexenkonzepts als Vorstellungen aus der römischen Mythologie, wo alle Arten von unheilvollen, durchwegs weiblich gedachten Kreaturen nächtliche Schrecken verbreiteten. Die Harpyen sind weibliche Mischwesen aus Mädchen- und Vogelleibern, die mit dem Sturmwind assoziiert werden und Menschen berauben und quälen; bei den Lemuren dagegen handelt es sich um die (nicht nur weiblichen) bösen Geister von Verstorbenen, die nachts die Lebenden als Schreckgespenster terrorisierten. Die Lamia ist eine vampirartige Gestalt des griechischen Volksglaubens, die den Menschen das Blut aussaugt, ihr Herz auffrisst und in mythologischen Geschichten sogar im Wahnsinn ihre eigenen Kinder tötet. Die Strigen (Sg. Striga) schließlich sind weibliche Vampire in Vogelgestalt, die Kleinkinder rauben, um an ihr Blut zu kommen. Es ist offensichtlich, dass derartige, teils über Ovid, teils über Vergil und andere antike und spätere Mythographen vermittelte Gestalten den Glauben an die nachtfahrenden Frauen und ihre schädlichen Wirkungen beeinflusst haben, auch wenn das Element des Schadenzaubers sich hier noch auf das nächtliche Blutsaugen beschränkt.

Ein drittes Element, das für die kirchlichen Verurteilungen der nächtlichen Flüge oder Ritte und dann in der gängigen Hexenvorstellung für einen Glauben an die Flugfähigkeit von Frauen verantwortlich war, ist einerseits der Glaube an die Wilde Jagd, die eindeutig aus der germanischen Mythologie stammt, und andererseits die Vorstellung von den nächtlichen Reisen von (mythologischen) Frauen, die selbst wieder eine Vermengung von germanischem und antikem mediterranem Gedankengut darstellt und sich in der Gestalt der meist mit den antikisierenden Namen belegten Herodias oder Diana manifestiert.

Der Glaube an eine Wilde Jagd oder ein Wildes Heer ist eine im ganzen germanischen Raum verbreitete Vorstellung von gespenstischen Reitern, die häufig mit Odin assoziiert werden und besonders in den Zwölften (den zwölf Raunächten um Neujahr) im Sturm durch die nächtlichen Lüfte reiten. Dahinter steckt natürlich einerseits die Angst vor der um die dunkelste Mittwinterzeit enger mit den Lebenden in Verbindung tretenden Gemeinschaft der Toten, andererseits die Furcht vor den in den Winternächten heulenden Stürmen. Aber schon gelehrte Autoren des 13. Jahrhunderts geben an, dass Ärzte solchen Irrglauben eher als Folgen von schlechten Träumen erklärten. Weder die naturmythologischen Deutungen noch eine religionswissenschaftliche Interpretation als Reste von ekstatischen Umzügen kultischer Jungmännerbünde bei den Germanen können alle Aspekte der volkstümlichen Traditionen erklären, obwohl die Beziehung zu Odin für Letztere sprechen mag, da man Odin sogar noch im christlichen 11. Jahrhundert mit ekstatischen Zuständen identifizierte (so heißt es bei Adam von Bremen in den *Gesta Hammaburgensis ecclesiae pontificum*, IV, 26: *Wodan, id est furor*, »Wodan, d. h. Wut«). Jedoch bestehen auch zahlreiche Gemeinsamkeiten mit antiken Bräuchen und mythologischen Konzepten, wobei die Figuren der Herodias und Diana zu Kristallisationspunkten im frühmittelalterlichen Volksglauben wurden. Allerdings ist die Diana hier nur noch entfernt mit der römischen Diana (also dem Äquivalent der griechischen Jagdgöttin Artemis) verwandt, da sie schon längst zu einer von der Landbevölkerung verehrten Göttin des Waldes und Feldes geworden und mit einheimischen mythologischen Frauengestalten verschmolzen war. Ihr wird im Volksglauben die Herodias zur Seite gestellt, deren Namen von der wegen ihrer Schuld am Tod Johannes des Täufers zum ewigen Tanzen verurteilten Salome Herodias abgeleitet ist. Ihre Mutter, die Schwester des Herodes, Herodias, hat aber in der christlichen Legendarik einen außerordentlich schlechten Ruf, auch hier natürlich wegen ihrer Rolle beim Tod des Täufers.

Schon der frühmittelalterliche *Canon episcopi* zeigt, wie sehr diese Konzepte alle im Volksglauben miteinander verschmolzen waren, wenn von Diana und ihrem weiblichen Gefolge einerseits, der Macht des Satans und den Illusionen der Dämonen andererseits gesprochen wird, verbunden mit dem »ewigen Traum der Menschheit« vom Fliegen und dem (ansonsten ja meist als schändlich angesehenen) Reiten auf wilden Tieren wie Wölfen und Ebern – die allerdings häufig durch deutlich weniger wilde, aber dennoch ungewöhnliche Reittiere wie Kälber und Schweine ersetzt werden.

Inwieweit man mit den beiden klassischen Bezeichnungen Diana und Herodias einheimische germanische weibliche Gottheiten gemeint haben mag, muss dahingestellt bleiben. Keine Quelle gibt dezidiert Auskunft darüber, auch wenn man dann im isländischen Hochmittelalter in den Übersetzungen lateinischer Texte Diana mit der einheimischen, aber wenig bedeutenden Göttin Gefjon gleichsetzte.[40] Allerdings hat man in der älteren Forschung immer wieder versucht, aus den Bezeichnungen der nachtfahrenden Frauen als Holde und Unholde einen Bezug zur Märchengestalt der Frau Holle und im nächsten Schritt zu

einer angeblichen altskandinavischen Göttin Hulda und damit zur germanischen Mythologie herzustellen. Allerdings ist Hulda als Göttin gar nicht und als Riesin nur in einer märchenhaften, aber nicht einmal erhaltenen Saga erwähnt, sodass diese Erwägungen allzu spekulativ bleiben. Noch unsicherer ist der oft behauptete Bezug von Frau Holle zur Frau Perchta. Zwar nennt schon Vintler sie unter den zauberischen Wesen, ihre Funktion aber bleibt auch hier unklar:

Und etleich gelauben an die fraun,
die do haisset Percht mit der eisern nas.[41]
(Und etliche glauben an eine Frau, die Percht mit der Eisernen Nase genannt wird.)

Was dagegen gut belegt ist, sind die Holden, also eine Mehrzahl von – offenbar ursprünglich gutgesinnten – Frauen, die nächtens unterwegs sind und zweifellos einer populären Mythologie angehörten. Je mehr sie aber auch für Albträume, Wechselbälge und selbst Vampirismus verantwortlich gemacht werden, desto sicherer sind sich mittelalterliche Autoren, dass

Abb. 4.7 Ritt einer Hexe auf einem Wolf. Holzschnitt von Johann Zainer, in: Ulrich Molitor: *De lamiis et phitonicis mulieribus*. Reutlingen (um 1489).

es sich bei denen, die für die nächtlichen Flüge verantwortlich sind, um Dämonen und nicht um menschliche Frauen handelt. In dem Bußbuch namens *Corrector* des Bischofs Burchard von Worms (bald nach 1000) wird ausdrücklich der Glaube an eine (wohlwollende?) Nachtfahrende, die *striga Holda*, verurteilt, die in Gestalt einer Frau mit einer »Schar von Dämonen« auf wilden Tieren herumreite bzw. fliege. Nicht ausdrücklich erwähnt wird, dass hier der Volksglaube (bei Burchard: *vulgaris stultitia*) offenbar diese Holden deutlich von den Unholden trennte.[42]

Eineinhalb Jahrhunderte später bezweifelt John of Salisbury (gest. 1180) in seinem Fürstenspiegel *Polycraticus* überhaupt die Existenz nachtfahrender Holde und Unholde, obwohl ihm der Volksglauben daran bekannt ist, und tut sie als die leeren Träume ungebildeter Menschen ab.

Walter Map (1140–1204) dagegen meint in seiner ebenfalls an den englischen Hof gerichteten Anekdotensammlung *De nugis curalium*, dass nachtfahrende Frauen nicht mit ihren schlafenden Körpern identisch seien, sondern Dämonen in Gestalt dieser Frauen ihr übles Handwerk täten. Dazu führt er ein Beispiel an, »in welchem ein Dämon in der Gestalt einer alten Frau bereits drei Kinder erwürgt habe. Als er ein viertes bedroht, konfrontiert man ihn mit seinem Ebenbild. Der Dämon flüchtet durch ein offenstehendes Fenster.«[43] Diese Art von Schädigung durch Dämonen in Frauengestalt nahm man dann ab dem 13. Jahrhundert offenbar als Faktum an (so etwa beim normannischen Dominikaner Stephan/Étienne de Bourbon (gest. 1261).[44] Dies war schon nahe an der spätmittelalterlichen Vorstellung von der Gefährlichkeit der Hexen. Allerdings besteht bei den genannten Autoren der wesentliche Unterschied darin, dass sie meist annahmen, es handle sich eben um Dämonen in Frauengestalt und nicht um die Frauen selbst.

Dass man die Holden wohl als Rest germanischer Glaubensvorstellungen an »gute Frauen« (wie etwa die römerzeitlichen Matronen des niederrheinischen Germanien) noch im Hochmittelalter kannte, zeigt eine Anekdote in der weitverbreiteten *Legenda aurea* des Jacobus de Voragine. Hier wird vom hl. Bischof Germanus von Auxerre erzählt, dass in einer Unterkunft nach dem Abendessen der Tisch nochmals gedeckt wird »für jene guten Frauen, die in der Nacht auftreten«:

[A]lso beschloß Germanus, des Nachts zu wachen. Da sah er eine große Schar Geister zu Tische kommen in der Gestalt von Männern und Frauen. Er gebot ihnen, daß sie nicht von der Stelle gingen, lief und weckte die Leute in dem Haus und fragte sie, ob sie diese Menschen kennten. Sie sprachen, das wären alles ihre Nachbarn und Nachbarinnen; da sandte er zu den Häusern der Nachbarn und gebot den Geistern, daß sie blieben und siehe, man fand die Nachbarn alle ruhen in ihren Betten. Da beschwor sie der Heilige und sie bekannten, daß sie Geister (*daemones*) seien, die also die Menschen wollten irren.[45]

Die Auffassung, dass es sich bei den Nachtfahrenden um Geister handle, gilt auch für den einflussreichsten deutschen Prediger des 13. Jahrhunderts, den Franziskaner Berthold von Regensburg (ca. 1210–1272), der ausdrücklich die Nachtfahrerinnen mit Dämonen zusammen nennt: Man solle ja nicht glauben an *nec hulden nec unhulden nec pilwiz nec nahtvare, nahtvrowen*, denn all dies seien nur Dämonen![46] Interessant ist in diesem Kontext auch der Bilwiss, eine dämonische Gestalt, die heute außer im Niederdeutschen kaum mehr Verkehrswert hat,[47] aber im Mittelhochdeutschen als *bilwiz* (»Bilder/Wunderzeichen wissend«, also Kobold, Hexe, Zauberer) belegt ist und die Unsicherheit über den Status von Hexen und Zauberern zwischen Mensch und Dämon deutlich macht.

Aber es gibt im 13. Jahrhundert auch gegenteilige Ansichten. Unsicher, ob es sich bei den Nachtfahrenden nun um Dämonen oder um wirkliche Frauen handle, die »vom Teufel verführt« (Burchard), sich in die Schar der Dämonen eingliederten, spricht sich zum Beispiel schon vor 1214 Gervasius von Tilbury in seinen für Kaiser Otto IV. verfassten *Otia imperialia* (»Kaiserliche Mußestunden«) für das Zweite aus. Er meint nämlich zu wissen, dass Frauen, die er als *lamiae* und *strigae* bezeichnet, sich nachts auf ihren Ausritten in Katzen verwandelten und dann am nächsten Tage an ihrem menschlichen Körper die Verwundungen aufwiesen, die sie bei diesen Ausflügen erhalten hätten. Er beschreibt auch schon, dass diese Frauen »im schnellen Flug Gegenden durchqueren, in Häuser eindringen, die Schlafenden bedrängen, schwere Träume hervorrufen.« Auch Blut sollen sie trinken und Kinder austauschen – also für Wechselbälge verantwortlich sein. Letzteres erklärt er, Isidor von Sevilla (*Etymologiae*, VIII, 102) folgend, damit, dass sich die Bezeichnung Lamien oder Lanien von lat. *laniare*, »zerfleischen«, ableite.[48]

Über Katzenverwandlung und Hexenflug schreibt auch Hans Vintler Anfang des 15. Jahrhunderts in seinen *Pluemen der tugent*:

und etleich sein also gelart
das sie nehmen mit gewalt
an sich chatzengestalt. (V. 7949–7951)

Und weiter über das Fliegen heißt es:

So sein etleich als behende
Das sie varen hundert meil
Gar in ainer clainen weil. (V. 7903–7905)
[...]
so füeret maniger über see

Abb. 4.8 Hexen in Tierverwandlung reiten auf einem Besen. Holzschnitt von Johann Zainer, in: Ulrich Molitor: *De lamiis et phitonicis mulieribus.* Reutlingen (um 1489).

die leut mit guetem winde, (V. 7961f.)
[...]
So varen etleich mit der var
Auf kelbern und auf pöcken
Durch stain und durch stöcken. (V. 7993–7995)

Im Gegensatz zu diesen populären Ansichten des bürgerlichen Verfassers geht er an einer späteren Stelle seines Werks durchaus auch auf die augustinische Haltung ein, wenn er die Nachtfahrt als Illusion darstellt:

des mag man wol nemen war
an den pösen leuten unrain,
die varen und sein doch hie haim.
Als man des guet beweisung hat,
das der leib nicht chumpt von stat
aber sie werden verzucket im sinn
das sie wänen si faren da hin,
und mit dem bestrickt sie Sathanas,
das si im gelauben dester pas. (V. 8171–8179)

Hier ist auch in Vintlers Text die Positionen zwiespältig: An drei Stellen scheint er konkret das Fliegen oder die Nachtfahrt zu unterstellen, aber in der letzten deklariert er diese zu reinen Illusionen. So wie hier in diesem Werk eines weltlichen Verfassers sind auch in der kirchlichen Literatur die Meinungen über den Hexenflug geteilt. Eine Reihe von Autoren folgt dem *Decretum Gratiani* und bezeichnet den Hexenflug als Traumbild und von den Dämonen hervorgerufene Illusion. Dies lässt sich noch im 15. Jahrhundert in einem aussagekräftigen Exempel des süddeutsche Dominikaners Johannes Nider in seinem *Formicarius* (geschrieben 1436–1438, Erstdruck 1475) nachlesen:

Ich habe nämlich durch den Bericht meines Lehrers gehört, dass ein Pater unseres Ordens in ein Dorf kam, wo er eine Frau vorfand, die so sehr den Verstand verloren hatte, dass sie glaubte, nachts mit Diana und anderen Frauen durch die Luft transportiert zu werden. Als es der Pater unternahm, den [Glaubens-]Verrat durch seelsorgerisches Zureden auszutreiben, versicherte die starrsinnige Frau, dass sie mehr ihrer eigenen Erfahrung vertraue. Der Pater [sagte] ihr: »Erlaube mir also, dass ich dabei sein darf, wenn Du das nächste Mal entschwindest.« Sie antwortete: »Einverstanden, so wirst Du mich denn ausfahren sehen, wenn Du willst, in Anwesenheit von Augenzeugen.« Also, auf dass der Seelsorger die wahnwitzige Frau erfolgreich überführen sollte, war der Pater, als der Tag der Ausfahrt gekommen war, den die alte Frau vorher angekündigt hatte, begleitet von glaubwürdigen Leuten, anwesend. Die Frau legte sich also in eine Brotmulde, welche sich auf einer Bank befand. Nachdem sie sich mit einer Salbe eingeschmiert und magische Worte gesprochen hatte, schlief sie mit zurückgebeugtem Kopf ein. Und sofort fiel sie durch das Werk des Dämons so tief in Träume von der Herrin Venus und anderen abergläubischen Dingen, dass sie vor Freude mit unterwürfiger Stimme laut herumschrie. Und durch die Bewegungen, die sie mit ihren herumfuchtelnden Händen machte, rückte sie die Brotmulde dermaßen von der Stelle, dass diese von der Bank kippte und nicht unerheblich den Kopf der darunter [heraus-]fallenden Alten stieß. Und als die Frau unbeweglich auf dem Boden lag, sprach der Pater die mittlerweile Aufgewachte an: »Wo, frage ich Dich, bist Du? Bist Du vielleicht bei Diana gewesen, während Du nach dem Zeugnis der hier Anwesenden diese Brotmulde überhaupt nicht verlassen hast?« Mithilfe dieses [exemplarischen] Geschehens und dieser seelsorgerischen Worte treibt man seinen Geist dazu an, seinen Irrtum zu verabscheuen.[49]

Allerdings scheint die Mehrheit kirchlicher Autoren gemeinsam mit dem Volksglauben und dem Glauben der betroffenen Frauen selbst tatsächlich die Möglichkeit der nachtfahrenden Frauen für real gehalten zu haben.

Recht spezifisch ist die Argumentation bei Thomas von Aquin: Bei ihm geht es nicht um Wahrheit oder Illusion, sondern allenfalls um die *Herkunft* der Traumbilder. Sind diese nämlich dämonischen Ursprungs, so sind auch sie zu verurteilen. Aber selbst der überall Hexenwerk und Teufelsbünde witternde Heinrich Kramer scheint sich in seinem *Hexenhammer* von 1486 unsicher gewesen zu sein, ob wirklich alles, was nach dämonischem Wirken mit Hilfe der Hexen aussah, auch wirklich Teufelswerk war oder ob nicht mitunter reine Illusionen dahinterstecken mochten:

Aus allen Prämissen ist zu schließen, daß die Behauptung gut katholisch und sehr wahr ist, daß es Hexen gibt, welche mit Hilfe der Dämonen, kraft ihres mit diesen geschlossenen Paktes, mit Zulassung Gottes wirkliche Hexenkünste (*Maleficiales reales*) vollbringen können, ohne auszuschließen, daß sie auch Gaukeleien und Phantasiestückchen durch Gaukelkünste (*præstigiosos effectus & fantasticos, etiam per media præstigiosa*) zu vollbringen imstande sind. Aber weil die gegenwärtige Untersuchung sich auf die wahren Hexenkünste erstreckt, die sich von den anderen sehr bedeutend unterscheiden, so gehört das nicht zur Sache, denn solche Leute nennt man besser Weissager oder Zauberer als Hexen (*Sortilegi vel Incantatores quam Malefici*).[50]

Es sei hier angemerkt, dass Schmidts Übersetzung »Hexen« nicht ganz korrekt ist, da im Original in den meisten Fällen der Plural *maleficii* nicht geschlechtsspezifisch verwendet wird. Entsprechend sollte in all diesen Fällen besser neutral von Magiern oder Zauberern gesprochen werden.

Für den Volksglauben hingegen sind die nachtfahrenden Frauen ohnehin Realität. Der oben genannte Gervasius von Tilbury spricht von Hexen, die durch die Luft reisen, und sein Zeitgenosse Stephan von Bourbon (ca. 1190–1261) erzählt von einem von den nachtfahrenden Frauen entführten nackten Priester namens Wilhelm von Genf, dem sie ein »Gefährt« zur Verfügung stellen, dass sich als Balken (*tramen*) herausstellt, auf dem er dann wie auf einem Pferd reitend durch die Lüfte fährt, und zwar immerhin von Genf bis in die Lombardei, wo er am nächsten Tag in einem Weinkeller aufgefunden wird, in dem er mit den Frauen feierte – offenbar ging der Flug quer über die Alpen![51] Die Vorstellungen vom Hexenritt scheinen immer mehr Fuß gefasst zu haben, auch wenn sich Mitte des 13. Jahrhunderts ein Dichter mit dem Pseudonym »Der Stricker« darüber lustig macht, dass die Leute an Unholde glaubten oder an Frauen, die auf einem Kalb ritten *ode ûf einem hûspesem*.[52]

Eindringlich beschreibt Hans Vintler am Anfang des 15. Jahrhunderts in seiner Aufstellung zauberischer Praktiken die Reise außerhalb des Körpers. So spricht er davon, dass – hier bleibt er geschlechtsunspezifisch – »böse unreine Leute« mit Hilfe des Teufels reisten, während der Körper zu Hause bleibe:

des mag man wol nemen war,
an den pösen leuten unrain,
die varen und sein doch hie haim,
als man des guet beweisung hat,
das der leib nicht chumpt von stat,
aber si werden verzucket im sinn,
das sie wänen, si varen da hin,
und mit dem bestrickt sie Sathanas,
das si im gelauben dester pas.
wanne doch der teufel hat

nicht gewalt an keiner stat

hie über des menschen leben,

im welle dann der mensch selben geben.[53]

(Man kann an bösen, unfrommen Menschen feststellen, dass sie reisen und doch zu Hause bleiben, wofür man gute Beweise hat, dass der Leib an Ort und Stelle bleibt, sie aber im Geist verzückt sind, sodass sie meinen, sie reisten herum: damit fesselt sie Satan, damit sie ihm umso mehr vertrauen, weil der Teufel doch nie Gewalt über den Menschen hat, wenn der Mensch sie ihm nicht selbst gibt.)

Dass neben Stöcken auch Haustiere als Reittiere für den nächtlichen Flug dienen, weiß Vintler zu berichten:

So varen etleich mit der var

Auf kelbern und auf pöcken

Durch stain und durch stöcken.[54]

(So sind etliche bei der Fahrt auf Kälbern und Böcken über Stock und Stein unterwegs.)

Nicht lange nach Vintler erzählt der schon erwähnte Johannes Nider in seinem *Formicarius*, von dem noch ausführlicher zu reden sein wird, die Geschichte eines rheinischen Ritters, der nächtens auf ein geisterhaftes Ritterheer trifft, das als Buße nach Jerusalem unterwegs ist. Das Heer führt sogar ein lediges Pferd für ihn mit, sodass er sich dem Geisterzug anschließt, aber am nächsten Morgen wieder zur Stelle ist und seinen Knappen an der ursprünglichen Stelle trifft; sogar ein Täschchen aus Salamander und ein Messer hat er als Souvenir mitgebracht, damit man nicht meinen könnte, dieser nächtliche Flug sei nur eine Einbildung (*phantasmata*) gewesen (*Formicarius*, V, 1).

4.5 Tierverwandlung

Beim eigentlichen Hexenglauben des Spätmittelalters muss noch kurz auf drei Aspekte eingegangen werden, von denen aber nur die ersten beiden ihre Wurzeln im Mittelalter haben: die Tierverwandlung, die Teufelsbuhlschaft und die Hexensalbe; alle drei Aspekte werden auch in Kramers *Hexenhammer* behandelt.

Ab dem oben zitierten Gervasius von Tilbury im frühen 13. Jahrhundert sehen wir Reflexionen eines Volksglaubens, der nachtfahrende Frauen mit Katzen assoziiert oder ihnen sogar die Verwandlung in solche (*in forma cattarum*[55]) unterstellt: »Wir wissen, daß einige Frauen von Leuten, die noch heimlich wach waren, bei Nacht in Katzengestalt gesehen und verwundet wurden, und am nächsten Morgen ihre Wunden und Verstümmelungen vorgezeigt haben.«[56] Der Bezug auf Katzen mag mit dem germanischen Begriff für Hexe zu tun haben, denn etymologisch lässt sich dieser auf *haga-zussa* zurückführen, also etwas, das auf der Einfriedung (des Gartens?) hockt, und altenglisch *haegetesse* wird schon im 8. Jahrhundert mit *striga, furia, pythonisa, filia noctis*, also »Hexe, Furie, Zauberin, Tochter der Nacht« glossiert.[57] Dies hat man zwar auch mythologisch als Dämon oder ursprünglich sogar als *genius loci* der Einhegung gedeutet, aber denkbar wäre auch die Assoziation mit den an Hecken sitzenden Tieren wie Katzen oder Vögeln, was dann sicherlich in den Vorstellungen von Hexen im frühneuzeitlichen Volksglauben eine Rolle spielte.

Die oben erwähnte Behauptung einer Verwandlung von Frauen in Katzen kann noch ergänzt werden durch den späten Beleg in Johannes Hartliebs *Buch aller verbotenen Kunst* von 1456. Dort erzählt er von einem Ereignis »im sechsten Jahr des Papstes Martin« (das wäre also 1423 gewesen) in Rom, das er miterlebt habe. Damals habe man eine Frau überführt, die nächtlicherweise in Gestalt einer Katze ein Kind in der Wiege gebissen habe. Der Vater habe die Katze noch am Kopf verletzen können, sodass man die schuldige Frau ausfindig gemacht und verbrannt habe.

Interessanterweise führt ausgerechnet der berüchtigte *Hexenhammer* des Heinrich Kramer trotz fortwährender Erwähnung der Tierverwandlung kein konkretes Beispiel dafür an, dass sich Hexen oder Hexer in Tiere verwandelt hätten, sondern spricht nur von der Tierverwandlung von Menschen *durch* Zauberer. Auch dafür kann er nur zwei Beispiele nennen, nämlich die Verwandlung eines Mädchens durch einen jüdischen Zauberer in eine Stute in den *Vitaspatrum*[58] und die bekannte Erzählung aus der Odyssee, in der die Zauberin Circe die Gefährten des Odysseus in Schweine verwandelt. Beides sind eben eigentlich keine Beispiele für die Tierverwandlungen von Hexen oder Zauberern, sondern für Verhexungen *durch* diese.

Während die praktische Anwendung des Glaubens an eine Tierverwandlung also nicht vor dem Hochmittelalter aufkommt, hat der theoretische Hintergrund viel ältere Wurzeln und gründet in der Auffassung des Augustinus, dass Dämonen alle möglichen Formen annehmen können, also auch tierische. Diese Vorstellungen von Dämonen in Tierform (vgl. oben Kap. 3.1) sind jedoch nur teilweise für die Erklärung der Tierverwandlung herangezogen worden – offenbar nicht zuletzt wegen der bestehenden Unsicherheit, ob die nächtlichen Frauen nun tatsächlich Dämonen oder doch menschliche Frauen waren.

4.6 Hexensalbe

Die Fähigkeit zur Tierverwandlung, aber auch zum Hexenflug wird ab dem 14. Jahrhundert teilweise nicht mehr dem Wirken oder den Fähigkeiten der Dämonen, sondern einem handfesten Mittel zugeschrieben, das die Hexen dafür selbst herstellten. Johannes Nider beschreibt in seinem *Formicarius* vom Anfang des 15. Jahrhunderts, wie dies vonstattengeht.[59] So soll eine verhaftete Hexe zugegeben haben, Säuglinge aus ihren Wiegen gestohlen oder im Bett ihrer Eltern ermordet zu haben, sodass diese meinten, es handle sich um Tod durch »Überliegen«, also um ein früher häufiges akzidentelles Erdrücken bzw. Ersticken von Säuglingen im elterlichen Bett. Nach der Beisetzung würden die Hexen diese ausgraben und in Kesseln sieden, wobei die »kraftvolle Flüssigkeit« abgefüllt, aus den festen Stoffen aber eine Salbe hergestellt werde, die die »Wünsche und Künste und Verwandlungen« der Hexen ermögliche (*De solidiori huius materia unguentum facimus nostris voluntatibus et artibus ac transmutationibus accomodatum*). Auch Heinrich Kramer folgt in seinem *Hexenhammer* dieser Darstellung Niders.

Von einer deutlich weniger blutrünstigen Methode der Salbenherstellung weiß Johannes Hartlieb in seinem *Buch aller verbotenen Kunst* von 1456.[60] Im mit »Wie das Fahren in den Lüften vor sich geht« überschriebenen Kapitel 32 rekurriert er zweifellos auf das Kräuterwissen menschlicher Hexen und beschreibt die Ingredienzien folgendermaßen:

Zv sölichem farn nützen auch man vnd weib, nemlich die vnhulden ain salb die haist ›vngentum pharelis‹, die machen sy vß siben krewtern vnd brechen yegliches krautt an ainem tag, der dann demselben krautt zugehört, als am suntag prechen vnd gaben sy solsequin, am mentag lunariam, am eretag verbenam, am mittwochen mercurialem, am pfintztag barbon jonis, am freytag capillos veneris. Daruß machen sy dann salben mit mischung ettlichs plütz von vogel, auch schmaltz von tieren, das jch als nit schreib, das yemant daruon sol geergert werden. Wann sy dann wöllen so bestreichen sy penck oder seüll rechen oder ofengabeln vnd faren dahin. Das alles ist recht nigramantia vnd vast groß verboten.

Diese sieben Kräuter wurden (was er aber nicht ausdrücklich sagt) wohl getrocknet, zerstoßen oder zerrieben und mit dem Vogelblut sowie dem Tierschmalz zu einer Paste verarbeitet.

Exkurs: Hexenkräuter

Bei Johann Hartlieb werden hier also (nur) sechs der sieben Kräuter zum Zwecke der Herstellung eine Hexensalbe aufgelistet, die den Wochentagen Sonntag bis Freitag entsprechen:

Am Sonntag ist es Solsequin (recte: Solsequium), die Ringelblume (*Calendula officinalis*). Die Ringelblume scheint zwar kaum als magische Pflanze in Erscheinung getreten zu sein, hat aber bis heute in der Naturheilkunde ihre Bedeutung besonders gegen Hautirritationen und in der Wundbehandlung. In Hartliebs Liste scheint sie wohl vorwiegend auf Grund des Namens und dessen Bezug zum Sonntag (*dies solis*) auf.

Für den Montag (*dies lunae*) nennt Hartlieb die Pflanze Lunaria, d. i. das Silberblatt (*Lunaria annua* und *Lunaria biennis*), heute in erster Linie wegen seiner attraktiven Samenstände beliebt, früher auch mitunter als Küchenkraut verwendet. Die Pflanze enthält in den Samen allerdings Alkaloide (Lunarin, Lunaridin und Saponine), die potentiell toxisch sind.

Für den Dienstag steht die als hochwirksam und auch als Zauberpflanze gut belegte Verbena (Eisenkraut, *Verbena officinalis*). Sie weist in der Tat eine Reihe medizinisch wirksamer Eigenschaften auf, von denen etwa der *Macer floridus*, ein verbreitetes Heilkräuterbuch des 11. Jahrhunderts, mehr als ein halbes Dutzend auflistet, von der Behandlung von Wunden bis zu Schwindsucht und Steinleiden. Dabei wird aber nicht vergessen zu erwähnen, dass Verbena von Zauberern für alles Mögliche hochgeschätzt wurde, was das zweifellos der Klostermedizin entstammende Lehrgedicht aber als haltlos ablehnt. Heutige Forschungen haben ergeben, dass die Verbena auf Grund ihrer adstringierenden Wirkung offenbar eine wehenauslösende und somit möglicherweise auch potentiell abortive Wirkung haben könnte, was die Stellung in der Zaubermedizin erklären mag.

Für den Mittwoch (*dies Mercurii*, Tag des Merkur) nennt Hartlieb naheliegenderweise ein Kraut namens Mercurialis, das als Bingelkraut zu den Wolfsmilchgewächsen (*Euphorbiaceae*) zählt. Das enthaltene Saponin wirkt abführend, aber ob dies als Erklärung für die Aufnahme unter die Zauberkräuter ausreicht, mag dahingestellt bleiben.

Das von Hartlieb als Barbon jovis bezeichnete, tatsächlich als Barba Jovis (Jupiterbart; *Anthyllis barba-jovis*) bekannte Kraut ist wegen seines Namens dem Donnerstag (*dies Jovis*) zugewiesen und heute als Wundklee bekannt. Es wanderte im Mittelalter aus dem mediterranen Raum nach Mitteleuropa ein und wurde wegen seiner angeblich in der Wundheilung nützlichen Wirkung so benannt, möglicherweise aber auch einfach infolge seines Aussehens. Über eine magische Verwendung ist m.E. nichts bekannt.

Das dem Freitag wegen seines lateinischen Namens *dies Veneris*, »Tag der Venus«, zugeordnete Capillos Veneris, also das Frauenhaar, auch Venushaar genannte Haarmützenmoos (*Polytrichum formosum*) ist auch als Widertat oder Widerton bekannt, also möglicherweise ein Kraut »Gegen-das-Antun«, das damit schadenabwehrenden Charakter haben soll.[61] Jedenfalls ist es im süddeutsch-österreichischen Raum als Zauberpflanze (die laut Volkssagen auch den Teufel vertreibt) bekannt, und Conrad Rosbach beschreibt es in seinem *Paradeißgärtlein, darinnen die edelste und fürnembste Kräuter usw. beschriben sind* von 1588 mit den folgenden Versen:

Viel Wunders treiben hie die Leut

Mit diesem Kräutlein allezeit.

Den alten Weibern wohlbekandt,

Drumb Widerthon habens genannt.

Sie brauchens sehr für Zauberey.

Treiben damit vil Fantasey.[62]

Neben der apotropäischen Wirkung ist für den Widerton/Widertat noch die Bezeichnung Teufelsgerste belegt, der das dänische »Lokes havre«(= Hafer des bösen Loki) entspricht, was aber auf keine magische Wirkung zurückgehen dürfte, sondern auf seine Ähnlichkeit mit Gerste, allerdings einer nicht essbaren Variante.

Für den Samstag (*dies Saturni*) nennt Hartlieb kein Kraut, wohl absichtlich, um von der Herstellung der Salbe abzuhalten, und wir können nur rätseln, woran er hierbei gedacht hat. Birkhan vermutet »Giftpflanzen wie *Mandragora*, Bilsenkraut oder Tollkirsche«[63], aber deren sprachliche Beziehung zum Samstag ist kaum nachvollziehbar; ob die Alraune (Mandragora) wirklich eine Beziehung zum Saturn hatte, ist ganz unsicher. Hartliebs Liste macht aber ohnehin den Eindruck, dass ihm die gelehrten Konstruktionen zu den Wochentagnamen wichtiger waren als irgendein traditionelles Rezept, da die Kräuter bis auf Verbena und das Bingelkraut kaum pharmakologische Wirkungen aufweisen.

Abgesehen von dem Vogelblut, dass der Sympathiemagie entstammt (Flug!), und dem für die Herstellung einer Salbe notwendigen Schmalz hat hier Hartlieb offenbar, ganz anders als Nider und Kramer, an die Herstellung einer Salbe aus medizinischen Heilkräutern gedacht, allerdings fast alle mit nur geringen Heilkräften.

Alle anderen Spekulationen über Hexensalben stammen erst aus dem 16. Jahrhundert, wobei aber üblicherweise von Kräutermischungen und nur noch vereinzelt vom Fett toter Kinder wie bei Nider gesprochen wird. Über die praktische Anwendung der Salbe sagte Hartlieb nur, dass man Bänke, Stühle, Rechen oder Ofengabeln damit bestrichen habe, um dann auf ihnen durch die Luft zu fahren. Erst deutlich spätere Quellen vom Ende des 16. Jahrhunderts[64] sprechen davon, dass die Hexen mit solchen Salben (unter deren Ingredienzien sich nun auch Pflanzen mit Wirkungen im Bereich der Pharmakologie finden) den eigenen Körper eingestrichen hätten, aber auch da wird nur eine auf Illusionen abzielende Wirkung konstatiert.

4.7 Teufelsbuhlschaft

Die Teufelsbuhlschaft ist im Prinzip eine spätmittelalterliche Weiterentwicklung der oben behandelten Vorstellung vom Teufelspakt und wird auch vielfach zusammen mit diesem ab-

gehandelt. Auch die ältere Vorstellung vom Teufel als Incubus spielt eine Rolle, die aber erst ab dem 15. Jahrhundert reiche Ausschmückungen erfuhr.

Nur ganz vereinzelt finden sich ab dem Ende des 13. Jahrhunderts Vorwürfe, dass Hexen (bzw. Zauberer) mit dem Teufel Geschlechtsverkehr hätten. »Es ist bis zu diesem Zeitpunkt keiner Instanz eingefallen, einem Zauberer vorzuwerfen, daß er mit Dämonen Unzucht übe«, sagt Hansen, einer der besten Kenner des Hexenglaubens.[65] Die Teufelsbuhlschaft als Zeichen einer Teufelsverehrung – und damit natürlich des willentlichen Abfalls von Gott – war das *crimen exceptum*, also die schlimmste Form der *maleficia*, die seit Thomas von Aquin in der zweiten Hälfte des 13. Jahrhunderts langsam systematisiert wurden. Während meist allgemein vom *crimen magiae* (Verbrechen der Magie) oder überhaupt nur von *maleficium* (Schadenzauber), was aber auch die Divination umfassen konnte, die Rede ist, nimmt die unterstellte Teufelsverehrung und Teufelsbuhlschaft eine andere Qualität an.

Oft wird der Teufel in den ikonographischen Umsetzungen durchaus höfisch gekleidet dargestellt – kenntlich ist er nur an den Bocks- oder Vogelfüßen –, um so in schicker anthropomorpher Gestalt die Frauen zu umarmen. Ebenso wird er aber auch in seiner dämonischen – also behaarten, gehörnten und geflügelten – Form gezeigt, wenn nicht gleich als großer schwarzer Ziegenbock.

Die geschlechtliche Hingabe an den Teufel war offenbar mit dem obszönen analen Kuss, dem *osculum infame*, zu besie-

Abb. 4.9 Teufelsbuhlschaft: Der Teufel, durch Schwanz und Vogelfüße kenntlich, verführt eine Frau. Holzschnitt von Johann Zainer, in: Ulrich Molitor: *De lamiis et phitonicis mulieribus*. Reutlingen (um 1489).

Abb. 4.10 Das *Osculum Infame* – Hexen küssen den Anus des Teufels. Holzstich aus Francesco Maria Guazzo: *Compendium Maleficarum*, Mailand 1608.

geln, mit dem der Teufel sich angeblich von den Hexen huldigen ließ. Diese Art der Teufelsverehrung wurde dann im 16. und 17. Jahrhundert vielfach ikonographisch in Holzschnitten umgesetzt, wobei sich die Hexen beim Hexensabbat geradezu um den Kuss anzustellen scheinen.

Die sexuelle Vereinigung mit dem Teufel ist aber gleichzeitig als Initiation der Hexe in die ketzerische »Sekte« der Hexen zu verstehen, wie im sogenannten Trierer Hexentanzplatz, einem illustrierten Flugblatt von 1594, recht ausdrücklich gezeigt wird. Hier erfährt eine junge Hexe, die neben einem Bock steht, eine Intimrasur, bevor sie dann im Akt der Vereinigung mit dem Teufel oder einem Dämon gezeigt wird; die Legende (H) lautet:

Die lernts, wirdt vnden beschoren hie,
vnd steht der bock vnd wart vff sie.

Die – hier noch dazu offenbar öffentlich vollzogene – Intimrasur und geschlechtliche Vereinigung mit dem Teufel zuerst als Bock, dann als Dämon wird als Einweihung der Hexe, als Anlernen (»Die lernts«) aufgefasst. Ähnliches scheint für die Entfernung weiterer Körperbehaarung wie des Achselhaars zu gelten. So zeigt derselbe Druck unter der Legende N eine ebenfalls stehende Frau, der durch zwei andere Frauen mit Hilfe einer Fackel oder Kerze das Achselhaar abgesengt wird, auch hier mit dem Hinweis auf ein Anlernen:

Lernent auch die zawbrisch bossen.
Die ein hier stehendt sehr gekrenckt
Vnder den armen wirdt gesengkt.

Da diese Initiationsformen in den herangezogenen Texten nicht erwähnt werden, ist schwer festzustellen, ob damit angedeutet sein könnte, dass man bei den Prozessen fehlende Körperbehaarung als Hinweise auf Hexen wertete. Nur eine eingehende Untersuchung von Prozessakten könnte darüber Aufschluss verschaffen.

Der viel häufiger dargestellte eigentliche obszöne Kuss auf das Hinterteil des Teufels – ob nun in anthropomorpher oder Bocks-

Abb. 4.11 Ein Hexensabbat nach der Vorstellung des ausgehenden 16. Jahrhunderts: sogen. Trierer Hexentanzplatz. Illustriertes Flugblatt, gedruckt in Singen 1594.

gestalt – hat seinen Ursprung im Mund- oder Fußkuss als Bestätigung des geschlossenen Paktes. So wird in einigen Fassungen der Theophiluslegende von Theophilus auch ein Mundkuss verlangt, der dem Rezipienten als Teil des mittelalterlichen, ursprünglich byzantinischen Hofzeremoniells zum Erweis der Huldigung geläufig war.[66] In lateinischen Fassungen der Legende wurde dieser Kuss öfters weggelassen: Dem Hochmittelalter war diese Art der Ehrerbietung gegenüber dem Teufel samt dem damit verbundenen physischen Kontakt vielleicht doch zu extrem.

Dass es solche Phantasien vom Verkehr der Hexen mit dem bocksgestaltigen Teufel aber tatsächlich schon im 14. Jahrhundert gab, belegen Inquisitionsprotokolle aus Toulouse aus dem Jahr 1335. Demnach sagten einige ältere Frauen unter schwerer Folter aus, sie hätten sich auf einem Hexensabbat mit dem Teufel in Gestalt eines riesigen Ziegenbocks gepaart, worauf dieser ihnen diverse Künste beigebracht habe, nämlich »wie man mit Kräutern, Giften, Wachsbildern, Stücken von Leichnamen, die man sich auf den Kirchhöfen oder an den Galgen verschaffte, Malefizien ausüben konnte, wie man Wetter machte, Hagel erzeugte, giftige die Weinberge schädigende Nebel hervorbrachte, Tiere und Menschen krank machte und tötete.«[67] Diese Geständnisse wurden zwar nach dem Ende der Folter widerrufen, aber sie zeigen, in welche Richtung sich die Phantasie (wenigstens der Inquisitoren, wenn nicht der »Hexen« selbst) bewegte.

Die Teufelsbuhlschaft als Extremform des – damit dann auch auf Frauen beschränkten – Teufelspakts blieb aber auch im 15. Jahrhundert nicht unwidersprochen. Ulrich Molitor(is), ein Konstanzer Jurist, veröffentlichte zwei Jahre nach Erscheinen von Heinrich Kramers *Hexenhammer* (s. unten) seine Schrift *Von den vnholden oder hexen* auf Lateinisch und Deutsch (1489). Darin legt er in einem ausführlichen Dialog dar, dass es zwar Kommunikation zwischen den Dämonen bzw. dem Teufel gebe, dieser aber den sogenannten Hexen überhaupt keine Macht geben könne. Molitor argumentiert juristisch und stützt sich auf Augustinus und Thomas von Aquin, bringt aber auch verschiedene Fallbeispiele bei: Hiob aus dem Alten Testament, Justina aus der Hagiographie, die Sage von Circe aus der klassischen Literatur und diejenige von Melusine aus der weltlichen mittelalterlichen Literatur. Er kommt zu der Schlussfolgerung, dass Hexen mangels Fähigkeit des Teufels, ihnen Macht zu übertragen, gar nicht in der Lage seien, Unwetter oder andere *maleficia* hervorzurufen. Als Erklärung der Phänomene, die somit nur scheinbar auf Hexerei zurückgingen, verweist er auf Krankheiten, Illusionen, Vorspiegelungen und Selbstbetrug und geht dabei sogar auf die soziale Situation vermeintlicher Hexen ein, wenn er Armut, Verzweiflung und Neid als Faktoren benennt. Letztere könnten zwar dazu führen, dass sich bestimmte Frauen tatsächlich dem Teufel zuwandten, aber dann seien sie allenfalls wegen Ketzerei zu verurteilen und nicht wegen der (für ihn ja unmöglichen) *maleficia*.[68]

4.8 Der Hexensabbat

Wenn in den Inquisitionsprotokollen von Hexen die Rede ist, so findet sich immer wieder die Frage nach einem »Zusammenschluss« von Hexen, also die Vermutung einer bündischen Struktur (so wie ja auch heute die Frage nach der möglichen oder auch nur unterstellten »Bildung einer terroristischen Vereinigung« jegliche Rechtsverfolgung politischer Gewaltakte durchzieht). Diese Unterstellung bündischer Strukturen unterscheidet

auch deutlich die Hexenverfolgungen der Frühen Neuzeit von der Verurteilung von Zauberern im Hochmittelalter, denen man die Schaffung von Gruppen oder gar Geheimgesellschaften nie nachgesagt hatte. Sehr wohl aber wirken hier die Ketzerverfolgungen seit dem 14. Jahrhundert nach, denn Ketzer waren ja per se nur als Gruppe gefährlich, während abweichende Einzelmeinungen höchstens auf innerkirchlichen Verurteilungen basierende (akademische) Lehr- oder Predigtverbote bewirkten. In den grassierenden Ketzerbewegungen des Spätmittelalters sah man nicht grundlos eine massive Bedrohung der Kirche in ihren Grundstrukturen, und in dieses Denkschema wollte man offenbar im Spätmittelalter auch die Hexen pressen. Das ergibt sich schon aus den häufigen Anklagen relativ großer Gruppen von Hexen – die einsame Hexe der Grimmschen Kinder- und Hausmärchen ist insofern eher untypisch – und der starken räumlichen und zeitlichen Konzentration der Hexenprozesse. Für das entsprechende Vorgehen kam nun die Annahme eines förmlichen Hexensabbats gerade recht, also einer regelmäßigen Zusammenkunft zahlreicher Hexen mit dem Teufel und seinem dämonischen Gefolge.

Häufig sind es Berggipfel, auf die der Teufel die schlafenden »Hexen« laut den Inquisitionsprotokollen entführt, so etwa in einem Prozess in Carcassonne im Jahr 1335 der Mont Alaric zwischen Carcassonne und Narbonne oder im schon erwähnten Prozess von Toulouse einige Gipfel in den Pyrenäen. Dort, so sagten die Beschuldigten unter Folter aus, habe man nach der geschlechtlichen Vereinigung mit dem Teufel und der Unterweisung durch ihn getafelt; dabei habe man das Fleisch neugeborener Kinder, die man geraubt habe, und widerliche Getränke zu sich genommen, alles ohne Verwendung von Salz. »Das dunkle und monströse Hirngespinst des Sabbats, das hier zum erstenmal in einer Gerichtsverhandlung so vielseitig ausgestaltet in die Erscheinung tritt, enthält, wie man sieht, so gut wie vollständig das reiche Inventar des später sogenannten Hexensabbats.«[69]

Abb. 4.12 Ein Hexensabbat nach der Vorstellung eines protestantischen Schweizer Geistlichen. Johann Jakob Wick: Hexensabbat, Zürich (um 1570).

Carlo Ginzburg meinte in seinem bekannten Werk zum Hexensabbat: »Im Bild vom Sabbat hatten wir zwei kulturelle Schichten verschiedener Provenienz unterschieden: Zum einen das von Inquisitoren und Laienrichtern ausgebreitete Thema vom Komplott, das eine Sekte oder feindliche soziale Gruppe geschmiedet haben soll; zum anderen Elemente schamanistischer Provenienz, die in der Volkskultur bereits fest verwurzelt waren, so etwa den magischen Flug und die Tierverwandlung.«[70] Dies geht aber an der Wirklichkeit der Hexenverfolgungen insofern vorbei, als zwar der magische Flug oder die Tierverwandlung tatsächlich ihre Rolle im Hexenglauben spielten, aber mit ihren Wurzeln in neutestamentlicher oder gar antiker Literatur wenig mit schamanistischen Vorstellungen (falls nicht in einem extrem vagen Sinn) zu tun haben, die wohl auch kaum auf den Hexensabbat beschränkt sind. Dieser ist in seinen frühneuzeitlichen Erscheinungsformen aber nicht mehr Thema dieses Buches.

4.9 Die Systematisierung des Hexenglaubens: Johannes Nider und Heinrich Kramer

Während im Mittelalter Verzeichnisse von Malefizien nur in den größten Enzyklopädien wie Vinzenz von Beauvais' *Speculum doctrinale* (III, 3, 27ff.) aufgeführt werden und sich auch dann fast ausschließlich auf Divinationspraktiken beschränken, scheint erst im 15. Jahrhundert ein zunehmendes Bedürfnis an einer systematisierenden Sammlung von magischen Praktiken bestanden zu haben, wie sie sich etwa 1411 in den schon ausgiebig zitierten *Pluemen der tugent* des Südtirolers Hans Vintler (gest. 1419) manifestiert. In seiner volkssprachlichen Tugend- und Lasterabhandlung widmet er immerhin 373 Verse allein den magischen Praktiken und abergläubischen Vorstellungen, die er gegenüber seiner italienischen Vorlage nach eigenen Erfahrungen ergänzen konnte, wobei keineswegs alle als *maleficia* zu bezeichnen sind.

Während Vintler aber eine beschreibende Sammlung liefert und keinerlei Zuordnung auf bestimmte Personengruppen vornimmt – im Gegenteil, er scheint seine Beispiele aus den verschiedensten Gruppen seiner Zeitgenossen zu beziehen –, wird im nur eine Generation jüngeren *Formicarius* (»Ameisenhaufen«), dem lateinischen Predigerhandbuch des Dominikaners Johannes Nider (ca. 1380–1438), schon deutlich mehr die Hexerei als reines *Maleficium* aufgefasst, wenngleich immer wieder auch Zweifel an der Wahrheit der magischen Handlungen geäußert werden. In dem schon oben ausführlich zitierten Exempel berichtet er von der Alten, die überzeugt war, nächtens mit Diana durch die Lüfte zu reisen; sie bestrich dafür ihren Kopf mit einer Salbe (*unguentam*) und fiel dadurch in einen dämonischen Schlaf, in dem sie zu fliegen glaubte, obwohl sie sich tatsächlich nicht vom Fleck rührte (*Formicarius*, II, 4).[71] Trotz solcher Eskapaden sieht Nider die magischen Handlungen keineswegs als typisch weibliche Verbrechen, sondern in erster Linie als Phantasma, also Einbildungen, die im Volksglauben existierten. Aus diesem Grund hätten die Dämonen auch leichtes Spiel mit den Menschen, die sich von solchen Vorspiegelungen täuschen ließen. Seine Aufzählungen magischer Handlungen sind vorwiegend anekdotisch und kaum jemals theoretisch, auch wenn er (*Formicarius*, V, 4) seinem fiktiven Gesprächspartner des Lehrdialogs verspricht, für ihn die *malefici et superstitiosi* abzuhandeln. Allerdings wendet er sich wesentlich häufiger als irgendeiner der mittelalterlichen Autoren vor ihm dem praktischen *Maleficium* zu und kann dafür auch drastische Beispiele anführen: Zauberer, die auf Jahre die Föten von Mensch und Tier in einem Haushalt töten, die sich in Tiere verwandeln können und in Gestalt dieser wilden Tiere menschliche Kinder fressen oder in der Gestalt von Mäusen ihren Feinden entkommen können, oder die Beschwörung von Dämonen, die Unwetter hervorrufen können – auch wenn die Blitze nicht unbedingt dort einschlügen, wo der Zauberer es wolle, sondern nur dort, wo Gott sie einschlagen lasse (*Formicarius*, V, 4).[72] In diesem letzten Fall wird auch der Vorgang der Dämonenbeschwörung behandelt, da der betreffende Zauberer, ein gewisser Stedelen in der Lausanner Gegend, unter Folter auch Details dazu preisgab: Er beschreibt, wie die Magier den Teufel selbst beschworen hätten, ihnen von seinen Dämonen einen ganz bestimmten, namentlich bekannten zu schicken, den sie (nächtens) an einem Kreuzweg getroffen und dem sie einen schwarzen Hahn geopfert hätten, der dann in die Luft geworfen worden sei. Daraufhin habe der Dämon die gewünschten Blitze gesandt. Von den Richtern konnte der Hahn als Opfer an die Dämonen interpretiert werden, wodurch neben dem *maleficium* auch noch der Tatbestand des Götzenopfers erfüllt war, was seit der Missionszeit des Frühmittelalters aus christlicher Sicht das eigentliche Verbrechen darstellte.

Während es Nider darum ging, an diversen Beispielen die verschiedenen Möglichkeiten und Wirkungen des Schadenzaubers aufzuzeigen, war der *Hexenhammer* des Dominikaners Heinrich Kramer nicht nur wesentlich systematischer, sondern auch ganz gezielt auf die Aufdeckung von zauberischer Tätigkeit ausgerichtet. Letztere verband Kramer ausdrücklich mit Frauen und zeitigte somit die bekannten fatalen Folgen im Hexenwahn der Frühneuzeit.

Den *Hexenhammer*, lateinisch als *Malleus maleficarum* betitelt, brachte Kramer, der sich latinisiert Heinrich Institoris nannte, 1486 oder 1487 in Speyer zum Druck. Der früher als Mitautor genannte Ordensbruder Jacob Sprenger, Prior des Kölner Ordenshauses, hat mit dem Werk gar nichts zu tun, im Gegenteil, er verurteilte die Hexen- und Ketzerverfolgungen, wurde aber wegen seines hohen Ansehens von Kramer mehrfach als Autorität im Text genannt und endete deswegen schließlich nach seinem Tod 1495 ganz unfreiwillig gemeinsam mit Kramer – mit dem er jahrelang im Streit gelegen hatte – auf den Titelblättern der späteren Ausgaben.[73]

Heinrich Kramer war um 1430 im elsässischen Schlettstadt geboren worden und genoss dort offenbar eine ausgezeichnete Ausbildung. Er trat entweder hier oder in Straßburg in den Dominikanerorden ein und studierte vielleicht sogar in Rom, wo er offensichtlich in den 1450er und 60er Jahren mehrfach war und gute Beziehungen zur römischen Kurie aufgebaut haben dürfte. Noch vor seiner Promotion zum Doktor der Theologie wurde er von Papst Sixtus IV. im März 1479 zum Inquisitor für ganz Süddeutschland ernannt, nachdem er schon 1474 Erfahrungen als Inquisitor in Trient sammeln konnte. Seine ersten Prozesse in Augsburg 1480 und Innsbruck 1485 waren zwar wenig erfolgreich, aber die Prozessakten zeigen ihn schon da als einen Eiferer, der auch in innerkirchlichen Disputen gleich die Häresie witterte; ob ihm jedoch zu dem Zeitpunkt schon die ausgesprochen misogyne Haltung vorgeworfen werden kann, die im *Hexenhammer* hervortritt, ist unsicher. Jedenfalls hat man ihm auf Grund der seitenlangen frauenfeindlichen Ausführungen – die er allerdings zum Teil von etwas älteren Autoren wie Johannes Nider und besonders Antonino Pierozzi übernommen hat – seinen »pathologischen Frauenhaß, seine pornographische Phantasie sowie seine sexuellen Zwangsvorstellungen und Obsessionen« vorgeworfen.[74] Dabei wird allerdings oft geflissentlich übersehen, dass Kramer nicht nur über die abergläubischen Frauen, »die man gemeinhin Unholden nennt«, sondern auch über männliche Magier und Schadenzauberer schreibt. Insofern sind moderne Übersetzungen, die das lateinische *maleficus* automatisch als »Hexe« übersetzen (auch wenn im Titel spezifisch die weibliche Plural-Form *maleficiarum* verwendet wird), mit großer Vorsicht zu genießen, da in allen Fällen, in denen nicht ausdrücklich von Frauen die Rede ist, immer auch männliche Zauberer mitgemeint sind.

Der *Hexenhammer* entstand offenbar als Reaktion auf Kramers gescheiterte Inquisition in Innsbruck, wo der Prozess auf Grund der Haltlosigkeit von Kramers Anklagen die Unterstützung des Bischofs verlor, und sollte einerseits Inquisitoren als Handreichung dienen, andererseits aber natürlich auch zur Stärkung von Kramers eigener Position als Inquisitor beitragen. Zur Rechtfertigung ist dem *Hexenhammer* u.a. die Bulle *Summis desiderantes affectibus* des Papstes Innozenz VIII. aus dem Jahr 1484 vorangestellt, die ebenfalls spezifisch die Rechte der dominikanischen Inquisitoren gegen die Bischöfe der Ortskirche stärken sollte.

Kramer argumentiert wie praktisch alle Hexenschriften des 15. Jahrhunderts auf der Grundlage von Augustinus und Thomas von Aquin, um die Annahme dämonischen Wirkens theoretisch zu untermauern. Deren Gedankengänge werden aber stark vereinfacht, um eine über den Teufelspakt hinausgehende Teufelsbuhlschaft einschließlich des Geschlechtsverkehrs mit dem Teufel, darüber hinaus aber auch die Möglichkeit von Tierverwandlungen durch Hexen postulieren und schließlich den pauschalen Vorwurf von Kindesentführung zum Zwecke der Herstellung von Hexensalben erheben zu können. Erst im zweiten Teil seines Werks beschäftigt er sich dann mit konkreten *maleficia*, wobei ein erheblicher Teil aus seinen eigenen Phantasien und auch aus den durch Folter erlangten »Geständnissen« stammte.

4.10 Die *maleficia* nach Heinrich Kramer

Im Gegensatz zu den älteren mittelalterlichen Autoren nennt Kramer im *Hexenhammer* nun echte *maleficia*, während früher immer nur entweder recht vage darüber geschrieben wurde oder aber schon die diversen Formen der Weissagungen innerhalb der Divinatorik als schädliche Zauberei

Abb. 4.13 Wetterzauber durch zwei Hexen am Kessel. Holzschnitt von Johann Zainer, in: Ulrich Molitor: *De lamiis et phitonicis mulieribus*. Reutlingen (um 1489).

aufgefasst wurden. Kramer dagegen zählt reine Weissagungen eher zu den »Gaukeleien« (*præstigiosas vel fantasticos*) und bezeichnet deren Akteure entsprechend als *sortilegi vel incantatores*, als Wahrsager und Beschwörer.

Echten Schadenzauber sieht Kramer, wie er wiederholt betont, vor allem dort, wo durch Zauber der Vollzug der Ehe verhindert wird. Es scheint ganz so, als bestünde für ihn einer der Hauptvorwürfe an Hexen und Hexer darin, derartige Impotenz oder aber Unfruchtbarkeit hervorzurufen; man hat daher für diese Zeit die Impotenz als »Zauberkrankheit par excellence« bezeichnet.[75] Kramer kann zudem immerhin Isidor von Sevilla zitieren, wenn es darum geht, dass Hagel und Unwetter ebenso zu diesen *maleficia* zählen wie der Umstand, dass die Hexer den Geist der Menschen verwirren und Wahnsinn, Hass oder ungewöhnliche Liebe hervorrufen. Dagegen bezeichnet er andere »Strafen« (*pœnales*) als natürliche Vorgänge, so etwa Sterblichkeit (d.h. Seuchen), Unfruchtbarkeit der Erde, Unwetter und Ähnliches. Seine Argumentation ist einigermaßen spitzfindig: Solche Strafen der Menschen könnten Dämonen offenbar auch ohne Hexer und Hexen hervorrufen, wie man am Beispiel Hiobs sehe, den der Teufel (mit Zulassung Gottes)

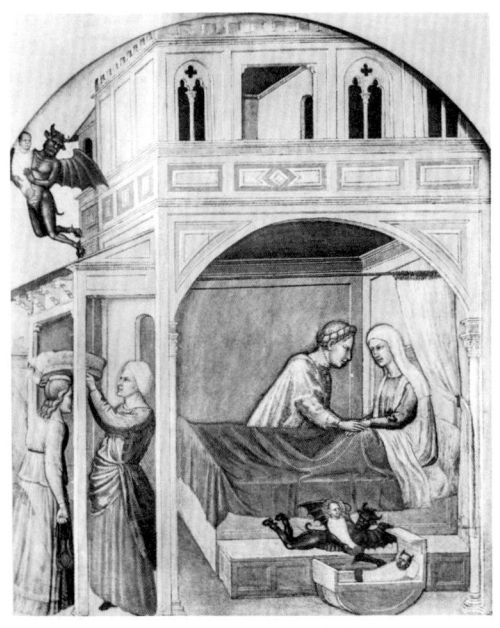

gestraft habe »ohne Vermittlung eines Hexenmeisters oder einer Hexe (*non mediante Malefico vel Malefica*), denn diese Art des Aberglaubens (*superstitio*) war damals noch nicht bekannt.«[76]

An den Arten des Schadenzaubers, auf die Kramer besonderen Wert legt – Impotenz, Unfruchtbarkeit –, lässt sich schon ablesen, dass sein *Hexenhammer* zum Höhepunkt der Hexenverfolgungen im 16. Jahrhundert der Beschuldigung durch Privatpersonen ein allzu wirksames Mittel an die Hand gab: Es geht weniger um großflächige Seuchen oder die damals klimatisch bedingten Missernten in ganzen Landstrichen, sondern um die kleineren Probleme der Menschen, für die man missliebige Mitmenschen verantwortlich machen und der Hexerei bezichtigen konnte. Nicht von ungefähr geraten immer wieder Hebammen ins Kreuzfeuer seiner Argumentation, weil sie für alles verantwortlich gemacht wurden, was bei einer Geburt schiefgehen konnte, und das war unter spätmittelalterlichen Bedingungen zweifellos eine ganze Menge. Der Vorwurf des Kannibalismus allein zeigt die Absurdität der Argumentation, wird aber dann verständlich, wenn Eltern sich mit der notwendigen Beseitigung eines nicht lebensfähigen Fötus, u. U. mit massiven Missbildungen, konfrontiert sahen. Die perfideste Anklage einer ganzen Berufsgruppe aber legt er, ohne sonstige Quellenangabe, selbst »reuige[n] Hexen« in den Mund:

Niemand schadet dem katholischen Glauben mehr als die Hebammen. Denn wenn sie die Kinder nicht töten, dann tragen sie, gleich als wollten sie etwas besorgen, die Kinder aus der Kammer hinaus, und sie in die Luft hebend, opfern sie dieselben den Dämonen.[77]

Diese Form der Opferung an die Dämonen haben wir schon bei dem Opfer eines schwarzen Hahns angetroffen: Den Dämonen, die als geistige Wesen ja die Luft bevölkern, wird auf diese Art geopfert. Dabei geht es nicht etwa um Nahrung für die Dämonen, die einer solchen ja nicht bedürfen, sondern um das Opfer als Zeichen der Verehrung, was wiederum die schlimmste Form des Glaubensabfalls darstellte.

Um den Rufmord an den Hebammen zu vervollständigen, impliziert Kramer bei ihnen auch Anthropophagie an Kleinkindern.

Abb. 4.14 Der hl. Stephanus wird als Säugling von einem Dämon entführt. Martino di Bartolomeo di Biagio: Sieben Szenen aus der Stephanus-Legende. Tafelmalerei, frühes 15. Jahrhundert.

MALLEVS
MALEFICARVM,
IN TRES DIVISVS
PARTES,

In quibus { Concurrentia ad maleficia, Maleficiorum effectus, Remedia aduersus maleficia,

Et modus procedendi, ac puniendi maleficos abundè continetur, præcipuè autem omnibus Inquisitoribus, & diuini uerbi concionatoribus utilis, ac necessarius.

Auctore R. P. F. IACOBO SPRENGER Ordinis Prædicatorum, olim Inquisitore clariss.

Hac postrema editione per F. Raffaelem Masseum Venetum. D. Iacobi à Iudeca instituti Seruorum, summo studio illustratus, & à multis erroribus uindicatus.

His adiecimus indices rerum memorabilium, & quæstionum.

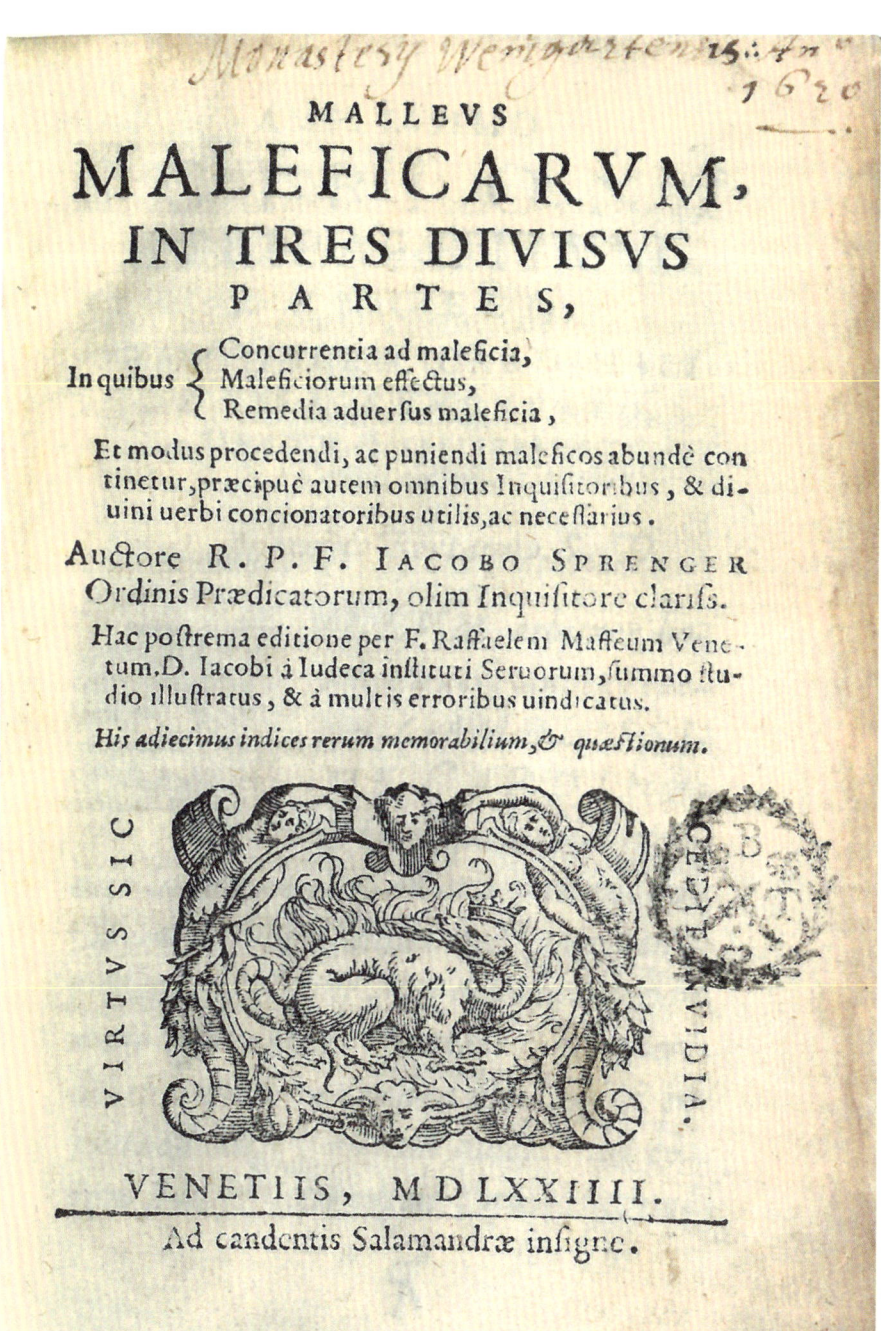

VENETIIS, MDLXXIIII.
Ad candentis Salamandræ insigne.

Abb. 4.15 Titelblatt einer Ausgabe des *Malleus maleficarum* (Hexenhammer), Venedig 1574; Bibliothek des Klosters Weingarten.

Die Unterstellung der Menschenfresserei diente in Europa seit jeher zur vollständigen Ausgrenzung und Entmenschlichung anderer Gruppen, nicht zuletzt eher unabsichtlich im Brief des Christoph Kolumbus von 1493 (deutsch bereits 1494 gedruckt) über die Eingeborenen von Hispaniola und Puerto Rico, die Cariba/Caniba, die er als Menschenfresser bezeichnet – mit schrecklichen Folgen für sie, weil man damit in der Folge ihre Versklavung rechtfertigen konnte[78]. Kramer wirft nun den Hebammen zwar nicht direkt Kannibalismus vor, bringt sie aber im Kapitel über diese Berufsgruppe damit in Zusammenhang, indem er den »Bericht« eines Inquisitors von Como anführt, dem zufolge »jemand, als er sein Kind aus der Wiege verloren hatte, durch Aufpassen zu nächtlicher Weile eine Versammlung von Weibern gesehen und wohl gemerkt hatte, daß sein Knabe getötet, das Blut geschlürft, und er dann verschlungen wurde.«[79]

Der Vorwurf des Kannibalismus, den wir schon bei der Hexensalbe und beim Hexensabbat kennengelernt haben, ist der Höhepunkt der Anschuldigungen in praktischer Hinsicht. Dabei vermengen sich auch hier die schon oben behandelten älteren Vorstellungen von der blutsaugenden *strix*, einem Nachtvogel, der Säuglingsblut trinkt, mit denen von skythischen Zauberinnen, die sich in Vögel verwandeln und Säuglinge rauben (so schon bei Ovid: *Fasti*, VI, 159f.). Die Hexen, die entweder Säuglinge töten und verzehren oder aber einen Wechselbalg in die Wiegen legen, sind also bis zu einem gewissen Grad die Nachfahren dieser antiken Vorstellungen.

Damit haben die Vorwürfe der Hexerei ein Stadium erreicht, in dem trotz Kramers Beteuerung, zur Hexerei gehöre immer dreierlei: »[d]er Dämon, die Hexe und die göttliche Zulassung«,[80] von Gott oder den Dämonen nicht mehr viel die Rede ist, sondern sich die Hexenjagd ganz auf die unterstellten Handlungen menschlicher Frauen konzentriert. Das im Mittelalter allen selbstverständliche direkte Wirken der Dämonen tritt nun ganz in den Hintergrund und wird durch das oben schon behandelte eingängige, wenn auch flache Bild von der angeblichen Teufelsbuhlschaft und dem Wirken menschlicher Hexen ersetzt.

ANMERKUNGEN

Einleitung

1 Dazu ausführlich Rudolf Simek: Monster im Mittelalter, 2. Aufl., Köln, Wien, 2019.

1 Von der Bibel zum Mittelalter

1 Vgl. Franz Winter: Zwischenwesen: Engel, Dämonen, Geister, in: Johann Figl (Hg.), Handbuch Religionswissenschaft. Religionen und ihre zentralen Themen, Innsbruck/Wien 2003, 651–662, hier 655f.

2 Vgl. dazu Alfons Rosenberg: Engel und Dämonen, 2., erw. Aufl., München 1986, 145–146.

3 Platon: *Apologia Sokratous*, http://www.zeno.org/Philosophie/M/Platon/Des+Sokrates+Verteidigung, Zugriff 14.09.2022.

4 Roland Götz: Der Dämonenpakt bei Augustinus, in: Georg Schwaiger (Hg.): Teufelsglaube und Hexenprozesse, München 1999 (= Beck'sche Reihe 337), 57–83, hier 58.

5 Vgl. Otto Böcher: Dämonenfurcht und Dämonenabwehr. Ein Beitrag zur Vorgeschichte der christlichen Taufe, Stuttgart et al. 1970, 270.

6 Weitere Stellen: Mt 15,21–28 (Erhörung der Bitte einer heidnischen Frau); Mt 4,23–25 (Jesus lehrt und heilt in Galiläa); Mk 3,7–12 (Andrang des Volkes); Mk 6,12–13 (Aussendung der zwölf Jünger).

7 Hier sei nur kurz – und verkürzt – angemerkt, dass dem Beelzebub der deutschen Übersetzungen (so im Alten Testament 1 Kge 1,2–3) im Neuen Testament eigentlich ein griechisches Beelzebul entspricht.

8 Vgl. Winter, Zwischenwesen, 656.

9 Aurelius Augustinus: Zweiundzwanzig Bücher über den Gottesstaat, übersetzt von Alfred Schröder, Kempten 1911–1916 (= Bibliothek der Kirchenväter 16), 535.

10 Zu Augustinus' Verhältnis zum römischen Staatskult vgl. Dorothee Gall: Augustinus' Abrechnung mit der Antike in De civitate Dei, in: Jochen Sauer (Hg.), Augustinus: De civitate Dei. Fachwissenschaftliche und fachdidaktische Zugänge, Heidelberg 2020, 11–46, bes. 21–27.

2 Der Teufel, Fürst der Dämonen

1 Caesarius von Heisterbach: *Dialogus miraculorum*, 5,1, Bd. 3, 950f.

2 Hans-Werner Goetz: Gott und die Welt. Religiöse Vorstellungen des frühen und hohen Mittelalters. Teil I, Bd. 3, IV: Die Geschöpfe: Engel, Teufel, Menschen, Göttingen 2016, 195.

3 Honorius Augustodunensis: *Elucidarius*, I, 38–41: PL 1114.

4 Caesarius von Heisterbach: *Dialogus miraculorum*, 5, 8, Bd. 3, 989.

5 Christa Agnes Tuczay: Geister, Dämonen – Phantasmen. Eine Kulturgeschichte, Wiesbaden 2015, 23f.

6 Goetz, Gott und die Welt, 196.

7 Honorius Augustodunensis: *Elucidarius*, III, 33: PL 1165.

8 Mary-Bess Halford: Lutwin's ›Eva und Adam‹. Study – Text – Transla-

tion, Göppingen 1984 (= Göppinger Arbeiten zur Germanistik 401), Vers 359–389.

9 Honorius Augustodunensis: *Elucidarius*, I, 14, nach PL 172, 1119.

10 Honorius Augustodunensis: *Elucidarius*, III, 4: PL 172, 1159.

11 Visio Tnugdali. Lateinisch und Altdeutsch, hg. von Albrecht Wagner, Erlangen 1892, 33.

12 Caesarius von Heisterbach: *Dialogus miraculorum*, 5, 1.

13 Honorius Augustodunensis: *Elucidarius*, I, 19: PL 172, 1125.

14 Lutwin: *Eva und Adam*, 146 und Halford, Illustration and Text, Abb. 5.

15 Albert Derolez (Hg.): Lamberti S. Avdomari canonici Liber floridus, Gent 1968, fol. 62v.

16 Digitalisat abrufbar unter http://www.manuscriptorium.com/apps/index.php?direct=record&pid=AIPDIG-NMP___IV_B_24_____3TQMIOE-cs#search, Zugriff 14.09.2022.

17 Susanne Baumgarte (Hg.): Summa bonorum. Eine deutsche Exempelsammlung aus dem 15. Jahrhundert nach Stephan von Bourbon, Berlin 1999, 164.

18 Anja Grebe: *Figura diaboli* – Begegnungen mit dem Teufel in der mittelalterlichen und frühneuzeitlichen Kunst, in: Jörn Bockmann; Julia Gold (Hg.), Turpiloquium. Kommunikation mit Teufeln und Dämonen im Mittelalter und Früher Neuzeit, Würzburg 2017 (= Würzburger Beiträge zur Deutschen Philologie 41), 259–284, hier 260.

19 Caesarius von Heisterbach: *Dialogus miraculorum*, 1, 34, Bd. 1, 300–307.

20 Franz Pfeiffer (Hg.): Das Buch von der Natur von Konrad von Megenberg, Stuttgart 1861, 107.

21 Isidor von Sevilla: *Etymologiae*, VIII, 11, 27f.

22 Wilhelm Schneemelcher (Hg.); Edgar Hennecke (Übers.): Neutestamentliche Apokryphen in deutscher Übersetzung, hg. von Wilhelm Schneemelcher, 4. Aufl., Tübingen 1971, Bd. 2, 321f.

23 Karl Reißenberger (Hg.): Das Väterbuch. Aus der Leipziger, Hildesheimer und Straßburger Handschrift, Berlin 1914 (= Deutsche Texte des Mittelalters 22), V, 1–1836.

24 Op. cit., V, 1076–1079.

25 Otto Gschwantler: Die Überwindung des Fenriswolfs und ihr christliches Gegenstück bei Frau Ava, in: ders., Heldensage und Bekehrungsgeschichte. Gesammelte Aufsätze zur Heldensage in der Historiographie und zur Bekehrungsgeschichte Skandinaviens, hg. von R. Simek, Wien 2010 (= SMS 16), 423–445.

26 Schneemelcher/Hennecke, Apokryphen, 330–358, hier 350.

27 Die Saga von Eirek dem Weitgereisten, in: Rudolf Simek et al. (Hg.), Sagas aus der Vorzeit. Bd. 3: Trollsagas, Stuttgart 2020, 389–400, hier 396.

28 Der außerhalb der Schweiz relativ unbekannte hl. Theodor ist wohl aus einer Verschmelzung zweier historischer (?) Figuren entstanden: des Soldaten Theodor Tiro und eines römischen Garnisonskommandanten namens Theodor Stratelates (um 319) von Euchaita. Beide werden zusammen in einer Person verehrt, die als Bruder des hl. Georgs aufgefasst wird. Das hat zur Entstehung einer Drachentötungslegende geführt, nun aber mit dem Unterschied, dass Theodor den Drachen mit einem Schwert erlegt statt mit einer Lanze.

29 Caesarius von Heisterbach: *Dialogus miraculorum*, 12, 42, Bd. 5, 2281.

30 Apokalypse des Paulus, Kap. 31–42, in: Schneemelcher/Hennecke, Apokryphen, Bd. 2, 554–559.

31 Yvonne S. Bonnetain: Hölle, in: Ulrich Müller; Werner Wunderlich (Hg.), Burgen, Länder, Orte, Konstanz 2008 (= Mittelalter-Mythen 5), 349–358, hier 352.

32 Felix Heidlauf (Hg.): Lucidarius, aus der Berliner Handschrift, Berlin 1915 (= Deutsche Texte des Mittelalters 28), 62.

33 Richard Benz (Übers.): Die Legenda aurea des Jacobus de Voragine, Heidelberg 1975, 839f.

34 Rudolf Meissner (Übers.): Der Königsspiegel. Konungs skuggsjá, Halle 1944, Reprint Leipzig, Weimar 1978, 53f.

35 Meissner, Königsspiegel, 54.

3 Die Heerscharen des Teufels: Die Dämonen

1 Vgl. dazu Rudolf Schnackenburg (Hg.): Die Macht des Bösen und der Glaube der Kirche, Düsseldorf 1979, 54f.
2 Der Dämon nennt das Beten der Mönche hier »grunzen«, sonst meist »murmeln«; s. Caesarius von Heisterbach: *Dialogus miraculorum*, 12, 5, Bd. 5, 2189.
3 Richalm von Schöntal: *Liber revelationum*, hg. von Paul Gerhard Schmidt, Hannover 2009, Kap. 61: 74.
4 Caesarius von Heisterbach: *Dialogus miraculorum*, 5, 1, Bd. 3, 948f.
5 Heinz Erich Stiene (Übers.): Gervasius von Tilbury: Kaiserliche Mußestunden, 2 Bde., Stuttgart 2009, Bd. 2, 399f.
6 Alexander Murray: Demons as psychological Abstractions, in: Isabel Iribarren; Martin Lenz (Hg.), Angels in Medieval Philosophical Inquiry. Their Function and Significance, Aldershot 2008, 171–186.
7 Caesarius von Heisterbach: *Dialogus miraculorum*, 5, 8, Bd. 3, 988f.
8 Op. cit., 5, 1, Bd. 3, 951.
9 Op. cit., 5, 8, Bd. 3, 989.
10 Op. cit., 5, 1, Bd. 3, 949; 8, 44, Bd. 4, 1599.
11 Op. cit., 5, 8, Bd. 3, 988–989.
12 Op. cit., 12, 5, Bd. 5, 2186–2189.
13 Thomas von Cantimpré: *Bonum universale de apibus*, lib. II, cap. LVII, hier nach: Thomae Cantiprani ... apum ... boni universalis. Douai 1597, 543, https://archive.org/details/bub_gb_HS5SAAAAcAAJ/page/n3/mode/2up, Zugriff 10.3.2022.
14 Jacobus de Voragine: *Legenda aurea* (Benz), 575.
15 Vgl. Patrick Hersperger: Kirche, Magie, und »Aberglaube«. Superstitio in der Kanonistik des 12. und 13. Jahrhunderts, Köln, Weimar, Wien 2010 (= Forschungen zur kirchlichen Rechtsgeschichte und zum Kirchenrecht 31), 375–377.
16 Dieter Harmenig: Superstitio. Überlieferungs- und theoriegeschichtliche Untersuchungen zur kirchlich-theologischen Aberglaubensliteratur im Mittelalter, Berlin 1979, 305.
17 *De doctrina christiana*, II, 24; dieses Zitat und alles Folgende nach Klaus Düwel: Buchstabenmagie und Alphabetzauber. Zu den Inschriften der Goldbrakteaten und ihrer Funktion als Amulette, in: Wilhelm Heizmann; Morten Axboe (Hg.), Die Goldbrakteaten der Völkerwanderungszeit – Auswertung und Neufunde, Berlin, New York 2011, 475–523, hier 505ff.
18 Rudolf Simek: On Elves, in: Stefan Brink; Lisa Collinson (Hg.), Theorizing Old Norse Myth, Turnhout 2017, 195–223; ders.: Álfar and Demons or: What in Germanic Religion Caused the Medieval Christian Belief in Demons?, in: ders.; Leszek Slupecki (Hg.), Conversion. Looking for Ideological Change in the Early Middle Ages, Wien 2013, 321–342; zuvor schon bei: Düwel, Klaus: Mittelalterliche Amulette aus Holz und Blei mit lateinischen und runischen Inschriften, in: Volker Vogel (Hg.), Ausgrabungen in Schleswig. Berichte und Studien 15 (= Das Archäologische Fundmaterial II), Neumünster 2001, 227–302, hier 239; Christian Gastgeber; Hermann Harrauer: Ein christliches Bleiamulett aus Schleswig, in: Vogel (Hg.), op. cit., 207–226.
19 Vgl. etwa noch im neuzeitlichen Roman, etwa John Meade Falkner: Moonfleet, Auckland 1898: »›Abite a me in ignem eternum qui paratus est diabolo at angelis ejus.‹ Englished it means: ›Depart from me into eternal fire prepared for the devil and his angels,‹ but hath at least double that power in Latin.«
20 Vgl. dazu Simek, Monster, 15ff.
21 Op. cit., 22.
22 Vergil, *Georgica*, IV, 406–10, hier nach: Des Publius Virgilius Maro Landbau. Vier Gesänge. Übersetzt und erklärt von Johann Heinrich Voss, Eutin, Hamburg 1789, https://www.projekt-gutenberg.org/vergil/georgica/georg4b.html, Zugriff 16.02.2022.
23 Athanasius: *Vita Antonii*, cap. 28, hier nach: Athanasius: Leben des heiligen Antonius (Vita Antonii), in: Athanasius, Ausgewählte Schriften, Bd. 2, übersetzt von Anton Stegmann und Hans Mertel, München 1917 (= Bibliothek der Kirchenväter R. 1, Bd. 31), 717.
24 Vgl. dazu Rudolf Simek: Die Farbe des Bösen, in: Peter Glasner et al. (Hg.), Ästhetiken der Fülle. Festschrift für Elke Brüggen, Berlin 2021, 389–404, hier 393.
25 *Väterbuch*, V, 773–776.
26 Caesarius von Heisterbach: *Dialogus miraculorum*, 5, 5, Bd. 3, 978f.

27 *Väterbuch*, V, 6279–84.
28 *Väterbuch*, V, 701f.
29 Caesarius von Heisterbach: *Dialogus miraculorum*, 5, 7, Bd. 3, 982–985.
30 Deborah Karl-Brandt: Haartracht und Haarsymbolik bei den Germanen, Wien, Köln, Weimar 2020, zum dämonischen Aspekt bes. 288–293.
31 So bei Honorius Augustodunensis: *Liber XII quaestionum*, 11, PL 172, Sp. 1183B, hier zitiert in der Übersetzung von Goetz, Gott und die Welt, 229.
32 Caesarius von Heisterbach: *Dialogus miraculorum*, 12, 5, Bd. 5, 2184f.
33 Athanasius: *Vita Antonii*, cap. 5, 700.
34 Caesarius von Heisterbach: *Dialogus miraculorum*, 5, 48–49, Bd. 3, 1114–1117.
35 Op. cit., 5, 56, Bd. 3, 1130f.
36 Op. cit., 2, 7, Bd. 1, 386f.
37 Snorri Sturluson: Heimskringla I, hg. von Bjarni Aðalbjarnarson, Reykjavík 1941 (= Íslenzk fornrit 26–28), 127 (*Haralds saga ins hárfagra*, Kap. 25).
38 Caesarius von Heisterbach: *Dialogus miraculorum*, 5, 6, Bd. 3, 982f.
39 Op. cit., 2, 32, Bd. 1, 486–489.
40 Op. cit., 4, 86, Bd. 2, 886f.
41 Thomas von Cantimpré: Vita Ioannis Cantipratensis, Cap. 18, in: Barbara Newman (Hg.), Thomas of Cantimpré: The collected Saints' Lives, Turnhout 2008, 104.
42 Gerald of Wales: *Topographia Hibernica*, 2, 19, hier nach: Topographia Hibernica Giraldi Cambrensis, in: Gerald of Wales, Opera, Vol. V., London 1861, Reprint New York 1966; vgl. David Rollo: Glamorous sorcery. Magic and Literacy in the High Middle Ages, Minneapolis et al 2000 (= Medieval Cultures 25), 12 und 215f.
43 Caesarius von Heisterbach: *Dialogus miraculorum*, 5, 50, Bd. 3, 1118f.
44 Op. cit., 5, 7, Bd. 3, 980–983.
45 Hans Vintler: *Pluemen der tugent*, hier nach: Ignaz von Zingerle (Hg.): Hans Vintler: Pluemen der tugent, Innsbruck 1874, V. 7949–7951, 267.
46 Caesarius von Heisterbach: *Dialogus miraculorum*, 5, 17, Bd. 3, 1006–1009.
47 Thomas von Cantimpre: *Bonum universale de apibus*, lib. II, cap. 56, § 1, hier nach Ausgabe Köln ca. 1473, 282, als Digitalisat unter http://digital.ub.uni-duesseldorf.de/urn/urn:nbn:de:hbz:061:1-311478, Zugriff 26.03.2020.
48 *Visio Baronti*, in: Wilhelm Levison (Hg.), Monumenta Germaniae Historica. Scriptores rerum Merovingiarum V, Hannover 1910, 368–394; Übersetzung zitiert nach Johannes Grabmayer: »Cum anima mea corpus exueret«. Zur Visionsliteratur des Früh- und Hochmittelalters, in: Informationen zur Deutschdidaktik 3 (2001), 56–69, hier 60.
49 Jessica Schrader: Gespräche mit Göttern. Die poetologische Funktion kommunikativer Kultbilder bei Horaz, Tibull und Properz, Stuttgart 2017, bes. 32–52.
50 Tuczay, Geister, 124.
51 Sulpicius Severus: *Vita S. Martini*, Kap. 22, hier nach Gerlinde Huber-Rebenich (Übers.): Sulpicius Severus: Vita sancti Martini – Das Leben des heiligen Martin. Lateinisch/deutsch, Stuttgart 2010, 56–59.
52 Augustinus, *De Civitate Dei*, XVIII, 12: De sacris falsorum deorum.
53 Hildegard von Bingen: *Liber vitae meritorum*, I, 75, hier nach Schipperges, Heinrich (Übers./Hg.): Hildegard von Bingen: Der Mensch in der Verantwortung. Das Buch der Lebensverdienste – Liber Vitae Meritorum, Freiburg, Basel, Wien 1994, 56.
54 Sybille Moser-Ernst; Ursula Marinelli: Das Goldene Kalb. Und andere Objektbeziehungen in: Nikolaus Wandinger; Petra Steinmair-Pösel (Hg.), Im Drama des Lebens Gott begegnen. Einblicke in die Theologie Jozef Niewiadomskis, Münster 2011, 533–559.
55 Gerd Wolfgang Weber: Edda, jüngere, in: Reallexikon der germanischen Altertumskunde, Bd. 6, Berlin, New York 1986, 394–412, hier 400f.
56 Nach Richard Benz (Übers.): Die Legenda aurea des Jacobus de Voragine, 13. Aufl., Gütersloh 1999, 35, mit deutlich modernisierter Schreibweise.
57 Saxo Grammaticus, *Gesta Danorum*, Buch XIV 39.39.
58 Vgl. dazu auch Lutz von Padberg: Religiose Zweikämpfe in der Missionsgeschichte des Frühmittelalters, in: Wilhelm Heizmann; Astrid van Nahl (Hg.), Runica, Germanica, Mediaevalia. Gewidmet Klaus Düwel, Berlin et al. 2003, 509–552, hier 537f.
59 Sturluson: Heimskringla II, Reykjavík 1979, 189 (*Óláfs saga helga*, Kap. 113).
60 *Rituale Romanum*, hier nach Rituale Romanum. Pauli V. Pontificis Maximi jussu editum et a Benedicto

XIV. auctum et castigatum cui novissima accedit, Tournai 1890, 28.

61   Carl Paul Caspari (Hg.): Martin von Bracara's Schrift de Correctione Rusticorum, Oslo 1883, 25.

62   Erhalten im Cod. pal. 577 der Bibliotheca Apostolica Vaticana, ursprünglich aus Mainz; vgl. Wolfgang Beck: Taufgelöbnis, in: Reallexikon der Germanischen Altertumskunde 30 (2005), 306–308.

63   Bonifatius, Brief 21, das lateinische Original zitiert nach Goetz, Gott und die Welt, 215.

64   John C. Pope (Hg.): Homilies of Ælfric: A supplementary collection, Bd. 2, London, New York, Toronto 1968, 684.

65   Vgl. dazu Annette Lassen: Odin på kristent pergament, København 2011, 97f.

66   Serge A. Zenkovsky: Medieval Russia's Epics, Chronicles, and Tales, Harvard 1974, 70.

67   *Egils saga einhenda ok Ásmundar berserkjabana*, Kap. 13, hier nach: Die Saga vom einhändigen Egil und dem Berserkertöter Asmund, in: Simek et al. (Hg.), Sagas, Bd. 3, 177–208, hier 198.

68   Olaus Magnus: *Historia de Gentibus Septentrionalibus*, Rom 1555, u.a. 112, 210 u.ö.

69   Caesarius von Heisterbach: *Dialogus miraculorum*, 5, 4 und 5, 35, Bd. 3, 964f. und 1074f.

70   Beide Belege nach Goetz, Gott und die Welt, 306f.

71   Vgl. Sandra Linden: *du bist ein leige snippen snap*. Der Teufel Nasion im ›Wartburgkrieg‹, in: Jörn Bockmann; Julia Gold (Hg.), Turpiloquium. Kommunikation mit Teufeln und Dämonen in Mittelalter und Früher Neuzeit, Würzburg 2016, 63–82.

72   Vgl. Margaret Jennings: Tutivillus: The Literary Career of the Recording Demon, in: Studies in Philology 74 (1977), H. 5, 1–95, hier 67 und 87.

73   Augustinus, *De Civitate Dei*, XVIII, 12: De sacris falsorum deorum.

74   Athanasius: *Vita Antonii*, cap. 5, 695.

75   Jacobus de Voragine: *Legenda aurea* (Benz), 95.

76   *Väterbuch*, V, 17030, 249.

77   *Väterbuch*, V, 16909–17042, 247–249, hier 249.

78   *Passional*, hier nach Annegret Haase; Martin Schubert; Jürgen Wolf: Passional. Buch 1: Marienleben, Berlin 2013 (= Deutsche Texte des Mittelalters 91,1), 219, V. 41ff.; vgl. dazu Brigitte Spreitzer: »Wie bist du vom Himmel gefallen …« Einschlagstellen des Diabolischen in der Literatur des späteren Mittelalters, Wien, Köln, Weimar 1995, 49.

79   Jacobus de Voragine: *Legenda aurea* (Benz), 469.

80   *Passional* (Haase/Schubert/Wolf), Buch 1, 396f, V. 68ff.

81   Athanasius: *Vita Antonii*, Kap. 9 nennt zahlreiche Tiere.

82   Felix: *Vita Sancti Guthlaci*: Bertram Colgrave (Hg./Übers.): Felix's Life of Saint Guthlac, Cambridge 1985, 103.

83   Carl Fritzsche: Die lateinischen Visionen des Mittelalters bis zur Mitte des 12. Jahrhunderts, in: Romanische Forschungen 2 (1886), 247–279, hier 272–274.

84   Jacobus de Voragine: *Legenda aurea* (Benz), 114f.; vgl. dazu Hans-Jörg Uther: Teufel und Engel kämpfen um die Seele, in: Enzyklopädie des Märchens, Bd. 13, Berlin, New York 2010, Sp. 416–421.

85   Leopold Kretzenbacher: Legende und Spiel vom Traumgesicht des Sünders auf der Seelenwaage, in: Rheinisches Jahrbuch für Volkskunde 7 (1956), 145–175.

86   Vgl. dazu Ute von Bloh: Teuflische Macht. Das alte Böse, die böse Alte und die gefährdete Jugend, in: Klaus Ridder (Hg.), Fastnachtspiele. Weltliches Schauspiel in literarischen und kulturellen Kontexten, Tübingen 2009, 327–344, hier 328.

87   John D. Cox: The Devil and Society in the English Mystery Plays, in: Comparative Drama 28 (Winter 1994/95), H. 4, 407–438, hier 417.

88   Caesarius von Heisterbach: *Dialogus miraculorum*, 12, 5, Bd. 5, 2188f.

89   Otto Gschwantler: Licht und Paradies. Fürbitten für Verstorbene auf schwedischen und dänischen Runeninschriften und ihr Verhältnis zur lateinischen Totenliturgie, in: ders., Heldensage und Bekehrungsgeschichte. Gesammelte Aufsätze zur Heldensage in der Historiographie und zur Bekehrungsgeschichte Skandinaviens, hg. von R. Simek. Wien 2010 (= SMS 16), 446–462, 455.

90   *Rituale Romanum*, 182.

91   Caesarius von Heisterbach: *Dialogus miraculorum*, 11, 3, Bd. 5, 2048f.

92   Op. cit., 12, 22, Bd. 5, 2224–2227.

93   Jacobus de Voragine: *Legenda aurea* (Benz), 575, unter Michael.

94   Vgl. dazu ausführlicher Goetz, Gott und die Welt, 256–260.

95   Vgl. dazu Viola Hildebrand-Schat: Die Danziger Gebote-Tafeln

als Spiegel ihrer Zeit, in: Acta Universitatis Nicolai Copernici 47 (2011), 505–525.
96 Caesarius von Heisterbach: *Dialogus miraculorum*, 3, 6, Bd. 2, 522–525.
97 Op. cit., 3, 3, Bd. 2, 508–511.
98 Op. cit., 4, 9, Bd. 2, 694f.
99 Thomas Frederick Crane (Hg.): The exempla or illustrative stories from the Sermones vulgares of Jacques de Vitry, London 1890, Nr. 239, 100, https://babel.hathitrust.org/cgi/pt?id=hvd.tz1huk&view=1up&seq=220, Zugriff 03.01.2022.
100 Beide Belege aus Jennings, Tutivillus.
101 Maríú saga, hg. von Carl Richard Unger, Christiania 1871, 175f., 469f.
102 Crane, Exempla, Nr. 239, 6.
103 Jennings, Tutivillus, 15–41.
104 Caesarius von Heisterbach: *Dialogus miraculorum*, 5, 15, Bd. 3, 1002–1005.
105 Op. cit., 5, 17, Bd. 3, 1006–1009.
106 Op. cit., 5, 33, Bd. 3, 1068–1071.
107 Aus Christa Habiger-Tuczay: Der Dämonenpakt in den mittelalterlichen Quellen, in: Amsterdamer Beiträge zur älteren Germanistik 43–44 (1995) 221–240, hier 229.
108 *Þorsteins saga Víkingssonar*, Kap. V, hier nach: Die Saga von Thorstein, Vikings Sohn, in: Rudolf Simek et al. (Hg.), Sagas aus der Vorzeit. Bd. 2: Wikingersagas, Stuttgart 2020, 13–69, hier 22.
109 Sörla þáttr, Kap. VII, hier nach: Die Geschichte von Sörli, in: Rudolf Simek et al. (Hg.), Sagas aus der Vorzeit. Bd. 1: Heldensagas, Stuttgart 2020, 253–265, hier 260f.
110 Op. cit., 262.
111 Thomas von Cantimpré: *Bonum universale de apibus*, lib. II, cap. LVII, Ausgabe Douai 1597, 538.
112 Einhard: *Translatio et Miracula Marcellini et Petri*, 3, 14, in: Georg Waitz (Hg.), Monumenta Germaniae Historica. Scriptores 15/1, Hannover 1887, 238–264, hier 253; zweiter Teil der Übersetzung zitiert nach Goetz, Gott und die Welt, 308.
113 Thomas von Aquin: *Summa Theologica*, 1, qu. 64, a. 4, hier nach Divi Thomae Aquinatis [...] Summa Theologica. Editio Altera Romana, Bd. 1, Rom 1894, 497f.
114 Caesarius von Heisterbach: *Dialogus miraculorum*, 5, 51, Bd. 3, 1120–1123.
115 Vgl. dazu Adolph Franz: Die kirchlichen Benediktionen im Mittelalter, 2 Bde., Freiburg 1909, Bd. 1, 32.
116 Franz, Benediktionen, Bd. 2, 55f.
117 Caesarius von Heisterbach: *Dialogus miraculorum*, 4, 21, Bd. 2, 724–727.
118 Jacobus de Voragine: *Legenda aurea* (Benz 1999), 22.
119 Thomas von Cantimpré: *Bonum universale de apibus*, lib. II, c. 40, § 4, und öfter.
120 Caesarius von Heisterbach: *Dialogus miraculorum*, 1, 15, Bd. 1, 250f.
121 Op. cit., 10, 10, Bd. 4, 1912f.
122 Isidor von Sevilla: *Etymologiae*, VIII, 11, 104, mit der Terminologie aus Augustinus.
123 Hrabanus Maurus, *De rerum naturis*, VII, 7: PL 111, 195ff.
124 Burchard von Worms: *Corrector*, hier nach J. P. Migne: Liber Decretorum. Burchhardus Wormaciensis, Paris 1841–1864 (= Patrologiae cursus completus. Series Latina, 140), col. 537–1058.
125 Gervasius von Tilbury: *Otia imperialia*, lib. III, cap. 86; vgl. Stiene (Übers.): Mußestunden, Bd. 2, 401.
126 Zitiert nach Lynn Thorndyke: A History of Magic and Experimental Science, Bd. 3, New York 1934, 365.
127 Matthäus Parisiensis: *Historia Anglorum*, hier nach Fr. Madden (Hg.), Chronica minora sive historia anglorum, 1.3, London 1866–1869 (= Rolls series).
128 Norman Cohn: Europe's Inner Demons. The Demonization of Christians in Medieval Christendom, London 1993, 34.
129 Guibert de Nogent: *De vita sua*, I, 13, zit. nach C. C. Swinton Bland, *The Autobiography of Guibert, Abbot of Nogent-sous-Coucy*, London, New York 1925. Vgl. dazu Cohn, Demons, 32, und Joseph Hansen: Zauberwahn, Inquisition und Hexenprozeß im Mittelalter, München 1900, Nachdruck Aalen 1964, 83 und 142.
130 Jacobus de Voragine: *Legenda aurea* (Benz 1999), 476.
131 Caesarius von Heisterbach: *Dialogus miraculorum*, 3, 7, Bd. 2, 528f.
132 Thomas von Cantimpré: *Bonum universale bonum de apibus*, lib. II, cap. LVII, Ausgabe Douai 1597, 547.
133 Op. cit., 550.
134 *Die Taten des Heiligen Apostels Thomas*, Fünfte Tat, in: Schneemelcher/Hennecke, Apokryphen, Bd. 2, 327.

135 Vinzenz von Beauvais: *Speculum Doctrinale*, lib. XIV, ca. 58, hier nach: Vincentii Bellovacensis Speculum Doctrinale, Douai 1624, Nachdruck Graz 1964, Sp. 1318f.
136 Caesarius von Heisterbach: *Dialogus miraculorum*, 3, 9, Bd. 2, 532f.
137 *Egils saga einhenda ok Ásmundar berserkjabana*, Kap. 12, 197.
138 Caesarius von Heisterbach: *Dialogus miraculorum*, 3, 9, Bd. 2, 534.
139 Op. cit., 3, 10, Bd. 2, 534f.
140 Walter Map: *De nugis curialium*, IV, 10, hier nach M. R. James; C. N. L. Brooke; R. A. B. Mynors (Hg.): Walter Map: De Nugis Curialium: Courtiers' Trifles, Oxford 1983 (= Oxford Medieval texts).
141 Christa Habiger-Tuczay: Incubus, in: Ulrich Müller; Werner Wunderlich (Hg.), Dämonen, Monster, Fabelwesen, St. Gallen 1999, 333–341, hier 338f.
142 Matthäus Parisiensis: *Historia Anglorum*, nach Madden (Hg.), Chronica minora, 82: *Eodemque tempore quidam incuba daemone vt fertur, generatus, in confinie Walliæ, in terra scilicet Comitis Herefordiæ*.
143 *Völsunga saga*, Kap. II, hier nach: Die Saga von den Völsungen, in: Simek et al. (Hg.), Sagas, Bd. 1, 89–170, hier 92f.
144 Theodor Mommsen (Hg.): Iordanis Romana et *Getica* (2, 24). Hannover 1882, 89, (= MGH Auctores Antiquissimi 5,1).
145 Vgl. dazu Simek, Monster, 141.
146 Gervasius von Tilbury: *Otia imperialia*, lib. I., cap. 15; vgl. Stiene (Übers.): Mußestunden, Bd. 1, 55–57; Habiger-Tuczay, Incubus, 339.

147 Eckhard Grunewald (Hg.): Der Ritter von Staufenberg, Tübingen 1979, Vers 953f und 948f. Vgl. auch Habiger-Tuczay, Incubus, 339, und Eckhard Grunewald: ›Der túfel in der helle ist úwer schlaf geselle‹. Heidnischer Elbenglaube und christliches Weltverständnis im Ritter von Staufenberg, in: Peter Dinzelbacher; Dieter R. Bauer (Hg.), Volksreligion im hohen und im späten Mittelalter, Paderborn 1985, 129–143.
148 Habiger-Tuczay, Incubus, 339 unter Verweis auf Claude Lecouteux: Zur Entstehung der Melusinensage, in: Zeitschrift für deutsche Philologie 98 (1979), 73–85 und Jacques Le Goff: Für ein anderes Mittelalter, Frankfurt 1984, 147f.
149 Heinrich Kramer: *Malleus maleficiarum*, hier nach J. W. R. Schmidt: Der Hexenhammer von Jakob Sprenger und Heinrich Institoris, Duderstadt 1923, Teil 1, 39.
150 Ibid.
151 Vgl. Brian P. Levack: The Devil Within. Possession & Exorcism in the Christian West, New Haven, London 2013, bes. 113–138.
152 Plinius: *Naturalis Historia*, VIII, 32, 50; XXII, 14, 16; XXVIII 16, 66.
153 Böcher, Dämonenfurcht, 153f.
154 Caesarius von Heisterbach: *Dialogus miraculorum*, 5, 44, Bd. 3, 1104f.
155 Op. cit., 5, 31, Bd. 3, 1066f.
156 Vintler: *Pluemen der tugent*, V. 7799–7802, 262.
157 Ob dieser im 15. Jahrhundert nur hier belegte Begriff wirklich, wie im Grimmschen Wörterbuch vermerkt, von lat. *orcus*, »Unterwelt, Hölle«, abgeleitet ist, scheint mir fraglich, denn auch im altengl. Beowulf werden ein einziges Mal enig-

matische *orcs* erwähnt (aus denen Tolkien übrigens eine ganze Rasse erschaffen hat), wobei diese wohl eher nicht aus dem Lateinischen entlehnt sind, sodass hier ein gemeingermanisc*her Ursprung zumindest denkbar ist.
158 Zu den Alben vgl. Alaric Hall: Elves in Anglo-Saxon England. Matters of Belief, Health, Gender and Identity, Woodbridge 2007; Simek, Álfar and Demons; ders., Elves and Exorcism. Runic and Other Lead Amulets in Medieval Popular Religion, in: Daniel Anzelark (Hg.), Myths, Legends and Heroes. Essays on Old Norse and Old English Literature in Honour of John McKinnell, Toronto 2011, 25–52; ders., On Elves.
159 Bonn, ULB Cod. Memb. 218, fol. 49v, hier nach Rainer Reiche: Ein rheinisches Schulbuch aus dem 11. Jahrhundert, München 1976, 109.
160 Böcher, Dämonenfurcht, 109ff.
161 Rudolf Simek: Tangible Religion. Amulets, Illnesses, and the Demonic Seven Sisters, in: Klas Wikström af Edholm et al. (Hg.), Myth, Materiality and Lived Religion in Merovingian and Viking Scandinavia, Stockholm 2019, 375–389: 382.
162 Simek: Tangible Religion, 382f.
163 Düwel, Mittelalterliche Amulette, 243.
164 Ferdinand Christian Peter Ohrt: Danmarks Trylleformler. Bd. 2: Efterhøst og Lönformler, Kopenhagen 1917, 1143.
165 Simek: On Elves, 217.
166 Dazu ausführlich Simek, On Elves.

167 Düwel, Mittelalterliche Amulette, 239; Gastgeber/Harrauer, Bleiamulett.

168 Lisbeth Immer; Otto Uldum: Mod dæmoner og elverfolk, in: Skalk 1 (2015), 9–15.

169 Ernst Koch: Das Beschwörungstäfelchen des 12. Jahrhunderts von der Liebfrauenkirche in Halberstadt, in: Nordharzer Jahrbuch 14 (1989) (= Veröffentlichungen des Städtischen Museums Halberstadt 22), 38–44; Arnold Muhl; Mirko Gutjahr: Magische Inschriften in Blei. Inschriftentäfelchen des hohen Mittelalters aus Sachsen-Anhalt, Halle/Saale (= Kleine Hefte zur Archäologie Sachsen-Anhalts 10); Simek, On Elves, 216.

170 Levack, Devil, 83.

171 František Graus: Hagiographie und Dämonenglauben – zu ihren Funktionen in der Merowingerzeit, in: Santi e demoni nell'alto medioevo occidentale. Secoli V–XI, Spoleto 1989 (Settimane di studio del Centro Italiano di Studi suiI'Aito Medioevo), Bd. I, 93–120, hier 114f.

172 Gregor: Dialogi, III, 6, 2, hier nach: Des heiligen Papstes und Kirchenlehrers Gregor des Grossen vier Bücher Dialoge, aus dem Lateinischen übers. von Joseph Funk, Kempten, München 1933 (= Des heiligen Papstes und Kirchenlehrers Gregor des Grossen ausgewählte Schriften Bd. 2; Bibliothek der Kirchenväter, R. 2, Bd. 3), 115f.

173 Jacobus de Voragine: Legenda aurea (Benz), 683f.

174 Gregor: Dialogi, III, 6, 2, hier nach: Des heiligen Papstes und Kirchenlehrers (Übers. Funk), 92.

175 Caesarius von Heisterbach: Dialogus miraculorum, 5, 11, Bd. 3, 994f.

176 Georg Heinrich (Hg.): Vita Norberti Archepiscopi Magdeburgensis, in: Historia aevi Salici, Hannover 1856 (= MGH SS Fol 12), 663–706, hier 680; Übersetzung nach Karl-Brandt, Haartracht, 293, Fn. 390.

177 Franz, Benediktionen, Bd. 2, 551; vgl. auch Karl-Bandt, Haartracht, 293.

178 Bruno Krusch: Vita et virtutes Eparchi reclusi Ecolismensis, in: Passiones vitaeque sanctorum aevi Merovingici I, Hannover 1902 (= MGH SS Rer Merov 3), 550–556, hier 557; Übersetzung nach Karl-Bandt, Haartracht, 292.

179 Thorndyke. History, Bd. 2, 853.

180 Jörg Ansorge; Peter Kaute: Eine Korallenperlenkette aus Greifswald von um 1300, in: Archäologische Berichte aus Mecklenburg-Vorpommern 6 (1999), 69–79.

181 Vgl. zu Text und Ikonographie: Jeffrey Spier: Medieval Byzantine Magical Amulets and Their Tradition, in: Journal of the Warburg and Courtauld Institutes 56 (1993), 25–62.

182 Vgl. dazu auch Franco Maltomini: Cristo all'Eufrate. P. Heid. G.1101: amuleto cristiano, in: Zeitschrift für Papyrologie und Epigraphie 48 (1982), 149–170, der ein frühbyzantinisches Papyrusamulett mit einer Parallele zum mittelalterlichen sogenannten Jordansegen nachweisen konnte, das u.a. auch die Gottesnamen Hagios, Sabaoth, Theos, Adonai (und Aoth?) enthält.

183 Zur Verwendung des Griechischen auf nordeuropäischen Amuletten vgl. Rudolf Simek: Griechisch in runischen und anderen volksreligiösen Texten Nordwesteuropas im Frühmittelalter, in: Analecta Septentrionalia [Festschrift Kurt Schier], Berlin, New York 2009, 580–606.

184 Anastasia D. Vakaloudi: The Kinds and the Special Functions of the Epodes (ἐπῳδαί) in Apotropaic Amulets of the First Byzantine Period, in: Byzantinoslavica 59 (1998), 222–238, hier 224f.; dies.: ΔΕΙΣΙΔΑΙΜΟΝΙΑ and the Role of the Apotropaic Magic Amulets in the Early Byzantine Empire, in: Byzantion 70 (2000), 182–210.

185 Don C. Skemer: Binding Words. Textual Amulets in the Middle Ages, Pennsylvania 2006, 7ff.

186 Heinrich Wesche: Der althochdeutsche Wortschatz im Gebiet des Zaubers und der Weissagung, Halle 1940, 56f.

187 Augustinus, De doctrina christiana, 2, 20, 30, nach Aurelii Augustini Opera Omnia 4,1 (= CCI Ser. Lat. 32), Turnhout 1962, 54.

188 Zit. nach Skemer, Binding Words, 41, Fn. 59.

189 Pseudo-Augustinus: Homilia de sacrilegiis, hier nach Carl Paul Caspari: Eine Augustin fälschlich beigelegte Homilia de sacrilegiis, Christiania 1886, 11.

190 Burchard von Worms: Corrector (Migne), X, 23, Sp. 836.

191 Irmgard Hampp: Beschwörung, Segen und Gebet, Stuttgart 1961, 14.

192 Franz, Benediktionen, Bd. 2, 436f.

193 Original bei Joseph Hansen (Hg.): Quellen und Untersuchungen zur Geschichte des Hexenwahns und der Hexenverfolgung im Mittelalter: Mit einer Untersuchung der Geschichte des Wortes Hexe von Jo-

hannes Franck, Bonn 1901, Nachdruck Hildesheim 1963, 8.
194 Leopold Schmidt: Heiliges Blei in Amuletten, Votiven und anderen Gegenständen des Volksglaubens in Europa und im Orient, Wien 1958, 57.
195 CIL III, 2, 961; vgl. Hartmut Ehrentraut: Bleierne Inschrifttafeln aus mittelalterlichen Gräbern, Diss. Bonn, 1951, 12.
196 Muhl/Gutjahr, Beschwörungen, 56.
197 Op. cit., 57.
198 Vintler: *Pluemen der tugent*, V. 7813–7814, 262.
199 Uppsala Universitetsbiblioteket Cod C 222, zitiert bei Lilli Gjerløw: In principio, in: KLNM 7 (1982), 430–432, hier 430.
200 Kassel, 4° Ms Med 10, 6r.
201 Muhl/Gutjahr, Beschwörungen, 56f.
202 Düwel, Mittelalterliche Amulette, 239; Simek, On Elves, 215f.
203 John McKinnell; Rudolf Simek: Runes, Magic and Religion. A Sourcebook, Wien 2004, 158 und 187–189, mit weiterführender Literatur.
204 Bonn, ULB Cod. Memb. 218, fol. 82v, hier nach Reiche, Schulbuch, 187, der diese Stelle allerdings unkommentiert lässt.
205 Dazu Monika Schulz: Beschwörungen im Mittelalter. Einführung und Überblick, Heidelberg 2003, 10f.; dies.: Magie oder: Die Wiederherstellung der Ordnung, Frankfurt 2000 (= Beiträge zur Europäischen Ethnologie und Folklore, Reihe A: Texte und Untersuchungen 5).
206 Ernst Hellgardt: Die deutschen Zaubersprüche und Segen im Kontext ihrer Überlieferung (10. bis 13. Jahrhundert). Eine überlieferungsgeschichtliche Skizze, in: Atti Academia Peloritana dei Pericolanti. Classe di lettere e Belle Arte 71 (1995), 5–62, hier 11f.
207 Skemer, Binding Words; ders.: Arms against Demons and Death. Text and Image in a Catalan Amulet of the Mid-Fifteenth Century, in: Magic, Ritual, and Witchcraft 13 (2018), H. 3, 313–339; Marie Hartmann: Domini est salus, in: Mirko Breitenstein; Christian Schmidt (Hg.), Medialität und Praxis des Gebets, Berlin, Boston 2019 (= Das Mittelalter 24/2), 409–430.
208 Zitiert nach Hartmann, Domini, 415.
209 Skemer, Binding Words, 199ff.
210 Vintler: *Pluemen der tugent*, V. 7701–7702, 259.
211 Theodor Graesse (Hg.): Jacobus a Voragine: Legenda aurea, vulgo Historia Lombardica dicta, 3. Aufl., Breslau 1890, cap. CXX, 536; Jacobus de Voragine: *Legenda aurea* (Benz 1999), 476.
212 Hellgardt, Zaubersprüche, 6.
213 Die nützliche Klassifikation der Zauber und Segen ist hier paraphrasiert nach Verena Holzmann: »Ich beswer dich wurm vnd wyrmin …«: Die magische Kunst des Besprechens, in: LiLi: Zeitschrift für Literaturwissenschaft und Linguistik 130 (2003), 25–47, hier 43, die sich allerdings ausschließlich mit volkssprachlichen deutschen Sprüchen beschäftigt und leider keine Parallelen zum viel reicheren lateinischen Material zieht.
214 Ediert durch Theodor von Grienberger, Der Münchener Nachtsegen, in: Zeitschrift für deutsches Altertum und deutsche Literatur 41 (1897), S. 335–363; dazu Burghart Wachinger: Münchner Nachtsegen, in: Verfasserlexikon. Die deutsche Literatur des Mittelalters, Bd. 11, Berlin, New York 2004, Sp. 1039f.
215 Vgl. Monika Schulz: ›Vneholden‹ und anderes. Bemerkungen zum sog. ›Münchner Nachtsegen‹ (clm. 615, fol. 127r), in: Linguistica et filologia 11 (2000), 129–160.
216 Ich übersetze hier den offensichtlich personifizierten Plural von Pestis, »Seuche, Unglück«, als »Ursachen [der Krankheiten]«, da diese ja sofort danach genannt werden.
217 Vgl. dazu Düwel, Mittelalterliche Amulette, 239; Simek, Elves and Exorcism; ders., On Elves.
218 Zuletzt dazu aus volkskundlicher Sicht Richard-Ernst Bader: Sator Arepo. Magie in der Volksmedizin, in: Medizinhistorisches Journal 22 (1987), H. 2/3, 115–134; die reiche Literatur zu der Formel wurde aufgearbeitet von Rose Mary Sheldon: The Sator Rebus: An unsolved Cryptogram, in: Cryptologia 27(2003), H. 3, 233–287, die aber keinerlei Interesse an den mittelalterlichen Verwendungszwecken der Formel hat.
219 Ludwig Blau: Das altjüdische Zauberwesen, Budapest 1898, 2. Aufl. 1914, 147; vgl. Düwel, Mittelalterliche Amulette, 228f.
220 Godfrid Storms: Anglo-Saxon Magic, New York 1974, 281–282.
221 Vgl. dazu die skandinavischen runischen Belege in McKinnell/Simek, Runes, 149–155.
222 Jetzt Dublin MS Royal Irish Academy 23 D 43, fol. 2r.
223 Henning Larsen: An Old Icelandic Medical Miscellany. MS Royal

Irish Academy 23 D 43. Oslo 1931, 137, altnordisches Original auf 51.
224 Skemer, Binding Words, 239, Fn. 14.
225 Düwel, Mittelalterliche Amulette, 234f.; McKinnell/Simek, Runes, 152f.
226 Franz, Benediktionen, Bd. 2, 94, Fn. 7.
227 Jetzt München Staatsbibliothek Clm 21004; vgl. dazu Franz, Benediktionen, Bd. 2, 92–95.
228 Franz, Benediktionen, Bd. 1, 298ff.
229 Vgl. Schulz, Magie, 198, Fn. 198; dort auch reichlich ältere Literatur zu den Herleitungen.
230 Ulrike Horak; Christian Gastgeber: Zwei Beispiele angewandter Bildmagie. Ein griechischer Diebszauber und ein »verknotetes« Sator-Quadrat, in: Biblos 44 (1995), H. 2, 197–225.
231 Vgl. dazu Gjerløw, In principio, 430.
232 David Hugh Farmer; Decima L. Douie: Adam of Eynsham: Magna vita sancti Hugonis (The life of Saint Hugh of Lincoln), London 1961/62, Bd. 2, 125f.
233 Caesarius von Heisterbach: *Dialogus miraculorum*, 5, 27, Bd. 3, 1050f.
234 Op. cit., 5, 44, Bd. 3, 1104f.
235 So Schulz, Magie, 190f.
236 Franz, Benediktionen, Bd. 2, 57; Schulz: Magie, 190f.
237 Zum »ridt«, also dem Fieber, s. Kap. 3.8 über Krankheitsdämonen; beide Sprüche (Heidelberg UB, Cod. Pal. Germ. 267, fol. 13r und Wien, ÖNB, Cod. 2999, fol. 258r) zitiert nach Schulz: Magie, 191.
238 Wilhelm Unseld: Allerlei Aberglaube, in: Alemannia 25 (1898), 126–131, hier 128.
239 Vgl. dazu Franz, Benediktionen, Bd. 2, 57.
240 München, Staatsbibliothek Clm 23374, Bl. 18a, hier nach Franz, Benediktionen, Bd. 2, 86.
241 Op. cit., Bd. 2, 54.
242 Op. cit., Bd. 1, 313.
243 Op. cit., Bd. 1, 312.
244 Vgl. z. B. Hilaire Kallendorf: The Rhetoric of Exorcism, in: Rhetorica. A Journal of the History of Rhetoric 23 (2005), 209–237.
245 Muhl/Gutjahr, Beschwörungen, 33–35.
246 Franz, Benediktionen, Bd. 2, 587 und 591.
247 Op. cit., Bd. 2, 75, 84, 102, 549, 569, 50.
248 Vgl. Martin Przybilski: Von Geschwüren, Polypen, Epilepsie und Milzbrand, in: Leuvense bijdragen 92 (2004), 1–14. Eine Beschwörung *Contra malum malannum* findet sich nicht nur in dieser Zürcher Handschrift (Zentralbibliothek Cod C 121, fol. 47r), sondern auch in dem Trierer Schulbuch des 11. Jahrhunderts, jetzt Bonn ULB Cod Memb 218, fol. 41r, mit einer teilweise deutschen Beschwörungsformel.
249 Heather Stuart; F[red] Walla: Die Überlieferung der mittelalterlichen Sagen, in: Zeitschrift für deutsches Altertum und deutsche Literatur 116 (1987), 53–79, hier 63 und 69.
250 *Rituale romanum*, 389.
251 Franz, Benediktionen, Bd. 2.80, 82, 87, 92, 94.
252 Simek, Elves and Exorcism.
253 N 248 M, jetzt Museum Stavanger; s. McKinnell/Simek, Runes, 187.
254 McKinnell/Simek, Runes, unter X 1 (Odense), Z 15 (Kävlinge), Z 16 (Boge) und Z 18 (Blaesinge) (159 und 182ff.).
40 Düwel, Mittelalterliche Amulette, 243.
41 Franz, Benediktionen, Bd. 2, 483, aus dem Codex Vaticanus Latinus 235, fol. 44–5.
255 Codex Vaticanus Latinus 510, fol. 168r.
256 Zusätzliche Beispiele bei Franz, Benediktionen, Bd. 2, 96 und öfter.
257 Sigurd Kroon et al. (Hg.): A Danish Teacher's Manual of the Mid-Fifteenth Century. Codex AM 76, 8°, Lund 1993, 121.
258 Ediert in PL 139: 887.
259 PL 155: 886 and *Fulcheri Carnotensis Historia*, ed. Hagenmeyer.
260 PL 155: 521.
261 PL 174: 1589–634, 1611.
262 Eine ganze Reihe von Beispielen bei McKinnell/Simek, Runes, unter W1–W9, 155–159, sowie bei Schulz, Magie, 191–198. Ein weiteres Beispiel, ein Bleikreuz aus Nyköping im Schweden, erwähnt ohne vollständige Edition Alessandro Palumbo: Among Demons and Ave Marias: Runes and the Supernatural on Swedish Amulets, in: Annali Università degli studi di Napoli l'orientale. Sezione Germanica N.S. 26 (2016), H. 1–2, 85–102, hier 96.
263 So Theodore Schrire: Hebrew amulets. Their Decipherment and Interpretation, London 1966, 121.

264 So Hans-Ulrich Boesche: ›Exkurs 2‹, in: Düwel, Mittelalterliche Amulette, 289–290.
265 Schulz, Magie, 193f.
266 Karlsruhe, Badische Landesbibliothek, Donaueschingen 792, fol. 138v, 15. Jahrhundert, zitiert nach Schulz, Magie, 191 und 194.
267 Pseudo-Augustinus: *Homilia de sacrilegis*, cap. 6 (Caspari, Homilia, 11), zitiert hier nach Franz, Benediktionen, Bd. 2, 437.
268 Vintler: *Pluemen der tugent*, V. 7915–7916, 266.
269 Op. cit., V. 7776–7778, 261.
270 Kroon et al., Manual, 434.
271 Schulz, Magie, 103f.; Christoph Daxelmüller: Glocke § 3. Volkskundliches, in RGA, Bd. 12, Berlin, New York 1998, 215f.
272 Vgl. Frank Hentschel: Der verjagte Dämon. Mittelalterliche Gedanken zur Wirkung der Musik aus der Zeit um 1300: mit einer Edition der Quaestiones 16 und 17 aus Quodlibet VI des Petrus d'Auvergne, in: Jan A. Aertsen; Andreas Speer (Hg.), Geistesleben im 13. Jahrhundert. Berlin, Boston 2000 (= Miscellanae Mediaevalia 27), 395–421, hier 395ff.
273 Karin Ertl: Runen und Latein. Untersuchungen zu den skandinavischen Runeninschriften des Mittelalters in lateinischer Sprache, in: Klaus Düwel; Hannelore Neumann; Sean Nowak (Hg.), Runische Schriftkultur in kontinental-skandinavischer und -angelsächsischer Wechselbeziehung. Internationales Symposium in der Werner-Reimers-Stiftung vom 24.–27. Juni 1992 in Bad Homburg, Berlin, New York 1994 (= Ergänzungsbände zum RGA 10), 328–390, hier 367.
274 Vgl. dazu Karl-Heinz Hentschel: Man erhitze sich daher zur Zeit der Ungewitter nicht, in: Hierzuland 8 (1993), H. 15, 6–23, online unter http://www.karl-heinz-hentschel.net/Gewitter2.html, Zugriff 20.09.2022
275 Deutsche Inschriften online, https://www.inschriften.net/suchergebnis.html?tx_hisodat_search%5Baction%5D=searchresult&tx_hisodat_search%5Bcontroller%5D=Sources, Zugriff 10.01.2022
276 Klaus Düwel: Glocke. § 4: Glocken-Inschriften, in: RGA, Bd. 12, Berlin, New York 1998, 216–218, hier 217.
277 Alle obigen Beispiele aus McKinnell/Simek, Runes, 179 und 184.
278 Ioan Albu: Die Inschriften der Stadt Hermannstadt aus dem Mittelalter und der Frühen Neuzeit, Hermannstadt 2002, XL und 6.
279 Deutsche Inschriften online, https://www.inschriften.net/suchergebnis.html?tx_hisodat_search%5Baction%5D=searchresult&tx_hisodat_search%5Bcontroller%5D=Sources, Zugriff 10.01.2022
280 Vgl. Ertl, Runen, 360.
281 Dazu Kurt Köster: Alphabet-Inschriften auf Glocken. Mit einem Katalog europäischer ABC-Glocken vom 12. bis zum 18. Jahrhundert, in: Studien zur deutschen Literatur des Mittelalters 1979, 371–422.
282 Schneemelcher/Hennecke, Apokryphen, Bd. 1, 308.
283 Jacobus de Voragine: *Legenda aurea* (Benz), zum Fest der Unschuldigen Kinder (28. Dez.), 58.
284 Katechismus der Katholischen Kirche. Neuübersetzung aufgrund der Editio typica Latina, München 2003, Bd. I, 550.
285 Großer Katechismus der katholischen Religion, Wien 1910, 186 (§ 747 und § 750, mit Verweis auf Mt 10,1 und Mk 16,17–18).
286 Caesarius von Heisterbach: *Dialogus miraculorum*, 3, 7, Bd. 2, 528f.
287 Die größte Sammlung davon findet sich wohl bei Franz, Benediktionen, Bd. 2, 528–582.
288 Vgl. Simek, Tangible Religion, 375–389.
289 Liutolf: *Translatio S. Severi*, 3, hg. von Ludwig von Heinemann, in: MGH Scriptores, XV/I, Hannover 1878 289–293, hier 292.
290 Caesarius von Heisterbach: *Dialogus miraculorum*, 10, 10, Bd. 4, 1912f.
291 So etwa die Argumentationslinie des unglaublich reichhaltigen Werks von Florence Chave-Mahir: L'exorcisme des possédés dans l'Église d'Occident (xe – xive siècle), Turnhout 2011.
292 Sulpicius Severus: *Vita S. Martini*, Kap. 17, 47.
293 Jacobus de Voragine: *Legenda aurea* (Benz), 226.
294 Einhard: *Translatio et Miracula Marcellini et Petri*, 3,14, in: Waitz, Monumenta, 253.
295 Wetti: *Vita S. Galli*, Kap. 19, hier zitiert nach Ernst Gerhard Rüsch: Dämonenaustreibung in der Gallus-Vita und bei Blumhardt dem Älteren, in: Theologische Zeitschrift 34 (1978), 86–94, hier 88f.
296 Ausführlich in *De civitate Dei*, Buch VIII und IX, sowie in *De divinatione daemonum* und *De doctrina christiana*.
297 Harmenig, Superstitio, 21ff.

298 W. M. Lindsay (Hg.): Isidor von Sevilla, Etymologiae, Oxford 1987, Bd. 1., VIII, IX, 9–11; Übersetzung nach Lenelotte Möller: Die Enzyklopädie des Isidor von Sevilla, Wiesbaden 2008, 305 (mit leichten Änderungen).

299 Vgl. dazu Thomas Linsenmann: Die Magie bei Thomas von Aquin, Berlin 2000 (= Münchener Universitätsschriften Katholisch-Theologische Fakultät. Veröffentlichungen des Grabmanns-Institutes zur Erforschung der mittelalterlichen Theologie und Philosophie 44), 286.

300 Thomas von Aquin: *Summa Theologica*, II.II. 95. 3, hier nach Divi Thomae Aquinatis […] Summa, Bd. 3, 674; vgl. dazu Linsenmann, Magie, 286.

301 Thomas von Aquin: *Summa Theologica*, II.II. 95. 3, hier nach Divi Thomae Aquinatis […] Summa, Bd. 3, 674.

302 Charles Burnett: Talismans: magic as Science? Necromancy among the Seven Liberal Arts, in: ders., Magic and Divination in the Middle Ages. Texts and Techniques in the Islamic and Christian Worlds, Hampshire, Burlington 1996, 1–15.

303 Sturluson, *Heimskringla* I, 9–83.

304 Giovanni Boccaccio: Von berühmten Frauen. Ausgewählt und neu übersetzt von Martin Hallmannsecker, München 2021, 23.

305 Vgl. ausführlicher Helmut Birkhan: Magie im Mittelalter, München 2010, 116.

306 Ibid.

307 Vintler: *Pluemen der tugent*, V. 8233–8240, 276; V. 7694–7995, 258–268; V 8171–8245, 274–276, hier V. 8233–8240, 276.

308 Auf mhd. dann als *die tiuvel heizent tusentlisteler* (Berthold von Regensburg) oder eben *tausendkünstler*; vgl. dazu Meinolf Schumacher: Der Teufel als ›Tausendkünstler‹. Ein wortgeschichtlicher Beitrag, in: Mittellateinisches Jahrbuch 27 (1992), 65–76.

309 Birkhan, Magie, 143; Heinrich Marzell: Der Widerton als Zauberpflanze, in: Zeitschrift für Volkskunde 41 (1931), 163–171, hier 167, zitiert auch noch das »Paradeißgärtlein, darinnen die edelste und fürnembste Kräuter … beschriben sind«, des Conrad Rosbach von 1588 mit den Versen (S. 150): »Viel Wunders treiben hie die Leut / Mit diesem Kräutlein allezeit. / Den alten Weibern wohlbekandt, / Drumb Widerthon habens genannt. / Sie brauchens sehr für Zauberey. / Treiben damit vil Fantasey.« Neben der apotropäischen Wirkung ist für den Widerton/Widertat noch die Bezeichnung »Teufelsgerste« belegt, der das dänische »Lokes havre« (= Hafer des bösen Loki) entspricht (Marzell, Widerton, 171).

310 Wenigstens Verbena hat auf Grund seiner astringierenden Wirkung offenbar eine wehenauslösende und möglicherweise auch potentiell abortive Wirkung.

311 Burchhard von Worms, *Corrector*, X, 16, hier nach F. W. H. Wasserschleben: Die Bußordnungen der abendländischen Kirche, Graz 1958, 643; vgl. dazu Rudolf Simek: Götter und Kulte der Germanen, 5. Aufl., München 2020, 106.

312 *Maríu saga*, 147f.

313 Klaus-Peter Mieth (Hg.): Der Dialog des Petrus Alfonsi. Seine Überlieferung im Druck und in den Handschriften. Textedition, Diss. Berlin, 1982, 117; vgl. auch Burnett, Talismans, 5.

314 Dora Ulm (Hg.): Johann Hartliebs Buch aller verbotenen Kunst. Untersucht und herausgegeben von Dora Ulm, Halle 1914, 15.

315 Op. cit., 23, Kap. 36.

316 Op. cit., 48, Kap. 78.

317 Caesarius von Heisterbach, *Dialogus miraculorum*, 1, 33, Bd. 1, 298f.

318 Op. cit., 5, 4, Bd. 3, 960–965.

319 Dazu mehr unten in Kap. 4 über das Hexenwesen und bei Kerstin Wiersch: Unterweltsversammlung und Höllenkonzil. Ein epischer Szenentypus von der Antike bis Milton, Mikrofiche, Diss. Heidelberg, 1997.

320 So Hansen, Zauberwahn, 145.

321 Caesarius von Heisterbach, *Dialogus miraculorum*, 5, 18, Bd. 3, 1008–1015.

322 Hansen, Quellen, 86; Belege aus dem 13. und 14. Jahrhundert hier 43–68.

323 Caesarius von Heisterbach, *Dialogus miraculorum*, 5, 2, Bd. III, 952–959.

324 Op. cit., 5, 3, Bd. III, 958–963.

325 Beschrieben von Franz, Benediktionen, Bd. 2, 573.

326 Christa Habiger-Tuczay: Magie und Magier im Mittelalter, München 1992, 262.

327 Die Herkunft dieser in Österreich häufigsten Bezeichnungen für den Freiraum beim Fangenspielen wird auf den Vornamen Leopold zurückgeführt, konkreter auf den Babenbergerherzog Leopold den Glorreichen (1176–1230) und das von ihm angeblich eingeführte Asylrecht mittels eines Eisenrings auf der Wiener Freyung.

328 Thorndyke, History, Bd. 3, 608.

329 Jetzt Ms XXIII F 129 der Nationalund Universitätsbibliothek Prag, Bl. 533v. Geschrieben wurde die Handschrift wohl von und für den Rektor der Konstanzer Stadtschule, den *doctor physicae* Wenzel Brack, gestorben 1496. Die Anleitung wurde ediert durch Hartmut Beckers: Eine spätmittelalterliche deutsche Anleitung zur Teufelsbeschwörung mit Runenschriftverwendung, in: Zeitschrift für deutsches Altertum und Literatur 113 (1984), 136–145.

330 Beckers, Anleitung, 144; wegen der für Runenschriften unüblichen Wiedergabe der Runen in lateinischen Majuskeln in halbfetter Schreibung ist die Wiedergabe gegenüber Becker hier verändert, folgt aber seinem Wortlaut.

331 Op. cit., 145.

332 Barbara Ale Woods: The Devil in Dog-form, Berkeley 1959 (= University of California Publications Folklore Studies 11).

333 Georg Carl Frommann (Hg.): Herbort's von Fritzlâr liet von Troye, Quedlinburg, Leipzig 1837 (= Bibliothek der gesammten deutschen National-Literatur 5), 7.

334 Caesarius von Heisterbach: *Dialogus miraculorum*, 4, 99, Bd. 2, 934–938.

335 Rüdiger Krohn: »habt ir von Klinsor nye vernumen?« Der Zauberer Klingsor im Mittelalter, in: Ulrich Müller (Hg.), Verführer, Schurken, Magier, St. Gallen 2001, 509–528.

336 Sandra Linden: *du bist ein leige snippen snap*. Der Teufel Nasion im ›Wartburgkrieg‹, in: Jörn Bockmann; Julia Gold (Hg.), Turpiloquium. Kommunikation mit Teufeln und Dämonen in Mittelalter und Früher Neuzeit, Würzburg 2016, 63–82.

337 Oskar Jänicke (Hg.): Biterolf und Dietleib, Berlin, Zürich 1963 (= Deutsches Heldenbuch I), 2.

338 Anton E. Schönbach: Studien zur Erzählungsliteratur des Mittelalters II: Die Vorauer Novelle, Wien 1899 (= Sitzungsberichte der phil.-hist. Klasse der kaiserl. Akademie der Wissenschaften in Wien, Bd. 140, IV. Abhandlung), hier 2f., 21–26, 42–72; die folgenden Zitate 47 und 50–51.

339 Hier zitiert nach der *Summa bonorum* genannten mittelhochdeutschen Fassung: Baumgarte (Hg.): Summa bonorum, 174. Das Original ist ediert bei: Jacques Berlioz; Jean-Luc Eichenlaub (Hg./Übers.): Stephani de Borbone [Étienne de Bourbon] Tractatus de diversis materiis predicabilibus, Prologus, Prima Pars. De Dono timoris / Humbert de Romans, Le Don de crainte ou l'Abondance des exemples, Turnhout 2002 (= Corpus Christianorum, Continuatio Mediaevalis 124).

340 Thorndyke, History, Bd. 2, 267–278; vgl. auch Habiger-Tuczay, Magie, 260.

341 Johann Hartlieb: *Buch aller verbotenen Kunst* (Ulm), 25, Kap. 37.

4 Teufelskult und Hexenglaube

1 *Magi sunt qui vulgo malefici ob facinorum magnitudinem nuncupatur.* Isidor von Sevilla: *Etymologiae*, VIII, 9, 9.

2 Ausführlich in *De civitate Dei*, Buch VIII und IX, sowie in *De divinatione daemonum* und *De doctrina christiana*.

3 »Oftmals sah ich, wie Moeris, durch sie zum Wolfe geworden, / Sich in den Wäldern verbarg, oft Geister aus Tiefen der Gräber / Rief und anderswohin die gesäeten Ernten verpflanzte.« (Vergil, *Bucolica*, Ecloge VIII, 98).

4 Augustinus, *De civitate Dei*, Buch VIII, 19.

5 Vgl. Linsenmann, Magie, 339.

6 Dieter Harmenig: Hexenbilder des späten Mittelalters – Kombinatorische Topik und ethnographischer Befund, in: Peter Segl (Hg.), Der Hexenhammer. Entstehung und Umfeld des Malleus maleficarum von 1487, Köln, Wien 1988, 177–194, hier 179.

7 Dieter Harmenig: »aufsecz« und »zuosatz«. Der Fall der Hexen, in: Ferdinand Seibt; Winfried Eberhard (Hg.), Europa 1500. Integrationsprozesse im Widerstreit: Staaten, Regionen, Personenverbände, Christenheit, Stuttgart 1987, 510–525, hier 515f.

8 Capitularia regum Francorum I, in: Monumenta Germaniae Historica, Hannover 1883, 68–70.

9 Ernst Schubert: Die Capitulatio de partibus Saxoniae, in: Dieter Brosius et al. (Hg.), Geschichte in der

9 Region. Zum 65. Geburtstag von Heinrich Schmidt, Hannover 1993, 3–26, hier Anhang 26–28; vgl. dazu Simek, Götter und Kulte, 99.

10 Erich Caspar (Hg.): Das Register Gregors VII., Bd. 1–2, Berlin 1920–1923 (= Monumenta Germaniae Historica. Epistolae selectae / 4, 2, 1–2), Epistel 21 vom 19. April 1080, 497f.

11 Beide Zitate aus Augustinus: *De doctrina christiana*, II, 24, hier zitiert nach Harmenig, Superstitio, 116.

12 Bernhard Rehm (Hg.): Die Pseudoklementinen. I: Homilien, Berlin 1953, 2. Aufl. 1969 (besorgt v. Franz Paschke), 22,2ff.; II: Rekognitionen in Rufins Übersetzung, Berlin 1965, Buch II, 7–70: 55–93; Schneemelcher/Hennecke, Apokryphen, Bd. 2, 382–387.

13 Walter Haug: Der Teufelspakt vor Goethe oder Wie der Umgang mit dem Bösen zu Beginn der Neuzeit in die Krise gerät, in: ders., Die Wahrheit der Fiktion. Studien zur weltlichen und geistlichen Literatur des Mittelalters und der frühen Neuzeit, Tübingen 2003, 88–112.

14 *Actus Petri con Simone*, cap. 32, hier nach Schneemelcher/Hennecke, Apokryphen, Bd. 2, 216f.

15 Op. cit., 217.

16 Vgl. dazu auch, allerdings mit einem sehr beschränkten Blickwinkel auf Bestrebungen innerhalb der frühmodernen Reformation, Frank Baron: Der Mythos des faustischen Teufelspaktes, Berlin, New York 2019, 165 und 205.

17 Jacobus de Voragine: *Legenda aurea*, (Graesse) 122–125, (Benz) 111–113; vgl. Siegfried Ringler: Theophilusdichtungen des Mittelalters – Studien zu Teufelspakt und Marienverehrung, München 2012, Kap. II, 2.

18 Jacobus de Voragine: *Legenda aurea*, 109–114; *Passional* (Köpke), 126–137, hier 135

19 Jacobus de Voragine: *Legenda aurea*, (Graesse) 633, (Benz) 562–566; *Passional* (Köpke), 491–499.

20 Jacobus de Voragine: *Legenda aurea*, (Benz) 564.

21 Ringler: Theophilusdichtungen, Kap. II, 2.

22 Calendarium Romanum ex decreto sacrosancti oecumenici concilii Vaticani II instauratum auctoritate Pauli pp. VI promulgatum, Rom 1969, 131.

23 Josef Szövérffy: Christophorus hl., in: Lexikon des Mittelalters, Bd. 2, München 1983, Sp. 1938–1940; Adam Wrede: Christophorus, hl., in: Handwörterbuch des Deutschen Aberglaubens, Bd. 2, Berlin, Leipzig 1929/30, Sp. 65–72; Jacobus de Voragine: *Legenda aurea*; *Passional* (Köpke), 345–350.

24 Linsenmann, Magie, 94f.

25 Op. cit., 95. Die Annahme einer solchen Hexenkirche geht – vor allem in ihren Konsequenzen – weit über die schon im Mittelalter erwähnte *synagoge diaboli* hinaus, die nun auch als gegenseitiger Vorwurf der Konfessionen Verwendung findet; vgl. Wiersch, Unterweltsversammlung.

26 *De doctrina christiana*, 2,20–23, nach Aurelii Augustini Opera Omnia 4,1 (= CCI Ser. Lat. 32), Turnhout 1962, 54.

27 Caesarius von Heisterbach: *Dialogus miraculorum*, 5, 18, Bd. 3, 1008–1015.

28 Vintler: *Pluemen der tugent*, V. 7732–7736, 260.

29 Zu den europaweiten literarischen Belegen vgl. Karl Plenzat: Die Theophiluslegende in den Dichtungen des Mittelalters, Berlin 1926, Nachdruck 1967; Beatrix Koll: Theophilus, in: Ulrich Müller; Werner Wunderlich (Hg.), Verführer, Schurken, Magier, St. Gallen 2001, 915–926; Paolo Chiesa et al.: Theophilus-Legende, in: Lexikon des Mittelalters, Bd. 8, München 1997, Sp. 667–670; Albert Gier: Theophilus, in: Enzyklopädie des Märchens, Bd. 13, Berlin, New York 2010, Sp. 483–486.

30 *Passional* (Haase/Schubert/Wolf), Buch 1, 465–474, V. 16397–16718.

31 Vgl. ausführlich Habiger-Tuczay, Dämonenpakt, 221–24; André Schnyder: Teufelspakt, in: Enzyklopädie des Märchens, Bd. 13, Berlin, New York 2010, Sp. 447–455, hier 449.

32 Ignaz von Döllinger: Die Papstfabeln des Mittelalters, München 1863, 155–159.

33 Jansen Enikel, *Weltchronik*, V. 22321–22678.

34 Stephan von Bourbon: *Tractatus*, hier nach Berlioz/Eichenlaub, Bd. 2, II, V und II, VI (160, 201 und 271), Bd. 3: III, I (28), III, IV (102–108), 1008, 1014.

35 Baumgarte (Hg.): Summa bonorum, 203. Vgl. dazu Habiger-Tuczay, Dämonenpakt.

36 *Passional* (Köpke), 589, V. 31ff.; *Passional* (Haase/Schubert/Wolf), Buch 1, 465–474, V. 16397–16718.

37 Im Original ediert bei Hansen, Quellen, 38f.; vgl. auch Birkhan, Magie, 155.

38 Ausführlicher als hier notwendig wird der Begriff bei Harmenig, Superstitio, 207–214, behandelt.
39 Petrus Comestor: *Historia scholastica*, lib. Deut. Cap. 8, ed. PL 174, 450.
40 Cf. Margaret Clunies Ross: The Myth of Gefjon and Gylfi and its Function in Snorra Edda and Heimskringla in: Arkiv för nordisk filologi 93 (1978), 149–165.
41 Vintler: *Pluemen der tugent*, v. 7761, 261.
42 Wasserschleben, Bußordnungen, 645; vgl. auch Hansen, Quellen, 40.
43 Christa Habiger-Tuczay: Hexen, in: Ulrich Müller; Werner Wunderlich (Hg.), Dämonen, Monster, Fabelwesen, St. Gallen 1999, 319–329, hier 322, nach Hansen, Zauberwahn, 137.
44 Hansen, Zauberwahn, 137.
45 Jacobus de Voragine: *Legenda aurea*, (Graesse) 449, (Benz) 399.
46 Habiger-Tuczay, Hexen, 322.
47 Außer in einer höchst fragwürdigen Übersetzung von Goblin in einer deutschen Fassung von Tolkien!
48 Gervasius von Tilbury: *Otia imperialia*, lib. 3, cap. 86 und 93, hier nach Felix Liebrecht: Des Gervasius von Tilbury Otia imperialia in einer Auswahl, Hannover 1856, Tercia decisio, LXXXVI (39f.); vgl. Stiene (Übers.): Mußestunden, 397, 408f.
49 Johannes Nider: *Formicarius*, II, 4; Übersetzung nach Judith Venjakob: Zur bildlichen Darstellung eines *Formicarius*-Exempels, in: Sabine von Heusinger et al. (Hg.), Die deutschen Dominikaner und Dominikanerinnen im Mittelalter, Berlin, Boston 2016, 363–379, hier 366f.

50 Kramer: *Malleus maleficiarum*, Teil 1, 7; die lateinischen Stellen nach: Heinrich Institoris: Mallevs Maleficarvm in Tres Divisvs Partes, Speyer 1490, 9.
51 Stephan von Bourbon: *Tractatus*, hier nach Berlioz/Eichenlaub, Bd. 2, II, V (158f.).
52 Zitiert nach Hansen, Quellen, 638.
53 Vintler: *Pluemen der tugent*, V. 8171–8185, 274.
54 Op. cit., V. 7993–7995, 268.
55 Gervasius von Tilbury: *Otia imperialia*, lib. III, cap. 93, zitiert nach Hansen, Zauberwahn, 140, Fn. 4.
56 Stiene (Übers.): Mußestunden, Bd. 2, 408f.
57 Claude Lecouteux: Hagazussa, Striga, Hexe, in: Hessische Blätter für Volks- und Kulturforschung NF 15 (1989), 57–70; Habiger-Tuczay, Hexen, 323.
58 In der Legende über den Eremiten Macarius; vgl. Ulla Williams: Die ›Alemannischen Vitaspatrum‹, Tübingen 1996, 134.
59 Johannes Nider: *Formicarius*, V. 3; Hansen Quellen, 93.
60 Johann Hartlieb: *Buch aller verbotenen Kunst* (Ulm), 26, Kap. 32.
61 Birkhan, Magie, 143; Marzell, Widerton.
62 Conrad Rosbach: Paradeißgärtlein, darinnen die edelste und fürnembste Kräuter … beschriben sind, Frankfurt 1588, Nachdruck Hannover 1986, S.150, zitiert nach Marzell, Widerton, 167.
63 Birkhan, Magie, 170.
64 Op. cit., 171–173.
65 Hansen Zauberwahn, 19.
66 André Schnyder: Dialog am Abgrund. Verhandlungen mit jenseitigen Mächten in einigen Versionen der Theophilus-Geschichte, in: Jörn Bockmann; Julia Gold (Hg.), Turpiloquium. Kommunikation mit Teufeln und Dämonen in Mittelalter und Früher Neuzeit, Würzburg 2017 (= Würzburger Beiträge zur Deutschen Philologie 41), 131–160, hier 136.
67 Hansen, Zauberwahn, 316f.
68 Vgl. dazu Julia Gold: *mit hilff oder zů tůn des bósen geists*. Kommunikation mit Teufeln und Dämonen in frühneuzeitlichen Hexereitraktaten am Beispiel Ulrich Molitoris, in: Bockmann, Jörn; Gold, Julia (Hg.), Turpiloquium. Kommunikation mit Teufeln und Dämonen in Mittelalter und Früher Neuzeit, Würzburg 2017 (= Würzburger Beiträge zur Deutschen Philologie 41), 187–209; dies., »Von den vnholden oder hexen«. Studien zu Text und Kontext eines Traktats des Ulrich Molitoris, Hildesheim 2016, 207.
69 Hansen, Zauberwahn, 317.
70 Carlo Ginzburg: Der Hexensabbat, Berlin 1990, 293.
71 Text auch ediert bei Hansen, Quellen, 89f.
72 Text ediert bei Hansen, Quellen, 96.
73 Birkhan, Magie, 157.
74 Peter Segl: Heinrich Institoris. Persönlichkeit und literarisches Werk, in: ders. (Hg.), Der Hexenhammer. Entstehung und Umfeld des Malleus maleficarum von 1487, Köln, Wien 1988, 103–126, hier 118f.
75 Vgl. Franz, Benediktionen, Bd. 2, 178f.; vgl. dazu auch Hersperger, Kirche, 394ff., und Catherine Rider: Magic and Impotence in the Middle Ages, Oxford 2006.

76 Kramer: *Malleus maleficiarum*, Teil 1, 19.
77 Op. cit., Teil 1, 111.
78 Vgl. dazu Simek, Monster, 181ff.
79 Ibid.
80 Ibid.

ABBILDUNGEN

Einleitung

Abb. 0.1   St. Michael im Luftkampf mit Dämon um die Seele eines Verstorbenen. Brüder von Limburg: Die Todesstunde (1411–1416), aus: Les Très Riches Heures du Duc de Berry, Bibliothèque Nationale, MS Latin 9471, fol. 159r. © Musée Condé, Herkunft/Fotograf: R.M.N. / R.-G. Ojéda, Wikimedia Commons, Public Domain.

Abb. 0.2   Dämonenschwarm auf dem sog. Kleinen Mariazeller Wunderaltar von 1512, einen Exorzismus mit Hilfe der Muttergottes darstellend. © Alte Galerie / Universalmuseum Joanneum GmbH.

Kap. 1

Abb. 1.1   Christus vertreibt die Dämonen aus dem besessenen Gadarener und lässt sie in eine Schweineherde fahren. Evangeliar aus Echternach, sog. Codex aureus (ca. 1030–1050), Nürnberg. © Germanisches Nationalmuseum, Nürnberg, Hs. 2° 156 142, fol. 53r Public Domain.

Kap. 2:

Abb. 2.1   Michael Pacher: Die Versuchung Jesu (1471–1479). Rektabel auf der Sonntagsseite des Pacher-Altars von St. Wolfgang. © Uoaei1, Wikimedia Commons, CC BY-SA 4.0, Public Domain.

Abb. 2.2   Engelsturz vom Beginn der altnordischen Bibelkompilation *Stjórn* in der Handschrift Reykjavík AM 227 fol. 1v. © Stofnun Árna Magnússonar í íslenskum fræðum, Reykjavík, https://handrit.is/manuscript/view/is/AM02-0227/5?iabr=on#page/1v/mode/2up.

Abb. 2.3   Der thronenende Antichrist (*Diabolus sedens*). Lambert von St. Omer: Liber floridus, fol. 62v, um 1120. Nach der Faksimileausgabe des *Liber floridus*. © Repro aus: Albert Derolez (Hg.): Lambertus Audomarensis Lamberti S. Avdomari canonici Liber Floridus. Gent 1968, fol. 62v.

Abb. 2.4   Pieter Bruegel d. Ä.: Der Sturz der rebellierenden Engel, 1562. © Königliche Museen der Schönen Künste, Brüssel, Fotograf: Grafisch Buro Lefevre, Heule, Wikimedia Commons, Public Domain.

Abb. 2.5   Brüder von Limburg: Der Sturz der rebellierenden Engel (1411–1416), aus:

Les Très Riches Heures du Duc de Berry, Bibliothèque Nationale, MS Latin 9471, fol. 64v. © Musée Condé, Herkunft/Fotograf: R.M.N. / R.-G. Ojéda, Wikimedia Commons, Public Domain.

Abb. 2.6   Brüder von Limburg: Garten Eden (1411–1416), aus: Les Très Riches Heures du Duc de Berry, Bibliothèque Nationale, MS Latin 9471, fol. 25v. © Musée Condé, Herkunft/Fotograf: IRHT-CNRS/Gilles Kagan, Wikimedia Commons, Public Domain.

Abb. 2.7   Lutwin: Adam und Eva. Der Sündenfall mit gekröntem Teufel (um 1460). © Repro aus: Mary-Bess Halford: Illustration and Text in Lutwin's Eva und Adam, Göppingen 1980.

Abb. 2.8   Dämon mit Brüsten und Bart. Detail aus der Kreuzigungsszene im Mittelschiff der Pfarrkirche Lieberhausen (um 1500). © Foto: R. Simek.

Abb. 2.9   Brüder von Limburg: Die Hölle. Der gequälte Satan auf einem glühenden Eisenrost (1411–1416), aus: Les Très Riches Heures du Duc de Berry, Bibliothèque Nationale, MS Latin 9471, fol. 108r. © Musée Condé, Wikimedia Commons, Public Domain.

Abb. 2.10 Der Teufel auf Behemot reitend, aus: Lambert von St. Omer, Liber floridus, Autograph, Universitätsbibliothek Gent, Ms 32, fol. 62r (ca. 1120), nach der Faksimileausgabe. © Repro aus: Albert Derolez (Hg.): Lambertus Audomarensis Lamberti S. Avdomari canonici Liber Floridus. Gent 1968, fol. 62r.

Abb. 2.11 Bild des Antichrist im Jenaer Codex, fol. 69r und 72v. © Praha, Knihovna Národního muzea, Wikimedia Commons, Public Domain.

Abb. 2.12 Daniel Hopfer: Tod und Teufel überraschen zwei Frauen (um 1515), Detail. © Albertina Wien, Foto: R. Simek.

Abb. 2.13 Deckengemälde des Leviathan in der Synagoge von Lanzut, Galizien. Neuzeitlich © Foto: R. Simek.

Abb. 2.14 Drachen und Schlangen in unterschiedlichsten Formen quälen die Verdammten. Giotto di Bondone: Inferno aus dem großen Weltgerichtsbild in der Cappella degli Scrovegni (auch Arenakapelle) in Padua (Detail, um 1306). © Wikimedia Commons, Public Domain.

Abb. 2.15 Höllenrachen aus dem Weltgerichtsfresko in der Kirche von Lieberhausen (Bergisches Land), 15. Jahrhundert. © Foto: R. Simek.

Abb. 2.16 Von Christus gefesselter Teufel vor dem Höllenrachen. Skulptur am Südportal der Kirche von Martebo auf Gotland (um 1330). © Foto: R. Simek.

Abb. 2.17 Paolo Uccello: Der Heilige Georg im Kampf mit dem Drachen (um 1470). © The National Gallery, London, Wikimedia Commons, Public Domain.

Abb. 2.18   Ein drachenartiger Teufel verschlingt Wucherer und Diebe. Fresko des Jüngsten Gerichts, Teil der Hölle nach Giovanni Canavesio in der Kapelle Notre-Dame des Fontaines in Brigue (um 1492). © Foto: Mossot, Wikimedia Commons, CC BY-SA 3.0, Public Domain.

Abb. 2.19   Höllenszene mit Dämonen, die Seelen quälen. Fresko im bulgarischen Kloster von Rila, unsichere Datierung. © Foto: R. Simek.

Abb. 2.20   Der Teufel selbst verschlingt die Seelen der Verdammten und scheidet sie wieder aus. Giovanni da Modena: Detail aus dem Fresko *Das Inferno* in der Basilika di San Petronio, Bologna (um 1410). © Wikimedia Commons, Public Domain.

Abb. 2.21   Nardo di Cione: Höllenkreise, Fresken in der Cappella Strozzi di Mantova in der Basilika Santa Maria Novella in Florenz (1351–1357). © Web Gallery of Art, Wikimedia Commons, Public Domain.

Abb. 2.22   Hieronymus Bosch: Der Garten der Lüste (rechte Rektabel: Die Hölle, Detail, ca. 1480–1490). © Museo del Prado, Madrid, Wikimedia Commons, Public Domain.

Kap. 3

Kap. 3.1:

Abb. 3.1.1   Engel und Dämonen im Luftkampf um eine Seele. Stefan Lochner: Mittelteil des Weltgerichtsaltars, Köln (um 1435, Detail). © Wallraf-Richartz-Museum Köln, Foto: R. Simek.

Abb. 3.1.2   Ausgetriebene Dämonen in der Größe von Insekten verlassen eine Frau während eines förmlichen Exorzismus. Ausschnitt aus dem Großen Mariazeller Wunderaltar von 1519/20. © Alte Galerie/Universalmuseum Joanneum GmbH.

Abb. 3.1.3   Nur schemenhaft-durchsichtiger Dämon auf dem Gurker Fastentuch. 15. Jahrhundert. Dom zu Gurk, Kärnten. © Pfarre Gurk.

Abb. 3.1.4   Petrus pictor: Dämon mit gesträubtem Haar, Kalkmalerei in Yttergrans kyrka, Schweden (1480er Jahre). © Foto: R. Simek.

Abb. 3.1.5   Dämon mit gesträubtem Haar auf spätmittelalterlichem Misericord, Barfüßerkirche Basel. © Foto: R. Simek.

Abb. 3.1.6   Krötenartiger Dämon. Versuchung des Antonius durch tiergestaltige Dämonen (Detail). Tafelbild, oberrheinisch (Köln um 1520). © Wallraf-Richartz-Museum Köln, Foto: R. Simek.

Abb. 3.1.7   Versuchung des Antonius durch tiergestaltige Dämonen. Tafelbild, oberrheinisch (Köln um 1520). © Wallraf-Richartz-Museum Köln, Foto: R. Simek.

Abb. 3.1.8 Katzenartiger Dämon auf dem sog. Osnabrücker Altar (Detail, ca. 1320–1370). © Wallraf-Richartz-Museum Köln, Foto: R. Simek.

Abb. 3.1.9 Katzengesichtiger Dämon verführt eine Hexe. Holzschnitt von Johann Zainer, in: Ulrich Molitor: *De lamiis et phitonicis mulieribus*. Reutlingen (um 1489). © Wikimedia Commons, Public Domain.

Abb. 3.1.10 Michelangelo Buonarotti: Vielgestaltige Dämonen versuchen den hl. Antonius (ca. 1487/88). © Kimbell Art Museum, Texas, Wikimedia Commons, Public Domain.

Abb. 3.1.11 Martin Schongauer: Vielgestaltige Dämonen führen den hl. Antonius in Versuchung (1470–1475). © Cleveland Museum of Art, Wikimedia Commons, CC0 1.0, Public Domain.

Abb. 3.1.12 Vielgestaltige Dämonen, z. T. mit erkennbaren Krankheitssymptomen, führen den hl. Antonius in Versuchung. Matthias Grünewald: Isenheimer Altar (um 1515). © Unterlinden-Museum Colmar, Foto: Jörgens.Mi/Wikipedia, Wikmedia Commons, CC BY-SA 3.0, Public Domain.

Abb. 3.1.13 Tanz um das Goldene Kalb. Fresko in der nunmehr evangelischen Pfarrkirche in Lieberhausen (Bergisches Land), um 1589. Ursprüngliche Dedikation der schon um 1174 bestehenden Kirche unbekannt. © Foto: R. Simek.

Abb. 3.1.14 Thomas stürzt eine Götzenstatue, aus der ein Dämon entweicht. Thomasaltar in St. Martin, Villach, 1430–1440. © Mit freundlicher Genehmigung der Pfarre St. Martin, Villach.

Abb. 3.1.15 Vier heidnische Philosophen diskutieren die Natur der antiken Götter (hier der Dioskuren), die aber in Wahrheit wie alle antiken Götter Dämonen sind, aus: Handschriftenillustration zu Augustinus, *De civitate dei*, I,11 (vor 1396). © Bibliothèque Nationale, Paris, Ms franc 22912 fol. 384r.

Abb. 3.1.16 Skandinavische Steinformationen, im Volksglauben auf versteinerte Trolle zurückgehend, die Olaus Magnus 1555 wie alle anderen Wesen der niederen Mythologie als Dämonen bezeichnete. Olaus Magnus: Historia de gentibus septentrionalibus. Rom 1555, Buch II, Kap. 14, S. 75. © Project Runeberg, http://runeberg.org/olmagnus/0213.html.

Abb. 3.1.17 Auch unterirdisch tätige Wesen wie die Zwerge fasste Olaus Magnus unter die Dämonen. Olaus Magnus: Historia de gentibus septentrionalibus. Rom 1555, Buch III, Kap. 21, S. 127. © Project Runeberg, http://runeberg.org/olmagnus/0213.html.

Kap. 3.2:

Abb. 3.2.1 Die Prüfungen Hiobs: Seine Kinder werden von einem einstürzenden Haus erschlagen (Ijob 1,18 – 19). Meister der Katharinenlegende/Meister der Barbaralegende: Triptychon mit Szenen aus dem Leben Hiobs (Detail), Brüssel (?), letztes Drittel 15. Jahrhundert. © Walraff-Richartz-Museum Köln, © Foto: R. Simek.

Abb. 3.2.2 Nachahmer von Hieronymus Bosch (anonym): Die Versuchung des hl. Antonius (um 1500). © The Yorck Project (2002), 10.000 Meisterwerke der Malerei (DVD-ROM), distributed by DIRECTMEDIA Publishing GmbH, Wikimedia Commons, Public Domain.

Abb. 3.2.3 Sterbeszene mit Dämonen und Engeln aus handkolorierter *Ars moriendi* (süddeutsch, um 1475). © Gutenberg Museum, Mainz, Inv.Nr. GM Ink 1019.

Abb. 3.2.4 Virgen María Porta Coeli: Der Gute Tod (Ausschnitt, 17. Jahrhundert). © Museo de las Peregrinaciones, Santiago de Compostela, Foto: R. Simek.

Abb. 3.2.5 Sterbeszene aus einer süddeutschen (?) *Ars moriendi* mit zahlreichem Personal: Heiligen, Familie, Dämonen (um 1475). © Germanisches Nationalmuseum, Digitale Bibliothek 2014, Inc. 4° 15014.

Abb. 3.2.6 Weltgerichtsszene mit Dämonen an der Seelenwaage in der Kirche von Lieberhausen (Bergisches Land), 15. Jahrhundert. © Foto: R. Simek.

Abb. 3.2.7 Sogenannte Wiltener Kreuzigung (Totale und Detail, Tirol, um 1435). © Wien, oberes Belvedere, Foto: R. Simek.

Abb. 3.2.8 Dämon holt die Seele des bösen Schächers Gesmas, die als eine Art weißlicher Wurst dargestellt ist. Kreuzigungsszene im Mittelschiff der Pfarrkirche Lieberhausen (Bergisches Land, um 1500). © Foto: R. Simek.

Abb. 3.2.9 Giovanni Canavesio: Dämon entreißt dem erhängten Judas die Seele. Fresko »Selbstmord des Judas« (1491) in Notre-Dame des Fontaines in Brigue. © Wikimedia Commons, Public Domain.

Abb. 3.2.10 Verehrung des Goldenen Kalbs (1. Gebot). Frankenmarkt, Pfarrkirche St. Nikolaus. Fresken mit Dekalogzyklus von 1583. © Foto: R. Simek.

Abb. 3.2.11 Dekalogzyklus von Lukas Cranach dem Älteren im Rathaus zu Wittenberg (1516). © Wikimedia Commons, Public Domain.

Abb. 3.2.12 Die Dämonen sind bei allen Sünden beteiligt, hier ein spinnenförmiger Dämon bei einer Sünde gegen das 5. Gebot. Frankenmarkt, Pfarrkirche St. Nikolaus. Fresken mit Dekalogzyklus von 1583. © Foto: R. Simek.

Abb. 3.2.13 Durch Geld verführende Dämonen. Fresko im bulgarischen Kloster von Rila (unsichere Datierung). © Foto: R. Simek.

Abb. 3.2.14 Schreibender Dämon am romanischen Westportal der Millstätter Stiftskirche (Kärnten, um 1170). © Foto: Heribert Dertnig. Stiftsmuseum Millstatt.

Abb. 3.2.15 Dämonen mit beschrifteter Kuhhaut. Fresko aus St. Georg in Reichenau-Oberzell (1376). © Foto: F. Bucher, CC BY-SA 3.0, Wikimedia Commons.

Abb. 3.2.16 Albrecht Dürer: Illustration zur Geschichte *Wie der Tufel hynder der Meß die klapperig etlicher frowen vff schreib und im das berment zu kurtz wart vnnd ers mit den zenen vßainander zoch.* © Repro aus: Geoffroy de La Tour Landry: Der Ritter vom Turn von den Exempeln der gotsforcht vnd erberkait. Basel 1493.

Abb. 3.2.17 Hans Weiditz: Der Teufel notiert das Geschwätz von Frauen (Anfang 16. Jahrhundert). © http://www.zeno.org/nid/20004362896, Public Domain.

Abb. 3.2.18 Ein Dämon löst den Scherstift an einem Wagenrad. Kloster Rila, Bulgarien, unsichere Datierung. © Foto: R. Simek

Abb. 3.2.19 Dämonen vergiften die Speise eines armen Manns. Kloster Rila, Bulgarien, unsichere Datierung. © Foto: R. Simek

Abb. 3.2.20 Die Prüfungen Hiobs: Seine Ernte wird von Feuer vernichtet (Ijob 1,16). Meister der Katharinenlegende/Meister der Barbaralegende: Triptychon mit Szenen aus dem Leben Hiobs (Detail), Brüssel (?), letztes Drittel 15. Jahrhundert. © Walraff-Richartz-Museum Köln, Foto: R. Simek.

Abb. 3.2.21 Dämon beim Versuch, eine Laterne zu löschen. Joos van Cleve: Triptychon: Tod Mariens (1515). © Walraff-Richartz-Museum Köln, Foto: R. Simek.

Abb. 3.2.22 Wetterzauber. Holzschnitt von Johann Zainer, in: Ulrich Molitor: *De lamiis et phitonicis mulieribus*. Reutlingen (um 1489). © Wikimedia Commons, Public Domain.

Abb. 3.2.23 Wandmalerei mit Seesturm und hl. Nikolaus. Kirche von Bregninge, Eskebjerg, West Seeland, Dänemark (14./15. Jahrhundert). © Foto: R. Simek.

Abb. 3.2.24 Hexenschuss. Holzschnitt von Johann Zainer, in: Ulrich Molitor: *De lamiis et phitonicis mulieribus*. Reutlingen (um 1489). © Wikimedia Commons, Public Domain.

Kap. 3.3:

Abb. 3.3.1 Amulett von Shropsham in zusammengefaltetem Zustand, England. © Foto: Klaus Düwel, mit freundlicher Genehmigung.

Abb. 3.3.2 Bleiamulett aus Schleswig. © Repro aus: Christian Gastgeber / Hermann Harrauer: Ein christliches Bleiamulett aus Schleswig, in: Volker Vogel (Hg.), Ausgrabungen in Schleswig, Berichte und Studien 15, Neumünster: Wachholtz 2001 (Das archäologische Fundmaterial II), 207–226, hier 214.

Abb. 3.3.3 Amulett aus Romdrup. © Repro aus: Klaus Düwel: Mittelalterliche Amulette aus Holz und Blei mit lateinischen und runischen Inschriften, in: Volker Vogel

Abb. 3.3.4 Das »magische« SATOR-Quadrat galt in Antike und Mittelalter als apotropäisch.

Abb. 3.3.5 (Sekundäre) christliche Erklärung des SATOR-Quadrats durch Herleitung aus dem Paternoster plus Alpha und Omega.

Abb. 3.3.6 Satorquadrat auf einem Bauernhof in St. Konrad, Oberösterreich. © Foto: R. Simek.

Abb. 3.3.7 Außenseite des Bleiamuletts aus Schleswig mit missverstandenem SATOR-Quadrat. © Repro aus: Christian Gastgeber / Hermann Harrauer: Ein christliches Bleiamulett aus Schleswig, in: Volker Vogel (Hg.), Ausgrabungen in Schleswig, Berichte und Studien 15, Neumünster: Wachholtz 2001 (Das archäologische Fundmaterial II), 207–226, hier 214.

Abb. 3.3.8 Parierstange des Reichsschwerts mit dem eingravierten *Titulus triumphalis*: Kopie. © Foto: R. Simek.

Abb. 3.3.9 Bleiamulett von Blæsinge mit der längsten dänischen Runeninschrift. © Repro aus: Klaus Düwel: Mittelalterliche Amulette aus Holz und Blei mit lateinischen und runischen Inschriften, in: Volker Vogel (Hg.), Ausgrabungen in Schleswig, Berichte und Studien 15, Neumünster: Wachholtz 2001 (Das archäologische Fundmaterial II), 227–302, hier 240.

Abb. 3.3.10 Handschriftliche Vorlage zur Amulettherstellung. BONN ULB Cod Memb 218 49v (Detail). © mit freundlicher Genehmigung der Universitäts- und Landesbibliothek Bonn.

Abb. 3.3.11 Wetterglocke von Haestrup, Dänemark, mit Ave Maria in Runen, ca. 1200. © Foto: Sophus Bengtsson, Nationalmuseet København, CC BY-SA 4.0.

Abb. 3.3.12 Wetterglocke von Barnstädt mit AGLA-Inschrift. © Repro aus: Deutsche Inschriften online, Foto: Ilas Bartusch.

Abb. 3.3.13 Christus heilt den »mondsüchtigen« Knaben: Der einzelne schwarze Dämon entflieht aus dem Geheilten, aus: Les Très Riches Heures du Duc de Berry, fol. 166r. © Musée Condé, Wikimedia Commons, Public Domain.

Abb. 3.3.14 Maestro di San Severino Firenze: Feierlicher Exorzismus. © Museo Horne, Florenz.

Abb. 3.3.15 Austreibung eines Dämons durch den hl. Martin. Meister des Martinsretabels, Flügelaltar aus St. Katharein an der Laming, um 1440, linker Flügel oben. © Graz Diözesanmuseum, Inv.-Nr. 316–318.

Abb. 3.3.16 Giotto di Bondone: Der hl. Franziskus befreit die Stadt Arezzo von Dämonen.

Fresko in der Oberkirche von S. Francesco in Assisi (um 1295/1300). © Wikimedia Commons, Public Domain.

Kap. 3.4:

Abb. 3.4.1　Dämonenkonzil, aus: Robert de Boron: L'Estoire de Merlin (ca. 1280–1290). © Paris, Bibliotheque nationale Ms fr. 95, fol. 113v.

Abb. 3.4.2　Dr. Faustus in einem magischen Kreis: Titelseite des Schauspiels *The Tragical History of Doctor Faustus* von Christopher Marlowe, London 1616. © Wikimedia Commons, Public Domain.

Abb. 3.4.3　Magischer Kries mit *characteres* als Illustration zur Geschichte der Hexe von Endor. Holzschnitt von Johann Teufel in der Lutherbibel 1572: Martin Luther, Biblia Das ist: Die gantze heilige Schrifft Deudsch, Hans Krafft, Wittenberg 1572, S. 197. © Württembergische Landesbibliothek, Stuttgart, lizensiert unter CreativeCommons-Lizenz CC BY-SA 4.0.

Kap. 4

Abb. 4.1　Naive Darstellung der Versuchung Christi durch den Teufel mit der Aufforderung, einen Stein in Brot zu verwandeln. Holzkirche St. Michael in Binarowa, Galizien, Südostpolen, 16. Jahrhundert. © Foto: R. Simek.

Abb. 4.2　Absturz des Simon Magus durch das Gebet des Petrus. Holzschnitt aus der Nürnberger Chronik von 1493. © Wikimedia Commons, Public Domain.

Abb. 4.3　Typisches Monumentalfresko des hl. Christophorus in der Abteikirche des Stifts St. Lambrecht, Steiermark (Ende 14. Jahrhundert). © Foto: Dieter Hölzli, mit freundlicher Erlaubnis.

Abb. 4.4　Theophilus schließt einen Vertrag mit dem Teufel; Maria empfängt den Vertrag vom Teufel zurück. Sogenannter Psalter der Königin Ingeborg (um 1195), Ms. 9, fol. 35v und 36r. © Musée Condé, Chantilly.

Abb. 4.5　Papst Silvester II. und der Teufel. Aus der Kaiser- und Papstchronik in der Handschrift Cod. Pal. germ. 137 fol. 216v (um 1460). © Universitätsbibliothek Heidelberg, Creative-Commons-Lizenz CC-BY-SA 4.0.

Abb. 4.6:　Älteste Abbildung des Hexenflugs, der ketzerischen Vaudoises. Miniatur in einer Handschrift von Martin Le France, Le champion des dames, 1451, fol. 195v. © Bibliotheque Nationale Ms franc. 12476, fol. 195v, Wikimedia Commons, Public Domain.

Abb. 4.7　Ritt einer Hexe auf einem Wolf. Holzschnitt von Johann Zainer, in: Ulrich Molitor: *De lamiis et phitonicis mulieribus*. Reutlingen (um 1489). © Wikimedia Commons, Public Domain.

Abb. 4.8   Hexen in Tierverwandlung reiten auf einem Besen. Holzschnitt von Johann Zainer, in: Ulrich Molitor: *De lamiis et phitonicis mulieribus*. Reutlingen (um 1489). © Wikimedia Commons, Public Domain.

Abb. 4.9   Teufelsbuhlschaft: Der Teufel, durch Schwanz und Vogelfüße kenntlich, verführt eine Frau. Holzschnitt von Johann Zainer, in: Ulrich Molitor: *De lamiis et ph itonicis mulieribus*. Reutlingen (um 1489). © Wikimedia Commons, Public Domain.

Abb. 4.10   Das *Osculum Infame* – Hexen küssen den Anus des Teufels, Holzstich aus: Francesco Maria Guazzo: *Compendium Maleficarum*, Mailand 1608. © Scan: Derek Smootz, Wikimedia Commons, Public Domain.

Abb. 4.11   Ein Hexensabbat nach der Vorstellung des ausgehenden 16. Jahrhunderts: sogen. Trierer Hexentanzplatz. Illustriertes Flugblatt, gedruckt in Singen 1594. © Wikimedia Commons, Public Domain.

Abb. 4.12   Ein Hexensabbath nach der Vorstellung eines protestantischen Schweizer Geistlichen. Johann Jakob Wick: Hexensabbat, Zürich (um 1570). © Wikimedia Commons, Public Domain.

Abb. 4.13   Wetterzauber durch zwei Hexen am Kessel. Holzschnitt von Johann Zainer, in: Ulrich Molitor: *De lamiis et phitonicis mulieribus*. Reutlingen (um 1489). © Wikimedia Commons, Public Domain.

Abb. 4.14   Der hl. Stephanus wird als Säugling von einem Dämon entführt. Martino di Bartolomeo di Biagio: Sieben Szenen aus der Stephanus-Legende. Tafelmalerei, frühes 15. Jahrhundert. © Bildarchiv Foto Marburg / Foto: unbekannt; Aufn.-Datum: 1937, Frankfurt (Main), Städel Museum.

Abb. 4.15   Titelblatt einer Ausgabe des *Malleus maleficarum* (Hexenhammer), Venedig 1574; Bibliothek des Klosters Weingarten. © Wikimedia Commons, Public Domain.

BIBLIOGRAPHIE

Quellen

Actus Petri con Simone:
> Ricardus Adelbertus Lipsius; Maximilianus Bonnet (Hg.): Acta Apostolorum apocrypha, Leipzig 1891, I, 45–103.
>
> Wilhelm Schneemelcher (Hg.); Edgar Hennecke (Übers.): Neutestamentliche Apokryphen in deutscher Übersetzung, 4. Aufl., Tübingen 1971, 191–221.

Adam of Eynsham: *Magna vita sancti Hugonis*:
> David Hugh Farmer; Decima L. Douie: Adam of Eynsham: Magna vita sancti Hugonis (The life of Saint Hugh of Lincoln), 2 Bde., London 1961/1962.

Adam von Bremen: *Gesta Hammaburgensis ecclesiae pontificum*:
> Magister Adam Bremensis: Gesta Hammaburgensis Ecclesiae Pontificum. Neu übertragen von Werner Trillmich, in: Quellen des 9. und 11. Jahrhunderts zur Geschichte der Hamburgischen Kirche und des Reiches, 5. Aufl., Darmstadt 1978 (= Freiherr vom Stein-Gedächtnisausgabe 11).

Aelfric: *De falsis diis*:
> John C. Pope (Hg.): Homilies of Ælfric: A supplementary collection, Bd. 2, London, New York, Toronto 1968.

Agathu saga meyjar
> Carl Richard Unger (Hg.): Heilagra manna sögur 1, Christiania 1877, 1–14.

Athanasius: *Vita Antonii*.
> Athanasius: Leben des heiligen Antonius (Vita Antonii), in: Athanasius, Ausgewählte Schriften, Bd. 2, übersetzt von Anton Stegmann und Hans Mertel, München 1917 (= Bibliothek der Kirchenväter R. 1, Bd. 31).

Augustinus von Hippo: *De civitate Dei*:
> Sancti Aurelii Augustini Episcopi De civitate Dei Libri XXII. Rec. Emanuel Hoffmann, Vol. I–II, Prag, Wien, Leipzig 1899–1900 (= Corpus Scriptorum Ecclesiasticorum Latinorum 40).
>
> Aurelius Augustinus: Zweiundzwanzig Bücher über den Gottesstaat, übersetzt von Alfred Schröder, Kempten 1911–1916 (= Bibliothek der Kirchenväter 16).
>
> Sancti Aurelii Augustini Opera Omnia. Septimus Tomus. Paris 1846, Ed. nova Reprint 1969 (= J. P. Migne: Patrologiae Cursus Completus. Series Latina 41).

Augustinus von Hippo: *De doctrina christiana*:
    Aurelii Augustini Opera Omnia 4,1 (= CCI Ser. Lat. 32), Turnhout 1962.

Biterolf und Dietleib:
    Oskar Jänicke (Hg.): Biterolf und Dietleib, Berlin, Zürich 1963 (= Deutsches Heldenbuch I).

Boccaccio, Giovanni: *De mulieribus claris*:
    Giovanni Boccaccio: Von berühmten Frauen. Ausgewählt und neu übersetzt von Martin Hallmannsecker, München 2021.

Bonifatius: *Epistolae*:
    Michael Tangl (Hg.): Die Briefe des Heiligen Bonifatius und Lullus, Berlin 1916 (= MGH Epistolae selectae I).

Burchard von Worms: *Corrector*:
    J. P. Migne: Liber Decretorum. Burchhardus Wormaciensis, Paris 1841–1864 (= Patrologiae cursus completus. Series Latina, 140), col. 537–1058.
    Corrector Burchardi, in: F. W. H. Wasserschleben, Die Bußordnungen der abendländischen Kirche, Graz 1958, 624–682.

Caesarius von Heisterbach: *Dialogus miraculorum*:
    Nösges, Nikolaus; Schneider, Horst: Caesarius von Heisterbach. Dialogus miraculorum. Dialog über die Wunder, Bd. 1–5, Turnhout 2009.

Capitulatio de partibus Saxoniae:
    Capitularia regum Francorum I, in: Monumenta Germaniae Historica, Hannover 1883, 68–70.

Chronik von den Ersten Dingen:
    Serge A. Zenkovsky: Medieval Russia's Epics, Chronicles, and Tales, Harvard 1974.

Descensus ad Inferos, s. *Euuangelium Nicodemi*

Dionysius Areopagita, s. *Pseudo-Dionysius Areopagita*

Egenolf von Staufenberg: *Peter von Staufenberg*:
    Eckhard Grunewald (Hg.): Der Ritter von Staufenberg. Tübingen 1979 (= Altdeutsche Textbibliothek 88).

Egils saga einhenda ok Ásmundar berserkjabana:
    Die Saga vom einhändigen Egil und dem Berserkertöter Asmund, in: Rudolf Simek et al. (Hg.), Sagas aus der Vorzeit. Bd. 3: Trollsagas, Stuttgart 2020, 177–208.

Einhard: *Translatio et Miracula Marcellini et Petri*:
    In: Georg Waitz (Hg.): Monumenta Germaniae Historica. Scriptores 15/1, Hannover 1887, 238–264.

Eiríks saga víðförla:
> Die Saga von Eirek dem Weitgereisten, in: Rudolf Simek et al. (Hg.), Sagas aus der Vorzeit. Bd. 3: Trollsagas, Stuttgart 2020, 389–400.

Euuangelium Nicodemi:
> Wilhelm Schneemelcher (Hg.); Edgar Hennecke (Übers.): Neutestamentliche Apokryphen in deutscher Übersetzung, 4. Aufl., Tübingen 1971, 330–358.

Felix: *Vita Sancti Guthlaci*:
> Bertram Colgrave (Hg./Übers.): Felix's Life of Saint Guthlac, Cambridge 1985.

Gerald of Wales: *Topographia Hibernica*:
> Topographia Hibernica Giraldi Cambrensis, in: Gerald of Wales, Opera, Vol. V., London 1861, Reprint New York 1966.

Gervasius von Tilbury: *Otia imperialia*:
> Felix Liebrecht: Des Gervasius von Tilbury Otia imperialia in einer Auswahl, Hannover 1856.
>
> S. E. Banks; J. W. Binns (Übers.): Gervase of Tilbury: Otia Imperialia. Recreation for an emperor, Oxford 2002.
>
> Heinz Erich Stiene (Übers.): Gervasius von Tilbury: Kaiserliche Mußestunden, 2 Bde., Stuttgart 2009.

Gregor der Große: *Dialoge (Dialogi de vita et miraculis patrum Italicorum)*:
> Des heiligen Papstes und Kirchenlehrers Gregor des Grossen vier Bücher Dialoge, aus dem Lateinischen übers. von Joseph Funk, Kempten, München 1933 (= Des heiligen Papstes und Kirchenlehrers Gregor des Grossen ausgewählte Schriften Bd. 2; Bibliothek der Kirchenväter, 2. Reihe, Bd. 3).

Gregor von Nyssa: *Reden*:
> Friedrich Affeldt (Übers.): Gregor von Nyssa: Reden, o. O. 2018 (= Frühchristliche Schriften 3).

Guibert de Nogent: *De vita sua*:
> C. C. Swinton Bland: *The Autobiography of Guibert, Abbot of Nogent-sous-Coucy*, London, New York 1925.

Hartlieb, Johann: *Buch aller verbotenen Kunst*:
> Frank Fürbeth (Hg./Übers.): Johannes Hartlieb: Das Buch aller verbotenen Künste. Mit einer Einführung, einem Nachwort und zeitgenössischen Holzschnitten, Frankfurt am Main 1989.
>
> Dora Ulm (Hg.): Johann Hartlieb: Buch aller verbotenen Kunst. Untersucht und herausgegeben von Dora Ulm, Halle 1914.

Herbort von Fritzlar: *Liet von Troye*:

>Georg Carl Frommann (Hg.): Herbort's von Fritzlâr liet von Troye, Quedlinburg, Leipzig 1837 (= Bibliothek der gesammten deutschen National-Literatur 5).

Hildegard von Bingen: *Liber vitae meritorum*:

>Heinrich Schipperges (Übers./Hg.): Hildegard von Bingen: Der Mensch in der Verantwortung. Das Buch der Lebensverdienste – Liber Vitae Meritorum, Freiburg, Basel, Wien 1994.

Honorius Augustodunensis: *Elucidarius*:

>Honorii Augustodunensis Operum pars quarta. Paris 1854, Reprint 1995 (= J. P. Migne: Patrologiae Cursus Completus. Series Latina 172), 1109–1176.

Honorius Augustodunensis: *Liber XII quaestionum*:

>Honorii Augustodunensis Operum pars quarta. Paris 1854, Reprint 1995 (= J. P. Migne: Patrologiae Cursus Completus. Series Latina 172), 1177–1186.

Hrabanus maurus: *De rerum naturis*:

>Hrabanus Maurus B. Rabani Mauri, Fuldensis Abbatis et Moguntini Archiepiscopi Opera Omnia. Ed. J.-P. Migne. Paris 1850, Reprint Turnhout 1969 (= PL 111).

Isidor von Sevilla: *Etymologiae*:

>W. M. Lindsay (Hg.): Isidori Hispalensis Episcopi Etymologiarum sive Originum Libri XX, 2 Bde., Oxford 1985.

>Lenelotte Möller (Übers.): Die Enzyklopädie des Isidor von Sevilla, Wiesbaden 2008.

Jacobus de Vitriaco: *Sermones*:

>Thomas Frederick Crane (Hg.): The exempla or illustrative stories from the Sermones vulgares of Jacques de Vitry, London 1890, https://babel.hathitrust.org/cgi/pt?id=hvd.tz1huk&view=1up&seq=220, Zugriff 03.01.2022.

>Joseph Greven (Hg.): Die Exempla aus den Sermones feriales et communes des Jakob von Vitry, Heidelberg 1914.

Jacobus de Voragine: *Legenda aurea*:

>Johann Georg Theodor Graesse (Hg.): Jacobi a Voragine Legenda aurea: vulgo historia Lombardica dicta, Dresden 1846; 3. Aufl., Breslau 1890.

>Richard Benz (Übers.): Die Legenda aurea des Jacobus de Voragine, Heidelberg 1975; 13. Aufl., Gütersloh 1999.

Jansen Enikel, *Weltchronik*:

>Philipp Strauch (Hg.): Jansen Enikels Werke (MGH Deutsche Chroniken III), Hannover/Leipzig 1900, S. 1-596.

Jenaer Hussitencodex / Jensky Codex:

    http://www.manuscriptorium.com/apps/index.php?direct=record&pid=AIPDIG-NMP___IV_B_24_____3TQMIOE-cs#search, Zugriff 14.09.2022.

John of Salisbury: *Polycraticus*:

    Cary J. Nederman (Hg.): Policraticus, sive de nugis curialium et de vestigiis philosophorum, Cambridge 1990.

Jordanes: *Getica*:

    Theodor Mommsen (Hg.): Iordanis Romana et Getica (2, 24), Hannover 1882 (= MGH Auctores Antiquissimi 5,1), 89.

Konrad von Megenberg: *Buoch von den naturleichen Dingen*:

    Franz Pfeiffer (Hg.): Das Buch von der Natur von Konrad von Megenberg, Stuttgart 1861.

Konungs skuggsjá:

    Rudolf Meissner (Übers.): Der Königsspiegel. Konungsskuggsjá, Halle 1944, Reprint Leipzig, Weimar 1978.

Kramer, Heinrich: *Malleus maleficiarum*:

    J. W. R. Schmidt: Der Hexenhammer von Jakob Sprenger und Heinrich Institoris. Teil 1, Duderstadt 1923.

Lambert von St. Omer: *Liber floridus*:

    Albert Derolez (Hg.): Lamberti S. Avdomari canonici Liber floridus, Gent 1968.

Leo Marsicanus: *Chronica monasterii Casinensis*:

    Hartmut Hoffmann (Hg.): Die Chronik von Montecassino (Chronica monasterii Casinensis), Hannover 1980 (= MGH Scriptores 34).

Liutolf von Mainz: *Translatio S. Severi*:

    Translatio S. Severi, 3, hg. von Ludwig von Heinemann, in: MGH Scriptores, XV/1, Hannover 1878, 289–293.

Lucidarius:

    Felix Heidlauf (Hg.): Lucidarius, aus der Berliner Handschrift, Berlin 1915 (= Deutsche Texte des Mittelalters 28).

Lutwin: *Eva und Adam*:

    Mary-Bess Halford: Lutwin's ›Eva und Adam‹. Study – Text – Translation, Göppingen 1984 (= Göppinger Arbeiten zur Germanistik 401).

Map, Walter: *De Nugis Curialium*:

    M. R. James; C. N. L. Brooke; R. A. B. Mynors (Hg.): Walter Map: De Nugis Curialium: Courtiers' Trifles, Oxford 1983 (= Oxford Medieval texts).

Maríu saga:

    Maríu saga, hg. von Carl Richard Unger, Christiania 1871.

Martin von Braga: *De Correctione Rusticorum*:
> Carl Paul Caspari (Hg.): Martin von Bracara's Schrift De Correctione Rusticorum, Oslo 1883.

Matthäus Parisiensis: *Historia Anglorum*:
> Fr. Madden (Hg.): Chronica minora sive historia anglorum, 1.3, London 1866–1869 (= Rolls series).

Molitor, Ulrich: *Von den vnholden oder hexen*:
> *Von den Unholden oder Hexen*, Ulm, vor 1500.

Nider, Johannes: *Praeceptorium divinae legis*:
> Praeceptorium divinae legis, sive Expositio decalogi, Augsburg 1475.

Nider, Johannes, *Formicarius*
> Formicarius. Köln ca. 1480. (https://www.ub.uni-koeln.de/cdm/compoundobject/collection/inkunabeln/id/125979/rec/1, Zugriff 20.09.2022).

Olaus Magnus: *Historia de Gentibus Septentrionalibus*:
> Olaus Magnus: Historia de Gentibus Septentrionalibus, Rom 1555.

Passional:
> Friedrich Karl Köpke (Hg.): Das Passional: eine Legenden-Sammlung des dreizehnten Jahrhunderts. Quedlinburg 1852.
>
> Annegret Haase; Martin Schubert; Jürgen Wolf: Passional. Buch 1: Marienleben, Berlin 2013 (= Deutsche Texte des Mittelalters 91,1).

Petrus Alfonsi: *Dialogus contra Iudaeos*:
> Petri Alfonsi Dialogus. Kritische Edition mit deutscher Übersetzung, hg. von Carmen Cardelle de Hartmann, Darko Senekovic, Thomas Ziegler, übersetzt von Peter Stotz, Firenze 2018.
>
> Klaus-Peter Mieth (Hg.): Der Dialog des Petrus Alfonsi. Seine Überlieferung im Druck und in den Handschriften. Textedition, Diss. Berlin, 1982.

Petrus Comestor: *Historia scholastica*:
> Eruditissimi viri magistri Petri Comestoris Historia Scholastica, hg.v. J.-P. Migne. Paris 1855 (= PL 198).

Platon: *Apologia Sokratous*:
> http://www.zeno.org/Philosophie/M/Platon/Des+Sokrates+Verteidigung, Zugriff 14.09.2022.

Praetorius Johannes: *Blockes-Berges Verrichtung*:
> Wolfgang Möhrig (Hg.): Johannes Praetorius: Hexen-Zauber- und Spukgeschichten aus dem Blocksberg, Frankfurt am Main 1979.

Pseudo-Augustinus: Homilia de sacrilegiis:
: Carl Paul Caspari: Eine Augustin fälschlich beigelegte Homilia de sacrilegiis, Christiania 1886.

Pseudoklementinen:
: Bernhard Rehm (Hg.): Die Pseudoklementinen. I: Homilien, Berlin 1953, 2. Aufl. 1969 (besorgt v. Franz Paschke), 22,2ff.; II: Rekognitionen in Rufins Übersetzung, Berlin 1965, Buch II, 7 – 70: 55 – 93.
: Wilhelm Schneemelcher (Hg.); Edgar Hennecke (Übers.): Neutestamentliche Apokryphen in deutscher Übersetzung. 4. Aufl., Tübingen 1971, Bd. 2, 382 – 387.

Pseudo-Dionysius Areopagita: Über die himmlische Hierarchie:
: Stiglmayr, Josef (Übers.): Des Heiligen Dionysius Areopagita angebliche Schriften über die beiden Hierarchien, Kempten, München 1911 (= Bibliothek der Kirchenväter), 1 – 88.

Richalm von Schöntal: Liber revelationum:
: Richalm von Schöntal: Liber revelationum, hg. von Paul Gerhard Schmidt, Hannover 2009 (= MGH. Quellen zu Geistesgeschichte des Mittelalters 24).

Rituale Romanum:
: Rituale Romanum. Pauli V. Pontificis Maximi jussu editum et a Benedicto XIV. auctum et castigatum cui novissima accedit, Tournai 1890.

Rosbach, Conrad: Paradeißgärtlein:
: Rosbach, Conrad: Paradeißgärtlein, darinnen die edelste und fürnembste Kräuter … beschriben sind, Frankfurt 1588, Nachdruck Hannover 1986.

Saxo Grammaticus: Gesta Danorum:
: Karsten Friis-Jensen (Hg.); Peter Fisher (Übers.): Saxo Grammaticus: Gesta Danorum The History of the Danes, 2 Bde., Oxford 2015.
: Peter Fisher (Übers.); Hilda Ellis Davidson: Saxo Grammaticus: The History of the Danes, Books I – IX, 2 Bde., Cambridge 1979 – 1980.

Seelentrost:
: Der seelen trost mit manigen hübschen Exempeln durch die zehen gebote vnd ander guotten lere, Augsburg: Anton Sorg 1483.

Snorri Sturluson: Edda:
: Finnur Jónsson (Hg.): Edda Snorri Sturlusonar, Kopenhagen 1900.

Snorri Sturluson: Heimskringla:
: Snorri Sturluson: Heimskringla I, hg. von Bjarni Aðalbjarnarson, Reykjavík 1941 (= Íslenzk fornrit 26 – 28).

Sörla þáttr:
> Die Geschichte von Sörli, in: Rudolf Simek et al. (Hg.), Sagas aus der Vorzeit. Bd. 1: Heldensagas, Stuttgart 2020, 253–265.

Stephan von Bourbon: *Tractatus de diversis materiis predicabilibus*:
> Jacques Berlioz; Jean-Luc Eichenlaub (Hg./Übers.): Stephani de Borbone [Étienne de Bourbon] Tractatus de diversis materiis predicabilibus, Prologus, Prima Pars. De Dono timoris / Humbert de Romans, Le Don de crainte ou l'Abondance des exemples, Turnhout 2002 (= Corpus Christianorum, Continuatio Mediaevalis 124).
>
> Susanne Baumgarte (Hg.): Summa bonorum. Eine deutsche Exempelsammlung aus dem 15. Jahrhundert nach Stephan von Bourbon, Berlin 1999.

Sulpicius Severus: *Vita sancti Martini*:
> Gerlinde Huber-Rebenich (Übers.): Sulpicius Severus: Vita sancti Martini – Das Leben des heiligen Martin. Lateinisch/deutsch, Stuttgart 2010.

Summa bonorum s. *Stephan von Bourbon*

Thomas von Aquin: *Summa Theologica*:
> Divi Thomae Aquinatis […] Summa Theologica. Editio Altera Romana, 6 Bde., Rom 1894.

Thomas von Cantimpré: *Bonum universale de apibus*:
> Thomae Cantipratani … apum … boni universalis, Douai 1597, https://archive.org/details/bub_gb_HS5SAAAAcAAJ/page/n3/mode/2up, Zugriff 10.03.2022 (Ausgabe Köln ca. 1473 als Digitalisat unter http://digital.ub.uni-duesseldorf.de/urn/urn:nbn:de:hbz:061:1-311478, Zugriff 26.03.2020).

Thomas von Cantimpré: *Vita Ioannis Cantipratensis*:
> in: Barbara Newman (Hg.), Thomas of Cantimpré: The collected Saints' Lives. Turnhout 2008.

Þorsteins saga Víkingssonar:
> Die Saga von Thorstein, Vikings Sohn, in: Rudolf Simek et al. (Hg.), Sagas aus der Vorzeit. Bd. 2: Wikingersagas, Stuttgart 2020, 13–69.

Väterbuch:
> Karl Reißenberger (Hg.): Das Väterbuch. Aus der Leipziger, Hildesheimer und Straßburger Handschrift, Berlin 1914, Nachdruck Dublin, Zürich 1967 (= Deutsche Texte des Mittelalters 22).

Vergil, *Georgica*:
> Des Publius Virgilius Maro Landbau. Vier Gesänge. Übersetzt und erklärt von Johann Heinrich Voss, Eutin, Hamburg 1789, https://www.projekt-gutenberg.org/vergil/georgica/georg4b.html, Zugriff 16.02.2022.

Vintler, Hans: *Pluemen der tugent*:
: Ignaz von Zingerle (Hg.): Hans Vintler: Pluemen der tugent, Innsbruck 1874.

Vinzenz von Beauvais: *Speculum Doctrinale*:
: Vincentii Bellovacensis Speculum Doctrinale, Douai 1624, Nachdruck Graz 1964.

Visio Baronti:
: Visio Baronti, in: Wilhelm Levison (Hg.), Monumenta Germaniae Historica. Scriptores rerum Merovingiarum V, Hannover 1910, 368–394.

Visio Tnugdali:
: Visio Tnugdali. Lateinisch und Altdeutsch, hg. von Albrecht Wagner, Erlangen 1892.

Vita Antonii deutsch:
: Karl Reißenberger: Das Väterbuch. Aus der Leipziger, Hildesheimer und Straßburger Handschrift, Berlin 1914, Nachdruck Berlin 1967 (= Deutsche Texte des Mittelalters 22).

Vita Eparchi:
: Bruno Krusch: Vita et virtutes Eparchi reclusi Ecolismensis, in: Passiones vitaeque sanctorum aevi Merovingici I, Hannover 1902 (= MGH SS Rer Merov 3), 550–556.

Vita Norberti Archepiscopi Magdeburgensis:
: Georg Heinrich (Hg.): Vita Norberti Archepiscopi Magdeburgensis, in: Historia aevi Salici, Hannover 1856 (= MGH SS Fol 12), 663–706.

Vitaspatrum:
: Williams, Ulla: Die ›Alemannischen Vitaspatrum‹, Tübingen 1996.

Völsunga saga:
: Die Saga von den Völsungen, in: Rudolf Simek et al. (Hg.), Sagas aus der Vorzeit. Bd. 1: Heldensagas, Stuttgart 2020, 89–170.

Vorauer Novelle:
: Anton E. Schönbach: Studien zur Erzählungsliteratur des Mittelalters II: Die Vorauer Novelle, Wien 1899 (= Sitzungsberichte der phil.-hist. Klasse der kaiserl. Akademie der Wissenschaften in Wien, Bd. 140, IV. Abhandlung), 42–68.

Wetti: *Vita S. Galli*:
: Bruno Krusch: Wetti: Vita S. Galli, Hannover, Leipzig 1902 (= Monumenta Germaniae Historica. Scriptores rerum Merovingiarum 4), 256–280.

Wolfram von Eschenbach: *Parzival*:
: Gottfried Weber: Wolfram von Eschenbach: Parzival, Darmstadt 1967.

Sekundärliteratur

Aertsen, Jan A.; Andreas Speer (Hg.): Geistesleben im 13. Jahrhundert, Berlin, Boston 2000 (= Miscellanae Mediaevalia 27).

Ahn, Gregor: Dämon / Dämonologie, in: Metzler-Lexikon Religion, Bd. 1, Stuttgart 1999, 239.

Ahn, Gregor; Manfred Dietrich (Hg.): Engel und Dämonen. Theologische, anthropologische und religionsgeschichtliche Aspekte des Guten und Bösen, Münster 1997 (= Forschungen zur Anthropologie und Religionsgeschichte 29).

Albu, Ioan: Die Inschriften der Stadt Hermannstadt aus dem Mittelalter und der Frühen Neuzeit, Hermannstadt 2002.

Almond, Philip C. (Hg.): Demonic possession and exorcism in early modern England. Contemporary texts and their cultural contexts, Cambridge et al. 2004.

Andia, Ysabel de; Peter Hofrichter (Hg.): Christus bei den Vätern, Innsbruck et al. 2004.

Ansorge, Jörg; Peter Kaute: Eine Korallenperlenkette aus Greifswald von um 1300, in: Archäologische Berichte aus Mecklenburg-Vorpommern 6 (1999), 69–79.

Bader, Richard-Ernst: Sator Arepo. Magie in der Volksmedizin, in: Medizinhistorisches Journal 22 (1987), H. 2/3, 115–134.

Bailey, Michael D.: Battling Demons: Witchcraft, Heresy, and Reform in the Late Middle Ages. University Park, PA 2003 (Magic in History).

Baron, Frank: Der Mythos des faustischen Teufelspakts. Geschichte, Legende, Literatur, Berlin, New York 2019 (= Frühe Neuzeit 223).

Bartlett, Robert: Why can the Dead do such Great Things? Saints and Worshippers from the Martyrs to the Reformation, Princeton, Oxford 2013.

Basso, Jessica (Hg.): Florenz. Kunst und Architektur, Potsdam 2015.

Baumhauer, Hermann: Sprechen die Dämonen noch? Mittelalterliche Skulpturen im Gmünder Museum, in: Ostalb-Einhorn 1 (1974), 262–267.

Baumgarte, Susanne (Hg.): Summa bonorum. Eine deutsche Exempelsammlung aus dem 15. Jahrhundert nach Stephan von Bourbon. Edition und Untersuchung, Berlin 1999 (= Texte des späten Mittelalters und der frühen Neuzeit 40).

Beck, Wolfgang: Taufgelöbnis, in: Reallexikon der Germanischen Altertumskunde 30 (2005), 306–308.

Beckers, Hartmut: Eine spätmittelalterliche deutsche Anleitung zur Teufelsbeschwörung mit Runenschriftverwendung, in: Zeitschrift für deutsches Altertum und Literatur 113 (1984), 136–145.

Benesch, Kurt: Magie. Von Hexen, Alchimisten und Wundertätern, Wien 1975.

Berger, Frederike et al. (Hg.): Symbolae Berolinenses für Dieter Harlfinger, Amsterdam 1993.

Bernt, Günter: Teufel. D. Literatur. I. Mittellateinische Literatur, in: Lexikon des Mittelalters, Bd. 8, München 1997, Sp. 586.

Beth, Karl: Dämonen, in: Eduard Hoffmann-Krayer; Hanns Bächthold-Stäubli (Hg.), Handwörterbuch des deutschen Aberglaubens, Berlin, Leipzig 1929/30, Sp. 140–168.

Biedermann, Hermenegild Maria: Dämonen, Dämonologie. C. Ostkirche, in: Lexikon des Mittelalters, Bd. 3, München 1986, Sp. 480–481.

Birch, Walter de Gray: The Book of Nunnaminster, i.e. the British Museum Ms. Harley 2965, Hampshire 1898.

Birkhan, Helmut: Magie im Mittelalter, München 2010.

Bisgaard, Lars (Hg.): Medieval spirituality in Scandinavia and Europe. A collection of essays in honour of Tore Nyberg, Odense 2001.

Blau, Ludwig: Das altjüdische Zauberwesen, Budapest 1898, 2. Aufl. 1914.

Blauert, Andreas: Frühe Hexenverfolgung. Ketzer-, Zauberei- und Hexenprozesse des 15. Jahrhunderts, Hamburg 1989 (= Sozialgeschichtliche Bibliothek des Junius 5).

Bloh, Ute von: Teuflische Macht. Das alte Böse, die böse Alte und die gefährdete Jugend, in: Klaus Ridder (Hg.), Fastnachtspiele. Weltliches Schauspiel in literarischen und kulturellen Kontexten, Tübingen 2009, 327–344.

Blum, Elisabeth: Das staatliche und kirchliche Recht des Frankenreichs in seiner Stellung zum Dämonen-, Zauber- u. Hexenwesen, Paderborn 1936.

Blume, Horst Dieter (Hg.): Platonismus und Christentum. Festschrift für Heinrich Dörrie, Münster 1985.

– Tiere, Dämonen und Menschen am Nachthimmel – Sternbilder des Mittelalters, in: Hartmut Böhme et al. (Hg.), Tiere, eine andere Anthropologie, Köln et al. 2004, 81–115.

Böcher, Otto: Dämonenfurcht und Dämonenabwehr. Ein Beitrag zur Vorgeschichte der christlichen Taufe, Stuttgart et al. 1970.

– Dämonen. I. Religionsgeschichtliches, in: Theologische Realenzyklopädie, Bd. 8, Berlin 1981, 270–274.

Bockmann, Jörn: Der Teufel steckt im Detail. Zur Erforschung der mittelalterlichen ›Teufelsliteratur‹ jenseits von Stoff-, Motiv- und Gattungsgeschichte (am Beispiel des Redentiner Osterspiels), in: Jean-Marie Vaentin (Hg.), Akten des XI. Internationalen Germanistenkongresses Paris 2005. Germanistik im Konflikt der Kulturen, Bern et al. 2008 (= Kulturwissenschaft vs. Philologie 5), 167–172.

– Turpiloquium Oder Wie handeln und sprechen die Teufel? Eine Relektüre von Strickers ›Richter und Teufel‹, in: ders.; Julia Gold (Hg.), Turpiloquium. Kommunikation mit Teufeln und Dämonen im Mittelalter und Früher Neuzeit, Würzburg 2017 (= Würzburger Beiträge zur Deutschen Philologie 41), 21 – 44.

Bockmann, Jörn; Julia Gold: Kommunikation mit Teufeln und Dämonen. Eine Einleitung – Literarische Konzepte von Teufeln und Dämonen, in: dies. (Hg.), Turpiloquium. Kommunikation mit Teufeln und Dämonen im Mittelalter und Früher Neuzeit, Würzburg 2017 (= Würzburger Beiträge zur Deutschen Philologie 41), 1 – 20.

– (Hg.): Turpiloquium. Kommunikation mit Teufeln und Dämonen im Mittelalter und Früher Neuzeit, Würzburg 2017 (= Würzburger Beiträge zur Deutschen Philologie 41).

Boesche, Hans-Ulrich: ›Exkurs 2‹, in: Klaus Düwel, Mittelalterliche Amulette aus Holz und Blei mit lateinischen und runischen Inschriften, in: Volker Vogel (Hg.), Ausgrabungen in Schleswig. Berichte und Studien 15, Neumünster 2001 (= Das Archäologische Fundmaterial II), 227 – 302, hier 289 – 290.

Böhme, Hartmut et al. (Hg.): Tiere, eine andere Anthropologie, Köln et al. 2004.

Bologne, Jean Claude: Magie und Aberglaube im Mittelalter. Von der Fackel zum Scheiterhaufen, Düsseldorf 2003.

Bonnetain, Yvonne S.: Hölle, in: Ulrich Müller; Werner Wunderlich (Hg.), Burgen, Länder, Orte, Konstanz 2008 (= Mittelalter-Mythen 5), 349 – 358.

Boureau, Alain: Satan the Heretic. The Birth of Demonology in the Medieval West, Chicago, London 2006 (frz. Orig.: Boureau, Alain: Satan hérétique. Paris 2004).

Boyer, Régis: Le monde du double. La magie chez les anciens Scandinaves, Paris 1986.

Brednich, Rolf Wilhelm et al. (Hg.): Enzyklopädie des Märchens. Handwörterbuch zur historischen und vergleichenden Erzählforschung, Bd. 13, Berlin, New York 2008 – 2010.

Briggs, Katherine Mary: An Anatomy of Puck. An Examination of Fairy Beliefs among Shakespeare and his Contemporaries, London 1959.

Bürgel, Johann Christoph: Der bekehrte Dämon: zwei subversive Gedichte im ›Sendschreiben vom Verzeihen‹ des Abu l-'Ala 'al-Ma 'arri, in: Saccone, Carlo (Hg.), La caduta degli angeli = The fall of the angels, Alessandria 2012, 1 – 24.

Bürger, Stefan; Maria-Christina Boerner: Der Teufel sitzt auf dem Detail. Spätmittelalterliche Zeugnisse von diabolischer Präsenz in Sakralbauwerken, in: Jörn Bockmann; Julia Gold (Hg.), Turpiloquium. Kommunikation mit Teufeln und Dämonen im Mittelalter und Früher Neuzeit, Würzburg 2017 (= Würzburger Beiträge zur Deutschen Philologie 41), 285 – 308.

Burnett, Charles: Magic and Divination in the Middle Ages. Texts and Techniques in the Islamic and Christian Worlds, Hampshire, Burlington 1996 (= Variorum Collected Studies Series).

– Scandinavian runes in a Latin magical treatise, in: ders., Magic and Divination in the

Middle Ages. Texts and Techniques in the Islamic and Christian Worlds, Hampshire, Burlington 1996, 419–429.
- Talismans: magic as Science? Necromancy among the Seven Liberal Arts, in: ders., Magic and Divination in the Middle Ages. Texts and Techniques in the Islamic and Christian Worlds, Hampshire, Burlington 1996, 1–15.

Burrichter, Brigitte: Die Höflichkeit des Teufels, in: Jörn Bockmann; Julia Gold (Hg.), Turpiloquium. Kommunikation mit Teufeln und Dämonen im Mittelalter und Früher Neuzeit, Würzburg 2017 (= Würzburger Beiträge zur Deutschen Philologie 41), 121–130.

Capretti, Elena: Von Heiligen und Dämonen, klassisch und manieristisch, in: Jessica Basso (Hg.), Florenz. Kunst und Architektur, Potsdam 2015, 372–409.

Carstensen, Jan; Gefion Apel (Hg.): »Verflixt!« – Geister, Hexen und Dämonen, Münster et al. 2013.

Caspari, Carl Paul: Eine Augustin fälschlich beigelegte Homilia de sacrilegiis, Christiania 1886.

Castelli, Enrico (Hg.): Cristianesimo e ragion di stato. L'umanesimo e il demoniaco nell'arte. Atti del II Congresso Internazionale dei Studi Umanistici, Rom 1953.

Cattin, Yves: Die Engel und ihr Bild im Mittelalter, Regensburg 2000.

Chave-Mahir, Florence: L'exorcisme des possédés dans l'Église d'Occident (xe–xive siècle), Turnhout 2011.

Chave-Mahir, Florence; Julien Véronèse (Hg.): Rituel d'exorcisme ou manuel de magie? Le manuscrit Clm 10085 de la Bayerische Staatsbibliothek de Munich (début du XVe siècle), Florenz 2015 (= Micrologus Library 73).

Chiesa, Paolo: Theophilus-Legende. I. Mittellateinische Literatur, in: Lexikon des Mittelalters, Bd. 8, München 1997, Sp. 667–668.

Chmielewski-Hagius, Anita: »Wider alle Hexerei und Teufelswerk …« Vom alltagsmagischen Umgang mit Hexen, Geistern und Dämonen, in: Sönke Lorenz; Jürgen Michael Schmidt (Hg.), Wider alle Hexerei und Teufelswerk. Die europäische Hexenverfolgung und ihre Auswirkungen auf Südwestdeutschland, Ostfildern 2004, 155–174.

Clunies Ross, Margaret: The Myth of Gefjon and Gylfi and its Function in Snorra Edda and Heimskringla, in: *Gefjon nordisk filologi 93 (1978)*, 149–165.

Cohn, Norman: Europe's Inner Demons. The Demonization of Christians in Medieval Christendom, London 1993.

Colpe, Carsten et al: Geister (Dämonen), in: Reallexikon für Antike und Christentum. Bd. 9, 1976, Sp. 546–797.

Conrads, Ulrich: Dämonen und Drolerien an romanischen und gotischen Kirchenbauten Frankreichs. Ein Beitrag zur Charakteristik zweier Bereiche mittelalterlicher Plastik, Marburg 1951.

Corpus der Segen und Beschwörungsformeln (Sachsen.digital), https://sachsen.digital/alle-sammlungen/nachlass-adolf-spamer-des-instituts-fuer-saechsische-geschichte-und-volkskunde/listenansicht/, Zugriff 14.09.2022.

Cox, John D.: The Devil and Society in the English Mystery Plays, in: Comparative Drama 28 (Winter 1994/95), H. 4, 407–438.

Crisciani, Chiara; Agostino Paravicini Bagliani: Alchimia e medicina nel Medioevo, Florenz 2003 (= Micrologus Library 9).

Csepregi, Ildikó; Charles Burnett (Hg.): Ritual Healing. Magic, Ritual and Medical Therapy from Antiquity until the Early Modern Period, Florenz 2012 (= Micrologus Library 48).

Dassmann, Ernst; Karl Suso Frank (Hg.): Pietas. Festschrift für Bernhard Kötting, Münster 1980.

Davidson, Hilda R. Ellis: The Seers Thumb, in: The Seer in Celtic and Other Traditions, Edinburgh 1989, 66–78.

Daxelmüller, Christoph: Dämonen, Dämonologie. B. Lateinisches Mittelalter. I. Allgemeiner Überblick, in: Lexikon des Mittelalters, Bd. 3, München 1986, Sp. 477–78.

– Teufel. B. Volkskunde, in: Lexikon des Mittelalters, Bd. 8, München 1997, Sp. 581–583.

– Glocke § 3. Volkskundliches, in: RGA, Bd. 12, Berlin, New York 1998, 215–216.

– Zauberpraktiken. Eine Ideengeschichte der Magie, Zürich 1993, Düsseldorf 2005.

Die Riegersburg und das Hexenmuseum, Graz 1989.

Diethart, Johannes M.: Eine Mumie als Kopfpolster. Makarios der Ägypter und die Dämonen, in: Biblos 47 (1998), 7–9.

Dinzelbacher, Peter: Die Realität des Teufels im Mittelalter, in: Peter Segl (Hg.), Der Hexenhammer. Entstehung und Umfeld des Malleus maleficarum von 1487, Köln, Wien 1988, 151–175.

– Der Kampf der Heiligen mit den Dämonen, in: Santi e demoni nell'alto medioevo occidentale, secoli V–XI, Spoleto 1989, 647–696.

– Angst im Mittelalter, Paderborn 1996.

– Monster und Dämonen am Kirchenbau, in: Ulrich Müller; Werner Wunderlich (Hg.), Dämonen, Monster, Fabelwesen, St. Gallen 1999, 103–126.

– ›Von der Hinterlist und den Tücken der Dämonen gegen die Menschen‹: Wandlungen der zisterziensischen Ordensspiritualität im Hochmittelalter, in: Lars Bisgaard (Hg.), Medieval spirituality in Scandinavia and Europe. A collection of essays in honour of Tore Nyberg, Odense 2001, 99–113.

– (Hg.): Religiosität und Mentalität des Mittelalters, Klagenfurt et al. 2003.

– Monster und Dämonen am Kirchenbau, in: ders. (Hg.), Religiosität und Mentalität des Mittelalters, Klagenfurt et al. 2003, 251–275.

- (Hg.): Körper und Frömmigkeit in der mittelalterlichen Mentalitätsgeschichte, Paderborn et al. 2007.
- »Von der Hinterlist und den Tücken der Dämonen gegen die Menschen«. Wandlungen der zisterziensischen Ordensspiritualität im Hochmittelalter, in: ders. (Hg.), Körper und Frömmigkeit in der mittelalterlichen Mentalitätsgeschichte, Paderborn et al. 2007, 181–196.

Dochhorn, Jan: Die Versuchung Jesu bei Lukas und Matthäus: Eine Geschichte von der Selbstfindung des Dämonenbezwingers und neuen Salomo, in: Jörn Bockmann; Julia Gold (Hg.), Turpiloquium. Kommunikation mit Teufeln und Dämonen im Mittelalter und Früher Neuzeit, Würzburg 2017 (= Würzburger Beiträge zur Deutschen Philologie 41), 233–258.

Dochhorn, Jan et al. (Hg.): Das Böse, der Teufel und Dämonen / Evil, the devil, and demons, Tübingen 2016.

Döllinger, Ignaz von: Die Papstfabeln des Mittelalters, München 1863.

Drexler, Wilhelm: Alte Beschwörungsformeln, in: Philologus 58 (NF 12), 594–616.

Düwel, Klaus: Buchstabenmagie und Alphabetzauber. Zu den Inschriften der Goldbrakteaten und ihrer Funktion als Amulette, in: Wolfram Drews; Christel Meier-Staubach (Hg.), Frühmittelalterliche Studien 22 (1988), 70–110. Nachdruck in: Wilhelm Heizmann; Morten Axboe (Hg.), Die Goldbrakteaten der Völkerwanderungszeit – Auswertung und Neufunde, Berlin, New York 2011, 475–523.

- Glocke. § 4: Glocken-Inschriften, in: RGA, Bd. 12, Berlin, New York 1998, 216–218.
- Mittelalterliche Amulette aus Holz und Blei mit lateinischen und runischen Inschriften, in: Volker Vogel (Hg.), Ausgrabungen in Schleswig. Berichte und Studien 15, Neumünster 2001 (= Das Archäologische Fundmaterial II), 227–302.

Dyrendal, Asbjørn: Demoner, Oslo 2006.

Edwards, Cyril: Heinrich von Morungen and the Fairy-Mistress Theme, in: Neil Thomas (Hg.), Celtic and Germanic Themes in European Literature, New York 1994, 13–30.

Ehrentraut, Hartmut: Bleierne Inschrifttafeln aus mittelalterlichen Gräbern, Diss. Bonn, 1951.

Elbern, Viktor Heinrich: Heilige, Dämonen und Magie an Reliquiaren des frühen Mittelalters, in: Santi e demoni nell'alto medioevo occidentale, secoli V–XI, Spoleto 1989, 951–980.

- Heilige, Dämonen und Magie an Reliquiaren des frühen Mittelalters, in: Viktor Heinrich Elbern; Johann Michael Fritz (Hg.), Elbern, Fructus operis II. Beiträge zur liturgischen Kunst des frühen Mittelalters. Zum 85. Geburtstag des Verfassers, Regensburg 2003, 353–410.

Elbern, Viktor Heinrich; Johann Michael Fritz (Hg.): Elbern, Fructus operis II. Beiträge zur liturgischen Kunst des frühen Mittelalters. Zum 85. Geburtstag des Verfassers, Regensburg 2003.

Elm, Kaspar: Rodulfus Glaber und die Ketzer: Über den Kampf gegen Satan und Dämonen oder über das Verhältnis von Klerikern und Laien zu Beginn des 11. Jahrhunderts, in: Conrad Eckart Lutz; Ernst Tremp (Hg.), Pfaffen und Laien – ein mittelalterlicher Antagonismus? Freiburger Colloquium 1996, Fribourg 1999, 9 – 32.

Engemann, Joseph: Zur Verbreitung magischer Übelabwehr in der nicht-christlichen und christlichen Spätantike, in: Jahrbuch für Antike und Christentum 18 (1975), 22 – 48.

Ernet, Detlef: Hexen- und Zauberkräuter, in: Die Riegersburg und das Hexenmuseum, Graz 1989, 100 – 107.

Ertl, Karin: Runen und Latein. Untersuchungen zu den skandinavischen Runeninschriften des Mittelalters in lateinischer Sprache, in: Klaus Düwel; Hannelore Neumann; Sean Nowak (Hg.), Runische Schriftkultur in kontinental-skandinavischer und -angelsächsischer Wechselbeziehung. Internationales Symposium in der Werner-Reimers-Stiftung vom 24. – 27. Juni 1992 in Bad Homburg, Berlin, New York 1994 (= Ergänzungsbände zum RGA 10), 328 – 390.

Esser, Dorothea: »Ubique diabolus – der Teufel ist überall«. Aspekte mittelalterlicher Moralvorstellungen und die Kulmination moralisierender Tendenzen in deutschen und niederländischen Weltgerichtsbildern des 15. Jahrhunderts, Erlangen 1991.

Fahringer, Karl (Hg.): »Von Dämonen, Gotteslästerern und der wilden Jagd«. Sagen, Legenden und andere merkwürdige Geschichten über und aus Mauerbach, Mauerbach 1992.

Fanger, Claire: Sacred and Secular Knowledge Systems in the »Ars Notoria« and the »Flowers of Heavenly Teaching« of John of Morigny, in: Andreas B. Kilcher; Philipp Theisohn (Hg.), Die Enzyklopädik der Esoterik. Allwissenheitsmythen und universalwissenschaftliche Modelle in der Esoterik der Neuzeit, Paderborn 2010, 155 – 175.

Filotas, Bernadette: Pagan Survivals, Superstitions, and Popular Culture in Early Medieval Pastoral Literature, Toronto 2005 (= Pontifical Institute of Medieval Studies 151).

Flasch, Kurt: Der Teufel und seine Engel. Geschichte einer Verführung, München 2015.

– Der Teufel und seine Engel. Die neue Biographie, 2. Aufl., München 2016.

Franz, Adolph: Die kirchlichen Benediktionen im Mittelalter, 2 Bde., Freiburg 1909.

Frenschkowski, Marco; Daniel Drascek: Teufel, in: Rolf Wilhelm Brednich et al. (Hg.), Enzyklopädie des Märchens. Handwörterbuch zur historischen und vergleichenden Erzählforschung, Bd. 13, Berlin, New York 2008 – 2010, Sp. 383 – 413.

Frey, Dagobert: Mensch, Dämon und Gott, in: Enrico Castelli (Hg.), Cristianesimo e ragion di stato. L'umanesimo e il demoniaco nell'arte. Atti del II Congresso Internazionale die Studi Umanistici, Rom 1953, 205 – 214.

Friebe, J. Georg: Schlangeneier & Drachenzungen. Fossilien in Volksmedizin und Abwehrzauber. Mit Bemerkungen zu Mineralien und Gesteinen in der antiken und mittelalterlichen Heilkunde. Sonderausstellung der Vorarlberger Naturschau Dornbirn/Österreich im Geologisch-Paläontologischen Museum Westfälische Wilhelms-Universität Münster. 02. Februar – 20. Mai 1997, Münster 1997.

Fritzsche, Carl: Die lateinischen Visionen des Mittelalters bis zur Mitte des 12. Jahrhunderts, in: Romanische Forschungen 2 (1886), 247–279.

Fürbeth, Frank: Sandrichter und Dämonen in der Geomanie des Mittelalters, in: Jörn Bockmann; Julia Gold (Hg.), Turpiloquium. Kommunikation mit Teufeln und Dämonen im Mittelalter und Früher Neuzeit. Würzburg 2017 (= Würzburger Beiträge zur Deutschen Philologie 41), 161–186.

Gadebusch Bondio, Mariacarla (Hg.): Blood in History and Blood Histories, Florenz 2005 (= Micrologus Library 13).

Gall, Dorothee: Augustinus' Abrechnung mit der Antike in De civitate Dei, in: Jochen Sauer (Hg.), Augustinus: De civitate Dei. Fachwissenschaftliche und fachdidaktische Zugänge, Heidelberg 2020, 11–46.

Gastgeber, Christian; Hermann Harrauer: Ein christliches Bleiamulett aus Schleswig, in: Volker Vogel (Hg.), Ausgrabungen in Schleswig. Berichte und Studien 15, Neumünster 2001 (= Das archäologische Fundmaterial 2), 207–226.

Gastgeber, Christian; Dominik Heher (Hg.): Das goldene Byzanz und der Orient, Schallaburg 2012.

Gerwing, Manfred: Teufel. A. Christliche Glaubensvorstellungen. II. Theologie, in: Lexikon des Mittelalters, Bd. 8, München 1997, Sp. 578–581.

Gier, Albert: Teufel. D. Literatur. II. Romanische Literaturen, in: Lexikon des Mittelalters, Bd. 8, München 1997, Sp. 586–588.

– Theophilus-Legende. II. Romanische Literaturen, in: Lexikon des Mittelalters, Bd. 8, München 1997, Sp. 668.

– Theophilus, in: Rolf Wilhelm Brednich et al. (Hg.), Enzyklopädie des Märchens. Handwörterbuch zur historischen und vergleichenden Erzählforschung, Bd. 13, Berlin, New York 2008–2010, Sp. 483–486.

Ginzburg, Carlo: Hexensabbat. Entzifferung einer nächtlichen Geschichte, Berlin 1990.

Gjerløw, Lilli: In principio, in: KLNM 7, København 1962, 430–432.

Gleißner, Reinhard: Teufel. D. Literatur. III. Englische Literatur, in: Lexikon des Mittelalters, Bd. 8, München 1997, Sp. 588–589.

Gnilka, Christian: Götter und Dämonen in den Gedichten Claudians, in: Antike und Abendland 18 (1973), 144–160.

Goetz, Hans-Werner: Die Wahrnehmung anderer Religionen und christlich-abendländi-

sches Selbstverständnis im frühen und hohen Mittelalter (5.–12. Jahrhundert), Berlin 2013.
- Gott und die Welt. Religiöse Vorstellungen des frühen und hohen Mittelalters. Teil I, Bd. 3, IV: Die Geschöpfe: Engel, Teufel, Menschen, Göttingen 2016.

Gold, Julia: *mit hilff oder zů tůn des bósen geists*. Kommunikation mit Teufeln und Dämonen in frühneuzeitlichen Hexereitraktaten am Beispiel Ulrich Molitors, in: Jörn Bockmann; Julia Gold (Hg.), Turpiloquium. Kommunikation mit Teufeln und Dämonen im Mittelalter und Früher Neuzeit, Würzburg 2017 (= Würzburger Beiträge zur Deutschen Philologie 41), 187–210.
- »Von den vnholden oder hexen«. Studien zu Text und Kontext eines Traktats des Ulrich Molitoris, Hildesheim 2016.

Görlach, Manfred: Theophilus-Legende. IV. Englische Literatur, in: Lexikon des Mittelalters, Bd. 8, München 1997, Sp. 669.

Götz, Roland: Der Dämonenpakt bei Augustinus: Sein Hintergrund in der spätantiken Dämonologie und seine Auswirkungen auf die »wissenschaftliche« Begründung des Hexenglaubens im Mittelalter, in: Georg Schwaiger (Hg.), Teufelsglaube und Hexenprozesse, München 1999 (= Beck'sche Reihe 337), 57–83.

Grabmayer, Johannes: »Cum anima mea corpus exueret«. Zur Visionsliteratur des Früh- und Hochmittelalters, in: Informationen zur Deutschdidaktik 3 (2001) 56–69.

Grabner, Elfriede (Hg.): Volksmedizin. Probleme und Forschungsgeschichte, Darmstadt 1967.

Graf, Arturo: Miti, Leggende e Superstizioni del Medio Evo. Prefazione, note e appendice di Giosue Bonfanti, Milano 1984.
- Satan, Beelzebub, Luzifer. Der Teufel in der Kunst, New York 2009.

Graus, František: Hagiographie und Dämonenglauben – zu ihren Funktionen in der Merowingerzeit, in: Santi e demoni nell'alto medioevo occidentale. Secoli V–XI, Spoleto 1989 (Settimane di studio del Centro Italiano di Studi suiʾAito Medioevo), Bd. I, 93–120.

Grebe, Anja: *Figura diaboli* – Begegnungen mit dem Teufel in der mittelalterlichen und frühneuzeitlichen Kunst, in: Jörn Bockmann; Julia Gold (Hg.), Turpiloquium. Kommunikation mit Teufeln und Dämonen im Mittelalter und Früher Neuzeit, Würzburg 2017 (= Würzburger Beiträge zur Deutschen Philologie 41), 259–284.

Grienberger, Theodor von: Der Münchener Nachtsegen, in: Zeitschrift für deutsches Altertum und deutsche Literatur 41 (1896/97), 335–363.

Griese, Sabine: Vervielfältigung und Verfestigung. Einblatt-Druckgraphik des 15. und frühen 16. Jahrhunderts, in: Literatur und Wandmalerei II: Konventionalität und Konversation. Burgdorfer Colloquium 2001, hg. von Eckart C. Lutz, Johanna Thali und René Wetzel, Tübingen 2005, 335–359.

Grolimund, Basilius: Christus, der Sieger über die Dämonen: sein Werk als Exorzist im Lichte der griechischen Kirchenväter, in: Ysabel de Andia; Peter Hofrichter (Hg.), Christus bei den Vätern, Innsbruck et al. 2004, 140–169.

Große, Peggy et al. (Hg.): Monster. Fantastische Bilderwelten zwischen Grauen und Komik, Nürnberg 2015.

Großer Katechismus der katholischen Religion, Wien 1910.

Grunewald, Eckhard: ›Der túfel in der helle ist úwer schlaf geselle‹. Heidnischer Elbenglaube und christliches Weltverständnis im Ritter von Staufenberg, in: Peter Dinzelbacher; Dieter R. Bauer (Hg.), Volksreligion im hohen und im späten Mittelalter, Paderborn 1985, 129–143.

Gschwantler, Otto: Die Überwindung des Fenriswolfs und ihr christliches Gegenstück bei Frau Ava, in: ders., Heldensage und Bekehrungsgeschichte. Gesammelte Aufsätze zur Heldensage in der Historiographie und zur Bekehrungsgeschichte Skandinaviens, hg. von R. Simek, Wien 2010 (= SMS 16), 423–445.

– Licht und Paradies. Fürbitten für Verstorbene auf schwedischen und dänischen Runeninschriften und ihr Verhältnis zur lateinischen Totenliturgie, in: ders., Heldensage und Bekehrungsgeschichte. Gesammelte Aufsätze zur Heldensage in der Historiographie und zur Bekehrungsgeschichte Skandinaviens, hg. von R. Simek, Wien 2010 (= SMS 16), 446–462.

Gurndin Weber, Brigitte: Dämonen im Mittelalter. Theologische und volkstümliche Anschauungen, Innsbruck 1996.

Haberlandt, Artur: Besenritt, in: Eduard Hoffmann-Krayer; Hanns Bächtold-Stäubli (Hg.), Handwörterbuch des deutschen Aberglaubens, Bd. 1, Berlin, Leipzig 1927, Sp. 1147–1150.

Habiger-Tuczay, Christa: Magie und Magier im Mittelalter, München 1992.

– Der Dämonenpakt in den mittelalterlichen Quellen, in: Amsterdamer Beiträge zur älteren Germanistik 43–44 (1995), 221–240.

– Hexen, in: Ulrich Müller; Werner Wunderlich (Hg.), Dämonen, Monster, Fabelwesen, St. Gallen 1999, 319–329.

– Incubus, in: Ulrich Müller; Werner Wunderlich (Hg.), Dämonen, Monster, Fabelwesen, St. Gallen 1999, 333–341.

Haefele, Hans Frieder: Teufel und Dämon in den Gesta Karoli, in: Schweizerisches Archiv für Volkskunde 51 (1955), 5–20.

Hahn, Karl August (Hg.): Kleinere Gedichte von dem Stricker, Quedlinburg, Leipzig 1839

(= Bibliothek der gesamten deutschen National-Literatur von der ältesten bis auf die neuere Zeit).

Halford, Mary-Bess: Illustration and Text in Lutwin's Eva und Adam, Göppingen 1980.

Hall, Alaric: Elves in Anglo-Saxon England. Matters of Belief, Health, Gender and Identity, Woodbridge 2007 (= Anglo-Saxon Studies 8).

Halm, Peter, Der schreibende Teufel, in: Castelli Enrico (Hg.), Cristianesimo e ragion di stato. L'umanesimo e il demoniaco nell'Arte. Atti del II Congresso Internazionale di Studi Umanistici, Rom 1952, 235–249.

Hammerstein, Reinhold: Diabolus in musica. Studien zur Ikonographie der Musik im Mittelalter, München 1974 (= Neue Heidelberger Studien zur Musikwissenschaft 6).

Hampp, Irmgard: Beschwörung, Segen und Gebet, Stuttgart 1961.

Hansen, Joseph: Zauberwahn, Inquisition und Hexenprozesse im Mittelalter und die Entstehung der grossen Hexenverfolgung, München 1900, Nachdruck Aalen 1964.

– (Hg.): Quellen und Untersuchungen zur Geschichte des Hexenwahns und der Hexenverfolgung im Mittelalter: Mit einer Untersuchung der Geschichte des Wortes Hexe von Johannes Franck, Bonn 1901, Nachdruck Hildesheim 1963.

Harmenig, Dieter: Superstitio. Überlieferungs- und theoriegeschichtliche Untersuchungen zur kirchlich-theologischen Aberglaubensliteratur im Mittelalter, Berlin 1979.

– »aufsecz« und »zuosatz«. Der Fall der Hexen, in: Ferdinand Seibt; Eberhard, Winfried (Hg.), Europa 1500. Integrationsprozesse im Widerstreit: Staaten, Regionen, Personenverbände, Christenheit, Stuttgart 1987, 510–525.

– Hexenbilder des späten Mittelalters – Kombinatorische Topik und ethnographischer Befund, in: Peter Segl (Hg.), Der Hexenhammer. Entstehung und Umfeld des Malleus maleficarum von 1487, Köln, Wien 1988, 177–194.

Härting, Ursula Alice (Hg.): Himmelschöre & Höllenkrach. Musizierende Engel und Dämonen, Hamm 2006.

Hartmann, Marie: Domini est salus, in: Mirko Breitenstein; Christian Schmidt (Hg.), Medialität und Praxis des Gebets, Berlin, Boston 2019 (= Das Mittelalter 24, H. 2), 409–430.

Haug, Walter: Der Teufelspakt vor Goethe oder Wie der Umgang mit dem Bösen zu Beginn der Neuzeit in die Krise gerät, in: ders., Die Wahrheit der Fiktion. Studien zur weltlichen und geistlichen Literatur des Mittelalters und der frühen Neuzeit, Tübingen 2003, 88–112.

Heim, Richard: Incantamenta magica graeca latina, in: Jahrbuch für Philosophie und Pädagogik, Suppl. NF 19 (1893), 463–576.

Heusinger, Sabine von: Ketzerverfolgung Predigt und Seelsorge – Die Dominikaner in der

Stadt, in: Sabine von Heusinger et al. (Hg.), Die deutschen Dominikaner und Dominikanerinnen im Mittelalter, Berlin, Boston 2016, 3 – 20.

Heusinger, Sabine von et al (Hg.): Die deutschen Dominikaner und Dominikanerinnen im Mittelalter, Berlin, Boston 2016.

Helbling-Gloor, Barbara: Natur und Aberglaube im *Policraticus* des Johannes von Salisbury, Diss. Zürich, Einsiedeln 1956.

Hellgardt, Ernst: Die deutschen Zaubersprüche und Segen im Kontext ihrer Überlieferung (10. bis 13. Jahrhundert). Eine überlieferungsgeschichtliche Skizze, in: Atti Academia Peloritana dei Pericolanti. Classe di lettere e Belle Arte 71 (1995), 5 – 62.

Hentschel, Frank: Der verjagte Dämon. Mittelalterliche Gedanken zur Wirkung der Musik aus der Zeit um 1300: mit einer Edition der Quaestiones 16 und 17 aus Quodlibet VI des Petrus d'Auvergne, in: Jan A. Aertsen; Andreas Speer (Hg.), Geistesleben im 13. Jahrhundert. Berlin, Boston 2000 (= Miscellanae Mediaevalia 27), 395 – 421.

Herkommer, Hubert (Hg.): Engel, Teufel und Dämonen. Einblicke in die Geisterwelt des Mittelalters, Basel 2006.

Herold, Ludwig: Orakel, in: Eduard Hoffmann-Krayer; Hanns Bächthold-Stäubli (Hg.), Handwörterbuch des deutschen Aberglaubens, Bd. 6, Berlin, Leipzig 1934/35, Sp. 1255 – 1294.

Hersperger, Patrick: Kirche, Magie und »Aberglaube«. Superstitio in der Kanonistik des 12. und 13. Jahrhunderts, Köln, Weimar, Wien 2010 (= Forschungen zur kirchlichen Rechtsgeschichte und zum Kirchenrecht 31).

Hexen. Mythos und Wirklichkeit, München 2009.

Hildebrand-Schat, Viola: Die Danziger Gebote-Tafeln als Spiegel ihrer Zeit, in: Acta Universitatis Nicolai Copernici 47 (2011), 505 – 525.

Hödl, Ludwig: Dämonen, Dämonologie. B. Lateinisches Mittelalter. III. Scholastische Dämonologie, in: Lexikon des Mittelalters, Bd. 3, München 1986, Sp. 478 – 480.

Hoffmann-Krayer, Eduard; Hanns Bächthold-Stäubli (Hg.): Handwörterbuch des deutschen Aberglaubens, Bd. 1, Berlin, Leipzig 1927; Bd. 2, Berlin, Leipzig 1929/30; Bd. 6, Berlin, Leipzig 1934/35.

Hofgärtner, Irmingard: Teufel und Dämonen, München 1985.

Höfler, Max: Deutsches Krankheitsnamen-Buch, München 1899.

Holzmann, Verena: »Ich beswer dich wurm vnd wyrmin ...«: Die magische Kunst des *Besprechens*, in: LiLi: Zeitschrift für Literaturwissenschaft und Linguistik 130 (2003), 25 – 47.

Honegger, Thomas et al. (Hg.): Gottes Werk und Adams Beitrag. Formen der Interaktion zwischen Mensch und Gott im Mittelalter, Berlin 2013.

Horak, Ulrike; Christian Gastgeber: Zwei Beispiele angewandter Bildmagie. Ein griechischer Diebszauber und ein »verknotetes« Sator-Quadrat, in: Biblos 44 (1995), H. 2, 197–225.

Hubel, Achim: Heilige und Dämonen. Die Bilderwelt des Mittelalters in Regensburg, München 1983.

Hundsbichler, Helmut: Der Dämon im Bildzeugnis des Mittelalters, in: Leander Petzold; Siegfried W. de Rachewiltz (Hg.), Der Dämon und sein Bild, Frankfurt am Main et al. 1988, 1–18.

Hundsbichler, Helmut; Klug, Helmut W.: Dämonen im Presbyterium: Christliche Didaktik und Katechese im Chorgewölbe der Pfarrkirche St. Marein bei Knittelfeld (1463), in: Blätter für Heimatkunde (Steiermark) 84 (2010), 11–44.

Imer, Lisbeth; Otto Uldum: Mod dæmoner og elverfolk, in: Skalk 1 (2015), 9–15.

Ioannidou, Alexandra: Teufel. D. Literatur. VI. Slawische Literaturen, in: Lexikon des Mittelalters, Bd. 8, München 1997, Sp. 591.

Irmscher, Johannes: Frank Thieß, Das Reich der Dämonen, in: Evangelos Konstantinou (Hg.), Byzantinische Stoffe und Motive in der europäischen Literatur des 19. und 20. Jahrhunderts. Freiburg 1998, 113–136.

Jäger, Traugott: Von Steinen, die Dämonen abwehren, und von anderen, die predigen. Reliefs im Kloster Maulbronn – ihrer Bedeutung auf der Spur, Vaihingen 2001.

Jennings, Margaret: Tutivillus: The Literary Career of the Recording Demon, in: Studies in Philology 74 (1977), H. 5, 1–95.

Jerouschek, Günther; Wolfgang Behringer: »Das unheilvollste Buch der Weltliteratur?« Zur Entstehung- und Wirkungsgeschichte des Malleus Maleficarum und zu den Anfängen der Hexenverfolgung, in: dies. (Hg.), Der Hexenhammer. Malleus Malificarum, München 2000, 9–98.

– (Hg.): Der Hexenhammer. Malleus Maleficarum, München 2000.

Jezler, Peter (Hg.): Himmel – Hölle – Fegefeuer. Das Jenseits im Mittelalter, Zürich 1994.

Jungwirth, Ernst: fahrendes Volk, in: Eduard Hoffmann-Krayer; Hanns Bächthold-Stäubli (Hg.), Handwörterbuch des deutschen Aberglaubens, Bd. 2, Berlin, Leipzig 1929/30, Sp. 1124–1149.

Jüttermann, Gerd (Hg.): Die Seele. Ihre Geschichte im Abendland, Weinheim 1991.

Kallendorf, Hilaire: The Rhetoric of Exorcism, in: Rhetorica. A Journal of the History of Rhetoric 23 (2005), 209–237.

Karl-Brandt, Deborah: Haartracht und Haarsymbolik bei den Germanen, Wien, Köln, Weimar 2020.

Katechismus der Katholischen Kirche. Neuübersetzung aufgrund der Editio typica Latina, München 2003.

Keller, Carl-A.: Vergleichende Betrachtungen zum Thema: Mystiker und Dämonen, in: Saeculum 34 (1983), 305–315.

Kieckhefer, Richard: Magie im Mittelalter, München 1992.

Kilcher, Andreas B.: Das absolute Buch. Die enzyklopädische Form des esoterischen Wissens, in: Andreas B. Kilcher; Philipp Theisohn (Hg.), Die Enzyklopädik der Esoterik. Allwissenheitsmythen und universalwissenschaftliche Modelle in der Esoterik der Neuzeit, Paderborn 2010, 55–89.

Kirchhoff, Matthias: Mären mit Hörnern, Schweif und Klauen? Die ›Teufelserzählungen und das Märenkorpus Hanns Fischers‹, in: Jörn Bockmann; Julia Gold (Hg.), Turpiloquium. Kommunikation mit Teufeln und Dämonen im Mittelalter und Früher Neuzeit, Würzburg 2017 (= Würzburger Beiträge zur Deutschen Philologie 41), 45–62.

Kirschbaum, Engelbert (Hg.): Lexikon der christlichen Ikonographie, Bd. 1, Freiburg im Breisgau et al. 1968.

Knodt, Hermann: Spottköpfe, Trifos, Redendes Haupt und Dämonen, in: Hessische Heimat (Marburg) 18 (1968), 66–68.

Koch, Ernst: Das Beschwörungstäfelchen des 12. Jahrhunderts von der Liebfrauenkirche in Halberstadt, in: Nordharzer Jahrbuch 14 (1989) (= Veröffentlichungen des Städtischen Museums Halberstadt 22), 38–44.

Kocher, Ursula: »Der Dämon der hermetischen Semiose.« Emblematik und Semiotik, in: Ruben Zimmermann (Hg.): Bildersprache verstehen. Zur Hermeneutik der Metapher und anderer bildlicher Sprachformen, München 2000 (= Übergänge. Texte und Studien zu Handlung, Sprache und Lebenswelt 38), 151–167.

Kocks, Dirk: Dämonen, Dämonologie. G. Ikonographie. I. Westen, in: Lexikon des Mittelalters, Bd. 3, München 1986, Sp. 485.

Kohlmeyer, Lea: *Du bist nút wahrhaftig*. Kommunikation mit teuflischen Wesen im ›Fließenden Licht der Gottheit‹ Mechthilds von Magdeburg, in: Jörn Bockmann; Julia Gold (Hg.), Turpiloquium. Kommunikation mit Teufeln und Dämonen im Mittelalter und Früher Neuzeit, Würzburg 2017 (= Würzburger Beiträge zur Deutschen Philologie 41), 103–120.

Koll, Beatrix: Theophilus, in: Ulrich Müller; Werner Wunderlich (Hg.), Verführer, Schurken, Magier, St. Gallen 2001 (= Mittelalter-Mythen 3), 915–926.

Konstantinou, Evangelos (Hg.): Byzantinische Stoffe und Motive in der europäischen Literatur des 19. und 20. Jahrhunderts, Freiburg 1998.

Kors, Alan Charles; Edward Peters: Witchcraft in Europe, 400–1700. A Documentary History, Philadelphia 2001.

Köster, Kurt: Alphabet-Inschriften auf Glocken. Mit einem Katalog europäischer ABC-Glocken vom 12. bis zum 18. Jahrhundert, in: Studien zur deutschen Literatur des Mittelalters 1979, 371–422.

Krämer, Thomas: Dämonen, Prälaten und gottlose Menschen. Konflikte und ihre Beilegung im Umfeld der geistlichen Ritterorden, Berlin et al. 2015.

Kretzenbacher, Leopold: Legende und Spiel vom Traumgesicht des Sünders auf der Seelenwaage, in: Rheinisches Jahrbuch für Volkskunde 7 (1956), 145–175.

– Teufelsbündner und Faustgestalten im Abendland, Klagenfurt 1968 (= Buchreihe des Landesmuseums für Kärnten).

Krohn, Rüdiger: »habt ir von Klinsor nye vernumen?« Der Zauberer Klingsor im Mittelalter, in: Ulrich Müller (Hg.), Verführer, Schurken, Magier, St. Gallen 2001, 509–528.

Kroon, Sigurd et al. (Hg.): A Danish Teacher's Manual of the Mid-Fifteenth Century. Codex AM 76, 8°, Lund 1993.

Kruse, Britta-Juliane: Verborgene Heilkünste. Geschichte der Frauenmedizin im Spätmittelalter, Berlin, New York 1996 (= Quellen und Forschungen zur Literatur- und Kulturgeschichte 5).

Kuypers, Dom A. B. (Hg.): The Prayer Book of Aedelualds the Bishop, Commonly Called the Book of Cerne, Cambridge 1902.

Larsen, Henning: An Old Icelandic Medical Miscellany. MS Royal Irish Academy 23 D 43, Oslo 1931.

Lassen, Annette: Odin på kristent pergament, København 2011.

Le Goff, Jacques: Für ein anderes Mittelalter, Frankfurt 1984.

Lecouteux, Claude: Zur Entstehung der Melusinensage, in: Zeitschrift für deutsche Philologie 98 (1979), 73–85.

– Hagazussa, Striga, Hexe, in: Hessische Blätter für Volks- und Kulturforschung NF 15 (1989), 57–70.

– Das Reich der Nachtdämonen. Angst und Aberglaube im Mittelalter, Düsseldorf, Zürich 2001.

– Les nains et elfes au Moyen Age, Paris 2013.

Levack, Brian P.: The Devil Within. Posessions & Exorcism in the Christian West, New Haven, London 2013.

Limbeck, Meinrad: Die Wurzeln der biblischen Auffassung vom Teufel und den Dämonen, in: Concilium. Internationale Zeitschrift für Theologie 11 (1975), 161–168.

Linden, Sandra: *du bist ein leige snippen snap*. Der Teufel Nasion im ›Wartburgkrieg‹, in:

Jörn Bockmann; Julia Gold (Hg.), Turpiloquium. Kommunikation mit Teufeln und Dämonen im Mittelalter und Früher Neuzeit, Würzburg 2017 (= Würzburger Beiträge zur Deutschen Philologie 41), 63–82.

Lindgren, Uta: Dämonen als Antriebskräfte in der Geographie: Frivole Thesen im Colloquium Heptaplomeres (um 1600), in: Richard P. Lorch; Menso Folkerts (Hg.), Sic itur ad astra. Studien zur Geschichte der Mathematik und Naturwissenschaft. Festschrift für den Arabiten Paul Kunitzsch zum 70. Geburtstag, Wiesbaden 2000, 393–400.

Linsenmann, Thomas: Die Magie bei Thomas von Aquin, Berlin 2000 (= Münchener Universitätsschriften Katholisch-Theologische Fakultät. Veröffentlichungen des Grabmanns-Institutes zur Erforschung der mittelalterlichen Theologie und Philosophie 44).

Lissner, Ivar, Der Mensch und seine Gottesbilder, Olten 1982.

Lorch, Richard P.; Menso Folkerts (Hg.): Sic itur ad astra. Studien zur Geschichte der Mathematik und Naturwissenschaft. Festschrift für den Arabiten Paul Kunitzsch zum 70. Geburtstag, Wiesbaden 2000.

Lorenz, Sönke; Jürgen Michael Schmidt (Hg.): Wider aller Hexerei und Teufelswerk. Die europäische Hexenverfolgung und ihre Auswirkungen auf Südwestdeutschland, Ostfildern 2004.

Löser, Freimut; Ralf G. Päsler (Hg.): Vom vielfachen Schriftsinn im Mittelalter. Festschrift für Dietrich Schmidtke, Hamburg 2005.

Lutz, Conrad Eckart; Ernst Tremp (Hg.): Pfaffen und Laien – ein mittelalterlicher Antagonismus? Freiburger Colloquium 1996, Fribourg 1999.

Lyle, Emily B.: The Visions in ›St. Patrick's Purgatory‹, ›Thomas of Erceldoune‹, ›Thomas the Rhymer‹ and ›The Daemon Lover‹, in: Neuphilologische Mitteilungen 72 (1971), 716–722.

Magie im Mittelalter. Von Waldgeistern, Kobolden und Dämonen, Heidelberg 2009.

Mahal, Günther: Der Teufel, in: Ulrich Müller; Werner Wunderlich (Hg.), Dämonen, Monster, Fabelwesen, St. Gallen 1999, 495–529.

Maier, Johann: Dämonen, Dämonologie. E. Mittelalterliches Judentum, in: Lexikon des Mittelalters, Bd. 8, München 1986, Sp. 483.

Maltomini, Franco: Cristo all'Eufrate. P. Heid. G.1101: amuleto cristiano, in: Zeitschrift für Papyrologie und Epigraphie 48 (1982), 149–170.

Manselli, Raoul: Dämonen, Dämonologie. D. Häresien, in: Lexikon des Mittelalters, Bd. 3, München 1986, Sp. 481–482.

Marzell, Heinrich: Bilsenkraut, in: Hoffmann-Krayer, Eduard; Hanns Bächthold-Stäubli (Hg.), Handwörterbuch des deutschen Aberglaubens, Bd. 1, Berlin, Leipzig 1927, Sp. 1305–1308.

– Der Widerton als Zauberpflanze, in: Zeitschrift für Volkskunde 41 (1931), 163–171.

McKinnell, John; Rudolf Simek: Runes, Magic and Religion. A Sourcebook, Wien 2004.

Meier, Fritz: Dämonen, Dämonologie. F. Islam, in: Lexikon des Mittelalters, Bd. 3, München 1986, Sp. 483–484.

Menzel, Heinz: Ein christliches Amulett mit Reiterdarstellung, in: Jahrbuch des Römisch-germanischen Zentralmuseums Mainz 2 (1955), 253–261.

Merten, Lydia: Ein diabolisches Gemunkel. Die Darstellung des Teufels in den Schilderungen zu Schiltach, in: Jörn Bockmann; Julia Gold (Hg.), Turpiloquium. Kommunikation mit Teufeln und Dämonen im Mittelalter und Früher Neuzeit, Würzburg 2017 (= Würzburger Beiträge zur Deutschen Philologie 41), 211–232.

Metternich, Wolfgang: Teufel, Geister und Dämonen. Das Unheimliche in der Kunst des Mittelalters, Darmstadt 2011.

Metzger, Nadine: Dämon oder Krankheit? Der Alpdruck in der frühbyzantinischen Medizin, in: Thomas Honegger et al. (Hg.), Gottes Werk und Adams Beitrag. Formen der Interaktion zwischen Mensch und Gott im Mittelalter, Berlin 2013, 31–42.

Mieth, Klaus-Peter (Hg.): Der Dialog des Petrus Alfonsi. Seine Überlieferung im Druck und in den Handschriften. Textedition, Diss. Berlin, 1982.

Mitchell, Stephen A.: Witchcraft and Magic in the Nordic Middle Ages, Philadelphia, Oxford 2011 (= The Middle Ages Series).

Moser-Ernst, Sybille; Ursula Marinelli: Das Goldene Kalb. Und andere Objektbeziehungen, in: Nikolaus Wandinger; Petra Steinmair-Pösel (Hg.), Im Drama des Lebens Gott begegnen. Einblicke in die Theologie Jozef Niewiadomskis, Münster 2011, 533–559.

Muchembled, Robert: A History of the Devil. From the Middle Ages to the Present, Cambridge 2003.

Muhl, Arnold; Mirko Gutjahr: Magische Inschriften in Blei. Inschriftentäfelchen des hohen Mittelalters aus Sachsen-Anhalt, Halle/Saale 2013 (= Kleine Hefte zur Archäologie Sachsen-Anhalts 10).

Müller, Ulrich; Werner Wunderlich (Hg.): Dämonen, Monster, Fabelwesen, St. Gallen 1999 (= Mittelalter-Mythen 2).

– (Hg.): Verführer, Schurken, Magier, St. Gallen 2001 (= Mittelalter-Mythen 3).

Müller, C. Detlef G.: Von Teufel, Mittagsdämon und Amuletten, in: Jahrbuch für Antike und Christentum 17 (1974), 91–102.

Müller-Sternberg, Robert: Die Dämonen. Wesen und Wirkung eines Urphänomens, Bremen 1964.

Murray, Alexander: Demons as psychological Abstractions, in: Isabel Iribarren; Martin

Lenz (Hg.), Angels in Medieval Philosophical Inquiry. Their Function and Significance, Aldershot 2008, 171–186.

Niedermann, Max: Marcelli de medicamentis liber, hg. von Eduard Liechtenhahn, übersetzt von Jutta Kollesch und Diethard Nickel, Leipzig, Berlin 1916, 2. Aufl. Berlin 1968 (= Corpvs Medicorvm Latinorvm V).

Nieto Ibáñez, Jesús María (Hg.): Estudios sobre la mujer en la cultura griega y latina, León 2005.

Olsen, Karin Edith; Jan R. Veenstra (Hg.): Essays Alasdair A. MacDonald, Leiden et al. 2014.

Ohrt, Ferdinand Christian Peter: Danmarks Trylleformler. Bd. 1: Inledning og tekst, Kopenhagen 1917.

- Danmarks Trylleformler. Bd. 2: Efterhøst og Lönformler, Kopenhagen 1917.

Olsan, Lea: Latin Charms of Medieval England: Verbal Healing in a Christian Oral Tradition, in: Oral Tradition 7 (1992), 116–142.

Onasch, Konrad: Dämonen, Dämonologie. G. Ikonographie. III. Altrußland, in: Lexikon des Mittelalters, Bd. 3, München 1986, Sp. 485–487.

Östling, Per-Anders: Spöken, medier och astrala resor. Övernaturliga upplevelser, folktro och alternativa världsåskådningar i våra dagars Sverige, Uppsala 2012 (= Skrifter utgivna av Institutet för språk och folkminnen, dialekt och folminnesarkivet i Uppsala 24).

Ostorero, Martine; Julien Véronèse (Hg.): Penser avec les démons. Démonologues et démonologies (XIIIe–XVIIe siècles), Florenz 2015 (= Micrologus Library 71).

Ott, Norbert: Teufel. C. Ikonographie. I. Westen, in: Lexikon des Mittelalters, Bd. 8, München 1997, Sp. 583–585.

- Teufel. D. Literatur. IV. Deutsche Literatur, in: Lexikon des Mittelalters, Bd. 8, München 1997, Sp. 589–590.

- Theophilus-Legende. III. Deutsche Literatur, in: Lexikon des Mittelalters, Bd. 8, München 1997, Sp. 669.

- Theophilus-Legende. V. Ikonographie, in: Lexikon des Mittelalters, Bd. 8, München 1997, Sp. 670.

Padberg, Lutz von: Religiöse Zweikämpfe in der Missionsgeschichte des Frühmittelalters, in: Heizmann, Wilhelm; Nahl, Astrid van (Hg.), Runica, Germanica, Mediaevalia. Gewidmet Klaus Düwel, Berlin et al. 2003, 509–552.

Palumbo, Alessandro: Among Demons and Ave Marias: Runes and the Supernatural on Swedish Amulets, in: Annali Università degli studi di Napoli l'orientale. Sezione Germanica N.S. 26 (2016), H. 1–2, 85–102.

Pérez González, Carlos: »Daemon per os barbarae Puellae latine locutus est«: las posesiones demoníacas de mujeres en la hagiografía latina carolingia, in: Jesús María Nieto Ibáñez (Hg.), Estudios sobre la mujer en la cultura griega y latina, León 2005, 303–328.

Petersdorff, Egon von: Daemonologie, Bd. 2, München 1957.

Petzoldt, Leander: Das Universum der Dämonen und die Welt des ausgehenden Mittelalters, in: Ulrich Müller; Werner Wunderlich (Hg.), Dämonen, Monster, Fabelwesen, St. Gallen 1999 (= Mittelalter-Mythen 2), 39–57.

- Das Universum der Dämonen. Dämonologien und dämonologische Konzepte vom ausgehenden Mittelalter bis zur frühen Neuzeit, in: ders.: Tradition im Wandel, Frankfurt am Main et al. 2002, 9–31, 327–328.

Petzold, Leander; Siegfried W. de Rachewiltz (Hg.): Der Dämon und sein Bild, Frankfurt am Main et al. 1988.

Peuckert, Will-Erich: Deutscher Volksglaube des Spätmittelalters, Stuttgart 1942 (Sammlung Völkerglaube).

Pfister, Friedrich: Exorzismus, in: Eduard Hoffmann-Krayer; Hanns Bächthold-Stäubli (Hg.), Handwörterbuch des deutschen Aberglaubens, Bd. 2, Berlin, Leipzig 1929/30, Sp. 1098–1109.

Piaschewsky, Gisela: Der Wechselbalg. Ein Beitrag zum Aberglauben der nordeuropäischen Völker, Breslau 1935.

Pietsch, Paul: Kleine Beiträge zur Kenntnis des Aberglaubens des Mittelalters, in: Zeitschrift für deutsche Philologie 16 (1884), 185–196.

Plenzat, Karl: Die Theophiluslegende in den Dichtungen des Mittelalters, Berlin 1926.

Pollington, Stephen: Leechcraft Early English Charms, Plantlore and Healing, Little Downham 2000.

Przybilski, Martin: Von Geschwüren, Polypen, Epilepsie und Milzbrand, in: Leuvense bijdragen 92 (2004), 1–14.

Rapp, Claudia: Der heilige Epiphanius im Kampf mit dem Dämon des Origenes. Kritische Erstausgabe des Wunders BHG 601i, in: Frederike Berger et al. (Hg.), Symbolae Berolinenses für Dieter Harlfinger, Amsterdam 1993, 249–270.

- Heilige, Teufel und Dämonen: Frömmigkeit im Alltagsleben, in: Christian Gastgeber; Dominik Heher (Hg.), Das goldene Byzanz und der Orient, Schallaburg 2012, 105–119.

Reiche, Rainer: Ein rheinisches Schulbuch aus dem 11. Jahrhundert, München 1976.

Restle, Marcell: Teufel. C. Ikonographie. II. Osten, in: Lexikon des Mittelalters, Bd. 8, München 1997, Sp. 585–586.

Rider, Catherine: Magic and Impotence in the Middle Ages, Oxford 2006.

Ries, Julien (Hg.): Anges et démons. Actes du colloque de Liège et de Louvain-la-Neuve, 25–26 novembre 1987, Louvain-la-Neuve 1989 (= Homo religiosus 14).

Ringler, Siegfried: Theophilusdichtungen des Mittelalters – Studien zu Teufelspakt und Marienverehrung, München 2012.

Röhrich, Lutz: Der Dämon und sein Name, in: Beiträge zur Geschichte der deutschen Sprache und Literatur 73 (1951), 456–468.

Rollo, David: Glamorous sorcery. Magic and literacy in the High Middle Ages, Minneapolis et al. 2000 (= Medieval Cultures 25).

Rordorf, Willy: Sind Dämonen gut oder böse?, in: Horst Dieter Blume (Hg.), Platonismus und Christentum, in: Festschrift für Heinrich Dörrie, Münster 1985, 239–244.

– (Hg.): Lex orandi, lex credendi. Gesammelte Aufsätze zum 60. Geburtstag, Freiburg (Schweiz) 1993.

– Sind Dämonen gut oder böse? Beobachtungen zur Proklos-Rezeption bei Isaak Sebastokrator, in: ders. (Hg.), Lex orandi, lex credendi. Gesammelte Aufsätze zum 60. Geburtstag, Freiburg (Schweiz) 1993, 211–216.

Rosenberg, Alfons: Engel und Dämonen, 2., erw. Aufl., München 1986.

Roskoff, Gustav: Geschichte des Teufels. Eine kulturhistorische Satanologie von den Anfängen bis ins 18. Jahrhundert, Leipzig 1869, Reprint Nördlingen 1987.

Roth, Gunhild: Vom falschen Glauben an Bücher und Dämonen. Ein Beichtspiegelfragment, in: Freimut Löser; Ralf G. Päsler (Hg.), Vom vielfachen Schriftsinn im Mittealter. Festschrift für Dietrich Schmidtke, Hamburg 2005, 441–460.

Rubin, Berthold: Der Fürst der Dämonen: ein Beitrag zur Interpretation von Prokops Anekdota, in: Byzantinische Zeitschrift 55 (1951), 469–481.

Rüsch, Ernst Gerhard: Dämonenaustreibung in der Gallus-Vita und bei Blumhardt dem Älteren, in: Theologische Zeitschrift 34 (1978), 86–94.

Russell, Jeffrey Burton: The Devil. Perceptions of Evil from Antiquity to Primitive Christianity, Ithaca, London 1987.

– Biographie des Teufels. Das radikal Böse und die Macht des Guten in der Welt, Wien 2000.

Ruys, Juanita Feros: Demons in the Middle Ages, Amsterdam 2017.

Saccone, Carlo (Hg.): La caduta degli angeli, Alessandria 2012.

Sand, Alexander: Dämonen, Dämonologie. A. Altes und Neues Testament, in: Lexikon des Mittelalters, Bd. 3, München 1986, Sp. 476.

– Teufel. A. Christliche Glaubensvorstellung. I. Bibelexegese, in: Lexikon des Mittelalters, Bd. 8, München 1997, Sp. 578.

Sander, Christoph: Der Dämon im Text: Lateinische Lesarten von De somno 453B22 und De divinatione per somnum 463B12 zwischen 1150 und 1650, in: Recherches de théologie et philosophie médiévales 83 (2016), 245–311.

Schade, Herbert: Dämonen und Monstren. Gestaltungen des Bösen in der Kunst des frühen Mittelalters, Regensburg 1962.

- Art. Dämonen, in: Engelbert Kirschbaum (Hg.), Lexikon der christlichen Ikonographie, Bd. 1, Freiburg im Breisgau et al. 1968, Sp. 465 – 468.

Schmeer, Veronika: Die Dämonen in uns: der hl. Antonius als Identifikationsfigur, in: Peggy Große et al. (Hg.), Monster. Fantastische Bilderwelten zwischen Grauen und Komik, Nürnberg 2015, 346 – 355.

Schmid, Ulrich: Malariabenediktionen aus dem XII. Jahrhundert, in: Römische Quartalsschrift 18 (1904), 205 – 210.

Schmidt, Leopold: Heiliges Blei in Amuletten, Votiven und anderen Gegenständen des Volksglaubens in Europa und im Orient, Wien 1958.

Schmidt, Paul Gerhard: Von der Allgegenwart der Dämonen: die Lebensängste des Zisterziensers Richalm von Schöntal, in: Literaturwissenschaftliches Jahrbuch Ser. NF. 36 (1995), 339 – 346.

Schmolinsky, Sabine: Teufelsbriefe, in: Lexikon des Mittelalters, Bd. 8, München 1997, Sp. 592 – 593.

Schnabel, William: The Devil in French Folklore, in: Iris 25 (2003), 53 – 66.

Schnackenburg, Rudolf: Das Problem des Bösen in der Bibel, in: ders. (Hg.), Die Macht des Bösen und der Glaube der Kirche, Düsseldorf 1979, 11 – 32.

- (Hg.): Die Macht des Bösen und der Glaube der Kirche, Düsseldorf 1979.

Schneemelcher, Wilhelm: Das Kreuz Christi und die Dämonen. Bemerkungen zur Vita Antonii des Athanasius, in: Ernst Dassmann; Karl Suso Frank (Hg.), Pietas. Festschrift für Bernhard Kötting, Münster 1980, 381 – 392.

Schneider, Almut: Teufelsklang und höllische Stille. Erzählen von Dissonanz im ›Wigalois‹ des Wirnt von Gravenberg, in: Jörn Bockmann; Julia Gold (Hg.), Turpiloquium. Kommunikation mit Teufeln und Dämonen im Mittelalter und Früher Neuzeit, Würzburg 2017 (= Würzburger Beiträge zur Deutschen Philologie 41), 83 – 102.

Schneider, Ambrosius et al. (Hg.): Die Cistercienser. Geschichte, Geist, Kunst, Köln 1974.

Schnyder, André: Teufelspakt, in: Rolf Wilhelm Brednich et al. (Hg.), Enzyklopädie des Märchens. Handwörterbuch zur historischen und vergleichenden Erzählforschung, Bd. 13, Berlin, New York 2008 – 2010, Sp. 447 – 455.

- Dialog am Abgrund. Verhandlungen mit jenseitigen Mächten in einigen Versionen der Theophilus-Geschichte, in: Jörn Bockmann; Julia Gold (Hg.), Turpiloquium. Kommunikation mit Teufeln und Dämonen im Mittelalter und Früher Neuzeit, Würzburg 2017 (= Würzburger Beiträge zur Deutschen Philologie 41), 131 – 160.

Schönbach, Anton E.: Eine Auslese altdeutscher Segensformeln, in: Analecta Graeciensia:

Festschrift zur 42. Versammlung Deutscher Philologen und Schulmänner in Wien, Graz 1893, 25–50.

Schrader, Jessica: Gespräche mit Göttern. Die poetologische Funktion kommunikativer Kultbilder bei Horaz, Tibull und Properz, Stuttgart 2017.

Schrire, Theodore: Hebrew amulets. Their Decipherment and Interpretation, London 1966.

Schubert, Ernst: Die Capitulatio de partibus Saxoniae, in Brosius, Dieter et al. (Hg.), Geschichte in der Region. Zum 65. Geburtstag von Heinrich Schmidt, Hannover 1993, 3–26, Anhang 26–28.

Schuller, Alexander; Wolfert von Rahden (Hg.), Die Andere Kraft. Zur Renaissance des Bösen, Berlin 1993.

Schulz, Monika: Magie oder: Die Wiederherstellung der Ordnung, Frankfurt 2000 (= Beiträge zur Europäischen Ethnologie und Folklore, Reihe A: Texte und Untersuchungen 5).

– ›Vneholden‹ und anderes. Bemerkungen zum sog. ›Münchner Nachtsegen‹ (clm. 615, fol. 127r), in: Linguistica et filologia 11 (2000), 129–160.

– Beschwörungen im Mittelalter. Einführung und Überblick, Heidelberg 2003.

Schulze, Ursula (Hg.): Das Münchner Weltgerichtsspiel und Ulrich Tenglers Büchlein vom Jüngsten Gericht, Stuttgart 2014.

Schumacher, Meinolf: Der Teufel als ›Tausendkünstler‹. Ein wortgeschichtlicher Beitrag, in: Mittellateinisches Jahrbuch 27 (1992), 65–76.

Schusser, Marianne: Beschwörung, beschwören, in: Hoffmann-Krayer, Eduard; Hanns Bächthold-Stäubli (Hg.), Handwörterbuch des deutschen Aberglaubens, Bd. 1, Berlin, Leipzig 1927, Sp. 1109–1129.

Schwab, Ute: Sizilianische Schnitzel. Marcellus in Fulda und einiges zur Anwendung volkssprachlicher magischer Rezepte, in: Annegret Fiebig; Hans-Jochen Schiewer (Hg.), Deutsche Literatur und Sprache von 1050–1200. Festschrift für Ursula Hennig zum 65. Geburtstag, Berlin 1995, 261–296.

Schwaiger, Georg (Hg.): Teufelsglaube und Hexenprozesse, München 1999 (= Beck'sche Reihe 337).

Schwinges, Rainer Christoph: Wider Heiden und Dämonen – Mission im Mittelalter, in: Hubert Herkommer (Hg.), Engel, Teufel und Dämonen, Basel 2006, 9–32.

Segl, Peter (Hg.): Der Hexenhammer. Entstehung und Umfeld des Malleus maleficarum von 1487, Köln, Wien 1988.

– Heinrich Institoris. Persönlichkeit und literarisches Werk, in: ders. (Hg.), Der Hexenhammer. Entstehung und Umfeld des Malleus maleficarum von 1487, Köln, Wien 1988, 103–126.

– Deutsche Dominikaner im Kampf gegen Dämonen, Ketzer und Hexen, in: Sabine von

Heusinger et al. (Hg.), Die deutschen Dominikaner und Dominikanerinnen im Mittelalter, Berlin, Boston 2016, 499–530.

Seligmann, Siegfried: Die magischen Heil- und Schutzmittel aus der unbelebten Natur mit besonderer Berücksichtigung der Mittel gegen den bösen Blick. Eine Geschichte des Amulettwesens, Stuttgart 1927.

Sheldon, Rose Mary: The Sator Rebus: An unsolved Cryptogram, in: Cryptologia 27 (2003), H. 3, 233–287.

Simek, Rudolf: Teufel. D. Literatur. V. Skandinavische Literatur, in: Lexikon des Mittelalters, Bd. 8, München 1997, Sp. 590–591.

- Griechisch in runischen und anderen volksreligiösen Texten Nordwesteuropas im Frühmittelalter, in: Analecta Septentrionalia [Festschrift Kurt Schier], Berlin, New York 2009, 580–606.
- Elves and Exorcism. Runic and Other Lead Amulets in Medieval Popular Religion, in: Daniel Anzelark (Hg.), Myths, Legends and Heroes. Essays on Old Norse and Old English Literature in Honour of John McKinnell, Toronto 2011, 25–52.
- Álfar and Demons or: What in Germanic Religion Caused the Medieval Christian Belief in Demons?, in: ders.; Leszek Slupecki (Hg.), Conversion. Looking for Ideological Change in the Early Middle Ages, Wien 2013, 321–342.
- On Elves, in: Stefan Brink; Lisa Collinson (Hg.), Theorizing Old Norse Myth, Turnhout 2017, 195–223.
- Monster im Mittelalter, 2. Aufl., Wien, Köln, Weimar 2019.
- Tangible Religion. Amulets, Illnesses, and the Demonic Seven Sisters, in: Klas Wikström af Edholm et al. (Hg.), Myth, Materiality and Lived Religion in Merovingian and Viking Scandinavia, Stockholm 2019, 375–389.
- Götter und Kulte der Germanen, 5. Aufl., München 2020.
- Die Farbe des Bösen, in: Peter Glasner et al. (Hg.), Ästhetiken der Fülle. Festschrift für Elke Brüggen, Berlin 2021, 389–404.

Simon-Muscheid, Katharina: Lebende, Tote und Dämonen: der Friedhof als Ort der Begegnung, in: Hubert Herkommer (Hg.), Engel, Teufel und Dämonen, Basel 2006, 103–118.

Skambraks, Tanja: Das Kinderbischofsfest im Mittelalter, Florenz 2014 (= Micrologus Library 62).

Skemer, Don C.: Arms against Demons and Death. Text and Image in a Catalan Amulet of the Mid-Fifteenth Century, in: Magic, Ritual, and Witchcraft 13 (2018), H. 3, 313–339.

- Binding Words. Textual Amulets in the Middle Ages, Pennsylvania 2006.

Sørheim, Helge: Lead Mortuary Crosses Found in Christian and Heathen Graves in Norway, in: Medieval Scandinavia 14 (2004), 195–227.

Spier, Jeffrey: Medieval Byzantine Magical Amulets and Their Tradition, in: Journal of the Warburg and Courtauld Institutes 56 (1993), 25 – 62.

Spreitzer, Brigitte: »Wie bist du vom Himmel gefallen …« Einschlagstellen des Diabolischen in der Literatur des späteren Mittelalters, Diss. Graz, 1992.

– »Wie bist du vom Himmel gefallen …« Einschlagstellen des Diabolischen in der Literatur des späteren Mittelalters, Wien, Köln, Weimar 1995.

Steenholt Olesen, Rikke: Runic Amulets from Medieval Denmark, in: Futhark. International Journal of Runic Studies 1 (2010), 161 – 176.

Steiner, Maximilian: Wasserspeier an Kirchengebäuden als Bestandteil des mittelalterlichen Dämonenglaubens, Erlangen 1953.

Stoffels, Joseph: Die Angriffe der Dämonen auf den Einsiedler Antonius, in: Theologie und Glaube 2 (1910), 721 – 731, 809 – 830.

Stoklund, Marie: Nordbokorsene fra Grønland, in: Nationalmuseets Arbejdsmark 1984, 101 – 113.

– Runefund, in: Aarbøger for Nordisk Oldkyndighed og Historie 1986, 189 – 211.

– Bornholmske runeamuletter, in: Wilhelm Heizmann; Astrid van Nahl (Hg.), Runica – Germanica – Mediaevalia, Berlin 2003 (= Ergänzungsbände zum RGA 37), 854 – 870.

Stollenwerk, Alexander: Fratzen und Dämonen an der Bopparder Severuskirche, in: Rheinische Heimatpflege Ser. NF 15 (1978), 24 – 26.

Storms, Godfrid: Anglo-Saxon Magic, New York 1974.

Stuart, Heather: The Anglo-Saxon Elf, in Studia Neophilologica 48 (1976), 313 – 320.

Stuart, Heather; F[red] Walla: Die Überlieferung der mittelalterlichen Sagen, in: Zeitschrift für deutsches Altertum und deutsche Literatur 116 (1987), 53 – 79.

Suntrup, Rudolf: Die Widersacher des allmächtigen Gottes: Teufel und Dämonen in den Concordantiae Caritatis des Ulrich von Lilienfeld, in: Karin Edith Olsen; Jan R. Veenstra (Hg.), Essays Alasdair A. MacDonald, Leiden et al. 2014, 113 – 138.

Szövérffy, Josef: Christophorus hl., in: Lexikon des Mittelalters, Bd. 2, München 1983, Sp. 1938 – 1940.

Tavard, Georges H.: Art. Dämonen. V. Kirchengeschichtlich, in: Theologische Realenzyklopädie, Bd. 8, Berlin 1981, 286 – 300.

Theisen, Maria: Engel. Himmlische Boten in alten Handschriften, München 2014.

Thoma, Clemens: Engel und Dämonen im Judentum, in: Hubert Herkommer (Hg.), Engel, Teufel und Dämonen, Basel 2006, 33 – 42.

Thomasset, Claude: Les démons. Des encyclopédies médiévales aux croyances populaires, in: Iris 25 (2003), 9 – 24.

Thorndyke, Lynn: A History of Magic and Experimental Science, 8 Bde., New York 1923.

Treusch-Dieter, Gerburg: Hexe – Seele – Dämon. Zur Transformationsproblematik der Seele zwischen 15. und 17. Jahrhundert, in: Gerd Jüttermann (Hg.), Die Seele. Ihre Geschichte im Abendland, Weinheim 1991, 145–164.

Tuczay, Christa Agnes: Geister, Dämonen – Phantasmen. Eine Kulturgeschichte, Wiesbaden 2015.

Unseld, Wilhelm: Allerlei Aberglaube, in: Alemannia 25 (1898), 126–131.

Uther, Hans-Jörg: Teufel und Engel kämpfen um die Seele, in: Rolf Wilhelm Brednich et al. (Hg.), Enzyklopädie des Märchens. Handwörterbuch zur historischen und vergleichenden Erzählforschung, Bd. 13, Berlin, New York 2008–2010, Sp. 416–421.

Vakaloudi, Anastasia D.: The Kinds and the Special Functions of the Epodes (ἐπῳδαί) in Apotropaic Amulets of the First Byzantine Period, in: Byzantinoslavica 59 (1998), 222–238.

– ΔΕΙΣΙΔΑΙΜΟΝΙΑ and the Role of the Apotropaic Magic Amulets in the Early Byzantine Empire, in: Byzantion 70 (2000), 182–210.

Valentinitsch, Helfried (Hg.): Hexen und Zauberer. Die große Verfolgung – ein europäisches Phänomen in der Steiermark, Graz, Wien 1987.

Valentinitsch, Helfried; Ileane Schwarzkogler (Hg.): Hexen und Zauberer. Katalog der Steirischen Landesausstellung 1987. Reigersburg/Oststeiermark. 1. Mai – 26. Oktober, Graz, Wien 1987.

Van Moere, Didier: La musique du démon, in: Iris 25 (2003), 45–52.

Venjakob, Judith: Zur bildlichen Darstellung eines Formicarius-Exempels, in: Sabine von Heusinger et al. (Hg.), Die deutschen Dominikaner und Dominikanerinnen im Mittelalter. Berlin, Boston 2016, 363–379.

Véronèse, Julien: L'Ars notoria au Moyen Âge. Introduction et édition critique, Firenze 2007.

– The Ars notoria in the Middle Ages and Modern Times, in: Dialogues among Books in Medieval Western Magic and Divination, Firenze 2014, 147–178.

Vorwahl, Heinrich: Deutsche Volksmedizin in Vergangenheit und Gegenwart, in: Studien zur religiösen Volkskunde, Abteilung B, Heft 9, Dresden, Leipzig 1939, 3–48; auch in: Elfriede Grabner (Hg.), Volksmedizin: Probleme und Forschungsgeschichte, Darmstadt 1967, 223–277.

Wachinger, Burghart: Münchner Nachtsegen, in: Verfasserlexikon. Die deutsche Literatur des Mittelalters, Bd. 11, Berlin, New York 2004, Sp. 1039f.

Wagner, Fritz: Teufel und Dämonen in den Predigtexempeln des Caesarius von Heisterbach, in: Cistercienser Chronik 102 (1995), 9–17.

– Teufel und Dämonen in den Predigtexempeln des Caesarius von Heisterbach, in: ders., Essays zur zisterziensischen Literatur, Mainz 2009, 77–93.

Wallis, Faith: Medieval Medicine. A Reader, Toronto 2010.

Weber, Gerd Wolfgang: Edda, jüngere, in: Reallexikon der germanischen Altertumskunde, Bd. 6, Berlin, New York 1986, 394–412.

Weber, Gerd Wolfgang: Siðaskipti. Das religionsgeschichtliche Modell Snorri Sturlusons in Edda und Heimskringla. In: Rudolf Simek, Jonas Kristjánsson, Hans Bekker-Nielsen (Hg.): Sagnaskemmtun. Studies in honour of Hermann Pálsson on his 65th birthday 26 May 1986. Wien 1986, 309–329

Wegmann, Milène: Die Enttarnung der Dämonen: Zur ›Entdeckung der Natur‹ in der klösterlichen Historiographie des 12. und 13. Jahrhunderts, in: Hubert Herkommer (Hg.), Engel, Teufel und Dämonen, Basel 2006, 163–176.

Wenisch, Bernhard: Satanismus. Schwarze Messen – Dämonenglaube – Hexenkult, Mainz, Stuttgart 1988 (= Unterscheidung. Christliche Orientierung im religiösen Pluralismus).

Wesche, Heinrich: Der althochdeutsche Wortschatz im Gebiet des Zaubers und der Weissagung, Halle 1940.

Wessel, Klaus: Dämonen, Dämonologie. G. Ikonographie. II. Byzanz, in: Lexikon des Mittelalters, Bd. 3, München 1986, Sp. 485.

Wickersheimer, Ernest: Les manuscrits latins de médecine du haut Moyen Age dans les bibliothèques de France, Paris 1966.

Wienand, Adam: Heils-Symbole und Dämonen-Symbole im Leben der Cistercienser-Mönche, in: Ambrosius Schneider et al. (Hg.), Die Cistercienser. Geschichte, Geist, Kunst, Köln 1974, 509–552.

Wiersch, Kerstin: Unterweltsversammlung und Höllenkonzil. Ein epischer Szenentypus von der Antike bis Milton, Mikrofiche, Diss. Heidelberg, 1997.

Wiggermann, Karl-Friedrich: Dämonen und Engel im Kampf um die Mönche: die seelsorgliche Spiritualität des Johannes Klimakos, in: Studies in spirituality 14 (2004), 93–112.

Wildhaber, Robert: Das Sündenregister auf der Kuhhaut, Helsinki 1955 (= FFC 163).

Winter, Franz: Zwischenwesen: Engel, Dämonen, Geister, in: Johann Figl (Hg.), Handbuch Religionswissenschaft. Religionen und ihre zentralen Themen, Innsbruck, Wien 2003, 651–662.

Woods, Barbara Ale: The Devil in Dog-form, Berkeley 1959 (= University of California Publications Folklore Studies 11).

Wrede, Adam: Christophorus, hl., in: Handwörterbuch des Deutschen Aberglaubens, Bd. 2, Berlin, Leipzig 1929/30, Sp. 65–72.

Wunderlich, Werner: Dämonen, Monster, Fabelwesen. Eine kleine Einführung in Mythen und Typen phantastischer Geschöpfe, in: Ulrich Müller; Werner Wunderlich (Hg.), Dämonen, Monster, Fabelwesen, St. Gallen 1999 (= Mittelalter-Mythen 2), 11–38.

– Satan, Teufel, Antichrist, in: Ulrich Müller; Werner Wunderlich (Hg.), Dämonen, Monster, Fabelwesen, St. Gallen 1999 (= Mittelalter-Mythen 2), 485–486.

Ziegler, Matthäus: Engel und Dämonen im Lichte der Bibel mit Einschluß des außerkanonischen Schrifttums, Zürich 1957.

Zimmermann, Ruben (Hg.): Bildersprache verstehen. Zur Hermeneutik der Metapher und anderer bildlicher Sprachformen, München 2000 (= Übergänge. Texte und Studien zu Handlung, Sprache und Lebenswelt 38).

Online

Deutsche Inschriften online: https://www.inschriften.net/suchergebnis.html?tx_hisodat_search%5Baction%5D=searchresult&tx_hisodat_search%5Bcontroller%5D=Sources, Zugriff 10.01.2022.

Hentschel, Karl-Heinz: Man erhitze sich daher zur Zeit der Ungewitter nicht, in: Hierzuland 8 (1993), H. 15, 6–23, online unter http://www.karl-heinz-hentschel.net/Gewitter2.html, Zugriff 20.09.2022.

Neugass, Fritz: Teufel, Tiere und Dämonen im mittelalterlichen Chorgestühl, in: Kunst und Künstler 25 (1927), 415–425. Universität Heidelberg, Heidelberger historische Bestände – digital: http://digi.ub.uni-heidelberg.de/diglit/kk1927/0439, Zugriff 18.06.2021.

Swinford, Dean: Through the Daemon's gate: Kepler's »Somnium«, medieval dream narratives, and the polysemy of allegorical motifs, Diss. University of Florida, 2004, http://search.proquest.com/dissertations/docview/305180800/fulltextPDF/, Zugriff 15.05.2022.

Weigert, Hans: Art. Dämonen, in: Reallexikon zur deutschen Kunstgeschichte Tl. 3 (1953), Sp. 1015–1027. RDK Labor, http://www.rdklabor.de/wiki/D%C3%A4monen, Zugriff 18.06.2021.

Wikipedia. The Free Encyclopedia: Pneuma, https://en.wikipedia.org/wiki/Pneuma, Zugriff 18.06.2021.

PERSONENREGISTER

Absalon, Bischof 91
Adam von Bremen 242
Adso von Montier-en-Der 39
Aelfric 93
Agobard von Lyon 127
Albertus Magnus 136, 239
Albrecht III., Herzog 221
Ambrogio Lorenzetti 156
Ambrosius, hl. 198
Anna, hl. 130
Anselm, hl. 118
Anthemius 231, 232
Antonius der Große, hl. 25, 44, 49, 73, 74, 77–80, 83–85, 98–100, 111, 138, 190
Apoll 241
Apollo 90, 193, 241
Apollonia, hl. 143
Apollonius, hl. 75
Apuleius 25, 66
Arinnefja 94
Arnald von Villanova 155
Asmund 94
Athanasius Alexandrinus 25, 73, 77, 98, 101
Aubert, hl. 103
Audelay, John 118
Augustinus von Hippo, Bischof (Aurelius Augustinus) 25–29, 55, 66, 69, 72, 77, 80, 87, 92, 93, 96, 97, 110, 126, 132–134, 144, 158, 174, 199, 209, 224, 227, 228, 233, 234, 250, 256, 260

Barbara, hl. 97, 122, 130
Barontus, hl. 82
Bartholomäus, hl. 90, 101
Basilius von Caesarea, hl. 230, 232
Beatus von Liebana 42
Benedikt, hl. 100, 153

Benedikt XII., Papst 161
Beowulf 53, 271
Bernhard von Clairvaux, hl. 100, 135, 166, 194, 199
Berthold von Regensburg 245, 276
Blasius, hl. 143
Boccaccio, Giovanni 202
Bonifatius 93
Bosch, Hieronymus 58, 61, 62, 99
Bromyard, Johan 118
Brutus 61
Buffalmacco, Buonamico 58
Burchard, Bischof von Worms 127, 134, 159, 205, 244, 245

Caesarius von Arles 158
Caesarius von Heisterbach 35, 38, 43, 47, 55, 65, 67, 74, 75, 77–81, 96, 105, 106, 115–117, 121, 123, 127, 130, 132, 135–139, 144, 153, 154, 175, 194, 196, 206, 209–213, 216, 226, 235
Canavesio, Giovanni 56, 109, 111
Cassius 61
Cassius von Narni, hl. 152
Christina, hl. 90
Christophorus, hl. 155, 232, 233
Chrysostomos, Johannes 56
Circe 250, 256
Clinschor 216, 217
Colette von Corbie, hl. 101
Cranach, Lucas d.Ä. 113, 115
Cyprian, Bischof 151, 231, 235

Dante Alighieri 60, 61
Diana 203, 240–243, 246, 247, 258
Dionysius, hl. 130
Dominik, hl. 199
Donatus, hl. 199
Duc de Berry 11, 41, 44, 191

Einhard 125, 198
Eligius von Noyon 159
Elisabeth, hl. 153
Enikel, Jansen 239
Eparchius, hl. 154
Eugen IV., Papst 210
Euhemeros von Messena 28
Evagrius Ponticus 98, 123

Fafnir 53
Felix, hl. 90
Franziskus, hl. 199

Gabriel, hl. 103
Gallus, hl. 198
Gelasius I., Papst 108
Georg, hl. 53, 54
Germanus von Auxerre, Bischof 244
Gerson, Johan 210
Gervasius, hl. 199
Gervasius von Tilbury 65, 134, 141, 144, 245, 248, 249
Giotto di Bondone 49, 50, 58, 199
Giovanni di Modena 58, 59
Gregor I., Papst (Gregor der Große, Gregor, hl.) 38, 43, 62, 67, 108, 111, 152, 153, 159
Gregor VII., Papst 226
Gregor von Tours 159
Grisillus 118
Guibert von Nogent 135
Guthlac, hl. 101, 102

Harald Hen (dän. König) 226
Hartlieb, Johann 205, 206, 220, 250–253
Helmold von Bosau 96
Herbort von Fritzlar 215
Herodes 242
Herodiana 203

Herodias 203, 241–243
Hieronymus, hl. 35
Hildegard von Bingen 88, 103
Hiob 10, 17, 31, 32, 97, 122, 126, 142, 256, 261
Honorius Augustodunensis (Honorius von Autun) 40, 41, 43, 51, 67, 77, 168
Hopfer, Daniel 46, 47
Horaz 87
Hrabanus Maurus 89, 134
Hrolf, König 140
Hrotsvit von Gandersheim 236
Hyacinthus, hl. 90

Isidor von Sevilla 29, 38, 48, 88, 89, 91, 111, 126, 133, 134, 158, 200, 201, 224, 241, 245, 261
Iwein 53

Jacobus de Voragine 53, 61, 68, 90, 99, 100, 104, 108, 130, 135, 153, 166, 189, 198, 230–232, 236, 244
Jesus/Christus 19–23, 28, 32, 34, 35, 52, 88, 90, 106, 151, 152, 164, 165, 169, 189, 190, 192, 228
Johannes de Rupescissa 134
Johannes der Täufer 242
Johannes Elemosynarius 104
Johannes, Evangelist 24, 31, 34, 35, 37, 40, 47, 90, 104, 108, 117, 162, 169, 174–177, 179, 186, 188, 195
Johannes (Jünger Jesu) 23, 151, 192
John of Canterbury 79
John of Salisbury 244
Jordan de Ceccano 106
Jordanes 140
Joseph, hl. 189, 190
Judas 34, 48, 61, 109, 111
Justina, hl. 231, 256

Karl der Große, fränk. König 128, 225
Konrad von Megenberg 47, 128

Kramer, Heinrich 135, 141, 142, 204, 224, 247, 249–251, 253, 256, 258–262, 264

Lambert von St. Omer 38, 40, 44, 45, 90
Leo I., Papst (Leo der Große) 108
Leo XIII., Papst 108
Leonhard, hl. 199
Leopold der Glorreiche 276
Liutolf von Mainz, Priester 195
Liutprand von Cremona 96
Lucia, hl. 143
Lucifer 10, 36, 108
Lutwin 40, 42, 44

Magnus, Olaus 94, 95
Map, Walter 123, 139, 244
Margarete, hl. 53, 54, 143
Maria von Antiochien 231
Martin, hl. 87, 197, 199
Martin von Braga 29, 92, 93, 159
Martin von Troppau 238
Medea 202, 215
Melusine 141, 256
Merlin 140, 209
Michael, hl. 11, 24, 67, 103–108, 189, 190
Minucius Felix 87
Molitor(is), Ulrich 82, 127, 146, 243, 246, 254, 256, 261

Nardo di Cione 60
Nasion 96, 217
Nero, röm. Kaiser 229
Nider, Johannes 140, 155, 189, 246, 249, 251, 253, 258–260
Nikolaus, hl. 130, 131, 170
Norbert von Xanten, hl. 154, 199

Odilo von Cluny, Abt 61
Odin 92, 94, 140, 202, 203, 206, 242
Odysseus 250
Olaf Haraldsson (norweg. König, Olaf, hl.) 91

Oliver, Dämon 96, 208
Origenes 35, 123
Otto II., dt. König und Kaiser 238
Otto III., dt. König und Kaiser 238
Otto IV., dt. König und Kaiser 65, 134, 245
Ovid 71, 87, 241, 264

Pacher, Michael 33
Paulus Diakonus von Neapel 236
Paulus, hl. 16, 55, 193, 230
Petrus Alfonsi 205
Petrus Comestor 241
Petrus, hl. 23, 34, 102, 125, 130, 158, 192, 229, 230
Petrus Pictor 76
Pierozzi, Antonino 260
Pierre de Valles 101
Pirmin von Meaux 159
Platon 19
Plinius d. Ä. 143, 157, 224
Porphyrios 38
Proklos, hl. 156
Properz 87
Protasius, hl. 199
Proterius/Eradius 230
Prothus, hl. 90
Pseudo-Dionysius Areopagita 102
Pythia 193, 241

Rafael, hl. 103
Ragman 96
Regino von Prüm 240
Richalm von Schöntal 65
Richard I., Herzog der Normandie 103
Rofyn 96
Roger Bacon 10, 239

Salome Herodias 242
Saxo Grammaticus 91
Schongauer, Martin 83, 84, 99
Severin, hl. 199
Siegfried/Sigurd 53
Silvester I., Papst (Silvester, hl.) 53, 199
Silvester II., Papst 123, 139, 238

Snorri Sturluson 79, 202, 203
Sokrates 19
Stephan von Bourbon 45, 219, 239, 244, 248
Sulpicius Severus 87

Tertullian 151
Theodor, hl. 53, 54, 266
Theophilus 235–237, 256
Thomas, Apostel 48, 90, 136
Thomas von Aquin 10, 29, 97, 126, 127, 199, 201, 203, 224, 233, 234, 247, 254, 256, 260
Thomas von Cantimpré 68, 80, 82, 125, 132, 136, 238

Thor 53, 91, 92, 94, 130, 137
Tibull 87
Tomaso Gozzadini 203
Tristan 53
Tuttivillus 95, 118

Urban, hl. 90
Uriel 103

Vergil 61, 71, 224, 241
Vintler, Hans 81, 145, 162, 166, 184, 203, 204, 220, 235, 243, 245, 246, 248, 249, 258
Vinzenz von Beauvais 90, 137, 201, 238, 258

Waldemar I, dän. König. 91
Wetti 198
Wiggo, Dämon 96, 125, 198
Wilhelm von Auvergne 140
William von Malmesbury 238
Wladimir I., Großfürst von Kiew 94
Wolfram von Eschenbach 216, 217

Xenokrates 19

Zarathustra 16

Zyklopen und Hundsköpfige, Schlangenfresser und Elternmäster, Sirenen, Kentauren und Meerritter

Rudolf Simek

Monster im Mittelalter
Die phantastische Welt der Wundervölker und Fabelwesen

2. Auflage 2019. 348 Seiten. Softcover
€ 30,00 D | € 31,00 A
ISBN 978-3-412-51403-7

Der mittelalterliche Mensch begegnete Monstern an Kirchenportalen, auf Kapitellen, in Gemälden und Büchern. Nach mittelalterlicher Sicht galten Wesen mit körperlichen Deformationen wie Kopflose, Zyklopen oder Hundsköpfige, mit eigentümlichen Gebräuchen und Essgewohnheiten wie Schlangenfresser und Elternmäster sowie menschlich-tierische Mischwesen wie Sirenen, Kentauren, Meerritter und Meermönche als monströs. Tierische Monster gibt es nur unter den Meereslebewesen. Drachen, Einhörner, Greife und Trolle zählten nicht zu den Monstern.

Mit diesem reich bebilderten Buch lädt Rudolf Simek ein, die unbekannte Welt der mittelalterlichen Monster zu erkunden. Er erzählt, woher sie kommen, welche Bedeutung sie haben und welche Wirkung sie bis in die Gegenwart entfalten. Ein illustriertes Lexikon stellt 250 Fabelwesen einzeln vor. Bereits in 2. Auflage!

Preisstand 13.12.2022

Was haben Tolkien und die Cyberwelt gemeinsam?

Rudolf Simek

Trolle
Ihre Geschichte von der nordischen Mythologie bis zum Internet

2018. 254 Seiten. Softcover
€ 30,00 D | € 31,00 A
ISBN 978-3-412-50743-5

Von bedrohlichen Wesen der Fantasy-Literatur bis zu den harmlosen Waldvölkchen skandinavischer Kinderbücher, von putzigen Gummifigürchen bis zu den Störenfrieden der Internet-Community: Vieles wird gemeinhin als Troll bezeichnet. Schon in den mittelalterlichen isländischen Sagas hatten Trolle eine prominente Rolle als gefährliche, anderweltliche Gegner der Menschen, obwohl ihre mitunter hübschen Töchter auch interessante Beziehungen zu den wahren Helden haben konnten. Rudolf Simek beleuchtet die Grundlagen dieser Wesen in der mittelalterlichen skandinavischen Literatur und zeichnet auch die drastischen Veränderungen nach, denen Vorstellungen von Trollen unterworfen waren. Im Mittelalter konnte man mit dem Wunsch „Dich mögen die Trolle holen!" jemandem den Tod wünschen, heute tummeln sich kuschelige Trolle aller Größen in den Bilderbüchern.

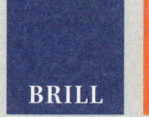 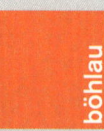

Preisstand 13.12.2022